军人核心价值观伦理学基础

谈际尊　等著

军事科学出版社

图书在版编目(CIP)数据

军人核心价值观伦理学基础(精)/谈际尊等著.
—北京:军事科学出版社,2012.11
 ISBN 978－7－80237－563－5

Ⅰ.①军… Ⅱ.①谈… Ⅲ.①军人—人生观—研究—中国 Ⅳ.①E221

中国版本图书馆 CIP 数据核字(2012)第 258732 号

书　　　名：军人核心价值观伦理学基础
作　　　者：谈际尊等
责任编辑：张晓明
封面设计：倪春昊
出版发行：军事科学出版社(北京市海淀区青龙桥 100091)
标准书号：ISBN 978－7－80237－563－5
经　销　者：全国新华书店
印　刷　者：北京天时彩色印刷有限公司
开　　　本：700 毫米×1000 毫米　1/16
印　　　张：25.5
字　　　数：340 千字
版　　　次：2012 年 11 月北京第 1 版
印　　　次：2012 年 11 月第 1 次印刷
印　　　数：1－2000 册
定　　　价：58.00 元

销售热线：(010)62882626　66768547(兼传)
网　　　址：http://www.jskxcbs.com
电子邮箱：jskxcbs@163.com

版权所有·侵权必究　本社图书如有印装质量问题,请与储运部联系(010－66767383)

前　言

全球化时代，人们越来越感受到自己只不过是生活在一个时刻变化但又确实由历史规律决定的状态当中，人的存在的本原性基础仿佛已经不复存在，不确定性似乎成为标识当代生活状况最为显著的特征。在这种不确定性持续演化的过程中，人不得不竭力提高自己的生活技能去适应他所遇到的生活，不断调整自己的生活姿态去适应他在周围环境中的地位，努力说服自己相信一切变化着的东西就是最真实的东西。生活依其所是的样子被全盘接受，人被一种前所未有的危机感裹挟着在尘世中奔波忙碌，却全然忘记了为什么要如此奔忙不已，以至于丧失了追求生活之应然状态的精神动力。在一个号称"知识爆炸"的时代，我们恰恰缺少关于自身存在之道德合法性的基础性知识。

古罗马人塞涅卡说："愿意的人，命运领着走；不愿意的人，命运拖着走。如若将这种不确定性看成人类的宿命，我们姑且跟着命运走好了。但如果人还能够作出自我决断，我们能否选择与命运结伴同行？"

敏感与迟钝乃是心灵的一体两面。面对喧嚣尘世，有人刻意进取，有人淡然处之，有人迂回进入。但凡"以学术为志业"者，虽不甘心沉沦于世俗当中，然亦不可无视现实生活的变迁。事实上，对于人来说，世界物象如何呈现出来且将如何变化，其本身并不重要，重要的是人如何理解大千世界并以何种方式进入其中。关于人的存在的知识是人的生命价值与精神价值得以生根与得到安置的基础，人只要没有被完全事实化或客体化，就总是有机会从心灵深处体悟到自己的本原性存在，从而意识到自己应该担负起作为人的职责与使命。从存在论进而从价值论的角度重新审视人的生存处境并确立起生活的意义，理应成为当下所有具有真诚信念与责任担当的学人所共同面对的时代课题。

对生活的意义与价值问题的追问乃是时代最深层意识的反映。德国哲学家鲁道夫·奥伊肯认为,人必须弄清他在宇宙中的地位,并据此来调解他的活动,而避免沉溺于任何有悖于万物之理、有悖于他自身的诚实本性的幸福。这喻示着我们必须把当下的生活看做一个整体,以此方可作出价值判断,真正找寻到生活的意义。

　　在伦理学家麦金泰尔看来,当代人类的道德实践处于深刻的危机当中,社会生活中道德判断的运用充满纯主观色彩,道德选择缺少客观依据,人的德性从曾经拥有的中心位置退居到生活的边缘地带;这种道德危机典型地表现为混乱的道德论争与模糊道德语言的运用,关于战争道德合法性的争议就是其中最典型的例证。显然,正如麦金泰尔所察觉到的那样,无论从存在论还是从价值论的角度来看,战争的道德合法性都是关乎人类生活意义的根本性问题,它不仅一直是塑造人类历史之概貌的重要力量,而且仍然是制约人类未来发展之走向的主导性因素之一。在人们竞相宣示"主体性的黄昏"甚或"主体性的沉沦"的历史关口,"军人主体性"问题却正在被一种全新的责任意识激发出来,而军人自己能否面对这一问题并从中找寻到答案,可能成为其在战场上生死博杀的前提性因素。在这种情况下,各国军队无不着力强化军人的价值取向,以期养成军人独特的核心价值观。

　　军人核心价值观的养成既是一个实践问题,也是一个理论问题。从伦理学的角度探究军人核心价值观的学理基础,有助于军人把握军事行动的文化内涵,理解战争行为的道德性质,强化职业担当的使命意识,从而为其思想行为提供较为完备的确定性与一致性。

　　正是基于以上诸多考虑,我们属意于探讨"军人核心价值观的伦理学基础"这一问题,既视之为拓展军事伦理学研究的有益尝试,更希望为当代军人思考军旅生涯的价值意义提供一个富有张力的理论空间。

作　　者
2012 年 8 月

目 录

导 论 军人核心价值观的伦理学视界 …………………（1）
  一、国际社会软环境的律动与核心价值观的凸显……（2）
  二、文化哲学视域中的军人核心价值观……………（6）
  三、军人核心价值观的军事伦理维度………………（12）

上 篇 军人核心价值观的伦理维度

第一章 军事伦理文化与军人核心价值观 ……………（25）
  第一节 战争的伦理文化内涵 ……………………（25）
    一、战争的文化使命 ………………………（26）
    二、战争的伦理特质 ………………………（29）
    三、战争的伦理文化价值 …………………（32）
  第二节 军事伦理文化的理论形态 ………………（38）
    一、和平主义取向的军事伦理文化 ………（39）
    二、尚武主义取向的军事伦理文化 ………（42）
    三、正义论取向的军事伦理文化 …………（45）
  第三节 建设我军特色的军事伦理文化 …………（49）
    一、我军军事伦理文化传统的形成 ………（49）
    二、建设我军军事伦理文化面临的新情况新特点……（52）
    三、创新发展我军军事伦理文化 …………（56）

第二章　和平主义伦理与军人核心价值观 ………………（61）

第一节　战争与和平：永恒的话题 ………………（61）
一、战争何为 ………………………………………（62）
二、"永久和平"何以可能 …………………………（68）
三、从战争走向和平 ………………………………（72）

第二节　和平主义伦理思想 ………………………（76）
一、和平主义思想的形成 …………………………（76）
二、和平主义的基本理念 …………………………（80）
三、和平主义伦理思想评析 ………………………（84）

第三节　在维护世界和平中实现我军核心价值 …（87）
一、维护世界和平是我军的历史使命 ……………（87）
二、我军参与维和行动的卓越表现 ………………（92）
三、着力打造我军"和平之师"的道德形象 ………（96）

第三章　正义战争理论与军人核心价值观 ……………（100）

第一节　战争正义性问题的历史源流 ……………（100）
一、中国传统正义战争思想 ………………………（101）
二、西方正义战争思想的演变 ……………………（104）
三、正义战争理论的当代流变 ……………………（110）

第二节　正义战争理论的价值取向 ………………（112）
一、正义的战争 ……………………………………（112）
二、战争中的正义 …………………………………（115）
三、正义战争理论的价值审视 ……………………（118）

第三节　着力提升我军"正义之师"的形象 ………（122）
一、我军"正义之师"形象的理论支撑 ……………（123）
二、我军"正义之师"形象的现实表现 ……………（127）
三、新时期我军"正义之师"形象的提升 …………（130）

第四章　人道主义与军人核心价值观 (134)

第一节　人道主义概述 (134)
一、人道主义的形成与发展 (134)
二、人道主义的理论形态 (137)
三、马克思主义的人道主义 (144)

第二节　军事人道主义 (147)
一、军事人道主义的历史考察 (148)
二、军事人道主义的伦理要求 (154)
三、"人道主义干涉"的实质 (157)

第三节　弘扬革命人道主义精神 (163)
一、新形势下弘扬革命人道主义精神的重要意义 (164)
二、新时期弘扬革命人道主义精神的基本要求 (166)
三、把革命人道主义精神化为热爱人民的价值追求 (168)

第五章　爱国主义与军人核心价值观 (172)

第一节　爱国主义的历史渊源与理论基础 (172)
一、爱国主义的历史渊源 (173)
二、爱国主义的伦理基础 (176)
三、爱国主义的社会功能 (181)

第二节　爱国主义的伦理内涵 (184)
一、作为伦理范畴的爱国主义 (185)
二、作为道德情感的爱国主义 (189)
三、作为伦理义务的爱国主义 (192)

第三节　大力弘扬爱国主义精神 (196)
一、军人生来为报国 (196)
二、新时期弘扬爱国主义精神的基本要求 (199)
三、化爱国之心为报国之行 (202)

下篇　军人核心价值观的道德维度

第六章　职业道德与军人核心价值观 (209)

第一节　职业道德概述 (209)
一、职业的道德属性 (210)
二、职业道德的特点 (213)
三、职业道德的社会功用 (217)

第二节　军人职业道德规范 (220)
一、军人职业的历史考察 (220)
二、军人职业的本质属性 (225)
三、军人职业道德的基本规范 (230)

第三节　新时期军人职业道德建设 (236)
一、信息化战争的特点 (237)
二、信息化战争形态对军人职业道德认同带来的影响 (238)
三、建设适应信息化战争形态的军人职业道德 (243)

第七章　道德人格与军人核心价值观 (248)

第一节　道德人格概述 (248)
一、道德人格的内涵 (248)
二、道德人格的类型 (253)
三、道德人格的结构功能 (256)

第二节　军人的道德人格 (261)
一、军人的道德意识 (261)
二、军人道德人格的特征 (265)
三、军人道德人格的表现形式 (269)

第三节　军人道德人格的培养 (272)
一、培养军人道德人格的重要意义 (272)

二、培养军人道德人格的基本原则 …………………… (277)
　　三、培养军人道德人格的方法途径 …………………… (281)

第八章　崇尚荣誉与军人核心价值观 …………………… (286)

第一节　荣誉的道德特性 …………………………………… (286)
　　一、什么是荣誉 ………………………………………… (286)
　　二、荣誉的道德品质 …………………………………… (291)
　　三、荣誉的道德价值 …………………………………… (293)

第二节　军人与荣誉 ………………………………………… (297)
　　一、荣誉是军人的"第一生命" ………………………… (297)
　　二、英雄主义：军人追求荣誉的独特方式 …………… (301)
　　三、当代革命军人的荣誉观 …………………………… (305)

第三节　培育当代革命军人荣誉观 ………………………… (309)
　　一、视荣誉重于生命 …………………………………… (310)
　　二、自觉践行社会主义荣辱观 ………………………… (312)
　　三、弘扬革命英雄主义 ………………………………… (315)

第九章　严守纪律与军人核心价值观 …………………… (319)

第一节　纪律的道德内涵 …………………………………… (319)
　　一、道德自律与道德他律 ……………………………… (320)
　　二、作为道德他律的纪律 ……………………………… (323)
　　三、纪律约束向道德良心的转化 ……………………… (327)

第二节　军人的道德纪律 …………………………………… (330)
　　一、服从纪律是军人道德意识的充分体现 …………… (330)
　　二、服从命令是军人的"天职" ………………………… (333)
　　三、纪律与战斗精神 …………………………………… (336)

第三节　加强新时期我军作风纪律建设 …………………… (339)
　　一、新时期我军作风纪律建设的重大意义 …………… (340)
　　二、增强纪律意识 ……………………………………… (343)

三、做优良作风纪律的模范……………………………（346）

第十章　牺牲奉献与军人核心价值观……………………（350）

第一节　牺牲奉献:德性的最高境界………………………（350）
　　一、牺牲奉献的伦理价值分析……………………………（351）
　　二、牺牲奉献是对生命的礼赞……………………………（355）
　　三、牺牲奉献是人生价值的体现…………………………（359）
第二节　牺牲奉献与军人职业精神…………………………（363）
　　一、牺牲奉献是军人职业的伦理特性……………………（363）
　　二、军人牺牲奉献的基本要求……………………………（367）
第三节　大力弘扬牺牲奉献精神……………………………（372）
　　一、坚守牺牲奉献的政治本色……………………………（372）
　　二、坚定革命理想信念……………………………………（376）
　　三、在牺牲奉献中创造辉煌军旅人生……………………（380）

主要参考文献……………………………………………（385）
后　记……………………………………………………（393）

导 论

军人核心价值观的伦理学视界

在当今时代,人们普遍认识到人类社会的进步与价值观念的变革有着紧密的关联,一些国家将构建或重构"国家价值观"视为本国的重大文化战略,以美国为首的西方国家更是号称要为"价值观而战"。无疑,这些情况反映了国际社会软环境的深刻变化,国家软实力、世界体系、意识形态等逐渐上升为衡量国际关系变化的敏感因素。与之相适应,军人价值观无疑也受到当代世界特别是大国军队的高度重视。各国军队虽然对"军人价值观"的名称表述不尽相同,或称之为"军人核心价值观",或表述为"军人核心价值准则",或冠之以"军人核心价值精神",甚至称为"军人最崇高的道德法则",但无不将其看成是国家对军队根本要求的反映,视为军队性质和方向的决定因素,从而将之当做军队的内在精神和生命之魂。强化军人价值观培育,已经成为当代各国军队凝神聚气和提升军事软实力的重要内容,也是同对手展开舆论斗争尤其是意识形态斗争的重要方式。在这种背景下,胡主席指出,着力培育当代革命军人核心价值观,这是建设社会主义核心价值体系的重要方面,是发展先进军事文化的现实需要。胡主席的重要论述,科学地指明了深化培育当代革命军人核心价值观的方向。军事伦理是军事文化的重要组成部分。如何从军事文化尤其是军事伦理的视域探讨军人核心价值观的时代背景与精神实质,揭示军事伦理在军人价值观中的基础性地位,进一步打牢深化培育当代革命军人核心价值观的理论基础,是摆在我们面前的一个重大的现实课题。

一、国际社会软环境的律动与核心价值观的凸显

全球化时代的国际社会呈现出五彩斑斓的色彩而又处处充满紧张,国家、地区与国际组织之间的对话和交流较之以往任何时候都令人欢欣鼓舞,同时在每一场由国际交往主体协力举办的"道德盛宴"背后又隐藏着引发冲突乃至战争的因素。现今国际社会中的现实主义或丛林法则,使得一些强势国家频频借助武力来拓展国家利益,似乎国家间力量的比拼与博弈将自动生成一个和平有序的国际社会,实力——不管是硬实力还是软实力——成为塑造国际环境的终极原因。在这里,虽然构成实力的两个方面可以被视为异质性存在,但二者实为同一个东西的一体两面:"硬实力"可以被描述为旨在追求某种为人类所普遍认同的价值观的手段,即所谓的"为价值观而战";而"软实力"则可以被视为追求势力均衡的规范性手段,即所谓的"为正义而战"。不难看出,无论是硬实力的运用还是软实力的伸张,都蕴涵着一个明确的价值设定。正是在这个意义上,从文化理念和价值观念角度审视国际生活的建构主义规范因素,就成为"国际社会软环境"(International Soft Environment)概念获得合法性的基础。这一概念被赋予了特定的职责:不仅能够成功地解释国际社会形成的原初动力问题,而且还可以在一定程度上被化约为一个终极价值目标,从而使之在逻辑起点与逻辑终点上构成一个相对完满的概念系统乃至自足的理论范型。

"国际社会软环境"概念实质上是一种建立在文化哲学基础上的运思取向,我们可以在不同的文化传统中找到其理论源头,孙武"不战而屈人之兵"的战略文化诉求与黑格尔将拿破仑称颂为"马背上的精神"的战争伦理取向,都堪称是最佳的注解。在某种意义上,人类文明的进步表现为文化形态尤其是价值观念的成长与发展,一个时代往往为一种独特的核心价值观所支配。但是,重视文化观念对于人类文明发展的积极意义,并不意味着可以变相地利用文化观念来谋求自身的特殊利益。不幸的是,后者正在成为一些西方文化

人热衷的话题,其推动西方世界继续朝向启蒙运动以来开辟的现代性道路前进,全然不顾"现代性的碎片"被高技术包装成集束炸弹投向世界各地所造成的灾难。西方一些颇为冷静的学者总希望客观地检视文化道德力量之于世界秩序的意义,但一旦其论题旁及政治和军事,就难免被意识形态化的命运。再说,人们也的确难以将这些言论同其政治背景与话语系统完全剥离开来,至少可以从中看到"西方中心主义"或"欧洲中心主义"的情结。这种情况典型地表现在美国学者弗朗西斯·福山的文化理论中。福山1989年抛出的"历史终结论",声称人类意识形态演进已经终结,从而预示着西方自由民主价值观获得了普世性。然而,福山并不仅仅满足于下一个简单的论断,他提醒人们还必须关注西方缺少意识形态对立之后如何摆脱精神上的空虚问题。为此,福山主张在文化领域发起持久的"精神之战",因为"现代思想无法阻止不是在自由民主怀抱中成长起来的人反对自由民主的虚无主义的战争",以维护自由民主国家的核心价值观。[1]

同新保守主义者福山一样站在西方文化立场上批判时事且影响到当代西方文化视界的塞缪尔·亨廷顿,基于文化哲学或价值哲学的认识,效法福山撰写了《文明的冲突与世界秩序的重建》一书,认为冷战结束后几乎所有国际间暴力冲突的原因都源于不同文化观念与宗教信仰的差异,要从根本上铲除"文明冲突"(the Clash of Civilizations)或战争的根源,就必须达成全球性的文化认同或价值和解,并鼓吹只有以美式民主自由普世价值观为基础来统一全球的思想,才能实现"价值一体化"(Value - integration)。亨廷顿的"文明冲突论"一问世即引起了人们的普遍关注,特别激发起了环视全球已无对手的美国进一步坚定用西方意识形态统一全世界的决心。近20年来,美国在世界各地频频发兵就是对这一论断的极端运用。事实

---

[1] 参见[美]弗朗西斯·福山:《历史的终结与最后之人》,第375~376页,中国社会科学出版社2003年版。

证明,美国为首的西方国家以自由民主价值观来重建世界秩序的努力并不成功,对于军事力量的滥用已经远远超出了政府体制完整性与国家安全的考虑,①这种黩武主义(Militarism)的行径受到了来自世界各方的严正指责,结果不仅导致局部性的冲突不断重演,而且针对西方世界的不满情绪持续增长。正如有学者所指出,"文明冲突论"已被证明是欺世盗名之论,尤其是误导了西方世界。② 这种将文化问题化约为军事问题,继而又诉诸武力的军事帝国思维,给人类带来的不是福音而是灾难,我们完全有理由宣告以亨廷顿为代表的"文明冲突论"可以终结了。

无疑,从"历史终结论"和"文明冲突论"的一时甚嚣尘上到其走向没落,反映出国际社会软环境变化的节律。那么,"历史终结论"或"文明冲突论"终结的命运可以给世人什么样的启示呢?我们可以从这些言论对于价值观念重要性的申述,进而驱动一些国家动用军事力量来推行"文化霸权"、扩张"文化帝国主义"乃至达成国家意志的综合效应,来对其进行审视。

一方面,国家意志通过意识形态表达出来,而意识形态是以特定的价值观为核心的。在西方资本主义世界,资产阶级革命所推崇的"自由、平等、博爱"经由意识形态代言人的理性化与系统化,以此为框架最终构筑的资本主义核心价值体系,是亨廷顿等人念念不忘推行所谓"自由民主普世价值观"的精神母体。西方资本主义发端于社会个体世俗性的觉醒,对于私有财产的诉求导致了一种西方式的个人主义,这种个人主义价值观又通过资产阶级代言人基于民族国家的构想转化为政治自由主义,在此基础上孕育了资本主义意识形态。客观而言,虽然资本主义意识形态在各个民族国家中受制于不同的国家意志,但形式上不同的国家意志却指向一个实质上相同的

---

① 参见[美]查默斯·约翰逊:《帝国的悲哀:黩武主义、保密与共和国的终结》,第24~25页,上海人民出版社2005年版。

② 参见王道:《亨廷顿文明冲突论休矣》,载《大公报》2009-01-04。

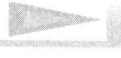

导 论 军人核心价值观的伦理学视界

核心价值体系,资产阶级革命时期所倡导的"自由、平等、博爱"价值观始终是激发国家行动的不竭动源。更为重要的是,这种价值观作为一种形式主义的"信念伦理"又借助于现实主义的"责任伦理"的力量,二者合力所产生的结果便是推动资本主义萌发的个人主义精神获得国家战略文化认同并从内向外推广开来,从而使得资本主义意识形态先天带有侵略性。不难看出,"历史终结论"或"文明冲突论"附着了浓厚的资本主义意识形态色彩,因而亦是资本主义核心价值体系催生的产物。

另一方面,批判"历史终结论"和"文明冲突论"并不意味着可以忽视文化因素与价值观念对于构建世界秩序和重塑人类美好生活的重要意义:无论是"历史终结论"还是"文明冲突论",其问题意识依然具有明确的现实意义。问题在于,不能将一种号称普世的价值凌驾于其他价值之上,而是要在文化交流和价值互补当中寻求不同国家与民族之间的和谐共存和共同发展。其实,许多西方精英人物重建世界秩序的愿望不无一定的合理性,但其思考问题的框架始终局限于资本主义核心价值体系,且解决问题的路数又受制于资本主义国家利益。一旦当现实利益不能得手或国家意志受阻时,诉诸武力便成为手段,美国更是在此基础上衍生出"先胜"与"先发制人"等支撑黩武主义的战略文化。当下,美国高高地祭起"反恐"大旗,抢占道德高地,妄图通过其军事力量支配世界,以至于前总统乔治·布什曾经自豪地宣称美国是历史上最伟大的为善力量。① 然而,黩武主义战略文化忽略了他者的合法性存在,同时也忽视了他者要求和平共处的诉求。在国际大舞台上,每一个行为主体都是平等的;对于任何一个致力于构建国际秩序以促进世界和平与国内建设的合法主体,都应该获得同等程度上的尊重,不同文化传统的国家和民族亦应当获得相同的发展机会。然而,反观"历史终结论"或"文明冲突论"

---

① 参见[美]查默斯·约翰逊:《帝国的悲哀:黩武主义、保密与共和国的终结》,第1页,上海人民出版社2005年版。

的意识形态背景,我们找寻不到"尊重"与"和谐"的字眼,倒是在"自由、平等、博爱"价值诉求背后一再体味到了对于他者受伤的快慰,即便是披着"反恐"外衣的军事行动,也不再是"文明冲突论"者所希望的文化之旅,而是再度沦为黩武主义的帮凶。

二、文化哲学视域中的军人核心价值观

国际社会软环境的嬗变凸显了价值观的功能意义,形形色色的价值观被打包通过政治、经济、军事、外交等活动输送至不同的交往对象,其结果不仅是在战争发生之前要确立其"先胜"或"先发制人"的"亚战争"理念,而且往往使得一国针对他国的所有非军事性质的行动蜕变为"没有硝烟的战争"。从军事学上看,不论是"亚战争"还是"没有硝烟的战争",都不是传统意义上的军事行动,也不是国际社会普遍认同的非战争军事行动,但无不具有直接服务于战争的功能。也就是说,发生在国际社会中的价值观之争,乃是一些国家施行其文化战略的现实途径,一旦选定了明确的甚至是潜在的军事目标,本应该在观念层面上展开的"文化战略"便顺势转化为军事上的"战略文化"。

历史地看,战略文化往往隐匿在现实战争的背后,除非出于全球秩序的无政府主义状态,一般不会走上前台。在全球化浪潮的推动下,国际政治和思想文化领域的斗争日趋激烈,思想观念、道德意识、价值取向日趋多样化。西方国家在意识形态上不断加大"西化"、"分化"中国的力度。一段时期,在一直被资本主义国家视之为洪水猛兽的共产主义事业遭受挫折的时候,西方世界似乎有理由大肆宣扬"历史终结论",不管"世界是圆的"还是"世界是平的",总之世界已经"拉直"了,天下已经"大同"了。但是,东西方或资本主义与社会主义的竞争并没有随着某些乐观主义言论而消解,毋宁说是更为复杂了。一方面,所谓的西风压倒东风毕竟只是季节性的,中国并没有选择前苏联激进变革的道路,中国的政治家们清醒地把握住了历史的航向,韬光养晦,成功地推行了改革开放,并向世界展现了一种独特的"中国价值"。中国自我发展的政治智慧和治国韬略,已经在

世人检视和反思金融危机原因时获得理论和实践双维度的肯定。另一方面，随着冷战结束，对西方世界而言，长期潜伏着的其他对手开始走向国际社会前台，它们或者是被迫浮上水面，或者是需要伸头呼吸新鲜空气，一股伊斯兰世界反西方现代性的力量真实地展现在人们面前，以"穆斯林价值"对抗"自由民主价值"的搏斗实实在在地冲击着西方主导的国际局势。

可见，虽然说世界各国多推崇和平与发展，但由某些西方势力支配或参与的局部性战争与冲突却有愈演愈烈之势，构建公正和谐的世界秩序仍然任重而道远。世界没有被拉直：即便世界是平的，也并不意味着世界已经太平。在一些人看来，世界已经在观念上趋于一致了，但现实世界却日益多样化了。这似乎是一个多少有些出乎这些意识形态专家意料之外的悖谬。现实中，文化之短让美军饱受伊战之苦：美军在伊拉克的尴尬处境，昭显的正是其在文化上的错位与不足。[①] 就连曾经一度兴奋地宣称"历史终结"的福山也不再坚持美国能够一统天下，相反，美国通过一系列战争已经沦为一个"自我击败的美国霸权"(America's self-defeating hegemony)："执行方面的无能也带来了战略性的恶果。那些高声呼吁对伊拉克作战，而后又把局势搞得一团糟的势力现在又在煽动对伊朗开战。世界其他国家凭什么要相信这些人在与更大更坚决的敌人作战时能处理得更好？"[②] 更有甚者，美国经常给全世界造成巨大损害，却"真诚地"相信自己的愿望是善良的；它必须进行更加深刻的反省，才能避免再做蠢事。[③] 显然，现实世界自身有其发展逻辑。然而，西方的一些意识形

---

① 参见杨奎、潜友华：《文化之短让美军饱受伊战之苦》，载《中国国防报》2007-06-28。

② 刘伯松：《福山的"自我击败的美国霸权"》，http://world.people.com.cn/GB/8212/6678473.html.

③ 参见陶志彭：《福山：美国须深刻反省，短期难以发动"新战争"》，http://www.china.com.cn/international/txt/2008-04-28/content_15027372.htm.

态专家绝不会就此金盆洗手,这也正是我们必须时刻关注意识形态斗争新动向的原因。

面对种种挑战,中国应该有何作为?中国应该如何确立起符合历史传统与现实需求的战略文化?回答这些问题,需要一种站在国家战略发展角度上的整体性眼光。正是在这个意义上,当代革命军人核心价值观的提出就是一种理论上的自觉,它为分析与解答上述问题提供了一个新的视角。

其一,作为一个拥有悠久历史与文明传统的国家,中国需要重新编织"中国符号";而作为一个锐意改革与创新发展的国家,中国需要强力凸显"中国价值"①。中国人自己来谈论"中国符号"或"中国价值",并非基于流行于国际社会的所谓"丛林法则",而是借以获得一种文化上的自我认同感。文化认同乃是一个国家走向世界和影响世界的象征,中国传统文化有助于中国实现这一目标。对此,美国著名学者约瑟夫·奈认为:"中国的传统文化,特别是儒家文化,在世界上一直具有相当的影响。中国可以通过多举行一些国际性的文化活动来向西方展示和推广中国文化,特别是传统儒家文化。"②对于中国来说,来自他者的认同固然重要,但首先需要一种出自文化自觉的深度自我认同来提升民族意识与国家伦理。尤其是在中国背负着一种深厚的历史文明传统,而又直面一个完全异质的西方文明主导的国际秩序的时候,自我认同本身就是一种文化使命。历史辉煌过后的积弱状态一度造就了中国国民心理上的紧张和焦虑,面对西方利用科学技术积累起来的物质文明成果所带来的失落感,与不愿意放弃传统文化精神所挤压成的自豪感交织在一起,以至于形成了一种近乎令人窒息的文化气氛。现在,改革发展和锐意创新已经为中国人走出这种自我背弃提供了前所未有的契机,在社会

---

① 周峰:《国际热点里的"中国价值"》,载《解放军报》2009-01-14。
② 李文:《文化影响力:反思与展望》,[OL]. http://news.xinhuanet.com/world/2009-02/16/content_10824701.htm.

生活领域倡导社会主义核心价值体系和在军队培育核心价值观，无疑是一个明确的信号，它向世人传递了这样一个信息：无论是作为一个普通的中国公民还是一个担负着捍卫国家利益的军人，都肩负着复兴中华伟大文明的责任，也肩负着缔造一个和谐美好世界的责任。

其二，作为一支优秀的军事力量，中国军队内在的精神质素为世人公认，军人身份伦理已经成为社会行为的标尺，但如何将这种伦理定向凝聚成为一种既能够导引社会向善的精神力量，又能够在国际社会中起到祛邪求正的作用，仍然是一个需要进一步思考的问题。这实际上就是建设军事软实力的问题。倡导"软实力理论"的约瑟夫·奈认为，一部运转良好的军事机器能够成为仰慕的根源。他说："军事力量虽然是硬实力，但同样能够产生软实力。当军队因工作出色而对他人产生吸引力之时，当军队对其他国家军队进行教育和训练之时，当军队在海啸和地震之后提供救援之时，军队就为国家的软实力作出贡献。"[①]近些年来，中国军队遂行抗震救灾等一系列非战争军事行动获得了一致好评，由此带来的一个观念上的转变：衡量一支军队不仅要看其核心军事行动的能力，而且要看其应对复杂局势与完成多样化军事任务的能力，这种能力不仅能够达成"因工作出色而对他人产生吸引力"，而且实实在在地能够"为国家的软实力作出贡献"。这就是当代革命军人核心价值观顺应而生的内在原因之一。将培育当代革命军人核心价值观作为一项基础性工程来建设，不仅意味着需要确立起中国军队思想政治教育的长效机制，而且意味着具有职业伦理与身份伦理特质的军人核心价值观能够获得一种普遍性，使得军人群体既作为一种"硬实力"存在能够维护社会的安定团结，又作为一种"软实力"存在而得到社会的高度认可，成为一种独特的社会向善力量。

---

① 章卓：《炫耀强大实力，美派两栖部队威慑东亚》，http://www.qhnews.com/index/system/2008/05/09/002503953.shtml。

其三，虽然培育当代革命军人核心价值观并非直接为了应对西方世界所谓"为价值观而战"与"为正义而战"，但因其能够接续中国文化传统并发扬军队战斗精神而具有战略文化之地位的现实意义。几千年来，中国文化传统强调"关系"，视关系为确立其人际和谐和社会有序的软力量形式，诸如"君子和而不同"、"己所不欲，勿施于人"、"存亡在于德，战守在于地"等基于实践理性思考，十分重视行为主体对于事物之间关系的把握。当然，中国人不是"和事佬"，中国传统智慧亦有其非常积极的一面，毛泽东将之概括得十分形象：人不犯我，我不犯人；人若犯我，我必犯人。中国"振华4"轮在亚丁湾水域击退海盗袭击中也体现出了这一点。据国外媒体报道，中国船员是当年在国际上遭遇劫持的轮船中经过激烈战斗成功战胜海盗的第一例："这一批从来没有上过战场、没有摸过枪支弹药的船员，面对荷枪实弹的海盗，却依然针锋相对，这种价值观和很多国家大不一样。"该媒体还评论说："这批中国船员的抵抗中体现出比较显著的特色和智慧，如果放而大之，其实也在某种程度上显示出中国人性格积极的一面，即经常不拘一格、敢试敢拼，往往可以因此闯荡出一番天地。"[①]这种与"很多国家大不一样"的价值观，就是融合了中国传统精神与军队战斗精神的当代革命军人核心价值观的鲜活体现。从长远看，建立一种良性的有序关系似乎比经济制裁和武力干预来达成所谓的秩序更加有效。正是出于这种传统价值观念，中国提出不仅要建设"社会主义和谐社会"，而且提倡和致力于国际社会共同推动建设"和谐世界"。

其四，一些发达国家倚重文化道德和军事伦理来促进军队思想政治建设的做法，尤其是外军对于核心价值观的建设与运用，也间接促发了中国军队必须建构和培育当代形态的核心价值观。前面已指出，当代国际社会软环境的变迁凸显了文化因素特别是价值观在国际生活中的影响，并常常使得正常的国际交往被笼罩在硝烟四起的

---

① 周兆呈：《"中国特色"击退海盗》，载《联合早报》2008-12-17。

"亚战争"状态中。显然,这是一种文化力量被扭曲为国家意识形态的结果,其典型代表就是所谓的新干涉主义(New Interventionism)。传统上,主权国家主要为维护国家利益使用武力,但新干涉主义却认为国家应该为世界主义规范这样的普遍价值(Universal Values)而使用武力,包括海湾战争那样的跨越国界的侵略行为,也包括对主权国家内部事务的干涉。[①] 当然,如果说这种情况还只是国际社会软环境的律动在"逼迫"西方国家将国家意识形态植入军队心脏的话,那么,外军在国家意志支配下确立起来的价值观,就是直接推行"价值一体化",并为其霸权主义行径提供行动指南的基本准则。对于西方国家军队在其核心价值观支配下进行的战争,世人已经作出客观的评价,这里我们只要看看西方人自己是怎样评论的就行了。针对独特的西方战争史,哈里·西德博特姆(Harry Sidebottom)认为,最好把西方式战争理解为一种意识形态而非客观实在,否则就有可能将历史单一化了。他说:"与其说西方战争是一种客观实在,一种战争实践的延续,不如说是一种强烈的意识形态,自希腊人创造这个概念以来,它就经常被、而且仍然在被再造,且每次再造都有改变。那些服膺于该意识形态的人在与他人战斗时,方式并不一定有很大的不同,不过他们自己笃信他们是在以不同的方式战斗。"[②]显然,这里所谓的"西方式战争"是一个文化概念,对于这样一种意识形态,如果不加批判地接受下来,将产生两个危险的后果,一是导致西方的自满,一是削弱克制精神。[③] 作为缺乏克制与无限膨胀的力量,西方国家确实到了应该进行反思以走出自我怪圈的时候了。

[①] 参见韦正翔:《软和平:国际政治中的强权与道德》,第86页,河北大学出版社2001年版。

[②] [英]哈里·西德博特姆:《古代战争与西方战争文化》,前言XIV,外语教学与研究出版社2007年版。

[③] 参见[英]哈里·西德博特姆:《古代战争与西方战争文化》,第290~292页,外语教学与研究出版社2007年版。

三、军人核心价值观的军事伦理维度

如果说建构当代革命军人核心价值观是一种理论上的自觉,那么培育当代革命军人核心价值观就是一项重大的实践课题。近些年来,我军把培育当代革命军人核心价值观作为思想政治建设的重要基础工程,下力大抓,持续推进,促进了官兵发展,推动了部队建设,取得了显著的成效。

当然,作为一项基础性的思想政治建设,当代革命军人核心价值观的培育还需要不断创新理念,打破原有的思想禁锢与思维定势,使之建立在更为坚实的理论基础上。从根本上说,当代革命军人核心价值观培育的最终成效取决于对之理解的深度和广度。换句话说,如果仅仅将当代革命军人核心价值观理解为一种政治文化的要求,或界定为一种思想行为的指导准则,而缺少一种伦理文化精神来将其内化为自觉行动,那么这种培育方式必定会成为自上而下的"理论灌输"或"价值输入",最终必然影响到其作为官兵精神支柱的基础性地位。这就是说,对于任何教育对象来说,如果只有单纯的思想灌输而轻视道德能力的培养,那么最终就无助于成为一个健全的人。不可否认,理论灌输在教育的初始阶段有其积极作用,它可以大致地确立起教育内容的基本面相,但是一旦要将这种教育内容真正"植入"受众的头脑中去,仍需要得到受众一方的心灵回应和情感接纳。这种来自心灵上的回应和情感上的接纳无法强制性地借助外在力量来达成,而必须是出自行为主体的内在自觉和心性感应,简而言之,就是行为主体的道德良知。

对此,有必要从军事文化学和军事伦理学的角度梳理一些理论问题,以进一步辨正价值观概念的深层意涵及其实践精神取向,从而为深化培育当代革命军人核心价值观确立起更为坚实的理论基础。

1. 军事文化的先进性问题

2012年初,中央军委颁发的《关于大力发展先进军事文化的意

见》从指导思想、根本任务、根本着眼点、重要着力点、出发点落脚点、动力6个方面提出了发展先进军事文化的要求,其中明确提出了"发展先进军事文化必须以培育当代革命军人核心价值观为根本任务"这一全新命题,从而为深化培育当代革命军人核心价值观指明了新的方向,注入了新的动力,也提供了新的途径。

文化的内核是价值观,价值观是文化的"魂",文化是价值观的"体",离开了"魂","体"就失去了精神支撑;离开了"体","魂"就无所依附。正是在这个意义上说,当代革命军人核心价值观既界定了我军军事文化建设的根本任务,同时也为解读和确保我军军事文化的先进性提供了一个坚实的理论基础。

目前,军事转型已经成为各国提升军力的重要举措,其中一个相当重要的方面就是"军事文化转型"。按照马克思主义的基本原理,文化是经济基础的反映,其作为一种精神力量可以反作用于社会存在,甚至在一定程度上引起和推动社会变革。20世纪80年代,未来学家托夫勒曾预言"我们正进入一个文化比任何时候更重要的时期"[①]。他在《未来的战争》一书中明确指出:"文化知识正在成为军事战斗力的核心资源,未来战争将是以文化知识为基础的、以各自的文化知识战略为指导的、以知识战士为作战主体的新型战争。"事实上,世界范围内的新军事变革,信息技术在军事领域的广泛应用功不可没,但军事文化的引领作用也绝不可低估。如美军就意识到先进军事文化对于促进军事训练的重要作用,明确提出"转型始于文化,终于文化","转型的目标就是要建立一种具有创新精神的文化"。美国国防部制定的《国防部转型计划指南》中所确定的三大转型战略的第一条就是实行"军事文化转型",认为真正的军事转型应该更少地指向硬件,更多地培育一种由构想与战略、适应性机构、人员、条

[①] [美]阿尔温·托夫勒:《预测与前提——托夫勒未来对话录》,第160页,国际文化出版公司1984年版。

令和程序推动的创新文化。① 基于这种认识,伊拉克战争开始后不久美军就提出"文化中心战"(Culture Centric Warfare)的新构想并在随后的战争实践加以大胆地运用。可见,军事文化对于推动西方国家军队快速转型起到了先导作用。国内学者亦认识到了军事文化的重要意义,如方永刚就曾经指出:"一个缺乏'军事文化自觉'的民族必然是一个缺乏尚武精神的民族,一支缺乏'军事文化自觉'的军队必然是一支缺乏战斗精神的军队,一种缺乏'军事文化自觉'的军事文化必然是缺乏创新精神的文化。"②方永刚的警醒之言与其说是一种理论自觉,还不如说是一种忧患意识。这种忧患意识提请我们必须在新的历史条件下不断创新发展军事文化,使之葆有持久的先进性,确保我国军事战略立于不败之地。

其一,军事文化是军事软实力的体现,其不仅能够型塑军人的形象气质,而且有助于实现军队的最终目标。毛泽东关于要"将军队办成一所大学校"的著名论断,并非只是为了强调教育本身的意义,其主要目的是为了指明军事文化在涵育军人个体的文化品质与提升军队整体战斗意志的重要作用,同时也向人们昭示一个基本的道理:"没有文化的军队是愚蠢的军队。"从整体上看,人民子弟兵的文化程度及其接受正规教育的程度并不比国民党军队高,但最终的胜利却属于前者,个中原因何在?毛泽东在被问到这一问题时,将之归结为"强大的政治工作",认为这是我军赢得胜利的原因之一。蒋介石退守台湾之后,痛定思痛,也认为国民党军队严重忽视军事文化建设,致使兵败如山倒。

其二,军事文化不仅仅是一种软性力量,即不能只将军事文化看成军事物质力量的对立面,视之为武器装备的补充性资源,而应看成

---

① 参见严燕子:《"文化中心战":美军军事文化转型的发展动向》,载《军队政工理论研究》2008年第6期。
② 方永刚、程建波、车跃丽:《军事文化自觉与中国先进军事文化创新》,载《军事历史研究》2006年第2期。

是人与武器结合的前提与结果。这就是美军之所以提出"军事转型始于文化终于文化"的根本原因。我们经常说,战斗力的形成既非单一地取决于武器,亦非仅仅源自人的精神力量,而是人与武器的有机结合。但是,如何能够实现人与武器的最佳结合?人与武器结合的前提是什么?将会产生什么样的结果?回答这些问题需要一个军事文化的独特视角。实际上,人与武器的结合方式恰恰体现出一种军事文化的内在本质要求。

其三,如何界定军事文化的先进性?如何确保我军军事文化的先进性?能够冠之以"先进性"的文化形态必定具有其独特的思想内涵和明确的实践取向,其最本质的要素就是顺应历史发展和推动文明进步的核心价值理念。得民心者得天下。我军之所以最终赢得胜利,关键就是因为赢得了民心,深厚的民意基础推动这支军队从无到有、从小到大、从弱到强。确切地说,"全心全意为人民服务"是我军的性质宗旨,其集中地反映出共产党领导军队的核心价值取向,使之始终与人民共呼吸,始终走在时代的前列,始终代表着历史发展的方向。

最后,从深层上审理军事文化内蕴的核心价值取向,需要凸显军事伦理的基本理念与问题意识。从学科归属上看,"军事伦理"应为"军事文化"的次级议题,其主要研究军事文化中所涉及的价值问题特别是伦理价值问题,既包含诸如军人职业道德、军人德性养成与军人遵规守纪的道德规制等这样一些行为规范性问题,也包括军事行动的道德合法性、战争伦理与战争行为道德等应用性伦理学问题,同时还涉及军人对战争的基本态度、进行军事行动的价值与意义的审理以及创制良性世界秩序等问题。可见,军人核心价值观既要回答军人"为谁当兵、为谁打仗"的问题,更要从深层上照顾到军人自身安身立命的终极价值诉求。只有从根本上解决了身份伦理所涉及的精神需要和心理问题,核心价值观才能内化为军人的行为规范。

总之,审理军人核心价值观的精神实质,不仅需要从军事文化学的角度来勘定其作为"文化价值"的普遍意义,同时还应该澄清其作为"伦理价值"的独特意涵,以期发掘出制约军人行动的深层动机和内在机理。

2. 从文化价值到伦理价值

在以上从军事文化学的角度审理军人核心价值观的过程中,军事伦理的基本理念最终被凸显出来。军事伦理问题意识的凸显,意味着深度解读军人核心价值观不仅需要从军事文化的角度切入,而且需要一个具体而独特的军事伦理视角,以便真正找寻到影响军人行动背后的动机与意图。因此,在将军人核心价值观当做一种"文化价值"进行审视的同时,还应该从"伦理价值"的维度进行一番梳理。

从广义上看,伦理是文化的具体表现形式,它对于作为文化之人的行为进行规范,进而揭示出人生活的价值之意义所在。从狭义的意义上区别文化价值和伦理价值的目的,是为了较为清晰地界定人生活的不同层面,以把握行为之间不同的心灵导向与精神取向。简而言之,我们可以从文化和伦理两个方面来判定人行为的价值取向,或者体现为文化价值,或者体现为伦理价值。

马克斯·韦伯(Max Weber)是经典社会学的创始人之一,但他同时也在价值哲学领域作出了突出的贡献。韦伯认为文化价值与伦理价值的"范围是不一致的",文化价值带有强制性,而伦理价值则出自内心的真诚信仰。[①] 韦伯将价值领域分为"文化价值"和"伦理价值"的真切意愿,是要规避人们有意无意地将这两个领域混同起来。按照韦伯的解释,文化价值来自人的社会生活,对于政治、经济、艺术乃至军事来说,文化价值就是其实践活动所倚重的标的。人的实践活动都指向一个明确的目的,运用理性手段实现这一目的对于每一个行为者来说都具有自明性和自足性,不仅个人应该在目的理性的支配下开展其现实活动,而且国家、民族和几乎所有的共同体组织都仰仗于目的理性来达致最终的目标。对这种终极目标的追求就

---

① 参见[德]马克斯·韦伯:《社会科学方法论》,第149~150页,中央编译出版社1999年版。

是文化价值之所在。伦理价值亦不能脱开人的社会生活来认取,但相对而言,这种价值偏重于社会生活当中之个体对于自身行为合理性的追求,其更多的不是要对人参与其中的政治、经济、艺术与军事活动设置何种合理性的目的,而是旨在探寻人们在展开自己活动的时候依凭何种道德信念以及相应地承担何种道德责任。一般地,这两种价值会和平相处,但也会发生冲突,甚至出现尖锐的斗争。韦伯认为,不是所有文化性质的价值判断必定都能够得到伦理上的认可:"文化价值即使同所有的道德都发生了不可调和的冲突,也仍然会保持下去。"①韦伯还进一步指出:"无论伦理绝对命令的约束的基础和方式可作何种解释,确切无疑的一点是,文化内容无法从它们推论出来。"②

因此,要依凭文化价值找到对于实践活动具有普遍有效的指南是不可能的,因为既无法让文化价值简单地认同于道德命令,亦不可能降低道德律令来迁就文化价值。在某种意义上,只有那些道德上负有真正之使命的人才有可能带来富有成效的价值观。为此,韦伯特别强调必须将"伦理的绝对命令"与"文化价值"严格地加以区分,③因为文化价值在某种程度上会腐蚀或贬损伦理价值。

具体地说,文化价值只是为生活秩序提供了一个观念层面的取向,但如若缺乏明确的动机取向,生活秩序的有效性便无法得到最终的确立。梁漱溟说:"人类文化占最大部分的,诚不外那些为人生而有用的工具和手段、方法、技术、组织制度等,但这些虽极占分量,却只居从属地位。居中而为之主的,是其一种人生态度,是其所有的价值

---

① [德]玛丽安妮·韦伯:《马克斯·韦伯传》,第368页,江苏人民出版社2001年版。
② [德]马克斯·韦伯:《社会科学方法论》,第8页,中央编译出版社1999年版。
③ 参见[德]马克斯·韦伯:《社会科学方法论》,第149页,中央编译出版社1999年版。

判断——此即是说,主要还在其人生何所取舍,何所好恶,何是何非,何去何从。这里定了,其他一切莫不随之。不同的文化要在这里辨其不同。"①据此,"伦理价值"便成为人生目的实现的有效性保证,而深深地嵌入到世俗生活各个层面的"文化价值"则退居其次,后者甚至存在着被功利主义所蒙蔽的危险而无法对世界意义和人生目的提供任何真正有效的说明,从而导致人生活陷入"无意义化"的境地。

当然,我们不是要否定文化观念在提升生活境界当中所具有的普遍性意义,而是说单一的文化价值不足以保证获得生活的意义,这种对于人生和世界之意义的获得只有通过伦理意识与道德责任方能产生出来。尤其重要的是,伦理意识与道德责任只有转化为一种行为的理性动机,才能最终获得规范意义妥当性的权能,进而取得规制生活方式的合法性权力。这实际上意味着,虽然文化价值和伦理价值都具有影响生活方式的能力,但前者乃是一种工具合理性,并不具备提升生活品质的自足性,且只能平行于生活世界且与生活一道在伦理价值的规导下获得有效性。②

从价值哲学角度对于"文化价值"与"伦理价值"之间关系的辨析说明,二者都是理性存在者的人试图妥切地安排生活并使之趋于理性化的理想追求方式,但前者所能够提供的是人生活的一个总体性的方位和框架,它是生活的"形式",而后者则是在这一方位和框架当中呈现生活本身的品质,因而是生活的"质料"。"文化价值"作为生活的"形式",可以延展到社会各个领域当中,使人的生活保持一定的"广延性",并深入到各种社会境遇中去创造人生的多样性。但如果要使生活保有质量,则还需要"伦理价值"来创设人生意义的实现方式,即帮助人们确立人生的基本定向并为之付出持续的努力,

---

① 梁漱溟:《孔子学说的重光——新儒学论著辑要》,第296页,中国广播电视出版社1995年版。
② 参见[德]尤尔根·哈贝马斯:《交往行为理论》第1卷,第171页,上海人民出版社2004年版。

以此来界定人生活的实质性内涵。

基于以上理论考察,具体到"军事文化"与"军事伦理"之间的关系上,我们就可以初步作出以下的判断:"军事文化"是人本质力量的体现,军人群体通过从事军事活动来展现这一本质力量,以此丰富社会生活的多样性;与之不同,"军事伦理"更加着眼于军人对于实践合理性的追求,它通过军人对于军事活动与个体行为之合法性的反思,来勘定世界的意义,以此来界定人生的价值所在。比较而言,关于军人核心价值观的审理,严格地说应来自军事伦理学,这也是我们试图建构军人核心价值观伦理学维度的目的所在。

3. 建构军人核心价值观的伦理学维度

在日常用法中,伦理与道德一般不加以区分,但在伦理学尤其是道德形而上学的研究中,二者往往所指有所不同。比较明确区分这两个概念并进行深入探究的当属黑格尔,其在《法哲学原理》中指出:"道德和伦理在习惯上几乎是当做同义词来使用,在本书中则具有本质上的不同的意义。普通看法有时似乎也把它们区别开来的。康德多半喜欢使用道德一词。其实在他的哲学中各项实践原则完全限于道德这一概念,致使伦理的观点完全不能成立,并且甚至把它公然取消,加以凌辱。但是,尽管从语源学上看来道德和伦理是同义词,仍然不妨把既经成为不同的用语对不同的概念来加以使用。"[①]为此,黑格尔认为,伦理具有普遍性和现实性,它是外在客观性的法与内在主观性的道德统一起来的客观精神的表现,而道德只是个体的主观意志,只是伦理的内在环节,没有普遍性和现实性。可见,在黑格尔的理解中,伦理问题属于价值问题,其立足于对普遍社会现象作出价值判断而较少关注个体的行为规范;而道德问题属于规范问题,其属意于确立个体行动的规范而较少关心一般社会层面上的价值评判问题。简单地说,黑格尔认为伦理是群体的价值追求,道德是个体的主观意志。

---

① [德]黑格尔:《法哲学原理》,第42~43页,商务印书馆1961年版。

这样，道德与伦理分别对应于规范和义务，即相当于"个体的"和"社会的"标准：道德追求的是个体价值的实现，伦理注重集体的目的。当然，需要特别指出的是，伦理在注重集体的目的的同时不是要否定个体权利，而是在以一种与整体兼容的方式肯定个体的价值；同样，道德对个体价值的追求也不是为了将群体追求的共同理想悬置起来，而是以一种契合个体内在心灵的方式来协调普遍性或社会性的关系。

按照黑格尔道德哲学的方法论，我们可以将军事伦理学的中心议题区分为两个相互关联着的维度：军事伦理与军人道德。"军事伦理"是围绕军事活动伦理合理性展开的理论思考，主要包括如何符合道德地发动战争、如何道德地进行战争与战争的道德和解等伦理问题，同时也涉及军事伦理与社会伦理的关系、高新技术武器研发与运用的伦理限度以及使用武力的伦理规范等问题。严格地说，"军人道德"主要地属于美德伦理学与义务伦理学研究的议题：美德理论学瞩目于军人的特性、军人人格以及军人的内在品质等问题，义务伦理学则关注军人行为的道德合法性问题。具体而言，军人道德包括坚贞忠诚、牺牲奉献、崇尚荣誉、严守纪律、尚武意识等职业方面的道德要求。需要指出的是，在有意区分军事伦理与军人道德这两个概念及其核心理论取向的同时，还应当认识到二者之间存在的关联：军人的道德规范取决于军事伦理所给定的职业范围与行为取向，同时军事伦理的价值原理需要得到军人道德行为的体现与落实。只有充分认识到军人是军事活动的主体，同时把握住军事伦理与军人道德之间的内在关系，军事伦理学的学科地位方能得到清晰的界定。

人类历史上关于军事尤其是战争的记述不可谓不多，但能够对战争作出精密、深刻而全面道德思考的著作并不多见。在人类生活关联度日益紧密的全球化时代，战争不单是战争双方的事情，单个的军事行动有可能波及更大范围，其最终造成的影响也许是当初发动战争的人所无法预料到的。对此，关于战争本质的思考需要更多地关注到人类生存的内在层面，需要将战争的反思纳入关于"当代人的类型"以及"当代人类文明的可持续性"等这样一些影响长远的问题上来,以探明战争的时代意义及其现实限度。一句话,只有从世界的合法化秩序与人生存的意义之高度上思考战争的目的性,人类才能够正确看待战争并确切地运用与限制战争。这正是军事伦理学所面对的现实课题。

令人欣慰的是,世界范围内的军事伦理学研究已经起步并呈现蓬勃发展之势。在西方知识界,不仅是军事学与伦理学领域的学者开始关注军事伦理问题,而且许多哲学家、政治学家、法学家以及宗教界人士都不同程度上关注这一问题。在美国,军事伦理学已经发展成为一门较为成熟的学科,美国空军军官学校创办的《职业军事伦理学期刊》与美国国防大学主办的"三军联席职业伦理学年会"有力地推动了这一学科的发展,以至于军事伦理所涵涉的价值理念已经成为美国政府决策和军方采取军事行动的必要的思想资源。比如,美国军方就认为对于世界和平发展中出现的新情况新问题,必须从军事伦理的视角进行深入的探讨,因为如何审视和处理这些问题不仅能折射出军队现在的情况,而且会决定美军在21世纪的总体特征和战斗力。具体地说,美国军事伦理研究主要涉及以下领域:军事决策中的伦理问题;对现代社会中各种战争的伦理定性问题;战争法的分析、传播与贯彻中的伦理问题;高新技术武器(包括生化、电子、核武器等)的发展与运用中的伦理问题;和平时期、战前时期、战争时期、战后时期的伦理问题;战争时期中立国的作用的伦理问题;小规模战争(内战)中的伦理问题;军队解决国内问题的伦理问题;对待战犯的伦理问题;关于投降的伦理问题;军队和其他社会机构关系的伦理问题;军人(含退伍军人)待遇中的伦理问题;军人(含军属)社会保障中的伦理问题;等等。[1]

相对而言,我国的军事伦理学还处在初创阶段,军事伦理问题多

---

[1] 参见张长岭:《美国军事伦理研究对我国军事伦理研究的几点启示》,载《道德与文明》2002年第1期。

半归属在伦理学领域进行研究。我国的军事院校与其他军事研究机构的很多学者倒是或多或少涉足了这一领域,但一般都是在思想政治教育的角度上探讨"军人道德"问题,尚未形成真正严格的学科研究氛围。对此,我们要放眼当代世界,立足中国的国防和军队现代化建设实际,坚持用马克思主义伦理观全面深入地研究军事活动的伦理问题,推动具有我军特色的军事伦理学发展。

当代革命军人核心价值观的提出与大力发展先进军事文化的时代任务,为建构与发展我军独特的军事伦理学提供了前所未有的历史机遇。本书正是因应这一时代要求的初步尝试,我们希望通过这一努力,有助于推动军事伦理学朝着更为明确的方向发展。

上篇
军人核心价值观的伦理维度

第一章

军事伦理文化与军人核心价值观

随着新军事变革的深入发展,文化在军事活动中的作用进一步凸显,创新发展军事文化成为赢得军事竞争优势不可或缺的重要方面。人们越来越认识到,先进的军事文化不仅是战斗力的重要构成因素,更是衡量一支军队性质宗旨的基本标识。胡主席关于大力发展先进军事文化以及发展先进军事文化要以培育当代革命军人核心价值观为根本任务的重要思想,对于加速我军现代化建设,有效履行新世纪新阶段我军历史使命,具有重要的理论和实践意义。为贯彻落实胡主席的重要指示精神,我们拟在此探究战争的本质内涵与其内在的价值逻辑,揭示其历史形态与实践要求,同时希望通过军事伦理文化的视角审视军人核心价值观的精神实质,把握军人核心价值观与军事伦理文化精神的内在关联,从而推动先进军事文化创新发展。

第一节 战争的伦理文化内涵

对于战争,人类可谓是爱恨交加。但是,由于战争一直与人类文明相伴相随,探究战争的本质内涵就成为人类思想史上不可回避的重要议题。从广义上看,但凡对于战争的经验总结、理论反思与实践取向都属于"军事文化"这一范畴,其中有关军事行为的伦理思考乃是军事文化的核心问题域,它不仅集中反映出军事文化发展的方向,同时也在一定程度上代表着军事文化思考的最高成就。概括地说,

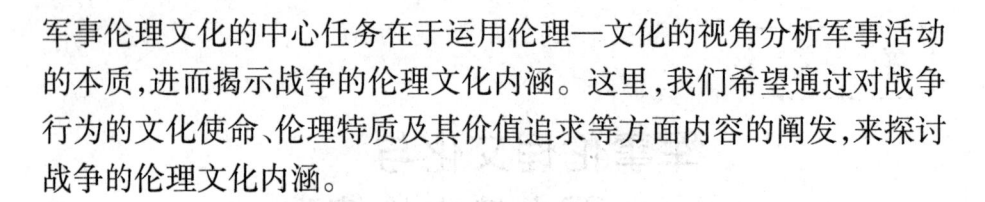

军事伦理文化的中心任务在于运用伦理—文化的视角分析军事活动的本质,进而揭示战争的伦理文化内涵。这里,我们希望通过对战争行为的文化使命、伦理特质及其价值追求等方面内容的阐发,来探讨战争的伦理文化内涵。

一、战争的文化使命

在人类思想史中,对于战争的谴责远远多于颂扬。姑且不论战争会给参战的每一个军人带来生命的威胁,从而损害"生命是最高价值"这一人类所珍视的道德原则,单从主动发起战争的一方来说,其在战争中的所得依然不及所失:战争带来的恐怖气氛、颠沛流离、文化凋敝、道德沦丧、社会紊乱等等,乃是人类心灵上永恒的伤痛。著有《信息时代的战争法则》一书的罗伯特·R.莱昂哈德直言不讳地说:"战争是人类灵魂的赘疣,人性中具有讽刺意味、自相矛盾,有时甚至是混乱的一面,带给军事艺术一种极度混乱的局面:矛盾得惊人的说法,转瞬即逝的见解和不断变化的真理交织在了一起。我们的任务每天都被重新定义,有时我们能注意到,更多的时候我们注意不到。"[1]在莱昂哈德看来,由于战争本身所具有的恶的取向,似乎取消了所有试图对战争作出深度理论思考的可能性。

然而,在另外一些人看来,战争并非毫无价值,它不仅能够激发军人个体的生命力,同时还能够为人的社会生活注入新的活力,使整个人类共同体呈现出焕然一新的面貌。这种看法不单是所谓的"战争狂"制造的"战争幻影",同时也是许多思想家基于对人类特性思考所作出的谨慎的结论。在一本专门研究"战争和男性气质的变迁"的论著中,布劳迪认为正是战争造就了男性的精神气质,而男性的精神气质又反过来助长了战争的流行。因此,战争是男人的事业,男人所从事的战争事业在某种意义上推动了社会的变迁,从而塑造

---

[1] [美]罗伯特·R.莱昂哈德:《信息时代的战争法则》,第17页,新华出版社2001年版。

了人类社会的现实形态。他说:"穷困潦倒的中世纪骑士通过俘虏敌方贵族来换取赎金,并以此赢得土地与财富;而如今的外来移民和出身贫贱的年轻人通过参军来获得他们在军队以外几乎永远不可能得到的教育和社会地位。在战场上,英勇和智谋能够令人即刻获得奖赏,所以战争一直在推动社会阶层的变化。无论在阶级社会还是民主社会,战争为在和平时期被遏制的野心提供实现的途径。战争时期经常会发生社会运动和社会变革,战争中各种可能的严酷考验也往往会造就多种多样的男性气质,无论在战场内外,即使当战争是为了肯定以往的价值观念时也是如此。"①

进一步地看,在西方文化传统中一直存在着将战争看做推动人类文明进步的不可替代力量的观点。远在古希腊罗马时期,许多思想家往往将战争看做正常状态并因此将其视为善的体现。曾作为一名雅典城邦战士的苏格拉底虽然没有能够战死疆场,但作为一名雅典城邦公民的苏格拉底却在同他认为是社会邪恶势力的斗争中牺牲了自己的生命。在苏格拉底看来,后者虽然是在与自己同胞就信念与政治进行斗争,但其意义丝毫不亚于同外在敌人的斗争,因为这种斗争的胜负直接决定了雅典城邦未来的命运。苏格拉底在这里体现出来的是一种人文主义的战争观,它肯定战争具有的社会作用,并赋予了战争独特的文化内涵。与之类似,古罗马学者西塞罗也在这个意义上理解战争。他说:"那些以荣誉为目的的战争,造成的苦难应该少一些。我们与同胞会开展争斗,如果他是敌人,是以一种方式,而如果他是竞争者,则会以另外一种方式:与竞争者是为了职务和地位而争斗,与敌人则是为了生命和荣誉。"②

沿着古希腊罗马时期的人文主义传统,后来的思想家走得更远,

---

① [美]里奥·布劳迪:《从骑士精神到恐怖主义——战争和男性气质的变迁》,第21页,东方出版社2007年版。
② [美]理查德·塔克:《战争与和平的权利》,第23页,译林出版社2009年版。

甚至有人赋予了战争不可取代的文化使命。在康德看来,战争既是人类的不幸,但又是人类之大幸:战争会阻碍人类自然禀赋的充分发展,同时也能够促进其发展。他说:"由于相互对抗的武装耗尽了共同体的一切力量,由于战争所造成的破坏,而尤其是战争由于经常维持战备的需要,人类的自然禀赋在其前进过程中的充分发展确实受到了阻碍;然而另一方面,由此而产生的灾难却也迫使我们这个物种去发掘一条平衡定律来处理各个国家由于它们的自由而产生的(而其本身又是健康的)彼此之间的对抗,并且迫使我们采用一种联合的力量来加强这条定律,从而导致一种安全的世界公民状态。"①康德的意思是,倘若没有战争以及从战争当中激发出来的各种能量,来促使人们联合起来,人类社会便不能达到最终的理想状态。在这个意义上,战争与人类文明发展相伴随,它在阻碍人性发展的同时激发人性向善的力量,并最终塑造了人类社会的现实形态。康德进一步说:"大自然是通过战争、通过极度紧张而永远不松弛的备战活动、通过每个国家因此之故哪怕是在和平时期也终于必定会在其内部深刻感受到的那种缺匮而在进行着起初并不会是完美的尝试,然而在经过了许多次的破坏、倾覆甚至于是其内部彻底的精疲力竭之后,却终将达到即使是没有如此之多的惨痛经验、理性也会告诉他们的那种东西,那就是:脱离野蛮人的没有法律的状态而走向各民族的联盟。"②

于是,康德得出了这一结论:"在人类目前所处的文化阶段里,战争乃是带动文化继续前进的一种不可或缺的手段。"③在战争的影响下,人类不仅从野蛮状态走了出来,进入到文明状态,而且在文明状态中,战争既是各民族融合的牵引力量,同时还是防止民族文化陷入腐化的催化剂。正因为如此,黑格尔几乎是用歌颂的口吻来表达其对战争的态度:"战争是严肃对待尘世财产和事物的虚无性的一

---

① [德]康德:《历史理性批判文集》,第14页,商务印书馆1990年版。
② [德]康德:《历史理性批判文集》,第11~12页,商务印书馆1990年版。
③ [德]康德:《历史理性批判文集》,第75页,商务印书馆1990年版。

种状态……通过战争,正如我在别处表示过的,'各国民族的伦理健康就由于它们对各种有限规定的凝固表示冷淡而得到保存,这好比风的吹动防止湖水腐臭一样;持续的平静会使湖水发生相反的结果,正如持续的甚或永久的和平会使民族堕落'。"①

也正是在这个意义上,著有《西方的没落》一书的斯宾格勒特意强调说:"战争的精华,却不是在胜利,而在于文化命运的展开。"②这里所谓的"文化命运"即是指战争的最终目的不是为了赢得战争本身,而是在追求人民的福祉与人类社会的和谐,正是在幸福、自由、权利、正义、和谐等这些崇高价值的指引下,战争方能有助于实现人类的"文化命运"。可见,军人正是在实现人类"文化命运"的意义上形成报效国家的伦理价值:军人虽然难免有杀戮行为,但如果这种行为是在"文化命运"的安排与指引下不得已做出的,则其所具有的有限的消极价值会被崇高的积极价值所消解,从而被赋予正面的意义。

二、战争的伦理特质

如果说战争本身被赋予了一种特殊的文化使命的话,那么这种使命并非是外在于人类文明的东西,恰恰相反,战争的文化使命在于保存与促进人类文化并通过激发人类社会的对抗性,来达到促进人类文明进步的目的。显然,战争的文化使命蕴涵着丰富的伦理品质,揭示这种伦理品质,能够更好地理解战争的本质属性。

对于人类文明之健康发展的积极促进作用,典型地体现出战争的伦理特质。由于这种独特伦理的存在,很多人因此对战争采取了完全拥抱的姿态,如英国人劳埃德·乔治在第一次世界大战爆发之后就这样评论道:"曾经席卷英伦大陆的骄奢贪欲开始隐退,崭新的大不列颠浮现于我们眼前。长久以来繁荣的泡沫一直遮蔽着我们的

---

① [德]黑格尔:《法哲学原理》,第340~341页,商务印书馆1996年版。
② [德]奥斯瓦尔德·斯宾格勒:《西方的没落》,第84页,商务印书馆2001年版。

视线,我们第一次能够清楚地看到生活中至关重要的基石。"①毫无疑问,在长期的和平时期所谓的"生活中至关重要的基石"被淹没了,战争使得这种内在的生活品质开始浮现出来。这也是致使一些人往往对战争感到兴奋的一个重要原因。

那么,战争的这一伦理特性是如何反映出来的呢?与一般直截了当讴歌战争的做法不同,康德的解释颇为曲折有趣。康德认为,人的意志是自由的,人亦可以自由地行动,但是人的行为最终却为普遍的自然律所决定。他说:"当每一个人都根据自己的心意并且往往是彼此互相冲突地在追求自己的目标时,他们却不知不觉地是朝着他们自己所不认识的自然目标作为一个引导而在前进着,是为了推进它而在努力着。"②可见,在伟大的自然面前,人仅仅只是一个卑微的存在者而已。然而,人毕竟是理性的存在者,人类据此必须创造自己所需要的一切,大自然在把意志自由赋给了人类的同时,催促着人类努力向前奋斗,以便使"他们自己配得上生命与福祉"。这样,人类就必须充分利用自然所赋予的秉性,并且应该尽其所能地去展现这种自然秉性。但是,由于"大自然使人类的全部禀赋得以发展所采用的手段就是人类在社会中的对抗性"③,因此战争就成为人类不可回避的生存方式之一。

在康德看来,人类不可能像羊群那样温驯地生活着,而要为自己的生存创造出价值并使自己的生活富有意义,就必须充分利用社会中的对抗性,从而运用战争来推动人们去实现这些价值。康德指出:"人具有一种要使自己社会化的倾向;因为他要在这样的一种状态里才会感到自己的不止于是人而已,也就是说才会感到他的自然禀赋得到了发展。然而他也具有一种强大的、要求自己单独化(孤立

---

① 转引自[德]里奥·布劳迪:《从骑士精神到恐怖主义——战争和男性气质的变迁》,第41页,东方出版社2007年版。
② [德]康德:《历史理性批判文集》,第2页,商务印书馆1990年版。
③ [德]康德:《历史理性批判文集》,第6页,商务印书馆1990年版。

化)的倾向;因为他同时也发觉自己有着非社会的本性,想要一味按照自己的意思来摆布一切,并且因此之故就会处处都遇到阻力,正如他凭借他自己本身就可以了解的那样,在他那方面他自己也是倾向于成为对别人的阻力的。可是,正是这种阻力才唤起了人类的全部能力,推动着他去克服自己的懒惰倾向,并且由于虚荣心、权力欲或贪婪心的驱使而要在他的同胞们中间为自己争得一席地位。于是就出现了由野蛮进入文化的真正第一步,而文化本来就是人类的社会价值之所在;于是人类全部的才智就逐渐地发展起来了,趣味就形成了,并且由于继续不断的启蒙就开始奠定了一种思想方式,这种思想方式可以把粗糙的辨别道德的自然禀赋随着时间的推移而转化为确切的实践原则,从而把那种病态地被迫组成了社会的一致性转化为一个道德的整体。"①显然,社会中的对抗性是人性中自私的因素,但这种自私因素之间的互相斗争最终却促进人类在彼此之间的团结与合作,进而造就"道德的整体"。正因为如此,康德忍不住满怀感激之情地说道:"让我们感谢大自然能有这种不合群性,有这种竞相猜忌的虚荣心,有这种贪得无厌的占有欲和统治欲吧!没有这些东西,人道之中的全部优越的自然禀赋就会永远沉睡而得不到发展。"②

当然,战争的伦理特质可以从战争本身所追求的伦理价值当中体现出来,也能够在参与战争的行为主体的伦理规制中得到反映,因为军队组织的基本伦理要求在一定程度上彰显了战争所追求的伦理价值。法国社会学家涂尔干明确地说:"任何职业活动都必须有自己的伦理。"③对于军人来说,通过参与战争可以表达其对于生活其中的整个共同体的伦理理想,同时其自身的职业行为也体现出一种独特的伦理追求。亨廷顿在《士兵与国家》中指出:"军队要实现其

---

① [德]康德:《历史理性批判文集》,第6~7页,商务印书馆1990年版。
② [德]康德:《历史理性批判文集》,第7~8页,商务印书馆1990年版。
③ [法]爱弥尔·涂尔干:《职业伦理与公民道德》,第17页,上海人民出版社2001年版。

功能,就要求其中每一等级必须能够指挥下级,下级要立即忠实地服从命令。若没有这种关系,实现军事职业化是不可能的。所以,忠诚和服从命令是军人最高的美德。"①

比较起来,黑格尔的一段话能够贴切地说明军人的伦理品质:"个人只有成为定在,成为特定的特殊性,从而把自己完全限制于需要的某一特殊领域,才能达到他的现实性。所以在这种等级制度中,伦理性的情绪就是正直和等级荣誉……在这一领域中,道德具有它独特的地位,这里,个人对自己活动的反思、特殊需要和福利的目的,乃是支配的因素,并且在满足这些东西中的偶然使偶然的和个别的援助成为一种义务。"②这就是说,每个人只有生活在特定的社会领域并从事特殊的活动,其才能实现他的本质,否则,人就只能是抽象的人。军人因为其所承担的保家卫国的特殊道德义务,而获得他的现实性,同时军人所获得的现实性也有助于整个国家共同体的健康发展。正是在这个意义上,美国职业军人约翰·彭斯少校饱含深情地表达了理解军人职业所具有的牺牲性的伦理品质。他说:"军人(职业士兵)对人的思想比任何一个其他的阶层都有更深刻的洞察力。他是当今最有实践经验的心理学家。在和人打交道时,他所能做的事情比任何一个其他的人都多。在几个月中他能引导人们达到牺牲自我的高度。而民间部门则用几年的努力也不可能完成类似的事情。"③

三、战争的伦理文化价值

战争因其所承担的特殊文化使命而具有特殊的伦理品质,这种

---

① 转引自[美]查尔斯·H. 科茨、罗兰·J. 佩里格林:《军事社会学》,第239页,国防大学出版社1986年版。
② [德]黑格尔:《法哲学原理》,第216页,商务印书馆1996年版。
③ [美]查尔斯·H. 科茨、罗兰·J. 佩里格林:《军事社会学》,第53~54页,国防大学出版社1986年版。

伦理品质实际上就是战争的价值所在。军事实践主要包括战争决策、战争实施和战争处置三个方面，它们从时间上分别对应于战前、战时和战后三个时期，在其中每一个方面都有着具体的文化伦理诉求，集中体现为正义、人道与和平这些基本的价值诉求。

1. 正义是战争活动的价值基点

许多思想家对战争作出了深刻而又精辟的论述，其中一个显著成果就是严格区分了正义战争与非正义战争，并以之判定战争的性质：凡是符合某种道德标准的战争就是正义战争，否则就是非正义战争。显然，这是一种价值上的判定，试图探明军事行为作为一种特殊人类活动形式所具有的道德合法性，由此确立起伦理文化的规范性作用。

中国古代对战争的正义问题讨论由来已久，以"道"判定战争性质的做法得到普遍的认同。夏、商、周时期，多以"替天行道"和"以德配天"来申明战争的正义性；春秋战国时期坚持"仁战"观念，"以仁为胜"和"以仁为本"成为界定正义战争的标准。《司马法》记载："战道：不违时，不历民病，所以受吾民也；不加丧，不因凶，所以受夫其民也；冬夏不兴师，所以兼受其民人。"[①]这里谈论的是用兵的原则，实则是战争的正义性问题，其核心体现在"爱民"：不仅要爱护自己的民众而且要爱护敌国的民众；以民为本就是以仁为本，这适合中国古典儒家的道德准则；因而所有以民为本的战争都是符合正义的战争。对此，孙子亦阐明了自己的看法："道者，令民与上同意也，故可以与之死，可以与之生，而不畏危。"[②]战争是关系到国计民生的大事，国家的道德合法性正是在于合理地安排民众的衣食住行，与民同忧与民同乐为治国之本，而民众同统治者一心一意，共同为维护国家的利益而战斗就是正义的战争。以上所述表明，所谓正义战争就是遵循"保国安民"之道和"仁爱"规范的战争，其主旨在践履儒家

---

① 《司马法·仁本》。
② 《孙子兵法·计篇》。

"仁"的精神。

在西方,关于战争正义性的理论资源也非常之多,古典神话及悲剧文学作品集中描述了为了寻找宇宙公正秩序所进行的战争,到中世纪时代正义战争的理论基本成型。西方传统一般认为正义战争应该具备下述三个条件:(1)战争要由一个法定的权威人士来宣布;(2)战争必须以正义事业为目的;(3)战争的手段必须与目的相适应,即战争所要达到的善在价值上必须超过战争所带来的恶。① 这个传统源自中世纪神学大师托马斯·阿奎那,后经约瑟夫·麦克纳(Joseph McKenna)发展为七条:(1)必须由公认的权威人士来宣布;(2)受敌人伤害的程度必须与伤害敌人的程度成比例;(3)必须使侵略者受到真正的、直接的损失;(4)必须有可能赢得胜利;(5)必须是解决争端的最后手段;(6)参战人员必须有值得称道的道德动机;(7)必须使用道德的手段。② 可以看出,西方有关战争正义性的讨论始终限定在宗教和道德领域,对于违背上帝意愿和通行道德准则的行为进行讨伐具有正当性。到现时代,由于联合国及其他国际组织的存在,国际上对于战争的合法性进行了一系列全新的探索,国际法的出台更是增强了人们对战争正义问题的认识。

2. 人道是战争行为的价值标准

战争是一种暴力行为,如何在诉诸武力的情况下坚持人道主义精神?从战争本身似乎很难找到仁爱或人道的种子,以消灭对方作战人员和摧毁军事力量为战斗胜利标志的行径能够打上人道主义的烙印吗?的确如此,坚持战争是人类历史上最邪恶力量的观点大有人在,既然战争以消灭人的生命作为其达到目的的手段,它又能够出于一种什么样的道德考虑呢?撇开战争本身所具有的暴力属性不

---

① 参见[美]R.T.诺兰等:《伦理学与现实生活》,第466页以下十七章"战争与和平"的相关讨论,华夏出版社1988年版。
② 参见[美]约瑟夫·麦克纳:《伦理学与战争:一种天主教观点》,第647~658页,载《美国政治科学评论》1960年9月。

论,强调在战争不得不发生时坚持将人当人看的人道立场,正是贯彻军事伦理运思之始终的价值之轴。

战争不可不诉诸武力,没有暴力支撑的斗争最多只能算是非暴力的不合作运动,只有以战止战或以暴止暴才使战争成其为战争。暴力是战争必须采取的手段,但有时候使用暴力是为了铲除另一种暴力形式,达到非暴力的和平目的。这也是《司马法》所坚持的观念:"是故杀人安人,杀之可也;攻其国,爱其民,攻之可也;以战制战,虽战可也。"可见,暴力并不一定就是非道德的,更不等同于不道德。如果说暴力潜在地具有反道德的倾向,那么在正义战争中使用暴力却具有某种道德意味,况且在所有性质的战争形式中,为道德保留生存空间依然是有可能的。比如,对于非战斗人员应予释放;对敌人能够生擒者就不要致其受伤;尽可能使对方受伤更轻,以便伤者可以接受治疗;拘留场所应当尽可能适于居住;等等。这样,我们可以得出一个结论:战争以暴力的极端形式表现出来,在暴力使用的过程中出于道德上的考虑不但是可能的,而且是必须的;人类需要战争的最终目的在于寻求和平,确立社会正义与和谐。

对于在军事行动中应当坚守人道主义的原则,中西两种文化传统都是认同的。《吕氏春秋·怀宠篇》明确规定:"故兵入于敌之境,则民之所庇矣,黔首知不死矣。至于国邑之郊,不虐五谷,不掘坟墓,不伐树木,不烧积聚,不焚室屋,不取六畜。"卢梭坚持战争决不能产生超出其目的所必需的任何权利。他说:"战争的目的既是摧毁敌国,人们就有权杀死对方的保卫者,只要他们手里有武器;可是他们一旦放下武器投降,不再是敌人或敌人的工具时,他们就又成为单纯的个人,而别人对他们就不再有生杀之权。"[①]

现今国际社会,人道主义被视为战争所必须遵循的重要原则,为显示其极端重要性,又多以国际法的形式被固定下来,敦促交战双方加以落实。战争的人道伦理要求主要由1977年颁布的《日内瓦公

[①] [法]卢梭:《社会契约论》,第15页,商务印书馆2003年版。

约》的两项附加议定书有关细则体现出来,基本内容是对作战手段与方法进行限定,保护战争受难者和非战斗人员的权益。具体看来,有以下几个方面:第一,人道原则对作战方法和手段作出限制;第二,军事人员应具备作战道德和享受人道待遇;第三,丧失战斗能力的军事人员应享受人道待遇;第四,非战斗人员和民用设施应得到人道保护;第五,战俘的人道待遇。

3. 和平是战争行动的价值目标

汤因比和池田大作在其对话录《展望二十一世纪——汤因比与池田大作对话录》谈到战争问题时,一致同意战争是人类生活的重要习惯,战争的反复不得不使得人们认为人类历史就是战争史。[①]但是,汤因比和池田大作并不因此就认定战争是人类社会的宿命,战争亦非人性的痼疾:人类历史同样证明了战争是会随着时间和地点而发生改变,消灭战争一定是可能的。这意味着和平绝不是战争之间的间歇,永久和平并非不可以成为人们追求的目标。这就是说,战争毕竟是文明的弊病,是向人的生命尊严的挑战;人们在享受战争带来的好处的同时,同样不得不付出高昂的代价:战争会引起新的战争,招致攻击方的报复;战争能够促使经济总量增加,这使得之后的每一次战争的准备更加充分,从而增大了战争的破坏力;战争往往也给胜利一方带来破坏,至于核战争更是一场没有胜利的战争。如果说战争是人们解决争端的最后手段,那么在核武器时代,这个手段并不是最佳的决断。核武器的发明为消灭战争带来了契机,和平解决争端成为理性的最好选择。所有这些

[①] 参见[英]A.J.汤因比、[日]池田大作:《展望二十一世纪——汤因比与池田大作对话录》,第229~251页,国际文化出版公司1985年版。据西方学者统计,从有文字记载以来的大约5000年时间里世界范围共发生过的战事达14500次之多,平均每年有近3次战争,而相对和平的时间只有292年。人类文明伴随战争而成长,这是不争的事实,难怪汤因比将战争说成是文明具有的先天弊病之一。

都是军事伦理应该面对的问题,也是其作为人类理性地对待自身方式的体现:和平的理念是军事伦理的价值之实,它本身是一种伦理上的诉求,并最终给定了军事活动的合法性。

和平的伦理要求首先意味着从战争中寻求和平,即所谓的"消极和平"。"消极和平"可以理解为两次战争之间的间歇,也可以视为对暴力的理性屈服和忍受,但更多的是指合理地对待战争资源,在战争状态中寻求人类相互协调、支持与合作的和平因素。战争是人类文明的诟病,其构成了人类社会的内容之一,但战争并非人类活动的唯一样式,数千年来的人类活动只有很少的部分同战争直接相关,其他如农业、商业、教育和文化艺术都远离战争相对独立地发展。正是在战争的间歇,人们得以从事同其生活更为密切的社会活动,从而以和平的方式创造了灿烂的文明。

从战争外部寻求永久性的和平,是和平伦理原则的另一个要求,这种和平就是所谓的"积极和平"。按照池田大作的看法,现时代人们应该寻求的是积极和平,它是指人们相互之间不加任何恐怖于对方,相互衷心信赖,相互爱护的一种状态。[①] 积极和平达到的状态才是真正的正常状态,唯有这样的社会才可以称之为人类社会。显然,积极和平是对消极和平的超越,其希望达到的目标是更为高远的持久和平乃至永久和平。这种积极的和平伦理观念要求人们主动寻找和平,以期从根本上杜绝战争及其所带来的危害。积极的和平伦理观念极其尊重理性,消除从感情出发解决争端的方式。长久以来,战争被认为是人类求生存和发展的必由之路,几乎每一个民族都声称自己热爱和平,但为了实际的财富、权利和名目繁多的借口,人人时刻准备战斗,一俟时机成熟就毫不犹豫地投身到战争中去。然而,全球一体化的发展趋势与热核武器或大规模化学武器的存在,使得发动战争无疑意味着集体自杀,不但通过战争获取经济利益的期望会

[①] 参见[英]A.J.汤因比、[日]池田大作:《展望二十一世纪——汤因比与池田大作对话录》,第250页,国际文化出版公司1985年版。

化为泡影,而且有可能将自身的发展前景葬送掉。这样,人们对战争激情的选择就必须更多地让位于和平理性的决断,通过和平方式解决问题必然取代以战争求发展的传统模式。需要说明的是,世界多极化格局的发展趋势和战争形态的发展确实为和平带来了新的希望,但要将战争从文明内部清除出去并非一日之功。这要求人们在理性的呼唤和平的同时,切实将和平原则贯彻到战争的实践之中,即既要在武力斗争内部中寻求和平,亦要为从外部彻底消除战争创造条件。

第二节 军事伦理文化的理论形态

对于战争的文化伦理价值的勘定,从根本上决定了军事伦理文化的表现形态。由于战争在不同的历史时期具有不同的表现形态,人们对于正义、人道与和平这三种基本价值的认知方式及其本质内涵的把握具有明显的差异性,从而使得军事伦理文化呈现出不同的精神取向。中国文化传统比较注重世界的整体和谐,提倡和为贵,因此带有浓厚的和平主义伦理取向。相对而言,西方文化传统更加注重对世界的认识与改造,提倡个性自由,因此带有尚武主义伦理取向。文化传统之差异必然导致军事伦理文化不同的精神取向。梁漱溟《中国文化要义》一书中用"讲理"和"斗力"来概括中西军事伦理文化本质的不同。他写道:"讲理与斗力,二者至不相容。中国人在相争之两造间,若一方先动武,旁观者即不值其所为,虽于本来有理者亦然。因情理必从容讲论而后明,一动武即不讲理,不讲理即为最大不是。此耻于用暴力之美德,外国有识之士如罗素曾深为叹服:'是有不屑于战争之民族乎?中国人是已。中国人天然态度,宽容友爱,以礼待人,亦望人以礼答之。道德上之品行,为中国人所特长……'罗素此叹,正是自叹西洋文化之短。往古文化浅之人,冲动强而理性短,于彼此相争之际,不能论辩以明其是非,辄以斗力决曲直。此风在欧洲直至近代初期犹未尽除,既行于私人彼此之间,亦且行于公众。"①据此,有人认为中国传统军事伦理文化带有和平主义的精神取向,而认为西方传统军事伦理文化则具有浓厚的尚武主义倾向。除此之外,在中西文化传统当中,都存在许多关于战争正义性问题的思想,即所谓的"战争正义论",这种观念既非一味地迎合和平主义的看法,也不主张使用武力来解决国家间的争端与冲突,而是提出了爆发战争必须符合一系列前提条件,符合这些条件的战争就是正义的,否则就是非正义战争。下面就从和平主义、尚武主义与正义论三个层面,对军事伦理文化的基本理论形态作出简单的梳理。

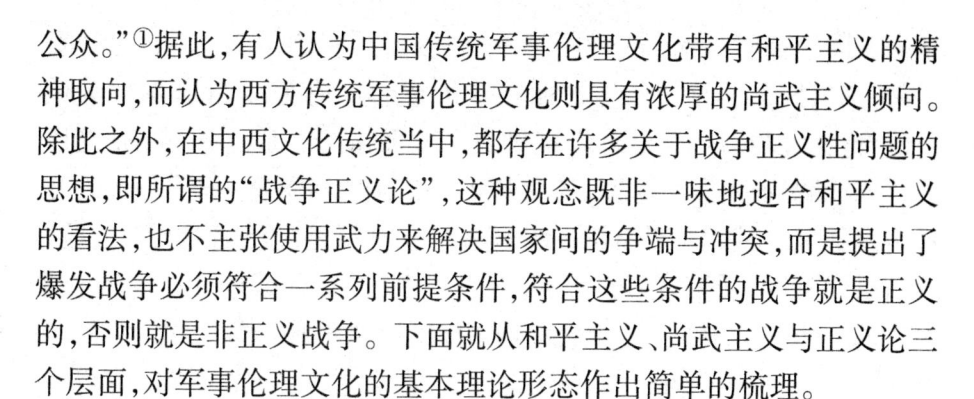

一、和平主义取向的军事伦理文化

和平主义取向的军事伦理文化坚持和平是军事活动的最终价值目标,认为应该谨慎地对待战争,甚至认为应该从根本上消除战争体制。这种形态的军事伦理文化既典型地体现在中国传统文化中,也在现代西方"非暴力对抗运动"中得到鲜明的反映。

在中国传统文化中,和平主义取向的军事伦理文化要求谨慎地对待战争,主张将"不战而屈人之兵"看做是处理国家关系的最高智慧。宗族主义的社会结构使中国古代的国家与家族互为支撑,也使得政治与伦理成为一个整体的两面,重文治而轻武功由此成为中国的深厚文化传统,表现在军事活动中就是一种和平主义取向的军事伦理文化。在处理战争与和平的关系时,中国文化传统提倡一种从和平中消解战争的政治智慧,特别主张以德制胜甚至不战而胜。换言之,不管是历代兵家还是其他各家的军事伦理文化思想,贯穿于其中的一个核心理念就是"不战而屈人之兵"。据文字记载,在孙子提出"不战而屈人之兵"之前,我国最早的兵书《军志》中就有"有德不可敌"的思想。其后的《太白阴经》则有更为具体的表述:"天时不能祐无道之主;地利不能济乱亡之国……存亡在于德,战守在于地,唯圣主、智将能守之,地奚有险易哉。"这种观念得到了后来许多思想

---

① 梁漱溟:《中国文化要义》,第1页,学林出版社1987年版。

家的认同。如管仲坚持"错国于不倾之地,授有德也",为此主张"竟于德"而"不竟于兵";孔子进而将这种理念上升为政治道德:"为政以德,譬如北辰,居其所而众星拱之",转而指出"道之以政,齐之以刑,民免而无耻;道之以德,齐之以礼,有耻且格";孟子对古时为政者引发的大量战争甚为不满,认为这些战争都是统治者违背"王道"的结果,为此而质疑道:"仁人无敌于天下,以至仁伐至不仁,而何其血之流杵也?"当然,历史上还是存在诸多的"不战而屈人之兵"的事例,其中《韩非子·五蠹》就记载有:"当舜之时,有苗不服,禹将伐之,舜曰:不可,上德不厚而行武,非道也。乃修教三年,执干戚舞,有苗乃服。"作为法家的韩非向来器重"法术势"而轻视道德的作用,但他对舜征服有苗的历史事实却称颂有加,多少反映出"不战而屈人之兵"的思想确实在古代中国已经深得人心。

要真正实现"不战而屈人之兵"的理想,同时还必须坚持文武并举的治国方略,将礼法兼用的治军之道看做是和平精神的最佳注脚。从整个中国文化传统的发展进程来看,尚武精神多处于一种被压制的状态,虽然它能够在特殊的历史时期转化为爱国主义,激励民众保家卫国,但始终无法得到以文官为主体的统治阶层的认可,更无法上升为主流意识形态。这其中的重要原因就在于中国传统文化提倡"和为贵"的价值理念。身处这种文化传统,众多兵家自然就坚持文武并举,提倡礼法兼用的治军之道。孙子比较精确地阐明了这一治军原则:"卒未亲附而罚之则不服,不服则难用也;卒已亲附而罚不行,则不可用也。故合之以文,齐之以武,是谓必取。"[1]在治理军队上,文武之道,一张一弛,不可偏废,只有文武兼备,才能使军队勇往直前,赴汤蹈火。在《司马法》中,这一治军理念被表述为:"故礼与法,表里也;文与武,左右也。"[2]治理军队不可照搬朝廷的礼仪法度,军队的规章制度也不适用于朝廷,因而礼与法、文与武之间应当兼

---

[1] 《孙子兵法·行军篇》。
[2] 《司马法·天子之义》。

顾。然而,战争必定有胜负,如果一味论功行赏或肆意施罚,就会导致得赏者夸耀战功,被罚者失意落寞。所以,大胜之后不可急于颁施奖赏,以免上下各级沾沾自喜;败仗之后不行诛杀,以免上下各级失去改正错误的机会。

源自西方世界的"非暴力对抗运动"同样也体现了这种和平主义的价值取向。倡导"非暴力对抗运动"的多是一些和平主义者,他们从《圣经》中所主张的"勿抗恶"的信条出发,把生命、和平与非暴力视为最重要的价值,认为任何形式的战争都是不合理的,战争不是解决国际纠纷的合法手段,人类应该像废除奴隶制一样努力废除战争。[①]据此,和平主义者坚持人类应该致力于建设一个永远禁止战争的"永久和平"的世界。较早系统地阐发这一观念的是俄国文学家托尔斯泰,他在晚年的著述中对"非暴力抵抗"理论作了很好的阐述,而其思想的出发点就是《圣经》的这句名言:"你们曾听见有这样的教训说,以眼还眼,以牙还牙,但是我告诉你们,不要反抗罪恶。"托尔斯泰的和平主义思想浸染着宗教的悲悯情怀,而康德的和平主义则带有理性主义的特点,他所追求的是一种"永久和平",因而不仅仅主张要消除战争,更是铲除导致战争的制度。他说:"理性从其最高的道德立法权威的宝座上,要断然谴责战争之作为一种权利过程,相反地还要使和平状态成为一种直接的义务。"[②]绝对和平主义者走得更远,他们甚至宣称一切战争毫无例外都是不道德的,不管战争目标多么崇高,无论是惩罚侵略者还是民族解放甚至恢复和平,把战争作为实现这些目标的手段都不能被证明为是正当的。[③]在这些和平主义思想的影响下,莫罕达斯·甘地领导了人类历史上声势浩

---

① 参见[比]布鲁诺·考彼尔特斯等:《战争的道德制约——冷战后局部战争的哲学思考》,第 11~12 页,法律出版社 2003 年版。

② [德]康德:《历史理性批判文集》,第 112 页,商务印书馆 1990 年版。

③ 参见 N. Fotion and G. Elfstrom:Military Ethics:Guide lines for Peace and War,Rout ledge & Kegan Paul,1986. P. 34.

大的非暴力运动,并最后赢得了印度的独立;而马丁·路德·金则在美国引发另一场非暴力运动,最终为黑人争取到了基本的人权保障。

二、尚武主义取向的军事伦理文化

与和平主义取向的军事伦理文化相反,尚武主义取向的军事伦理文化崇尚暴力。这一思想取向在西方传统文化体现得较为充分,同时也在当代恐怖主义活动中得到一定程度的反映。

纵观西方军事活动的发展史,尚武主义是从城邦战争、骑士战争、雇佣军战争、商业战争一直到资产阶级革命所体现出来的军事伦理文化价值。在一定意义上,欧洲的版图是在战争的铁砧上锤打出来的。在古希腊时期,诸神、异族、城邦乃至同盟之间的关系是一种笼罩着战争乌云的紧张关系,罗马帝国的形成则是尚武主义精神的实践环节。罗马帝国瓦解之后,瓜分的浪潮席卷各地:哥特人、汪达尔人、穆斯林人、维京人等这些游牧半游牧的民族从东南西北相继而来,共同塑造了欧洲中世纪的历史。随着法兰克部族的进入,西部欧洲达成了短暂的统一,这为众入侵者最终皈依基督教打开了缺口。此后,诺曼底人和日尔曼人把诸部族松散地组织起来,以神圣名义将入侵之潮从欧洲大陆转嫁出去,开始了200多年的十字军东征。随着炮兵与瑞士长枪步兵的出现,骑士的战争已经成为过去,一支有步兵、炮兵和骑兵三种武装力量的新型军队在半军事半封建的王权国家中建立起来,这标志着西方军事活动进入到了一个以殖民主义的战争阶段,转向了实际利益的追求。16~18世纪的欧洲战争基本上都围绕着直接的商业利益进行,战争的目的则在于全力拓展国家利益。英国人迈克尔·霍华德说:"贸易的确产生财富;财富如果由政府得去便可转化为舰队与军队;舰队与军队如装备得当,便可以增加国家的威力。"[①]资产阶级进行的战争较之历史上的任何战争具有更大的破坏

---

① [英]迈克尔·霍华德:《欧洲历史上的战争》,第50页,辽宁大学出版社、牛津大学出版社1998年版。

性,它既继承了西方传统战争以阶级利益争夺作为目的的形式,同时又将目光对准欧洲版图之外,掀起了一股瓜分世界资源的帝国主义战争。显然,西方现代战争带有鲜明的尚武主义取向,如德国当代著名学者卡尔·施密特就认为在现代战争中充满了狂热与欺骗,因为战争发动者一方面要求军人消灭他人,另一方面又要求军人随时准备牺牲自己,以便幸存者能够享有贸易和工业的繁荣。他说:"战争、战士之随时准备赴死,以及从肉体上消灭属于那些敌人阵营的人——所有这一切均没有符合规范的意义,只有生存的意义而已,尤其是在与真正的敌人进行面对面的战斗时更是如此。这里决不存在什么理性的目的和规范,遑论真假,决不存在什么纲领,更遑论是否值得效法,也根本没有什么社会理想,更遑论其是否美好,这里既没有什么合法性能够证明人类相互杀戮是出于某种正当的理由……这正如战争无法由伦理准则和法理准则正当化一样……战争的意义并不取决于它为正义的理想或准则而战,而是取决于它与真正的敌人作战。"①

到20世纪,西方军事斗争发生了一些变化,军队不再是国家战时的代理人,而是被好战分子用来榨干对方资源或流干对方鲜血的专业化工具。对此,迈克尔·霍华德有精彩的论述:17世纪与18世纪的战争多半不是摧毁敌人的军队,而是耗竭敌方的经济资源;20世纪的军事行动也发动一些战争,但实际上并不期望重大的战术成功,而是如何迫使敌方更快地耗尽资源。② 的确,耗竭敌方经济资源是西方一些国家长时段的战争战略,但在经济利益竞争的背后却隐藏着西方的一个普遍的观念:霸权主义。霸权主义最显著的特点是表现出对力量的偏好,力量、权力、武力和暴力构成霸权主义的核心。

---

① [德]卡尔·施密特:《政治的概念》,第128～129页,世纪出版集团、上海人民出版社2004年版。

② 参见[英]迈克尔·霍华德:《欧洲历史上的战争》,第118页,辽宁大学出版社、牛津大学出版社1998年版。

对力量的崇尚是西方文化中软弱的一面,也暴露了西方人对生存状况的不自信。普遍的不自信心态和现实环境的冲突结合起来,就有可能导致武装干涉,如1989年美国对巴拿马的武装干预,1991年和2003年西方世界对伊拉克的军事打击,1999年北约对南联盟的武装干涉等。正如世人所看到的那样,这类形式的武装干涉大大地超越人道主义的本义,完全蜕变为强权主义的帮凶,其实质是尚武主义在现时代的真实写照。

在当代,西方尚武主义取向的军事伦理文化加深了西方世界内部以及西方世界与非西方世界的裂隙,激发了弱势群体和非西方世界感情上的激烈反应,迫使后者采取恐怖主义这种"以暴制暴"的斗争形式,来维护特定的集团、阶层与民族的利益。恐怖主义者大多坚信对抗暴力就只能用暴力的方式,舍此别无他途。在这种信念的支撑下,近些年来的恐怖主义活动非常之活跃:1995年4月19日,美国俄克拉荷马市联邦政府大楼遭到汽车炸弹袭击的恐怖事件,造成168人死亡、400多人受伤;1996年初,车臣分裂分子绑架了上千平民为人质并在10天之内将大部分人质杀死;1997年年底,一伙伊斯兰极端分子在阿尔及利亚西部一些村庄屠杀了815名平民;1999年10月27日,一伙持枪歹徒闯进亚美尼亚议会大厦,枪杀了该国总理、议长、副议长、部长及议员共8人;2001年9月11日,恐怖分子劫持飞机撞击美国纽约世贸中心和华盛顿五角大楼,造成约3000人遇难;2002年10月12日,印度尼西亚旅游胜地巴厘岛系列爆炸;2003年5月16日,摩洛哥的卡萨布兰卡连续发生5起恐怖爆炸;2003年8月25日,印度最大的金融商业城市孟买发生2起炸弹爆炸;2011年7月22日,挪威首都奥斯陆及于特岛发生爆炸和枪击案,造成98人死亡;等等。显然,这些恐怖主义活动不是传统意义上的战争,但它们无不体现出对暴力的崇拜。由于恐怖主义活动往往采用暗杀、爆炸、绑架、劫机、施毒等手段来达到目的,因而带有较之正规战争更为残酷的反人类特性,也正因为如此,有人认为恐怖主义已成为"21世纪的政治瘟疫",也有人把恐怖主义和政治腐败、环境污染并称为 21 世纪人类面临的三大威胁。需要指明的是,不管恐怖主义活动因何而起,它在一定程度上强化崇拜暴力的尚武主义精神,同时也使得一些西方国家能够频繁地采用"反恐战争"的方式来攫取本国的利益,在一定程度上加深了不同民族、国家甚至文明形态之间的隔阂,致使世界范围内的局部战争频发。

三、正义论取向的军事伦理文化

正义论取向的军事伦理文化认为只有坚持正义原则的战争才是合法的战争,因此既不认同和平主义者的价值观念,也不提倡尚武主义精神,而是坚持二者之间的中间地带。恪守正义原则的人认为,如果战争的双方不遵守一定的道德规范或法律条文,战争就会变成赤裸裸的血腥屠杀,致使战争双方在道义上都是失败者。

在西方,古希腊罗马时期就开始了有关正义战争的思考。罗马学者西塞罗曾说:"如果我们身上的每个器官都能够思想,它们都想着如何从别的器官上摄取营养以使自己强壮起来,那么要不了多久我们的躯体就会衰竭。同理,如果我们每个人都想着从别人那里掠取财物,将别人的东西看做自己的东西,那么,维系我们人类的社会关系必然垮掉。'自然'并不禁止每个人为自己而不是为别人谋取财物,只是'自然'绝对不允许我们用掠夺的方式来增加自己的财产。"[①]在这里,西塞罗运用斯多葛学派的自然法概念阐发"正义"的基本内涵,即"得其所应得",而一切采取强力(包括战争)"得其所不应得"的行为都是不正义的。西塞罗的思想对后来基督教思想家和近代资产阶级思想家产生了很大的影响。

最早提出"正义战争"概念的是基督教哲学家安布罗斯,而将之理论化的则是奥古斯丁和阿奎那。奥古斯丁虽然认为战争是导致人类苦难的重要原因之一,但却认为正义的战争是"必要的恶",有其

---

① [古罗马]西塞罗:《友谊·责任论》,第 205 页,光明日报出版社 2006 年版。

自身的合理性,当然这种战争必须且只能以和平为目的。在他看来,正义战争包括抵抗入侵、恢复不可争议的权利和惩罚他者的过失,它既是罪恶的结果又是对罪恶结果的一种补救;真正邪恶的不是战争本身,而是战争中的暴力倾向、残忍的复仇、顽固的敌意、野蛮的抵抗和权力的欲望,因此就应该相对仁慈地进行战争,当然更不可大肆杀戮了。①阿奎那进一步发展了奥古斯丁的正义战争理论,较为具体地阐述了关于正义战争的几个基本问题,即战争是否合乎法理、战斗对教士而言是否合乎法理、设计埋伏对交战者而言是否合乎法理和在神圣时节战斗是否合乎法理等,同时,他还第一次明确了正义战争的三个前提条件:战争发动者和执行者是具有主权性质的权威,战争不是私人争斗;战争具有充分而又正当的理由,如惩罚敌方的过错;战争具有正当目的和意图,如出于惩恶扬善的和平愿望。②

随着战争形态的变化,军事实践中的正义问题逐渐被人们所重视。被称为"国际法之父"的格劳秀斯在综合前人研究成果的基础上,系统地阐述了正义战争理论。他关于正义战争的探讨涉及诸如战争权利与义务、战争种类、正义战争、战争原因、战时合法行为、和平种类以及战争条约等重要议题。与奥古斯丁、阿奎那这些宗教人士的出发点不同,格劳秀斯坚持正义战争的世俗性,反对当时欧洲社会普遍流行的国家享有绝对战争权利的观念,强调正义战争必须符合自然法,即"保全我们的生命和身体完整,以及获得或者拥有对生活来说是必要的和有用的东西"③,因此,正义战争就必须尊重国家

---

① 参见[美]列奥·施特劳斯、约瑟夫·克罗波西:《政治哲学史》(上),第215页,河北人民出版社2005年版。

② 参见[意]托马斯·阿奎那:《阿奎那政治著作选》,第135~136页,商务印书馆1963年版。

③ [荷]格劳秀斯:《战争与和平法》,第50页,上海人民出版社2005年版。

主权、恢复他国被损之权益、遵守国际承诺、补偿因自己的过错给他国造成的损害、按其罪过制裁他国的违法行为等。格劳秀斯的正义战争思想对后来的国际法理论和战争实践产生了深远的影响,不仅形成了著名的自然法学派,而且其所主张的正义战争观在第一次世界大战之后陆续体现于《国际联盟盟约》和《联合国宪章》等国际法文件当中。

在格劳秀斯系统地阐发正义战争理论的基础上,人们得以明确了正义战争理论的两大体系,即"正义的战争"(jus ad bellum)和"战争的正义"(jus in bello),前者关注的是在什么条件下发动战争是正义的,后者关注的是在正义战争中应该遵循的基本伦理准则。一般认为,正义战争必须满足以下的基本条件:即战争必须是为了正义的事业,包括抵抗或帮助友邦反侵略、制止种族清洗、纠正某些国家所犯的巨大错误等;发动战争的动机必须纯正,如制止侵略、恢复正义与和平、纠正敌国在道德上不可接受的行为等;战争必须要由合法政治单元来授权;战争要符合对称原则,即通过战争获得的东西要与战争所牺牲的东西相称;战争必须具有合理的成功希望;战争必须是最后的手段。凡是满足这些条件的战争都是正义的战争,否则就是非正义的战争。然而,要使整个战争符合正义,还必须确保进行战争的行为遵守基本的伦理规范。如沃尔泽在其著名的《正义与非正义战争——通过历史实例的道德论证》一书中提到了战争行为必须受到两个基本的"战争规约"原则的支配,其一是"一旦战争开始,军人在任何时候都可以被攻击(除非他们受伤或被俘)",其二是"在任何情况下都不能攻击非战斗人员"。① 概括地说,要确保"战争的正义"就必须坚持区别原则与对称原则。区别原则要求军事打击的对象只能是严格意义上的军事目标,不得攻击非战斗人员,也反对直接攻击对方的民用目标,如医院、宗教机构、学校等。对称原则要求作战行动所

---

① 分别参见[美]迈克尔·沃尔泽:《正义与非正义战争——通过历史实例的道德论证》,第153、168页,江苏人民出版社2008年版。

付出的代价与该行动所要实现的目标必须相称,如果该行动所付出的代价远远高于该目标的价值,那么就应寻找实现该目标的其他方案。

与西方相比,古代中国关于正义战争的思考可能更早,春秋战国时期的诸子百家对此都有论述。儒家学者基本上都主张"慎战",明确反对战争的泛滥。孔子认为尧、舜、禹、汤、文、武等发动的战争都是正义的,因为这些战争都以铲除暴虐为目的,且对抗的都是非正义的战争。实际上,孔子很少论及战争,但极力主张现实社会的战争都必须具备基本的正义性。如据《论语·季氏》记载,季氏将伐颛臾,弟子冉有和子路拜见孔子时言及此事,孔子认为这是一种侵略行为,责备冉有他们不应"危而不持,颠而不扶",不规劝季氏且任其作恶,其结果必然会导致"谋动干戈于邦内"。关于战争的正义性,孟子的观点与孔子一脉相承,他认为商汤除夏桀和周武诛商纣都是为民除害,得乎天而顺乎人,是一定要胜利的。他说:"贼仁者谓之贼,贼义者谓之残。残贼之人谓之一夫。闻诛一夫纣矣,未闻弑君也。"[1]荀子则认为,纯粹为私忿而开战就如同为争夺名利一样,都是不义的行为。他说:"凡攻人者,非以为名,则案以为利也,不然则忿之也","故兵者,所以禁暴除害也,非争夺也。"[2]法家学派虽然具有现实主义的倾向,但也主张战争应由其正义的要求,如韩非子的"用兵者,服战于民心"[3],管仲的"兵强而无义者残"[4],都是这种观点的具体体现。另外,墨家提倡"兼爱"与"非攻",但并不是反对一切战争,如墨子本人就支持防御性的正义战争,认为对残暴的人不能仁慈,同时主张对残暴之国兴师诛伐:"暴乱之人也得活,天下害不除,是为群残父母,而深贼世,不义莫大焉",并认为对不义之国可"鼓而使众进

---

[1] 《孟子·梁惠王下》。
[2] 分别参见《荀子·富国》与《荀子·议兵》。
[3] 《韩非子·心度》。
[4] 《管子·侈靡》。

攻"①。至于兵家中的正义战争思想就更多了,在此不一一赘述。

第三节 建设我军特色的军事伦理文化

在长期的革命与建设时期,我军形成了优良的军事伦理文化传统。我军的军事伦理文化传统体现了我军的宗旨性质,既反映出我军对军事活动的独特理解方式,也是确保我军赢得胜利的重要精神力量。在新的历史条件下,我军军事伦理文化建设面临着许多新情况新问题,同时也面临着难得的历史机遇。我们要以培育当代革命军人核心价值观为契机,大力加强我军特色军事伦理文化建设,为全面提升我军的整体实力提供丰厚的精神资源。

一、我军军事伦理文化传统的形成

军事伦理文化建立在科学认识军事活动的本质规律基础上,它通过把握军事实践的发展趋势确立起基本的军事价值原则,从而对军事活动具有强大的价值导向功能。在长期革命实践与建设发展当中形成的我军军事伦理文化传统具有先进的价值理念,为我军发展壮大、克敌制胜提供了强大思想保证和重要力量源泉。历史经验充分证明,我军军事伦理文化所蕴涵的先进价值观念不仅有助于科学认识战争的性质、目的、方法和作用,有利于科学定位军队的性质、宗旨和职能,同时也影响着战略的制定和军事发展的总体目标,牵引着军队的发展方向。

早在我军成立之初,我军就十分注重军事伦理文化建设。1927年秋天,在上井冈山途中,又饥又渴的战士们看见路边的红薯就毫不犹豫地连苗拔出,用袖子胡乱揩去泥巴便塞到了嘴里。这引发了亲眼目睹这种情形的毛泽东的思考,他感到有必要提出一些基本的道德规范来约束官兵的不当行为,确立起新型军队在人民心目中的良

---

① 《墨子·鲁问》。

好形象。为此,毛泽东向部队宣布了"三项纪律":行动听指挥;打土豪筹款子要归公;不拿农民一个红薯。这些纪律一经宣布便初见成效,战士随意拿红薯的现象被杜绝了。然而,1928年初当工农革命军攻进遂川县城时又出现了新的情况,有的部队将小商小贩的货物统统没收,甚至连药铺里卖药的戥子也拿走了,致使民愤颇大。对此,毛泽东又向部队提出了六个要注意的问题:上门板;捆铺草;说话要和气;买卖要公平;借东西要还;损坏东西要赔。几年以后,当红军到达中央苏区开辟出一块更大的根据地时,在"六项注意"中又加进了"洗澡避女人"与"不搜俘虏腰包"两条。"三大纪律八项注意"受到了老百姓的欢迎,他们看到工农革命军来了不再跑到山上躲起来了。后来,"三大纪律八项注意"的具体内容得到不断修改补充,至1947年10月10日中国人民解放军总部重新颁布时被确定以下内容:"三大纪律"包括一切行动听指挥、不拿群众一针一钱和一切缴获要归公;"八项注意"则包括说话和气、买卖公平、借东西要还、损坏东西要赔、不打人骂人、不损坏庄稼、不调戏妇女和不虐待俘虏。历史地看,"三大纪律八项注意"塑造了我军军事伦理文化的理论雏形,确立了我军军事伦理文化的价值基调,为我军的成长发展提供了最为坚实的精神资源。

当然,我军军事伦理文化传统的最终形成更得益于"全心全意为人民服务"这一先进价值理念。1944年,毛泽东在悼念张思德的演讲中说,我们的共产党和共产党所领导的八路军、新四军是革命的队伍。我们这个队伍完全是为着解放人民的,是彻底地为人民的利益工作的。张思德同志就是我们这个队伍中的一个同志。人总是要死的,但死的意义有不同。为人民利益而死,就比泰山还重;替法西斯卖力,替剥削人民和压迫人民的人去死,就比鸿毛还轻。张思德同志是为人民利益而死的,他的死是比泰山还要重的。毛泽东还指出,我们都是来自五湖四海,为了一个共同的革命目标,走到一起来了。我们的干部要关心每一个战士,一切革命队伍的人都要互相关心,互相爱护,互相帮助。因为我们是为人民服务的,所以,我们如果有缺点,就不怕别人批评指出。不管是什么人,谁向我们指出都行。只要你说得对,我们就改正。你说的办法对人民有好处,我们就照你的办。只要我们为人民的利益坚持好的,为人民的利益改正错的,我们的队伍就一定会兴旺起来。① 这篇著名演讲经整理后收入《毛泽东选集》,题为《为人民服务》。在这篇演讲中毛泽东阐述了为人民利益而牺牲的意义,提出了"为人民服务"这一中国共产党的历史使命和立党之本。此后,在党的七大上,毛泽东对"为人民服务"作了进一步的阐述,指出紧紧地和中国人民站在一起,全心全意地为人民服务,一刻也不脱离群众,一切从人民利益出发,这是我们党及其领导的人民军队的宗旨,是我们一切工作的出发点,是我们共产党人区别于其他任何政党的一个显著的标志。

用先进军事伦理文化武装起来的中国军队,在辉煌的战斗和支援社会主义建设事业的伟大历程中涌现出了无数为世人敬仰的英雄模范:从百团大战为国捐躯的抗日英烈到壮怀激烈的狼牙山五壮士,从舍身炸碉堡的全国战斗英雄董存瑞到用身躯堵住敌人枪眼的特级英雄黄继光,从胜利完成潜伏任务被烈火烧身的一级战斗英雄邱少云到荣立特等功的一级战斗英雄王海,从奋不顾身救火车的英雄欧阳海到新时期的抗洪英雄李向群、抗击"非典"英雄李晓红、航天英雄杨利伟,等等。同时,我军先进军事伦理文化传统崇尚集体主义精神,打造了无数的英雄集体,如红军师、红军团、硬骨头六连、坚守英雄连、攻坚英雄连、尖刀七连、临汾旅、朱德警卫团、百将园、尊干爱兵模范连、王杰班、群众工作模范团、洛阳英雄连、夜袭长胜连、勇猛顽强英雄连、尖刀英雄连、老山英雄团、平型关大战突击连、杨根思连、塔山守备英雄团、抗洪抢险模范团等。这些战斗英雄与英雄集体表明,我军是一个不畏强敌、顽强拼搏、勇往直前的战斗英雄群体,正是在先进军事伦理文化的感召下,我军官兵发扬大无畏革命英雄主义精神,不屈不挠,英勇战斗,开拓进取,克服重重困难,取得了抗日战争、解放

---

① 参见《毛泽东选集》第3卷,第1004~1005页,人民出版社1991年版。

战争、抗美援朝、抗洪抢险、抗击"非典"等一个又一个伟大胜利。

总的看来,我军军事伦理文化传统是一种具有强大生命力的精神力量,集中体现在我军广大官兵的价值追求上,体现在为中华民族自由解放而奋斗的革命战争中,体现在为最广大人民根本利益而斗争的军事实践中。大革命时期,我军承担着武装夺取政权的重任,是否有利于人民军队打胜仗,是否有利于壮大革命根据地,是否有利于人民夺取政权,成为我军根本的价值目标;抗日战争时期,在日寇入侵、国土沦丧、民族危难的历史关键时刻,我军军事文化的价值基调定位为"民族救亡";新中国成立后,我军的任务有了新变化,军队承担着"巩固人民民主专政坚强柱石、保卫社会主义祖国的钢铁长城、建设中国特色社会主义的重要力量"的历史使命,有效履行这一历史使命成为我军最高的价值追求;新世纪新阶段,国家利益不断拓展,安全形势发生深刻变化,意识形态领域的斗争更加激烈,我军历史使命发生新的变化,当代革命军人核心价值观的提出既继承了我军听党指挥、服务人民、英勇善战的优良传统,又反映了在新的时代背景下人民军队核心价值观与时俱进的时代特征。新世纪新阶段党和人民赋予我军"三个提供,一个发挥"的历史使命,要求我军不仅要始终不渝地听党指挥,而且要把巩固党的执政地位作为听党指挥的现实要求;不仅要坚定地维护国家的主权和安全,而且要把维护国家发展的重要战略机遇期纳入重要职能任务的范畴;不仅要关注传统的国家安全问题,还要关注新形势下的非传统安全问题;不仅要立足本体,而且要面向世界,为维护世界和平、促进共同发展积极作为。可以看出,随着时代发展与使命任务的拓展,我军军事伦理文化始终具有强大的生命活力,始终保持先进的前进方向,始终确保有效履行我军历史使命。

二、建设我军军事伦理文化面临的新情况新特点

在新的历史条件下,我军军事伦理文化建设面临一些新的情况,呈现出一些新的特点。从外部环境看,西方敌对势力加紧对我国实施"西化"、"分化"战略,加紧在意识形态领域对我国进行渗透破坏活动,与之同时,社会大变革、观念大碰撞与文化大交融使人们的思想观念越来越呈现出多元多变多样的特点。从内在使命要求看,新世纪新阶段我军的职能任务无论在内涵还是外延上都有了新的拓展,有效履行"三个提供,一个发挥"的历史使命,圆满完成繁重艰巨的多样化军事任务,对官兵的综合素质特别是思想道德素质提出了新的更高要求。概括地说,新世纪新阶段我军军事伦理文化建设主要面临以下三个方面的挑战:

首先,在意识形态斗争日益复杂尖锐的情况下,是否能够确保官兵理想信仰坚定与思想道德纯洁,是我军军事伦理文化建设面临的主要任务。影响从而改变别国的意识形态,一直是西方国家推行政治战略的重要方式。在这种政治战略的主导下,意识形态斗争就不可避免地渗透到军队中,一些西方国家甚至扛起了"价值观之战"的大旗,肆意扩大意识形态斗争的领域。美国政治学家汉斯·摩根索在《国家间政治——寻求权力与和平的斗争》中就充分肯定了意识形态的强大作战功能。他写道:"如果人们能够想象,A 国的政治意识形态,征服了 B 国一切决策人物的头脑,那么 A 国所取得的胜利,其建立起霸权的基础,要比起军事征服或经济控制要更显赫、更牢固。"[①]前苏联在"和平演变"的政治攻势下最终解体的事实,确实在一定意义上验证上述观点。进入信息时代后,意识形态领域的斗争并未放松,相反,它随着信息技术的发展而变得更加隐蔽更加尖锐。西方国家提出的所谓"信息自由流动"与"全球信息基础设施建设"等主张,其实质就是要求各国主动放弃对西方意识形态和价值观念的抵制,为其政治、经济、文化乃至军事的全面渗透打开大门。美国前总统克林顿曾在发表《国际信息基础结构行动计划》时宣称:这是一个新的思想战场,美国应以西方世界"民主、自由、人权"的

---

① [美]汉斯·摩根索:《国家间政治——寻求权力与和平的斗争》,第98 页,北京大学出版社 2006 年版。

价值观念统治世界,实现"思想的征服"。比如,在伊拉克战争中,美国以"伊拉克自由"为旗帜,号召民众将伊拉克人民从独裁者手里解放出来,这不仅在国民中赢得了支持,激励了美军士气,也得到了许多西方国家的支持;与之类似,美军为阿富汗战争取名为"雄鹰行动",之后又改名为"无限正义",最终又确定为"持久自由",以表明其捍卫"自由世界"的立场。显然,意识形态斗争的这种发展态势以及西方国家军队在其中所扮演的角色,必定对我军官兵产生不同程度的影响,如何确保官兵理想信仰坚定与思想道德纯洁,将是我军军事伦理文化建设面临的重要任务。

其次,在我军应对多种安全威胁和完成多样化军事任务压力增大的情况下,是否能够为之提供强大的精神资源与思想保证,是我军军事伦理文化建设所应当面对的时代课题。当前,在传统安全威胁依然存在并有新的发展的同时,非传统安全威胁不断上升,并呈现出多元化、突发性、多变性和防范难度大的特点:国际恐怖主义、民族分裂主义和宗教极端主义成为影响人类生存与发展的毒瘤,反恐怖主义斗争和反分裂军事行动受到国际社会的普遍重视;随着经济全球化深入发展,国际竞争的重心转向经济领域,金融安全越来越成为影响社会稳定的重大因素,"没有硝烟的战争"在全球蔓延;科技进步在给人类带来光明的同时也带来罪恶,网络安全、环境污染、跨国犯罪问题成为国际社会的新威胁;洪水、地震、海啸、飓风、瘟疫这些自然灾害的频发也给人类带来巨大的灾难。显然,非传统安全威胁的综合性、复杂性和多变性为维护国家安全带来了新的挑战,致使军队的职能使命发生了新的变化,应对多种安全威胁和完成多样化军事任务成为当今任何一支军队必须面对的新课题。对于我军来说,其面临的挑战更加激烈,面对的内外环境更加复杂,所要执行的任务更加多样化。应对多种安全威胁、完成多样化军事任务,是新世纪新阶段我军最现实、最生动的军事实践。近些年来,我军为有效应对国内外发生的一系列重大事件,数十次紧急出动,圆满完成了抗击雨雪冰冻灾害、参加四川汶川和青海玉树抗震救灾、维护藏区社会稳定、支援北京奥运会和上海世博会、参与联合国维和行动、索马里和亚丁湾海域护航等多样化军事任务,经受了严峻考验,积累了丰富经验。但同时我们还必须看到,非战争军事行动突发性强,参战力量多元,用兵手段多样,目标地域广泛,行动转换频繁,内外环境复杂,指挥协调困难;它没有战火硝烟却有生死考验,没有歼灭敌人的战果却有拯救生命的伟绩。因此,完成多样化军事任务需要从战略层面上思考问题,其中有关非战争军事行动的特点规律、价值指向与伦理内涵等方面的问题,为军事伦理文化建设提出了新的任务要求。

最后,信息化战争将成为未来战争的基本形态,是否能够从理论上把握其本质规律及其伦理内涵,是我军军事伦理文化建设面临的现实挑战。在影响战争的诸多因素中,战略层面的政治优势既是军事软实力的充分展现,也是左右战争走向的关键,而这种政治优势很大程度上取决于军事伦理文化的博弈。孙子把决定战争胜负的要素归结为"五事":道、天、地、将、法,①其中"道"居于首位,这意味着政治优势的形成在于道义的争夺。同样,在信息化战争中敌我双方依然将致力于"道"的争夺,以此形成有利于己方的政治优势,并将之视为决定战略层面胜败输赢的关键所在。当然,要获得信息化战争中的政治优势必须有赖于对信息优势的掌握,而获取信息优势就必须全方位地认识信息化战争的本质规律。正是在这个意义上,莱昂哈德在《信息时代的战争法则》中指出:"未来战争中的信息优势不只是建立在计算机基础上的。它不仅仅依靠通信,也不仅以传感器技术为基础。也不仅仅是一种训练上的改革。它是由作战理论维系在一起的以上种种——而且比之更多。简言之,知是无价之宝……知道了真实情况,我们就会从集中兵力战力争夺主动权的流血冲突和防范未知因素的羁绊中解脱出来。真实情况指引下的战争精确度高,准确性强,目的明确,进展迅速,而且在结束时不会使国家沦于贫

---

① 《孙子兵法·计篇》。

困……在未来的军队中,许多决定都是政治性的……"①他还强调说:"技术或许是信息战的一个重要组成部分,可离开了人这个背景,根本就无法解释这一新的冲突概念所产生的问题、挑战或潜在因素。"②在这里,莱昂哈德的观点阐明了一个基本的道理,即信息化战争中的政治优势的确立依赖于信息优势的获取,而信息优势又建立在对这种战争形态的认知程度上;信息战以改变敌人意志而非消灭敌人为目的,这就使得政治文化特别是价值观的认同力竞争将上升为双方争夺的焦点。当前,我们对于信息化战争的了解有限,同打赢信息化战争相适应的军事伦理文化还没有得到很快的发展,这将是摆在我们面前的现实课题。

三、创新发展我军军事伦理文化

新时期我军军事伦理文化的建设面临着新的情况,呈现出新的特点,同时也面临着难得的发展机遇。创新发展我军军事伦理文化,必须立足于增强我军的军事软实力,提升战斗精神,继承和发扬我军的优良传统,强化军人职业道德,不断推进当代革命军人核心价值观深入人心。

创新发展我军军事伦理文化,必须立足于提高军事软实力。文化建设必须有一个现实的立足点,否则其生命力无法体现出来。正如牟宗三所言:"保存自己的主位性,和西方文化相互摩荡,这是个最高的判教的问题。在此,每一个文化系统皆有其双重性,一个是普遍性,一个是特殊性,每一个民族都该如此反省其自身的文化。只要它是个真理,它就有普遍性。但是真理并不是空挂着的,而必须通过生命来表现,通过一个生命来表现,就有特殊性。通过这双重性来进

---

① [美]罗伯特·R.莱昂哈德:《信息时代的战争法则》,第276页,新华出版社2001年版。

② [美]罗伯特·R.莱昂哈德:《信息时代的战争法则》,第24页,新华出版社2001年版。

行最高的判教,也可以渐渐地得到一个和谐。"①创新发展我军军事伦理文化必须立足于提高我军的军事软实力,这既是世界各国军队快速发展的形势使然,也是我军科学发展的现实需要。当前,各国军队越来越把发展军事文化视为增强软实力和赢得军事竞争优势的重要方面,越来越看重军事理论、军心士气、军队形象等"软实力"方面的发展。与之比较起来,我军虽然一向重视军事软实力建设,但这一建设的着力点、着眼点与落脚点都出现了新的变化,有关军事软实力建设的方位、内容与形式的理论研究也没有能够及时地跟上去,致使我军软实力的作用发挥受到一定程度的限制。我们相信,通过对我军军事伦理文化本质内涵的发掘,将会为我军军事软实力建设提供一个理论上的支撑,并使之在推进我军科学发展当中发挥出更大的作用。

创新发展我军军事伦理文化,必须着眼于提升战斗精神。创新发展我军军事伦理文化不仅是个理论问题,更是一个实践问题。我军的军事伦理文化既是一种理论形态,更是广大官兵战斗精神的生动反映。先进的军事伦理文化能够引导官兵透过表层的现象抓住战争的深层本质,确立正确的战争观,真正解决为谁当兵、为谁打仗的问题,最终转化为战斗精神。在抗日战争爆发不久,毛泽东指出:"我们的战争是神圣的、正义的,是进步的、求和平的。不但求一国的和平,而且求世界的和平,不但求一时的和平,而且求永久的和平。欲达此目的,便须决一死战,便须准备着一切牺牲,坚持到底,不达目的,决不停止。牺牲虽大,时间虽长,但是永久和平和永久光明的新世界,已经鲜明地摆在我们的前面。"②毛泽东的论断既确立了我军特色的战争观,同时也极大地激发了广大官兵的战斗意志。可见,军事伦理文化不仅对于陶冶官兵情操、提高官兵素质和促进官兵全面发展具有巨大的意义,同时也能够使官兵在思想上、政治上、行动上

---

① 牟宗三:《政道与治道》,第34页,台湾学生书店1969年版。
② 《毛泽东选集》第2卷,第476页,人民出版社1991年版。

高度一致,从而激发官兵战斗精神、保持部队昂扬士气、巩固和提高部队战斗力。因此,创新发展我军军事伦理文化,必须继承发扬我军大无畏的革命英雄主义精神,不断深化"爱军精武"的时代内涵,把爱护官兵与培育战斗精神、从严治军、确保一切行动听指挥统一起来,不断提高先进军事文化建设科学化水平。

　　创新发展我军军事伦理文化,必须建立军人职业道德体系。军人职业道德是军事伦理文化的具体体现,建立军人职业道德体系是推动新世纪新阶段我军军事伦理文化建设的一个具有时代意义的课题。在悠久的职业活动中,职业道德一直备受人们的关注。许多西方国家军队已经基本上完成了职业化,一般都在其军队内部设有专门的负责军人职业道德建设的机构,以此研究军人职业特点及其道德规范要求。现时段,我军建立合理的军人职业道德体系势在必行。一支职业化的军队,既需要军人掌握军事专业知识,更需要对其进行必要的职业道德教育,使之能够以高尚的道德情操来指引这些军事专业知识的运用方式。爱因斯坦有关学生道德教育的一段话同样也适合军人的职业道德教育:"学校应该永远以此为目标:学生离开学校时是一个和谐的人,而不是一个专家。我认为在某种意义上,这对于那些培养将来从事较确定的职业的人才的技术学校也适用。被放在首要位置的永远应该是独立思考和判断的总体能力的培养,而不是获取特定的知识。如果一个人掌握了他的学科的基本原理,并学会了如何独立地思考和工作,他肯定会找到属于他的道路。除此之外,与那些接受训练主要以获取细节知识的人相比,他更加能够使自己适应进步和变化。"[1]建设军人职业道德体系是一项巨大的文化工程,需要我们搞好顶层设计,结合军事职业特点制定相关的军人职业规范,使之成为规约广大官兵思想行为的道德准则。

　　创新发展我军军事伦理文化,必须继承发扬我军优良传统。继

---

[1] [美]阿尔伯特·爱因斯坦:《爱因斯坦晚年文集》,第29页,北京大学出版社2008年版。

承发扬我军优良传统,是创新发展我军军事伦理文化的基础。任何一种文化都有其传统,割断传统之根,无疑就是自断文化的血脉。在纪念红军长征胜利70周年大会上,胡主席指出:"红军长征胜利充分说明了一个真理:建设一支听党指挥、服务人民、英勇善战的革命军队,是革命的依托、民族的希望。"根据胡主席讲话的精神,"我军的优良传统"就可以概括为"听党指挥、服务人民、英勇善战"12个字。但是,对于我军的优良传统的阐释,不能仅仅停留在这12个字本身内涵的挖掘上,还应该从军事伦理文化的角度完整准确地理解胡主席整句话的意思,因为胡主席在指出我军优良传统精神实质的同时,还特别指明了这是"革命的依托、民族的希望"。也就是说,我军的优良传统既是"革命的依托",即过去革命之所以取得胜利的根本所在,还是"民族的希望",即不仅是当时中华民族赢得自由解放的希望所在,而且也是中华民族走向复兴的希望所在。正因为拥有这种独特的军事伦理文化价值,我军才最终取得了革命的胜利。因此,只有历时性地理解胡主席这句话的深层意涵,将之置于过去—现在—未来的时间之链上进行解读,"我军的优良传统"才是真正活的传统,继承并发扬这一传统,我军的革命精神才能够永葆青春。

创新发展我军军事伦理文化,必须深化培育当代革命军人核心价值观。军人核心价值观集中反映了军事伦理文化的精神品质和价值取向。目前,创新发展我军军事伦理文化,根本的着力点就是深化培育当代革命军人核心价值观。不同的价值设定来自不同的精神取向,与之类似,军人的人生价值源自军旅人生的精神追求。我国当代哲学家张岱年认为:"文化精神即思想,就字源来讲,精是细微之意,神是能动的作用之意。文化的基本精神就是文化发展过程中精微的内在动力,也即指民族文化不断前进的基本思想。"[①]张岱年是站在民族文化的高度审视文化精神的,但其对于文化精神内涵的界定及

---

① 张岱年:《论中国文化的基本精神》,载《中国文化研究集刊》,第1页,复旦大学出版社1983年版。

其方法论具有启发意义。照此,我们可以认为,军人核心价值观是推动军事伦理文化发展的内在动力,即军事伦理文化蕴涵的基本思想与核心理念。可见,一种文化之所以区别于另一种文化的根本就在于其精神品质与价值取向之不同,一种军事伦理文化有别于另一种军事伦理文化的原因同样也是如此。因此,作为先进军事伦理文化的集中体现,当代革命军人核心价值观的培育不仅需要先进军事伦理文化来支撑,而且还必须借助培育工作来推动军事伦理文化的创新发展,以确保我军军事文化葆有永续的先进性,确保部队建设科学发展,确保各项任务圆满完成。

第二章

和平主义伦理与军人核心价值观

战争与和平是人类永恒的话题。战争孕育着和平,而和平又潜伏着战争。战争是对军人的最好检验,和平则是对军人的最高褒奖。古往今来,和平是军事活动追求的最高伦理价值,同时也是军人核心价值观的重要内容。和平与发展是当今时代的主题。胡主席站在时代发展和战略全局的高度,敏锐洞悉我军所处历史条件和国家安全形势的变化,提出了人民军队要"为维护世界和平与促进共同发展发挥重要作用"的重要论断,从而将我军在新世纪新阶段的历史使命与党的历史任务和国际形势变化紧密地联系起来,进一步拓展了人民军队的职能任务。这就意味着我军不仅要始终维护和促进我国的和平发展,还要积极维护和促进世界的共同发展;不仅要在维护国家主权和安全中履行职责,还要在参与国际维和、救援、反恐等行动中发挥重要作用。

第一节 战争与和平:永恒的话题

战争与和平问题,由于关涉到民族兴衰和国家存亡,且与文明发展和人类命运息息相关,因而历来为人们所关注。两次世界大战的空前浩劫,尤其是战后热核武器的发展,表明人类的战争能力早就达到了足以毁灭地球的程度,战争与和平更加成为关系人类前途命运的重要话题。在学术领域,战争与和平问题被作为一个综合性课题提出,成为众多学科交叉研究的聚焦点,其中从军事学、历史学、政治学、社会学、国际关系学等角度开展的探讨最为普遍,而从哲学、伦理学、文化学角度对这一问题的分析也引起了持续的争论。

一、战争何为

战争内在于人类文明当中,以至于爱因斯坦断言"只要有人存在,就会有战争"[①]。的确,自人类社会存在以来,战争就一直与其相伴随。那么,战争对于人类而言究竟意味着什么?对于一些人来说,战争能够对文明的演进和社会的发展起着某种程度的催化与助推作用;而对于另一些人来说,战争无疑严重威胁着人类自身的生存。"对不同的人来说,战争具有非常不同的含义。一些人视战争为应该被消除的瘟疫;一些人将战争看成是应该避免的错误;另外一些人认为战争是应该受到惩罚的犯罪;对于其他一些人来说,战争是一种时代错误,它不再符合任何目的。另一方面,有些人比较能够接受战争,认为战争可能是有趣的冒险、有用的手段、合法和适当的程序或人们必须准备好的生存条件。"[②]历史经验表明,战争是人类苦难最为重要的根源之一,以至于大多数人都坚信,如果能够使战争走向消亡,人类的未来无疑将会更加美好。但是,人们也不得不承认,战争对于某些人而言又具有强大的吸引力,他们可以非常容易地找到介入战争的"正当"理由。正如加拿大学者格温·戴尔所说的那样:"战争渗透到我们所有的制度习俗、文化甚至心理状态之中。经历过历史上最残酷战争的幸存者们都理性地一致认同,战争已经变得极其具有毁灭性,必须废除,但他们也很清楚所有历史以及战争所带来的一切影响不可能一下子全部消失掉。"[③]虽然大多数人对于和平

[①] [美]艾丽斯·卡拉普赖斯:《爱因斯坦语录》,第112页,杭州出版社2001年版。

[②] [美]大卫·巴拉什、查尔斯·韦伯:《积极和平——和平与冲突研究》,第58页,南京出版社2007年版。

[③] [加]格温·戴尔:《战争》,第251页,江苏人民出版社2007年版。

有着美好的憧憬,但总有一些人"为了斗争而斗争","他们为摆脱某种无聊而斗争:因为他们无法想象生活在一个没有斗争的世界中"①。在战争中,人类的特性以及人类社会的复杂性得到淋漓尽致的表现。

在人类漫长的历史进程中,战争的增长几乎与社会的发展同步。已经逝去的20世纪更被称为"战争的世纪",100年间世界爆发了难以数计的局部战争和两次世界大战。有学者统计为证:"自1945年至1990年的2340个星期中,全球只有3个星期是无战火的平安日子。两次世界大战就是殖民统治者之间争夺而引起的,人类在世界大战中蒙受了无法形容的痛苦和灾难。为了摆脱殖民统治,殖民地与宗主国之间展开了大范围的战后军事冲突。冷战时期,两个超级大国核武器对峙保持了世界总体的稳定性,但武器竞赛不断加剧,各类新式武器不断开发和生产,世界已经面临核毁灭的危险。"②当前,世界范围内的和平与发展仍然面临严重的威胁和挑战,人类固然在解决诸多社会矛盾和冲突方面取得了巨大成就,但笼罩在局部地区的战争阴云始终难以驱散,暴力和恐怖仍在不断袭扰着人类社会。和平似乎仍然不在人类的掌控之中,正如亨廷顿所说:"冷战结束时的异常欢欣时刻产生了和谐的错觉,它很快就被证明确实是错觉。在20世纪90年代初,世界变得不一样了,但并不一定是更加和平。变化是不可避免的,进步却不是不可避免的……一个和谐世界的范式显然距离现实太遥远,它不能对冷战后世界作有用的指导。"③总体上看,国际形势虽然渐趋缓和,促进世界和平与共同发展成为时代

---

① [美]弗朗西斯·福山:《历史的终结及最后之人》,第372页,中国社会科学出版社2003年版。

② 刘成:《和平研究视角下的和平与战争问题》,载《复旦学报》2008年第4期。

③ [美]塞缪尔·亨廷顿:《文明的冲突与世界秩序的重建》,第10页,新华出版社2010年版。

潮流,但天下并不太平,霸权主义和强权政治依然构成冲突与战争的主要根源。特别是有的西方大国依仗其军事实力,执意推行单边主义,强化对地区政治和军事事务的干预,使用武力或以武力相威胁的倾向明显加强。另外,当今世界由民族矛盾、领土纠纷和宗教争端引发的战争和冲突持续不断,已成为破坏人类和平的重要因素,"军事安全、政治安全等传统安全因素仍然是国家安全的重心,但经济安全、金融安全、生态环境安全、信息安全、资源安全等非传统安全因素,特别是恐怖主义活动日益突出,对世界和平构成了新的威胁"[1]。据不完全统计,近20年来,全球发生各种规模的武装冲突与局部战争达400余次,超过了冷战时期。尤其是进入新世纪以来,某些西方国家以"反恐"为借口,先后在阿富汗和伊拉克发动了两场规模较大的战争。中东则因阿以问题不断爆发新的冲突,加之少数西方大国插手,逐渐趋于错综复杂,更加难以解决。可以说,在21世纪战争与暴力冲突依然是困扰人类社会的一大难题。

由于战争直接关涉到国家或民族之生死存亡的根本利益,有关战争的道德判断就显得尤为复杂,在战争与伦理的关系这一问题上一直存在着相互矛盾甚至对立的观点和见解,[2]其中有关"正义战争"与"非正义战争"的对立就是最为明显的体现。当前军事伦理学界争论的焦点是,在以和平与发展为时代主题的21世纪,战争还能得到伦理的合法性辩护吗?不管怎样,世界上大多数人已经认识到,如果仅从结局来看,即使是最为正义的战争也难以确保和平的最终实现,因为"武力是结束争议的最后一张王牌,一旦诉诸武力,仅有的有效回应就是更强大的武力。战争的内在逻辑往往使战事扩大,其规模远远超出原来争执问题的重要性所需要的程度。在我们的时代,战争

---

[1] 王建伟、潘日轩:《新世纪新阶段我军历史使命》,第129页,国防大学出版社2007年版。

[2] 参见左高山:《战争镜像与伦理话语》,第28页,湖南大学出版社2008年版。

可能带来的后果的严重性已经急剧增长,而且不可逆转,其中包括摧毁整个人类赖以生存的家园"。① 因此,当灾难性后果降临,如果仍纠缠于战争的道德属性,其本身就没有什么意义。

一般认为,战争是两个或两个以上的政治集团间的有组织的暴力行为。战争是政治活动的延续,是政治的极端表现形式,是发生在军队或其他武装力量之间的剧烈斗争,其目的在于制服对手并强加任意要求的和平条件。任何战争都是为了达到既定目的而进行的,主要包括军事目的、政治目的和经济目的,而且这三者往往相互关联、融为一体。人类社会不同历史阶段的战争,尽管形态和样式不尽相同,但都表现出明显的社会性和暴力性。所谓社会性,指的是战争属于人类社会所特有的群体现象,不同于动物界的生存竞争,也不是少数个体之间的械斗。而所谓暴力性,说的是战争并非单纯的意志行为,需要使用具有促使意志行为实现的特殊工具——武器。②

战争无疑是对人性的摧残,但历史的发展却表明,对野蛮、粗暴、蔑视、仇恨的偏爱似乎也印刻在人类的本性之中,而且已经强大到足以毁灭一切伦理诉求、正义行为甚至和平热望的地步。英国著名历史学者阿诺德·汤因比就认为:"战争是人类暴力和残酷性的一种特殊表现形式……这些坏的冲动,是人的本性生来具有的,是生命本身的一种本质表现。所有生物内部都潜藏着暴力和残酷性。"③心理学家弗洛伊德也强调人生来就具有"死亡本能",即杀伤、虐待、破坏的冲动,战争往往与这种永恒的人性有着密切的关联。而爱因斯坦则深刻地指出:"许多战争并不是由于人们感到他们的国家或他们那一阶级受到不公正对待而引起的。事实上,我毫不怀疑,战争的原

---

① [加]格温·戴尔:《战争》,第2页,江苏人民出版社2007年版。
② 参见李巨廉:《战争与和平——时代主旋律的变动》,第6页,学林出版社1999年版。
③ [英]A.J.汤因比、[日]池田大作:《展望二十一世纪——汤因比与池田大作对话录》,第248页,国际文化出版公司1985年版。

因深深根植于人的本性之中。可以毫不夸张地说,在原始人的生活中,战争是一项正常的职责。为战争寻找借口只是为了鼓动起不那么好战的人的斗志而已。人的战争倾向是人的本性中的一部分,正如河流的一部分本性是时时要冲垮河岸一样。"①实际上,西方的很多学者都主张人性本恶,人在自然状态中受到"本能冲动"和"权力欲望"的支配,冲突和暴力才会占据主导地位,而争夺强权构成人和国家的永恒法则,战争正是源于人类的权欲。同时,还有一些学者认为,人类的各种"侵犯性",应该属于后天的"文化习得",是一定的文化模式所形成的行为。战争并非人类与生俱来的属性,人类永远不会在侵犯性冲动的直接驱使下进行战斗,一切形式的冲突都是复杂的文化反应。②

无论怎样,人的本性及其行为归根结底属于特定社会的产物,反映的是特定的社会关系。同时,对于战争的研究不能不触及相关社会的精神状况和文化氛围。对于现实的人而言,日常的"生活世界"是最值得关注的社会实在,人作为主体既是其所构建和控制的世界的基础,又是这个世界的中心。在历史发展的很长一段时期内,人们都是"通过稳定的职业、明晰的身份、确定的归属、安全而有保障的生活以及献身于某种虚构的事物……来驱逐实在之恶,获取生存的意义感和价值感的。而今,当这些事物变得极不稳定、动荡变化甚于模糊不清时,人的意义感与价值感便出现动摇、倾斜及危机"③。人的问题很大程度上是社会问题的折射和缩影,社会的矛盾如果不能得以及时化解,人的挫败感如果不能得到有效平复,社会整体就会

---

① [美]O. 内森、H. 诺登:《巨人箴言录:爱因斯坦论和平》(下),第41页,湖南出版社1992年版。

② 参见李巨廉:《战争与和平——时代主旋律的变动》,第27页,学林出版社1999年版。

③ 高长江:《天使的和弦:全球化时代的宗教冲突与对话》,第89页,中国社会科学出版社2008年版。

丧失一种平和的氛围,人类和平就会失去基本的保障。一直以来,各大文明都在诠释现实境遇、安抚人类情绪、规制贪婪欲望、培养责任意识、形成良好习惯等方面做着积极的努力。但是,这些净化社会生活的努力,随着浸透在一切现代经济体制中的效益欲望、权力体系中的非情感化操作以及科学技术系统中的纯客观标准的不断膨胀、僵化、扭曲而日益消减。通过大众传媒,人们不难发觉,那些把人的生活庸俗化为享乐主义或是对公众事业冷漠视之的态度更是对道德净化作用的无情腐蚀。受此影响的人对于名利趋之若鹜,对于公义嗤之以鼻,不仅毫无人际之间的基本情感,甚至连生命也敢轻易践踏。更为重要的是,战争不仅仅由特定的个体、集团抑或国家引起,在更为隐晦的层面,社会意识形态和其他文化因素也酝酿着战争。意识形态强有力地指引着人类的行为,彼此之间哪怕是微不足道的差异和矛盾,都有可能引发冲突甚至是战争。毋庸置疑,虽然各大文明早已描绘了"全人类皆兄弟"的愿景,但是两千多年以来"兄弟情谊"仍然只是停留在理想层面。人们现在越来越清醒地认识到,在缺乏共同信念支撑和有效伦理约束的情况下,作为自然存在物的人不仅没有能力实现自己的理想,而且直接面临着由自己所造成的亡种威胁。

总的看来,战争是一个极其复杂的社会现象,很难对之作出简单的肯定或否定,正如有学者指出的那样:"战争或备战,发生在超越个人和团体隶属关系的环境中。这些环境包括晦涩难懂却又极其重要的因素,诸如意识形态、经济动力、社会文化条件等。在此范围内,没有简单明晰的来龙去脉。战争与其他形式的人类冲突和暴行一样,是一个由多种因素决定的现象。各种因素,有的相对容易辨析,有的难以解释,彼此之间相互作用,影响决策者一步步走向战争的赌局。"[①]毫无疑问,从社会发展的角度看,无论出于何种理由,最好都不要发生战争。毕竟,战争作为处理人类公共事务的一种政治手段,

---

① [美]大卫·巴拉什、查尔斯·韦伯:《积极和平——和平与冲突研究》,第255页,南京出版社2007年版。

并不是唯一的,更不是明智的选择。在全球化变革持续深入的今天,人类需要通过和平的方式来实现和平。

二、"永久和平"何以可能

1795年,哲学家康德写下了对后世影响深远的《永久和平论》。康德目睹当时欧洲的所谓"文明国家"针对异国和异族的征服、压迫以及战争挑拨,有感于现实中惊人的不正义对于和平的威胁和破坏,试图通过"一种哲学的规划"①,来论证合乎理性的共和国、自由国家的联盟、世界公民体制等等,以便使人类社会最终能够实现"永久和平"的理想。

尽管人们对于战争的看法不一,但和平却是每个时代所推崇的神圣价值。在人类社会沧海桑田的历史变迁中,面对连绵不断的战争和其他暴力的冲击,和平始终是人类追求的愿望。各个时代都有学者哲人提出种种建立"永久和平"的设想,都有社会精英致力于探求实现和平的愿望。随着人类文明的演进,到了资本主义的近代,人类对和平的追求,首先在西方国家逐渐形成为一种"和平主义"的社会思潮,同时也引发了一种具有实际政治影响的"和平运动"。人们逐渐意识到:"现在我们已经不会像聚居狩猎者那样掉进马尔萨斯困境中了,所以我们其实没有必要为了生存而战。很明显,人类血统中有很深的战争根基,但是这并不能决定我们永远都不能完全制止战争……在我们的思想中,战争是不可避免的,是会永远延续下去的,我们无法打破旧的模式,我们也为此成立了许多机构。但是自身的利益,甚至可能是互相理解,使得我们远离了战争,而趋向于作出一些相对更合作些的行为。"②

现代科技的迅猛发展,推动了世界范围内各种不同传统文化之间的交流互动,文明之间的相互依存日渐加深。同时,国家之间、族

---

① [德]康德:《历史理性批判文集》,第97页,商务印书馆1990年版。
② [加]格温·戴尔:《战争》,第62~63页,江苏人民出版社2007年版。

上篇　军人核心价值观的伦理维度

群之间的联系日益密切,共同面对的问题和挑战也越来越多,过去那种相对封闭、孤立的"一国社会"早已不复存在。当前,西方社会学界悄然兴起了"全球社会学"的研究,对各种全球性现象的探讨和解读层出不穷。这些都在表明:"人类的进化,在一切生活层面上,似乎将创造出一个跨大陆、跨文化的'全球一统',其中,族裔差别和每个个人的自我身份并不被模糊乃至抹杀,只是其表现形式必定要改变。这个目标,一言以蔽之,就是动态的、创造性的世界和平。"①另一方面,随着全球化的深刻发展,过去那种单纯以主权国家间关系为主的国际体系结构面临严峻挑战,权力正在全球范围内重新分配,全球规模人类社会的共同意识也正在形成,新的世界体系初露端倪。所有主体的行为及其造成的后果都会通过特定的方式,程度不同地结合在一起,形成相互影响的全球政治、经济、文化甚至生态环境的关系网络。当然,这一网络并非由单一的同质性要素构成,而是由理想的统一、协调、稳定之"和平状态"与现实的分裂、对抗、无序之"非和平状态"所组成。由于人类必须面对前所未有的分散化与多元化,以及各种不断变化的情况和难以预料的威胁,整个世界的安全保障无疑就处于一种不透明的状态之中。难以否认,在此背景下,多元化与复杂化就成为和平问题的主要倾向。以往谈及"和平"往往意味着战争等暴力冲突的缺失,但随着"冲突"渐趋多元化,和平的价值日益具有多样性的特点。这些多元性冲突与和平价值也日趋紧密地联系在一起,逐渐形成了某种常态互动关系。

　　随着和平学研究的兴起,对于"和平观"及其相关问题的理论探讨也在不断深化拓展。"和平"的内涵已由传统的"消极和平"向"积极和平"过渡,看待和平的视角进一步完善。积极和平不只是战争或国家间暴力的缺失,更重要的是一种社会状态,即剥削被最小化或完全消除,既没有明显暴力,也没有潜伏在结构暴力之下的更多难以

---

①　[德]海因里希·贝克、吉塞拉·希密尔贝尔:《文明:从"冲突"走向和平》,第6页,中国社会科学出版社1998年版。

察觉的压迫现象。① 这样一来,和平并不仅仅意味着消除战争,而且要消除饥饿、贫困、暴力等现实社会中的破坏性因素,以及其他对于人类富足且有意义生活的威胁。这就意味着"和平"由单一的政治性概念逐步变为关涉"个人—群体—社会"的复合概念。作为人类生存延续的基本条件,和平不仅是暴力、冲突、战争的消减,还应包含积极的生活价值和社会结构的确立:对人格健全、群体团结、社会和谐的追求,已成为和平研究的新论题。形象地说,"和平 = 直接和平 + 结构和平 + 文化和平"②,即和平是安全、公平和宽容的有机统一。需要关注的是,学者普遍将和平视为"一个体制的特征",这种体制可能是一个家庭、小团体,还可能是一个社会。总之,"和平是一个能够使破坏性的暴力冲突通过非暴力手段沿着建设性和创造性轨道转化的东西"③。和平不但是"所有形式的暴力的缺失或减少",更象征着"非暴力的和创造性的冲突转化",而后者显然比前者更有活力。

毫无疑问,和平是当今世界人类共同追求的目标:"现代科学、知识和社会技术的进步,要求用一种更加理性的方式来解决国际问题,而不是用冲突和争斗的方式。全球性的现代化努力和使所有人都过更好的生活的努力,使各民族具有了一系列共同的关注和追求。总之,这些价值观和利益把人类统一起来了,并正在取代那些历来分裂人类的因素,这些因素曾是战争和暴力变革的根本原因"④。与此相应,和平研究正在不断扩展,几乎涵盖所有领域,包括人自身以及

---

① 参见[美]大卫·巴拉什、查尔斯·韦伯:《积极和平——和平与冲突研究》,第 7 页,南京出版社 2007 年版。

② 参见[挪]约翰·加尔通:《和平论》,第 381 页,南京出版社 2006 年版。

③ [英]安德鲁·瑞格比:《和平、暴力与正义:和平研究的核心概念》,载《学海》2004 年第 3 期。

④ [美]罗伯特·吉尔平:《世界政治中的战争与变革》,第 226 页,上海人民出版社 2007 年版。

人际之间的和平，并且通过触及个体与集体无意识而得以深入到群体乃至社会层面。然而，应该承认的是，目前的和平研究在有效应对各种围绕冲突与和平的问题方面，仍显得有些力不从心。此外，现代社会中的战争与和平问题，日益表现出个殊化与多元化的交融嬗变，这看似矛盾的两面各自占有什么样的地位？又是如何联系在一起的？由于对遏制战争与实现和平理解的过于肤浅，以至于没有对和平价值的存在方式予以充分的探讨，也就更谈不上在变革战争产生的结构原因基础上去建构和平了。因此，构筑能够适应全球化时代的全球性"战争与和平体系"，把个别问题置于社会体系中予以理解，并树立勇于变革以求和平的志向，就显得尤为迫切。

需要关注的是，全球化条件下，战争与冲突呈现出很多新的趋向，探讨和平的可能性问题也应随之作出调整。冷战结束至今，世界上不同地区、不同民族的人们逐渐习惯依据文明或文化来确定自身的利益，倾向于同拥有与自己相近、相似文化的人合作或结盟，而冲突常常发生在分属不同文化的人群之间。自我根据他人的意图来确定威胁，而这些意图以及看待它们的方式往往会受到文化因素的影响。人们不大可能认为威胁来自于那些可理解和可信任的民族，只有难以理解和缺乏信任才会引发不安和恐惧。[1] 尽管就目前的情形而言，决定战争与和平状态仍是"国家—政府"所具有的垄断性功能，但随着世界范围内暴力冲突的多元化、多样化发展以及政治领域之外国家地位与作用的大幅度降低，可以预见，在今后较长的一段时期内，国家（包括大多数政治性组织）在促成和平方面依然会发挥主导作用，而非国家主体参与建构和平的可能性也在不断提高。

人类目前正处于某种不可逆转的变革过程之中，新的大众传播科技使其成为可能并得以持久深入地进行。在这个过程中，人类正在重新找回那些久违的道德传统。尤其让人振奋的是，用非暴力的

---

[1] 参见[美]塞缪尔·亨廷顿：《文明的冲突与世界秩序的重建》，第12～13页，新华出版社2010年版。

方式化解矛盾、平息纠纷经常能够取得成功,战争和暴力难以像过去那样轻易得到"合理化"论证。关于从"排斥"到"共存"、从"冲突"到"对话"的思考已经得到了世界各国不同程度的响应,虽然不能指望在短时期内就会产生明显的效果,但也绝对不要因为难度的存在而放弃努力。毕竟,对于和平这一迫切需要实现的价值而言,任何借口和托词都显得过于荒唐和苍白,唯有真诚的信念和执著的行动才能开启人类值得为之期盼与付出的未来。

三、从战争走向和平

在过去的两千多年中,突破语言、阶级、民族和国家局限的沟通交流一直是人类历史的一个显著特征,但同时人们在交往过程中不可避免地会产生对"他者"的恐惧,而且这种情绪也很容易转变为敌对与紧张,甚至演化成争斗和冲突,以各种名义发动的战争充斥着人类历史,各主要文明之间的和睦相处相对比较少见。如果抛开表面现象,深入到精神文化层面,就不难发现,超越对立、建立联系、实现互动,向来都是不容忽视的大趋势:"战争的缺失是实现和平的一个必要但非充分的条件。非充分的原因在于:即使没有战争,也可能没有和平。然而,若要取得任何长久、有意义的和平,预防战争则是必须的。真正的和平决不与战争共存。"①

在全球化进程中,经济与技术方面的"一体化"联合已经获得了大踏步的进展,政治方面的相应变革也处在积极而持续的考虑与争论之中。除非人们能够跨越种种界限实现相互理解与彼此认同,除非人类真正创立起使各种文明都能够在其中共同生存、共同发展的世界,否则,全球社会的未来前景就不会一片光明。可以肯定的是:"使人们倾向于和平的激情是对死亡的畏惧,对舒适生活所必需的事物的欲望,以及通过自己的勤劳取得这一切的希望。于是理智便

---

① [美]大卫·巴拉什、查尔斯·韦伯:《积极和平——和平与冲突研究》,第112页,南京出版社2007年版。

提示出可以使人同意的方便易行的和平条件。"①其中,处理不同群体之间暴力冲突的重要途径就是全神贯注于这些群体的世界观中可培养出一种和平文化的核心资源。对每种世界观来说,这些资源可能不尽相同,但都会不同程度地改善各自群体的精神氛围,甚至是整体面貌,为真正而持久的和平提供必要的舆论导向和思想基础。

　　冷战结束以来,作为社会进步驱动力的和平,不但在现实生活中显得仍然比较脆弱,而且在理论分析上不断困扰着人们,"和平"似乎变得日渐模糊和空洞:"越来越多的人接受了这样的观点:战争中没有胜利可言,只有程度不同的失败。"②为此,人们似乎不得不从根本上改变对战争与和平的选择意向,理性的和平观念已经具备了现实的社会条件,通过和平手段谋求各个国家和民族的平等生存与共同发展,通过和平协商解决各个国家与民族的相互矛盾和彼此分歧,已经成为公认的明智之举。然而问题的关键在于,人类应当如何为实现这样的目标付出努力?虽然和平研究长期致力于探讨对实现和平这一价值具有实际效果的条件和方式,但战争与和平作为极其复杂且相互关联的社会现象,其中的很多方面时至今日尚未被人们充分认识和理解,也不存在某种单一的方式能够有效避免冲突和暴力。

　　从现实的角度看,现在的民族国家除了要解决各自独特的问题外,还必须共同应对层出不穷的全球性问题。目前,人文和社会科学的许多研究者已经明确表示认同这样的观点,即存在着一个巨大的、实际上难以控制的世界体系,我们就是其不可分割的一部分。③ 在这种情况下,现代人作为个体,虽然可能有着不一样的过去,但必然已经进入同一个现在。当前,不同的民族和文化,亦即不同的"生活

---

① [英]霍布斯:《利维坦》,第96~97页,商务印书馆1985年版。

② [美]肯尼思·N.华尔兹:《人、国家与战争——一种理论分析》,第1页,上海译文出版社1991年版。

③ 参见[美]乔纳森·弗里德曼:《文化认同与全球性过程》,第6页,商务印书馆2003年版。

世界"正逐步融入一个彼此相互依赖的全球体系之中。这个时代正在世界各民族中创造一种更为强烈的命运与共的感受,尽管它同时也在产生某种更加充满压力的种族、宗教和文化差异感。在这个过程中,人类对于文化间相互冲撞的强调可能会通过某些极端的形式表达出来,而对于民族间相互依存的重视则可能采取相对积极的方式加以反映。不管怎样,世界上不同地域、不同社会、不同组织甚至不同个体间的互动正在打造全球生活的未来。因而,文化形式的冲突与混乱构成当今时代的显著特征,应对这一境遇的方式,将始终形塑着人类的存在状态与发展前景。

实际上,现实的社会中并不缺少关于和平的美好设想,每个人都希望赢得他人的尊重,并愿意通过有效的协调对外展现一致。但是,当个体陷入某种邪恶的体制难以自拔时,这种愿望会驱使其推行惨无人道的秩序,也可以说是"身不由己"地"助纣为虐"。于是,确立一种整个人类层次上的道德规范,以消解那些被看得很重的只忠于和利于某个群体的行为规范,并通过卓有成效的实际行动使其深入人心,就显得尤其重要。毕竟,只有最高水平的价值观念和精神素质才能具有普遍的指导意义。当然,也必须承认,价值观念越一般越抽象,也就越难唤起人们内心强烈深刻的社会责任意识。近些年来,各大文明在推动诸如"全球伦理"和"文明对话"等方面的贡献和成绩可谓有目共睹,已经在世界范围内形成了坚定的和平力量,产生了积极的社会影响。各大文明在现实存在中具有"趋利避害"的使命,必须在精神诉求方面和信仰实践当中实现"文化裁军",以价值观念上的求同存异或和而不同来促成社会生活中的和平共处、相安并存。在世界上的许多地区,文明之间以及各个文明内部的和平乃是其他方面和平的前提,从而构成整体和平不可缺少的重要基础:"人类发展到了一个关键点,我们的道德想象必须再次扩大,才能接受整个人类,否则我们就会毁灭。"[①]在多元文化的处境当中,人们应致力于推

---

① [加]格温·戴尔:《战争》,第260页,江苏人民出版社2007年版。

动异质文化间的和平互存,彼此尊重、相互理解而不是片面解读或无限夸大"个殊性"和"差异性",由此才能真正实现建立在"全球性"和"共通性"之上的"文化和平"。就此而言,人们有理由相信,和平的重要性在不断增长,或者说和平已成为最基本的要素;和平不再是外部强制,而是国家内部的诉求;世界和平变得不可分割,只要任何地方还有战争,就没有真正的和平;和平越来越被看成是一份责任,如果足够的人想要和平并愿意为和平努力,和平完全可以实现。[①]

总体上看,随着和平学研究的不断深化,"和平"的内涵也得以拓展,已经发展成为包括完整的个体存在、均衡的群体关系以及和谐的社会氛围等方面的复合型概念,与之同时,人们对于和平的认知和理解也实现了相应的转变,尤其是积极和平理念的确立,更是为和平学研究开拓了一片新的天地。积极和平的概念建立在对广泛社会条件的理解之上,强调公正和平等是和平的根本因素,主张消除建立在所有现实基础之上的各种形式的歧视,以自由取代压制,以平等取代剥削,以和平的合法性取代暴力的合法性,建立一种积极的和平文化,开启而不是抑制人类的不同倾向和才能。就此而言,积极和平是一种过程,它关注未来的、持久的、全面的和真正的和平。和平是一个没有尽头的过程,是一种革命性的变革,不仅意味着所有形式暴力的缺失或减少,更代表了非暴力和创造性的冲突转化。因此,要想深刻了解和平,就必须了解冲突以及如何转化冲突。

"生存还是毁灭,这是一个值得考虑的问题。"[②]实现和平的道路尽管曲折,但也并不是完全没有成功的可能。就目前的形势来看,有关和平的设想在可预见的未来是难以实现的,但只有将其看做是终将能够实现的人才最有可能接近这一梦想。现实生活中,各种形式的和平主义与和平运动正在以各自所奉行的理念与方式积极推动和

---

① 参见[美]大卫·巴拉什、查尔斯·韦伯:《积极和平——和平与冲突研究》,第32页,南京出版社2007年版。

② [英]莎士比亚:《哈姆雷特》,第123页,湖北教育出版社1998年版。

平的实现,尤其是对于某些具体目标的格外关注,比如废除大规模杀伤性武器、终止军事干预、缓解贫富分化、取消政治压迫以及对环境的无休止破坏等等。这样的过程无疑曲折漫长且充满艰辛,但并非不能到达胜利的终点。

第二节　和平主义伦理思想

简单地说,和平主义就是指争取实现各民族之间的持久和平乃至永久和平的一切主张和努力。和平主义在原则上反对各种形式的战争,力主消灭战争,并以宣传、教育、裁军、谈判、加强国际法和国际组织等手段,力求创造和维护世界和平。当代西方的和平主义运动此起彼伏,但和平主义的思想与理念却根植于不同的文化传统中。

一、和平主义思想的形成

中华民族在漫长的历史发展进程中一直倡导的和平文化,早在两千多年前就提出"强不执弱"、"以和为贵"等带有强烈的和平主义色彩的思想命题:"中国文化自古就认为世界应是一个和谐整体,这个观念深深影响了中华民族的思想和行为,成为中国人处理人与人、人与自然乃至国与国关系的重要价值观。"[1]在历史上,中国的综合国力长期居于世界前列,军事力量也堪称一流,但从不恃强凌弱,往往实行"和亲"、"纳贡"等怀柔政策,因而自古以来就形成了热爱和平并在不得不战的情况下坚持战争的正义性质的民族价值取向与价值观。在这种民族精神的涵育下,中国人性格中具有一种厌恶战争,具有一种和平与安定的心理定势和行为选择取向。[2] 由此可见,崇

---

[1] 国务院新闻办公室:《中国的和平发展》,载《人民日报》2011－09－07。

[2] 参见肖群忠:《和平主义之中国民族性反思》,载《江西社会科学》2006年第8期。

尚和平历来都是中华民族的价值追求,和平主义是中国传统文化的重要理念之一。

　　中国传统文化中蕴涵着丰富的和平主义资源,对人类的进步和世界的发展作出了巨大贡献。早在春秋战国时代,朴素的和平主义思想就扎根于华夏文明,其核心是"和",强调天、地、人的和谐,注重社会的秩序性,试图追求"大同"的理想世界,具体表现在当时的诸家学说之中。儒家文化可被视为一种关于秩序的和平主义学说,提倡中庸论、仁爱论和大同论。墨家的和平主义更为明确,墨子提出"兼爱"、"非攻",强调兵器是罪恶之物,战争是凶险之事,主张消除战乱、制止战争,并执著地推行和平文化,谱写了践行和平主义的光辉篇章。道家的"贵柔"、"守雌"表现出一种超越的情怀,是非常典型的和平主义。即便是以战争为主要研究对象的兵家,也认为战争仅是手段,和平才是目的,向往"不战而屈人之兵"的理想境界。显然,就"历史、文化、传统"而言,"中华文明的基本原则从来就不是什么霸权主义,而毋宁说恰好是霸权主义的反面,即和平主义。这种和平主义的传统是如此地清晰、独特、有力和贯彻始终,以至于几乎每一位稍有识见的观察家、评论家和哲学家都异口同声并毫不犹豫地声称,中华民族的传统是确定无疑的和平主义。虽说对此的评价和褒贬可以相当不同,但作为一个基本事实却得到高度一致的认可"[1]。这种和谐文化培育了中华民族热爱和平的民族禀性,[2]正如林语堂所说:"依照中国人的观点,和平主义并非什么'高贵'品德,它只是一般的'善'行和常识而已……宽容是中国文化最伟大的品质,它也将成为成熟后的世界文化的最伟大的品质。"[3]美国学者古

---

[1] 吴晓明:《论中国的和平主义发展道路及其世界历史意义》,载《中国社会科学》2009年第5期。

[2] 国务院新闻办公室:《中国的和平发展》,载《人民日报》2011-09-07。

[3] 林语堂:《中国人》,第43页,浙江人民出版社1988年版。

德诺也认为:"中国文化具有恒定性的特点,这是毋庸置疑的,它的恒定性自然会产生出一种和平主义的倾向。"①

总的来说,中国的和平主义文化相当厚重,在世界文明史上谱写了光辉的篇章,一直为中外学者津津乐道。令人感到惋惜的是,这种具有鲜明东方特色的和平主义理念,并没有发展成为近现代意义上的和平主义与和平运动。将古老的和平愿望与理念,率先发展为近代世界一种具有实际政治影响的社会思潮和社会运动的,是最先进入资本主义社会的西方国家。

在英国学者编著的《枫丹娜现代思潮辞典》中,"和平主义"是指:"认为战争和使用有组织的武装力量是非正义的那些人的信念,因而也是他们的行为。在20世纪以前,还只有教友会和普利茅斯兄弟会这样一些少数派基督教团体持有这种观点。"②也就是说,直到20世纪之前,西方的和平主义大多局限于基督教的一些派别内,其思想来自"登山宝训",特别是"反抗无罪"以及"和平者受祝福"的箴言。实际上,对暴力的合理性的否认深深地根植于许多宗教和文化传统之中,宗教和平主义有不同的种类。尽管它们的道义基准各有不同,但都基于某些普世的原则而要求个人避免使用武力,这些原则就是每个人呈现的那种内在的灵性、博爱、理智及每个人最初对先验世界的开放性。

与宗教和平运动不同,世俗的和平运动只有不到200年的历史。在19世纪,和平运动组织大量涌现出来。1815年,美国纽约州和马塞诸塞州的和平协会同时成立,此后不久,其他的一些组织纷纷在大西洋两岸建立起来,其中包括于1866年成立的"美国和平协会"和"世界和平联盟"。在19世纪中期召开了许多国际和平会议,其中包括1843年的伦敦会议、1848年的布鲁塞尔会议、1849年的巴黎会

---

① [美]古德诺:《解析中国》,第15页,国际文化出版公司1998年版。
② [英]A.布洛克等:《枫丹娜现代思潮辞典》,第417页,社会科学文献出版社1988年版。

议以及1850年的法兰克福会议。这些和平努力虽然得到了各国政府的某种关注,但毕竟只是一些政治边缘性事件,在实现和平概念的合法化并在会议上扩展和平希望之外,和平运动并没有取得实质性和具体的政治胜利。后来,海牙和平会议对各国政府产生了更大的影响,也同样在各国人民中产生了积极的反响。尽管只取得了极其有限的成功,但维护世界和平的"维和"概念一直贯穿于世界性会议议程。国际和平会议为建立一战后的国联和二战后的联合国起到了推动作用。国际和平会议也有助于营造这样一种国际氛围:战争是不文明的,诉诸战争的行动越来越不受欢迎。[1]

经过两次世界大战的磨难,痛定思痛,各国人民越来越清醒地认识到,战争并非实现发展的有效途径,即使通过战争在某种程度上达成了国家的战略目标,也要付出远远超出人们承受能力的代价,战争的创伤在十几年甚至几十年都难以完全治愈。第二次世界大战之后,世界上大多数国家致力于国内经济建设,求和平、促发展、谋合作已经成为世界各国人民的共同心愿和不可阻挡的历史潮流,尤其是经济全球化和政治多极化的深入发展,给世界范围内和平主义的推广与普及带来了新的机遇。到了20世纪60年代,随着民权运动和反对越战运动的风起云涌,和平主义运动迎来了春天。此后,不论是作为一种运动还是作为一种思想,和平主义都逐渐在世界各地传播开来,成为影响人们的思想和行为、制约民族国家的外交政策的一个非常重要的因素。

当代世界和平主义的著名代表人物是印度"圣雄"甘地和美国黑人民权领袖马丁·路德·金。甘地为争取印度独立进行的斗争和马丁·路德·金在美国为争取民权采取的行动全都属于"非暴力抵抗"("非暴力不合作")的范畴:"他们领导的政治运动都坚持对不

---

[1] 参见[美]大卫·巴拉什、查尔斯·韦伯:《积极和平——和平与冲突研究》,第36页,南京出版社2007年版。

公正进行抵制的必要,但这是不使用军事力量,或更广泛地说,是不使用针对他人的暴力的抵制。继甘地之后,那些支持非暴力抵抗的人都使用'对手'而不是敌人一词来指涉攻击者。他们更进一步强调同他们的'对手'保持对话的必要。"①这就说明和平主义完全可以得到世俗的道德原则的支持。当代和平主义运动受甘地非暴力哲学的影响,趋于强调"非暴力抵抗",认为非暴力行为起着与战争同样的作用,它可以作为军事防御和武装解放斗争的一种替代方法使用。许多和平主义者信奉甘地的"非暴力革命"思想,认为和平地变革所有的社会关系和个人生活方式,是通往全球无暴力社会的必由之路。② 比如,爱因斯坦就曾说:"对于一切能够理性解决的困难,我赞成诚实地合作。如果这在目前情况下不可能做到,那么,就要用甘地的和平方法抵抗邪恶。"③

二、和平主义的基本理念

和平主义是回应战争残酷性的一种观念体系,它坚持认为战争在道义上是完全错误的,鼓励每个人摒弃各种有关战争、军国主义和暴力的观念。由于坚持鲜明的反战立场,和平主义又被人们称之为"非战主义",即主张通过和平和非暴力的方式来解决现实中的冲突和对抗。

总体上看,和平主义可以分为激进的和平主义与温和的和平主义:激进的和平主义通常反对一切形式和种类的战争,往往不区别战争的性质,也不探究战争的社会根源,认为通过和平谈判和协商就能解决问题;温和的和平主义强调以平和而非极端的手段来处理国内

---

① [比]布鲁诺·考彼尔特斯等:《战争的道德制约——冷战后局部战争的哲学思考》,第14~15页,法律出版社2003年版。

② 参见庞元正、丁冬红:《当代西方社会发展理论新词典》,第146页,吉林人民出版社2001年版。

③ [美]艾丽斯·卡拉普赖斯:《爱因斯坦语录》,第101页,杭州出版社2001年版。

政治和国际关系,但并不寻求完全消除暴力。还有的学者将和平主义区分为广义的和平主义和狭义的和平主义。一般情况下,和平主义都被运用在一种更为广泛的意义上。广义的和平主义是一种已经拥有几个世纪历史的意识形态趋势,它完全建立在那种认为战争是一种应该最终被消灭的人类历史现象的信念的基础上。这种消灭战争的愿望可追溯到哲学家伊拉斯莫斯和康德,国际法的发展以及国际联盟和联合国的创建也正是这种愿望的实际体现。但这样一种对和平主义的定义可能过于宽泛而无法对武力使用提出任何有实质性的看法,因为没有任何一个体面的国家的领导人可以公然否认人类应该为建立一个永远禁止战争的和平世界而努力奋斗,而且多数人还是会认为他们的政府应该建立起有效的军事防务,他们为此甚至可能会支持他们的政府介入军事行动。

狭义的和平主义是伴随着"核和平主义"这一术语而出现的。二战后美国和西欧的许多反对核军备升级的大众动员运动在新闻媒体和学术研究中通常被称为是和平主义,但这种类型的反战运动主要是反对核威慑政策,按照抗议者的看法,这种政策将不可避免地导致核战争以及整个星球的毁灭。这些动员活动并不是直接针对这类军事防务本身的合法性,参加者也不一定就是为以和平主义为本质的道德考量所激励,各种其他的看法,例如"进一步追求核威慑政策不符合国家的利益",在其中也起到一定的作用。①

必须承认,各种形式的和平主义并不是完全同质的,其观点及目标经常随着时间而发生较大的波动,它们周期性地表现在反对那些特别残暴的战争或武器问题上,只有当战争停止或特别刺激性的行为消除时才开始消退。② 尽管内部充满了分歧和争论,但基本上所

---

① 参见[比]布鲁诺·考彼尔特斯等:《战争的道德制约——冷战后局部战争的哲学思考》,第11~12页,法律出版社2003年版。
② 参见[美]大卫·巴拉什、查尔斯·韦伯:《积极和平——和平与冲突研究》,第52页,南京出版社2007年版。

有形式的和平主义都宣称战争缺乏道德基础，因而是不合理的，没有资格充当解决国际纠纷的合法手段："如果说，正义战争论是把秩序和以契约为基础的正义视为压倒一切的价值，那么，和平主义则把生命、和平与非暴力视为最重要的价值。"①在和平主义看来，人的生命不仅是世界上最重要的价值，而且还是其他一切人文价值的支撑点。如果人的生命被毁灭了，其他的价值都将变得毫无意义。从某种意义上说，人的生命是神圣的，绝不能把人的生命当做实现其他价值的工具。战争构成了道德的最大障碍，它的存在意味着人性的沦丧和道德的衰退。战争不仅浪费了巨大的社会资源，还剥夺了人类的自由："理性从其最高的道德立法权威的宝座上，又要断然谴责战争之作为一种权利过程，相反地还要使和平状态成为一种直接的义务。"②战争只不过是人类在自然状态之下的一种可悲的、以武力来肯定自己的权利的手段。任何人都不应该通过战争的方法谋求自身的利益而损害他人的权益。人类应当逐步地使战争人道化，进而使战争逐渐减少，直至最后彻底消除战争。因此，大多数的和平主义者都反对使用或威胁使用暴力，希望建立一个没有战争、免除暴力威胁的世界。

在大多数和平主义者看来，和平主义不应仅仅被视为一种态度和观念，更应是一种关于如何处理国家间关系的制度安排，严格的和平主义者都反对那种把暴力视为国家间关系的有机组成部分而加以制度化的做法。因此，作为一种社会政治运动，和平主义的显著特征就是拒斥战争体制，致力于和平体制的建立；和平主义力图确立的和平，不仅是战争的消除，而是战争制度的彻底瓦解。和平主义者指出，军备竞赛是战争制度的必然结果。现实已经表明，增加军备的方法不仅没有使人们获得更多的安全，反而削弱了国家间的信任，增加

---

① 杨通进：《战争、和平与道德——兼论和平主义的可能性》，载《中国人民大学学报》2004年第3期。

② [德]康德：《历史理性批判文集》，第112页，商务印书馆1990年版。

了冲突的可能性,而采取和平主义立场,至少可以避免对方以受到军事挑衅为由发动战争。另外,即使不卷入战争,支撑军事制度的费用也是巨大的。军备竞赛往往会使有关各国走上相互较劲、逐渐升级的恶性循环之路,世界上越来越多的生产性资源被用来生产各种武器。同时,为了给战争提供必要的物质支撑,政府不得不提高税收,甚至强行征兵。而在一种和平主义的制度安排中,这些费用都是不需要或很少的。①

从历史的角度看,若要全面论述和平主义的基本理念,就不能不重视非暴力思想:"在争取和平的斗争中,非暴力无论是作为目标还是作为一种实际策略,它所达到的高度都使得它理应被单独考察。"②非暴力的价值往往体现在赞成自我克制而不是主动伤害他人,因而是积极的和自信的,需要人们付出极大的活力和勇气。在甘地看来,非暴力是坚持真理的基石,要求人们尊重对手的人性。他说:"这是一种要求人们用同情和仁慈来对待他人的主张,也是一种要求人们用绝对的、毫不犹豫的坚定之心来对待他人的主张……它暗示每个人都应该完全自愿地负起自己所承担的改造地球的责任,而且在这个过程中不可避免地要遭受痛苦。"③甘地所主张的"非暴力不合作"的目标在于解决冲突的根源,而不是打败或消灭对手;并不把对手当做要征服的敌人,而是将其看做共同寻求解决目前现实问题的公正办法的参与者。非暴力作为和平主义的基本理念,力求使所有人相信在和谐的行为中所得到的收益要比顽固坚持纷争和暴力多得多,也更为长久。

---

① 参见杨通进:《战争、和平与道德——兼论和平主义的可能性》,载《中国人民大学学报》2004年第3期。

② [美]大卫·巴拉什、查尔斯·韦伯:《积极和平——和平与冲突研究》,第521页,南京出版社2007年版。

③ [美]大卫·巴拉什、查尔斯·韦伯:《积极和平——和平与冲突研究》,第525页,南京出版社2007年版。

值得关注的是,出于对长期以来人类活动所导致的严重生态环境问题,以及强权国家的霸权主义外交政策对世界和平构成的严重威胁,20世纪70年代以来,西方发达资本主义国家兴起了被称为"绿色和平主义"的政治运动。在国际政治领域,绿色和平主义提出绿色和平政治思想,主张以非暴力的方式协调全球范围内人与自然以及人与人之间的关系,重构国际社会政治经济秩序,以实现世界上的永久和平与生态和谐。[①] 绿色和平主义的政治思想主要包括:建立平等的国际经济新秩序、以整体和系统的方法解决全球问题、非国家行为体是构建和平世界的主导力量、坚持非暴力原则,具有全球性、大众性、理想性等特点。

三、和平主义伦理思想评析

和平主义是人类反战情绪的产物,其目的就是为了阻止战争的发生。然而,和平主义及其社会实践的现实效能似乎并不十分令人满意。战争已经造成的损失无法估量,不但让越来越多的无辜平民失去生命,而且对国家经济和人民生活的负面影响也越来越大。这种情况不能不引起人们的重视和反思,究竟和平主义的价值何在?和平主义的主张中固然包含着一些宝贵的思想,但是和平主义也存在许多局限性。正是因为这些局限性,在大部分国家里,和平主义似乎只能得到少数人的支持。

对和平主义最为常见的一种批评是,和平主义不能阻止敌人的进攻,也不能有效地保护自己的祖国和人民。面对内部和外部的武力威胁,和平主义的主张会使一个共同体或国家变得更加脆弱,因为与和平主义者的愿望相反,这些武力组织并不会承诺放弃暴力。面对他国的进攻或者占领,防卫不牢的弱小国家在事实上会增加大国之间互相发动战争的可能性。特别是在当今时代非常关键的问题

[①] 参见张丽君:《绿色和平主义的和平政治思想述评》,载《华东师范大学学报》2007年第5期。

上,和平主义思想几乎没有什么说服力:对某些使用武力的行为形成威慑,国际维和行动中要使用必要的武力,武力的"战略强制"作用以及真正使用武力可以对保障遵守一系列国际规则发挥作用。所以,人们据此认定,如果奉行和平主义政策,即使初衷良好,但事实上可能会加剧国际关系中的紧张局势,为不稳定因素和干涉行为创造条件。总之,即使忠实地恪守和平承诺,也必须超越继承下来的和平主义传统。[①]

关于这一点,很多为和平主义辩护的人认为,和平主义并不意味着不抵抗,而是选择了有组织的非暴力抵抗。非暴力作为和平主义的重要理念,也是和平主义者倡导的实现和平的重要手段。在人类历史上,人们解决暴力问题的方式通常有两种:一种是采取正义暴力或发动正义战争,另一种是站在正义一边进行干涉。这两种方式本身难以与暴力划清界限。和平主义强调,维护和平不一定要使用暴力手段,非暴力也可以是一种有效方式。实际上,只要经过必要的非暴力抵抗的训练,并在侵略者面前采取一致的行动,对方要想实现有效的统治是非常困难的。历史上也的确曾发生过许多通过非暴力抵抗获得成功的事例。[②] 然而,尽管所有的和平主义者都主张采取非暴力手段实现和平,但绝对的和平主义者依然是少数。尤其是在当今世界,和平主义者更多时候被当做空想家。相当多的人认为,除了反对暴力手段之外,和平主义找不出任何维护正义与公理的替代方法。因此,反对一切战争的绝对和平主义更多的是一种信仰而不是政治策略。更为重要的是,尽管许多人主张和平主义,但和平计划与军事参谋机构的战争计划相比,几乎总是存在问题,在明确性、详尽性、代表性和可操作性等方面存在缺陷。而且,不少的反战举措很少

---

① 参见[法]吉尔·安德雷阿尼、皮埃尔·哈斯内:《为战争辩护——从人道主义到反恐怖主义》,第24~25页,中央编译出版社2008年版。

② 参见杨通进:《战争、和平与道德——兼论和平主义的可能性》,载《中国人民大学学报》2004年第3期。

超出善意劝告的范畴。更为重要的是,在现实当中,和平运动即使有最好的组织和最广泛的资助,也很难同最小的或局部战争背后的组织和资助相比。① 另外,和平主义相信经济制裁可以作为战争的一种替代方式,也很难在现实中取得令人满意的效果。虽然国际制裁可以产生重大影响,但是并不能被作为代替战争的一种可信方式。在许多情况下,经济制裁都成为动用武力的先兆,而不是真正的替代。更有甚者,在某些情况下,比如在1990年到2003年间的伊拉克,经济制裁带来了和战争一样严重的后果,但是却不能产生战争所能带来的巨变。如此,许多人反而认为战争和制裁在道义上不相上下。②

另一种意见认为,和平主义更多的是建立在特定的信仰之上,即所有的人基本上都是善良的,人们拥有以正义与和平的方式解决相互之间分歧的能力。但在反对和平主义的人看来,和平主义的这种信念只能算得上是一种危险的"幻想",没有认识到人之攻击本能的强烈和人类之罪恶的深重。客观地讲,和平主义并非认识不到人性中的阴暗面,只是认为应当消除那种使得这种阴暗面得以大面积扩散的战争体制,建立一套能够使人性中的光明面得到最大限度实现的和平制度。和平主义者相信,人类完全能够通过不断地学习,逐渐变得更明智、更理性、更具有正义感和同情心。③ 这与其说是对和平制度的渴望和呼唤,不如说是对人性之光明面的信任和期待。

无可否认,和平主义面临着许多难以解决的困惑和难题,而其所遇到的来自制度层面的阻力在短期内也将难以克服。但是,作为一种源远流长的价值理念,和平主义也包含着诸多合理的价值诉求。

---

① 参见[美]大卫·巴拉什、查尔斯·韦伯:《积极和平——和平与冲突研究》,第33页,南京出版社2007年版。

② 参见[法]吉尔·安德雷阿尼、皮埃尔·哈斯内:《为战争辩护——从人道主义到反恐怖主义》,第25页,中央编译出版社2008年版。

③ 参见杨通进:《战争、和平与道德——兼论和平主义的可能性》,载《中国人民大学学报》2004年第3期。

尽管和平主义的主张存在局限，然而这并不等于说人类应该完全摒弃这一主张。至少，在国际关系中采取非暴力的斗争和压制方法，还有一定的借鉴意义。虽然人们并不总是把采用非暴力的方法归功于和平主义者，但是，在实践这些方法的过程中，一些和平主义者却从它的潜在力量中找到并看到了一种克服传统和平主义主张局限性的途径。19世纪和20世纪的非暴力斗争经验，其中包括反殖民运动和反对独裁政权的斗争，虽然不是真正代替暴力，但是也显示了这种和平的斗争方式在特定形势下可能发挥的作用。同时，和平主义对于生命的关怀和重视也顺应了时代的发展和历史的潮流，启示人们个体的生命神圣不可侵犯，不能为了追求某些价值而牺牲人的生命。

第三节　在维护世界和平中实现我军核心价值

中华民族是一个尝尽战乱之苦与饱受殖民侵略的民族，在不屈不挠的抗争中培育出了维护和平的坚定信念。现阶段，中国坚持走和平发展道路，对内构建和谐社会，对外倡导和谐世界，既争取和平国际环境来发展自己，又以自身的发展来维护世界和平、促进共同发展。近年来，我军以前所未有的活跃姿态亮相于国际舞台，其职能使命正在从保家卫国向维护世界和平拓展，并且已成为促进世界和平和推动全球发展的重要力量。这不但折射出我军逐步实现从内向型到开放型军队的转变，而且表明中国在和平发展的道路上越来越开放，人民军队在维护世界和平、推动建设和谐世界的进程中必将发挥更大的作用。

一、维护世界和平是我军的历史使命

使命意味着责任，历史使命意味着厚重的责任。军队的历史使命规定着一支军队建设的发展方向、奋斗目标和指导原则，是一支军队在某个历史时期所承担的基本任务。可以说，军队与使命共生，与使命同在。对于人民军队而言，使命至高无上。人民军队的光荣，来

自使命的神圣；人民军队的自豪，来自责任的重大。忠实履行使命，就像一根红线贯穿于我军成长壮大的全部历史。我军的性质宗旨，在履行使命中体现；我军的能力素质，在履行使命中形成；我军的地位作用，在履行使命中展示。我军的使命作为一个历史范畴在不同的历史时期有不同的时代内涵，从来都是由党的任务和目标所确定。人民军队的历史，就是忠实履行党和人民赋予神圣使命的历史。

随着经济全球化、信息网络化的深入发展，国与国之间的联系越来越紧密，资源、资本、技术和人才在全世界范围内自由流动，任何国家都不能脱离"地球村"而孤立地发展，总体上形成了一种"你中有我、我中有你"，"一荣俱荣、一损俱损"的局面。同时，当今世界并不安宁，单靠一个或者几个国家不可能缔造和平，全球化的持续发展和非传统安全因素的凸显，对国际安全合作提出了新的要求。国际安全与发展的这种新格局，既使各国之间在安全与发展利益上相互制衡、相互依赖进一步加深，也使得追求国际共同安全、共同发展成为必然选择和有效发展模式。中国共产党深刻把握当今国际安全与发展的根本要求，从我国社会主义国家性质出发，明确提出中国坚持走和平发展道路，积极倡导树立新安全观，构建集体安全机制。

与此相适应，新世纪新阶段我军历史使命增添了新的内容，就是在担负巩固国防、抵抗侵略、保卫祖国、保卫人民和平劳动、参加国家建设事业光荣使命的同时，为维护世界和平与促进共同发展发挥重要作用。这使我军的职能任务有了新的拓展，不仅要履行好对党、国家和人民的责任，而且要履行好对国际社会的和平承诺和国际责任；不仅要维护好国家主权和安全，还要积极参与国际维和、救援、反恐等行动。在这个过程中，人民军队始终将维护世界和平作为历史使命，努力贯彻国家的外交政策，维系并发展不结盟、不对抗、不针对第三方的军事合作关系；为维护世界和平和地区安全，积极参与联合国维和行动和国际反恐合作，开展多种形式的军事交流，建立军事安全对话机制，营造互信互利的军事安全环境；参加非传统安全领域的双边或多边联合军事演习,提供共同应对非传统安全威胁的能力。①作为公开阐释中国国防政策和国防行为的政府文告,历部国防白皮书都对中国军队的职能使命作出了概括。无论是从篇幅还是表述方式上看,国防白皮书越来越强调中国在维护世界和平、履行国际义务中承担的责任和发挥的作用,显示出中国的安全视野更加全球化,中国军队的职能使命内涵更加丰富。事实表明,我军已经在履行维护世界和平的历史使命方面迈出了坚实的步伐,人民军队的日益强大标志着世界和平力量的不断发展。

同时也应看到,当代中国和世界的关系发生了历史性变化。和平、发展、合作是当今时代的主流,三者紧密联系、相互支撑。和平是发展与合作的前提基础,发展是和平与合作的根本目标,合作是和平与发展的实现途径。改革开放以来,中国以前所未有的气魄登上世界政治、经济舞台,坚持聚精会神搞建设,一心一意谋发展,通过自身的发展不断为世界的和平与人类的合作添加积极因素,为争取持久和平的国际环境作出了不懈的努力。胡主席指出:"中国将坚定不移地高举和平、发展、合作的旗帜,坚定不移地走和平发展道路,坚定不移地奉行独立自主的和平外交政策,在和平共处五项原则的基础上同世界各国发展友好合作关系。中国将始终不渝地把自己的发展与人类共同进步联系在一起,既充分利用世界和平发展带来的机遇发展自己,又以自身的发展更好地维护世界和平、促进共同发展。"②中国的发展离不开世界,世界的发展也离不开中国。中国的国家利益与世界各国的共同利益越来越密不可分,我军的职能如果仅仅局限于"保家卫国"显然跟不上时代的发展。正如《2010年中国的国防》白皮书所说:"中国已经站在新的历史起点上,中国的前途命运

---

① 参见王建伟、潘日轩:《新世纪新阶段我军历史使命》,第127页,国防大学出版社2007年版。

② 胡锦涛:《在联合国成立60周年首脑会议上的讲话》,载《人民日报》2005-09-16。

与世界的前途命运更加密不可分。面对共同的机遇和挑战,中国坚持互信、互利、平等、协作的新安全观,把中国人民的根本利益与世界人民的共同利益联系起来,把中国的发展与世界的发展联系起来,把中国的安全与世界的和平联系起来,努力以自身的和平发展推动建设持久和平、共同繁荣的和谐世界。"[1]事实证明,一个国家在国际社会中的发言权和影响力,同其对国际事务的参与和贡献程度密不可分。作为在世界上颇具号召力的负责任大国,我国应当在维护世界和平与促进共同发展中发挥重要作用。这就要求人民军队主动适应世界战略格局的变化和安全形势的需要,在维护世界和平的各种活动中承担相应任务:"应对世界和平与发展面临的共同威胁和挑战,要求军队在参与国际军事行动中发挥积极作用。世界多极化和经济全球化曲折发展中存在着许多矛盾和问题,比如民族、宗教矛盾的激化、国际恐怖主义和其他跨国犯罪的蔓延、大规模武器扩散等。在联合国主导下,通过国际合作,应对世界和平与发展面临的共同问题,成为一种趋势。我军要在维护世界和平、促进共同发展中发挥更大作用,很重要的一个方面,就是要把参加维和行动、实施国际救援、打击恐怖主义活动,作为军队的一项重要职能。"[2]截至2010年12月,我军已与外军举行过44次联演联训,包括与上海合作组织其他成员国举行联合反恐演习,与巴基斯坦、印度、法国、英国、澳大利亚等国举行联合海上搜救演习。特别是自2008年年底以来,我海军舰艇编队赴亚丁湾、索马里海域实施护航。主要任务是保护中国航经亚丁湾、索马里海域的船舶、人员安全,保护世界粮食计划署等国际组织运送人道主义物资船舶的安全,并尽可能为航经该海域的外国船舶提供安全掩护。据《2010年中国的国防》白皮书介绍,截至2010年

---

[1] http://www.gov.cn/jrzg/2011-03/31/content_1835289.htm(中国政府网)。

[2] 孙科佳等:《忠实履行新世纪新阶段我军历史使命》,第88~89页,海潮出版社2006年版。

12月,我海军已派出7批18艘次舰艇、16架直升机、490名特战队员执行护航任务。中国海军护航行动主要采取伴随护航、区域巡逻和随船护卫等方式,先后为3139艘中外船舶提供安全保护,其中解救被海盗袭击船舶29艘、接护船舶9艘。[①] 可以说,我军以实际行动表明一个负责任大国承担国际义务和维护国际与地区和平安全的积极态度,世界舆论对此大多予以积极评价,称赞"中国是在为集体利益作出积极贡献"。

  需要指出的是,职能使命的拓展要求中国军队树立新的军事能力观。维护世界和平与促进共同发展,不仅要有良好的愿望,而且要有强大的实力做后盾。责任是以能力作为前提和基础的,履行好我军的和平使命,也必须有强大的军事实力作后盾。时代发展赋予我军的和平使命,不仅进一步明确了我军肩负的国际责任,为我军在新世纪新阶段正确发挥对外职能提供了科学依据,也为我们以世界眼光来推进军队建设提供了科学指导。当前,霸权主义和强权政治仍是世界和平与发展的最大威胁。除了霸权主义的威胁外,世界多极化和经济全球化曲折发展中也出现了一些矛盾和问题,比如民族、宗教矛盾的激化、国际恐怖主义和其他跨国犯罪的蔓延、大规模武器扩散等。要更好地维护世界和平、促进共同发展,我国不仅要坚持和平共处的对外政策,还需要建立一支强大的军事力量。应对世界和平与发展面临的共同威胁和挑战,要求我们必须以世界眼光来加强和推进军队建设,努力把我军建设成为与我国地位相称、与我国发展利益相适应的军事力量。过去的战斗力标准就是"打赢",而现在固然需要提高"打赢"能力,同时还要具备应对危机、维护和平、遏制战争的能力。这就意味着专业技能、语言能力、对外交往能力、国际法知识等,都是遂行多样化军事任务所必需的。因此,只有拥有一支强大的军队,才能有效地保障我国社会主义现代化建设,才能更好地维护

---

① 参见 http://www.gov.cn/jrzg/2011-03/31/content_1835289.htm(中国政府网)。

世界和平与促进共同发展,使自己与远近、大小、强弱不同的国家共享太平之福。

总而言之,我国作为负责任的大国,应该也必须在维护世界和平的事业中发挥更加重要的作用。努力提高我军维护和平的能力,是维护世界战略平衡,进一步确立和提升国际形象,为我国和世界争取较长时期和平环境的重要保证。为此,我军需要着力加强国际反恐合作,进一步明确军队反恐职责,提高反恐作战能力,形成对于恐怖势力的强大威慑;积极致力于军控、裁军和防扩散,支持联合国及其他国际组织发挥应有作用,参与相关国际法的制定和修改,对于西方国家在这一方面所采取的双重标准进行坚决的斗争;广泛参加联合国的维和行动,充分体现独立自主的和平外交政策,积极彰显负责任的大国地位,强化我军在世界人民心目中"和平之师"的道德形象,有效提升国际声望。同时,基于战略威慑已经成为当今国际军事斗争的重要内容,我军必须在现有条件下不断加强战略威慑能力建设,以有效的军事威慑能力达到制止战争、维护和平的战略目的。

二、我军参与维和行动的卓越表现

新世纪新阶段的历史使命,赋予了我军崇高的职责和艰巨的任务,使我军职能由保卫国家安全延伸到维护世界和平与促进共同发展。伴随着我国综合国力的不断增强和在国际事务中地位的不断上升,我军不仅要维护好国家主权和安全,还要支持并参与联合国维和行动,为维护世界和平作出积极的贡献。

维和行动是由国际组织实施的旨在帮助维持或恢复冲突地区和平与安全的一种行动,由军事人员参加,但没有强制权力。自联合国1948年6月首创维和行动以来,参加维和行动已日益成为体现和衡量各国在联合国发挥影响的重要标志。作为负责任的大国,中国一贯支持并积极参与符合《联合国宪章》精神的维和行动。参与联合国维和行动是我国致力于维护世界和平、促进共同发展的重要手段,是忠实履行新世纪新阶段我军历史使命的具体体现,是配合国家整体外交的有力举措,是适应世界新军事变革需要、加强部队能力素质建设、传播文明增进友谊的重要途径。近些年来,随着中国参与维和行动的规模和力度不断加大,维和已成为新时期我军建设和对外军事交往中的一个突出亮点。

我国自1989年起开始参与联合国维和行动,当年我国政府就向联合国纳米比亚过渡时期援助团派出了文职专家,参与纳米比亚大选的监督工作。1990年,我国向联合国驻中东地区的停战监督组织派遣5名军事观察员,标志着我军正式参与联合国维和行动的开始。1992年,我国派出47名军事观察员和一支400人组成的维和工程大队赴柬埔寨,这是中国第一支成建制地派出"蓝盔部队"。1997年5月,我国原则同意参加联合国"维和待命安排"。2001年12月,国防部维和事务办公室成立,统一协调和管理全军参加联合国维和行动事务。2002年,我国加入联合国一级维和待命安排机制。2003年2月,中国向刚果(金)派出首批成建制非作战维和部队。2007年6月,国防部召开了我军历史上第一次全军性的维和工作会议,标志着我军维和工作进入一个新的时期。2009年6月,国防部维和中心成立,为进一步加强我军维和培训和对外交流工作打下了良好基础。根据2011年9月国务院新闻办公室发布的《中国的和平发展》白皮书,中国是唯一公开承诺不首先使用核武器、不对无核武器国家和无核武器区使用或威胁使用核武器的核国家;中国累计已向联合国30项维和行动派出各类人员约2.1万人次,是派出维和人员最多的联合国安理会常任理事国。[①] 另外,根据2011年发表的《2010年中国的国防》白皮书介绍,自参加国际维和行动以来,我国维和部队发扬特别能吃苦、特别能战斗、特别能奉献的优良作风,以高度负责的职业精神投入工作,新建、修复道路8700多公里、桥梁270座,排除地雷和各类未爆物8900多枚,运送物资60多万吨,运输总里程930多

---

① 参见国务院新闻办公室:《中国的和平发展》,载《人民日报》2011-09-07。

万公里,接诊病人7.9万人次,圆满完成联合国赋予的各类维和任务。截至2010年12月,我国共有1955名官兵在9个联合国任务区遂行维和任务,是联合国安理会常任理事国中派遣维和人员最多的国家。其中,军事观察员和参谋军官94人;赴联合国刚果(金)稳定特派团工兵分队175人,医疗分队43人;赴联合国利比里亚特派团工兵分队275人,运输分队240人,医疗分队43人;赴联合国黎巴嫩临时部队工兵分队275人,医疗分队60人;赴联合国苏丹特派团工兵分队275人,运输分队100人,医疗分队60人;赴联合国/非盟达尔富尔混合行动工兵分队315人。① 我军维和官兵为促进和平解决争端、维护地区安全稳定、加快有关国家经济社会发展发挥了积极作用。我军还通过派员赴国外参加培训和观摩活动、举办和参与各类维和研讨会以及与外军举行维和联合训练等形式,积极开展国际维和交流与合作,不断提升维和工作的质量效益。

虽然中国维和部队往往部署在条件艰苦和危险地区,但是我军维和人员心系祖国荣誉和世界和平,牢记使命、不负重托,发扬大无畏的革命精神,凭借非凡的毅力、顽强的作风、良好的风貌、过硬的素质、精良的装备、严明的纪律和一流的业绩,受到联合国与驻在国政府和人民的高度评价和赞誉。多年来,中国军人在联合国维和行动中用实际行动诠释了"世界和平卫士"的深刻内涵,广受好评,备受赞誉。迄今为止,我军所有参加联合国维和行动的官兵均被授予"联合国和平勋章",其中为维和事业献出生命的官兵被授予联合国最高荣誉奖章——"哈马舍尔德勋章"。联合国前秘书长安南曾说:"中国参与联合国维和行动,充分体现了中国热爱和平、积极参与联合国事务的负责任大国形象。"联合国秘书长潘基文也在2009年1月看望我赴黎巴嫩维和工兵营官兵时,称赞我军维和部队"为世界和平作出了重大贡献"。2007年,胡锦涛主席为我军驻利比里亚维

---

① 参见 http://www.gov.cn/jrzg/2011-03/31/content_1835289.htm(中国政府网)。

和部队题词:"忠实履行使命,维护世界和平。"这既是对我军维和人员提出的要求,也表达了中国政府参与国际维和的一贯原则立场。中国维和人员始终牢记责任使命,勇担国际义务,树立和维护了我国负责任大国的良好形象。[①]

经过多年的实践总结,我军维和工作在指挥管理、人员选拔、抽组培训和技术装备等方面形成了运行顺畅科学高效的工作机制。尤其值得关注的是,2012年我军正式颁布了《中国人民解放军参加联合国维持和平行动条例(试行)》,自2012年5月1日起施行。《条例》着眼全面履行新世纪新阶段我军历史使命,在科学总结我军参加联合国维和行动22年实践经验的基础上,对我军参加联合国维和行动作了系统规范,是新时期我军维和工作的基本遵循和依据。《条例》发布施行,对于推动我军参加联合国维和行动顺利开展,进一步加强我军参加联合国维和行动能力建设,展现我国爱和平、负责任的国际形象,展现我军和平之师的良好风貌,具有重要意义。

当前,我国对内积极构建和谐社会,对外推动建设和谐世界。和谐理念从国内政治向国际政治的延伸,体现了我国对内对外政策的统一,不仅是对以往和平外交理念的进一步发展,也是对于未来世界的一种期望和主张,必然得到越来越多的国家的理解和支持。积极参加联合国的维和行动,就是我国对建设和谐世界的重要贡献。而我军在参加联合国维和行动中的积极表现,就是建设和谐世界的具体行动。[②] 可以预见,随着我国综合国力的增强和国际地位的不断提高,今后我军将越来越多地参与维和行动,在维护世界和平与促进共同发展的进程中发挥更大的作用。

同时,也应该看到,我军的维和工作正面临着一些新情况新问题,参加联合国维和行动的规模和力度不断加大,维和工作将会更为

---

① 参见严以森、李建中:《我军参与国际维和行动的回顾与思考》,载《南京政治学院学报》2010年第1期。

② 参见《中国蓝盔:为建设和谐世界做贡献》,载《解放军报》2007–10–12。

繁重。特别是随着联合国维和任务区形势日益复杂多变,维和行动职能逐渐趋于多元化,执行维和任务的难度也在不断加大。我军需要不断提升维和工作水平,为促进世界和平,维护地区稳定,扩大我国我军的国际影响,展示我军和平之师、威武之师和文明之师的风采作出新的贡献。迈入新世纪新阶段的中国军队,正伴随着改革开放的伟大进程,不断发展、不断前进。人们有理由相信,在不久的将来,中国军队还将以更加开放、更加透明、更加自信的形象,参与更多的国际事务,履行大国义务,维护世界和平。

三、着力打造我军"和平之师"的道德形象

维护世界和平与促进共同发展,是全人类的共同愿望和责任。我国是社会主义国家,历来把自身的发展同世界的发展联系在一起,主张依靠自身力量独立自主地建设中国特色社会主义。和平发展是中国走向强盛的必然选择。正如有学者撰文写道:"中国的发展道路必然是和平主义性质的,这种和平主义虽然与中国的文化传统有着密切的联系,但本质上是由中国近代以来的历史性实践为其制定方向的。由于这条道路不可能依循现代资本主义的基本建制来为自己取得全部规定,所以它在批判地澄清现代冲突与战争之主要根源的同时,为中国和平主义传统的复活与重建提供了现实的可能性。中国发展的和平主义道路将具有这样一种世界历史意义:它把不以扩张主义为出发点也不以霸权主义为必然归宿的发展前景启示给人类向着未来的历史筹划。"[1]基于这种认识,我军要履行好维护世界和平和促进共同发展的职能作用,就需要着力打造我军"和平之师"的道德形象,致力于在维护世界和平中实现我军的核心价值追求。

我军在不同的历史时期有着不尽相同的历史使命,但从来就不缺少对和平价值的追求,党的历代领导人对"中国永不称霸"也都有

---

[1] 吴晓明:《论中国的和平主义发展道路及其世界历史意义》,载《中国社会科学》2009年第5期。

非常明确的论述:"中国积极为世界和平与发展作出自己应有的贡献,绝不搞侵略扩张,永远不争霸、不称霸,始终是维护世界和地区和平稳定的坚定力量。"[1]可以说,这种对和平与发展的追求在我党我军历史上是一脉相承而又与时俱进的。对于世界各国来说,中国是朋友,而不是对手,更不是敌人。一个国家对于世界是否构成威胁,不在于其国力强弱,而在于奉行什么样的内外政策。"中国将坚定不移地高举和平、发展、合作的旗帜,坚定不移地走和平发展道路。"[2]这是我国政府对坚持走和平发展道路的庄严承诺。中华民族历来具有讲信修睦、与人为善、热爱和平、以和为贵的传统美德,对近代以来受列强欺凌的历史刻骨铭心,尤其渴望和珍惜和平。"己所不欲,勿施于人",古代先贤的这一处世哲学,早已化为中国人的民族性格。改革开放以来,中国以前所未有的气魄、强劲有力的步伐,登上世界舞台,融入国际社会,在国际事务中一贯倡导并坚持和平共处五项原则,坚持独立自主的和平外交政策,坚持与邻为善、以邻为伴,坚持睦邻、安邻、富邻政策,并且在国际冲突与纠纷中主持公道。中国积极谋求国际合作,并积极参加多边国际组织,坚持同各国在政治上平等互信,经济上互利共赢,文化上交流借鉴,安全上对话协作,推动建立公正合理的国际政治经济新秩序。中国对于与邻国之间的领土、领海争议,历来主张通过协商谈判的方式加以解决。在军事上,中国奉行防御性的国防政策,建设强大的国防力量是为了维护国家的主权独立和领土完整,为了保证社会主义现代化建设顺利进行,不会对任何国家和地区构成威胁。由此可见,中国坚持走和平发展的道路,既是由国家性质所决定,又是基于中国历史文化传统和现实利益需要的必然选择。近些年来,中国的快速发展为世界的发展提供了机遇,为世界的和平作出了贡献。有学者指出:"真正具有世界

---

[1] 国务院新闻办公室:《中国的和平发展》,载《人民日报》2011-09-07。
[2] 胡锦涛:《在联合国成立60周年首脑会议上的讲话》,载《人民日报》2005-09-16。

历史意义的东西不是纯粹的过往,不是仅仅滞留于传统之中,而是中国的和平主义发展道路,是唯有在这一道路的历史性实践中才能被开启和复活的和平主义传统。它不是既与的、已经完成了的东西,而毋宁说是正在生成着的东西,是在其展开过程中表现为必然性的东西。用我们传统的术语来说,中国的和平主义发展道路乃是真正的'道'——是合于大道的通达之道,是和平主义的'王道'而不是强权主义的'霸道'。"① 在这样的大背景下,人民军队坚决履行新世纪新阶段的历史使命,着力维护世界和平,积极推进共同发展,有利于弘扬中国传统文化中的和平思想,树立中国人民爱好和平的形象,把中国永远不称霸、永远不做超级大国的观念传达给世界人民,更有助于中国的进一步对外开放,加强与其他国家的相互交流和理解,让世界了解中国,让中国融入世界。

需要指出的是,维护世界和平与促进共同发展,必然对我军军事力量建设和军事能力建设,以及军事行动范围和行动方式等提出新的要求。我军要一如既往地参与联合国维和行动和国际反恐合作,开展多种形式的军事交流,建立军事安全对话机制,营造互信互利的军事安全环境,参加非传统安全领域的双边或多边联合军事演习,承担起应尽的国际义务。同时,发展应对多种安全威胁、完成多样化军事任务的能力。为了更好地维护世界和平与促进共同发展,我军要适应新形势新任务的要求,认真贯彻新时期军事战略方针,确立以信息化为主导的现代化建设思路,认真研究和平时期军事力量运用问题;适应一体化联合作战的要求,建立能够充分发挥武装力量整体效能和国家战争潜力的现代作战体系,提高快速反应和力量投送的能力;加强针对性演练,在近似实战的环境下磨炼部队,不断提高应对危机、维护和平,遏制战争、打赢战争的能力,努力把我军建设成为一支能够承担维护世界和平与促进共同发展重任的军事力量。

---

① 吴晓明:《论中国的和平主义发展道路及其世界历史意义》,载《中国社会科学》2009年第5期。

近年来,我军通过不断加强对外军事交流,与各国军队增强互信、增进友谊、促进合作。事实上,随着中国军队现代化建设取得长足发展和进步,中国军队也正在以更加自信自强、开放进取的姿态面向国际社会。越来越多的中国军人,正在以各种方式走出国门,登上国际舞台。联合国维和、国际人道主义救援、海外护航、中外军队联演联训、军事友好访问,处处展现出和平之师的良好形象。在这个过程中,更需要从严治军,严格政治、组织和外事纪律,认真执行我对外方针政策、部队条令条例、联合国各项规定和驻在国法律,尊重不同国家的风俗习惯。通过严格内部管理,处处体现中国军人的良好素质,维护国家和军队的良好形象。[①] 同时,我军需要不断加大宣传力度,全面塑造和维护国家、军队形象。根据胡锦涛主席关于加强军队软实力建设的要求,积极宣传我国的和平发展道路、和谐世界理念、新安全观和防御性国防政策,全方位展示人民军队"和平之师、威武之师、文明之师"的道德形象,把创造有利的舆论环境作为我军的职责和任务之一。通过形式多样、丰富多彩的军事外交活动,积极传播中华民族崇尚和平的价值取向、博大精深的传统文化,在现实交流中促进与世界各国军队的相互了解与合作。

[①] 参见严以森、李建中:《我军参与国际维和行动的回顾与思考》,载《南京政治学院学报》2010 年第 1 期。

第三章

正义战争理论与军人核心价值观

"正义"是一个古老而又常新的话题,自古以来人们就一直在探讨诸如什么是正义以及如何实现正义等问题。"正义战争理论"是旨在确定何时、何人、何地并为何种政治目的而使用武力,以及如何正当地使用武力的思想体系,它涉及战争目的的合法性、战争手段的正当性与战后和解的合理性等重要问题,这些问题同时也是当代军事伦理学的核心议题之一。正义战争理论在当今国际政治生活具有重要影响,它在构建国际暴力规则的核心内容、规范各种形式的军事干涉乃至构筑新的国际政治新秩序等方面起着重要作用。把握正义与战争的关系,理解战争的正义性,不仅有助于增强当代革命军人对军人核心价值观的认同感,而且有利于提升我军"正义之师"的良好形象。

第一节 战争正义性问题的历史源流

关于战争合理性、合法性与正义性等问题的思考,在人类思想史上汇集成一股绵延不息的理论潮流,深刻地影响到人们的战争观念。中国关于正义战争的思想最早可以追溯到春秋战国,西方正义战争理论则可以追溯到古希腊罗马时期,由此形成了两种不同的正义战争理论思想传统。尽管这两种思想传统思考战争正义性问题的取向不尽相同,但却为我们检视正义战争理论的历史源流与理论变迁提供了丰裕的思想资源。

一、中国传统正义战争思想

2500多年前,春秋时期的连年征战既促发了人们对于和平稳定的社会秩序的追求,也为中国兵学思想的形成提供了丰厚的实践基础。可以说,诸子百家的政治智慧和伦理关怀,既是其对残酷社会现实的理性沉淀,同时也是苦难人民在长期战火煎熬中的心灵呼唤。建立在这种基础上的伦理思考,尤为注重和平、道义与仁爱的价值,并希望以此为核心理念建构起一套关于战争正义性的观念体系。

中国古代思想家多能认识到战争极具破坏性因而总会造成人员伤亡并伤及无辜的特性,因此普遍反对战争。老子将战争视为"不祥之器",认为战争乃是人欲与名利之间的博弈,因而是彻头彻尾违背自然之道的罪恶之举。墨子明确提出"非攻"的主张,进而反对一切形式的战争。孔子虽然深谙治军之道,但也决不赞同将战争变为助纣为虐的工具,比如当时的"好战之君"卫灵公向他讨教兵阵之事,孔子奉行的原则就是"道不同不相为谋",不仅以"俎豆之事,则尝闻之矣;军旅之事,未之学也"予以婉拒,而且第二天就离开了卫国。① 孟子更是明确宣告"春秋无义战":"有人曰我善为阵、我善为战,大罪也"②,他还为此进一步揭示了战争所具有先天的罪恶性:"争地以战,杀人盈野;争城以战,杀人盈城:此所谓率土地而食人肉,罪不容于死!故善战者服上刑,连诸侯者次之,辟草莱任土地者次之。"③ 荀子的学生则这样总结荀子的战争观念:"先生议兵,常以仁义为本。"④

虽然中国古代思想家通常对于战事持存一种审慎甚至否定的态度,但毕竟不能对现实社会当中的战争行径熟视无睹。面对这种理

---

① 《论语·卫灵公》。
② 《孟子·尽心下》。
③ 《孟子·离娄上》。
④ 《荀子·议兵》。

论与现实的纠结,古人的智慧是以"伐谋"或"伐交"为上策,把战争看做是不得已的下策,并视之为是"伐谋"或"伐交"之后的最后选择途径。因此,即便不得不运用武力来解决争端,也必须符合"道"之精义,同时力主"不战而屈人之兵",以此来伸张战争的正义性,最终达成"止戈为武"和"以战止战"的目的。兵家思想的魁首孙子在谋划战争的总论中,把"道"作为"五事七计"之首,视为决定战争胜负的最重要因素,并把"仁"作为五德之一,既强调政治的目的在于维护正义价值,同时也坚持征战讨伐的军事行动必须符合道义标准。在孙子看来,征战的动机和目的是为了弘扬正义、惩罚邪恶,为此他主张为将者要爱卒爱民,唯国是保,做到"进不求名,退不避罪,唯人是保,而利合于主",切不可以通过掠夺其他国家人民财产的形式来满足本国统治者的私欲,而一旦当仁义之师完成其"禁暴除害"的使命后,理应"王速出令,反其旄倪,止其重器,谋于燕众,置君而后去之"①。孙子的正义战争观念典型地体现了中国传统兵学注重从道德合法性的高度来思考和谋划军事活动的价值取向。

虽然战争实属"不祥之器",但古代思想家并非据此就全盘否定战争的道德合法性:只要战争出于纯正的目的并能够在战争当中恪守道义规范,军事行动还是有其现实意义的。这是一种对待战争的"谨慎的乐观"态度,许多典籍都表达了这种态度。如《吕氏春秋·荡兵》就提倡:"兵苟义,攻伐亦可,救守亦可;兵不义,攻伐不可,救守不可。"《淮南子·兵略训》同样强调军事活动的道德目的性:"古之用兵者,非利土壤之广而贪金玉之略,将以存亡继绝,平天下之乱而除万民之害也。"《司马法·仁本第一》对于战争的目的性阐发得尤为鲜明:"古者,以仁为本,以义治之之谓正,正不获意则权。权出于战,不出于中人。是故,杀人安人,杀之可也;攻其国,爱其民,攻之可也;以战止战,虽战可也。故仁见亲,义见说,智见恃,勇见方,信见信。内得爱焉,所以守也;外得威焉,所以战也。"这些典籍文本中透

---

① 《孙子兵法·地形篇》。

露出来的战争观念表明,战争的目的性应当服从于战争的正义性,所有旨在禁暴除害与保家卫国的"救无辜,伐有罪"战争行动,在本质上都是值得肯定的正义之举,即《易·革》中所谓的"汤武革命,顺乎天而应乎人"。当然,古代思想家也看到,目的上纯正的战争并不能保证作战手段的道德性,在战争当中突显"儒有好生之德"的仁爱理念,力图以伤亡最小的方式来击败对方,禁止肆意杀戮无辜以及不蓄意破坏与军事目标无关的民用设施等等,有助于捍卫并保全战争的正义价值。这也是孔子强调"君子讳伤其类也"与孟子提倡"无伤是乃仁术也"的基本原因。

中国传统文化关于战争正义性问题的理论成果,可以用《司马法》中"国虽大,好战必亡;天下虽安,忘战必危"这一命题加以概括:《孙子兵法·九变》主张的"无恃其不来,恃吾有以待也",《左传·隐公五年》提倡的"不备不虞,不可以师",《左传·襄公十一年》强调的"居安思危,思则有备,有备无患",《论语·子路》所坚持的"好谋而成者也"与"以教民而战"以及《孟子·告子下》中的"以教民而用",无一不是这种观念的体现。不难发现,中国传统文化所孕育的正义战争思想具有明显的道德保守主义与和平主义伦理取向,它天然地排斥强权政治与霸权主义,热情讴歌没有战争的和平生活,畅想和谐稳定的社会秩序,展望天下大同世界早日实现。正如孟子所言:"入则无法家拂士,出则无敌国外患者,国恒亡,然后知生于忧患而死于安乐也。"①

显然,中国古代思想家从一开始就能够自觉到人是相互支撑的群体性动物,因而切不可自相残杀:"人之生,不能无群,群而无分则争,争则乱,乱则穷矣",因此"先王恶其乱也,故制礼义以分之",最终达到"分则和,和则一,一则多力,多力则强,强则胜物"的目的。②可见,只有使每个人明白自己的身份,各就各位且各行其是,人类才

---

① 《孟子·告子下》。
② 《荀子·王制》。

能够团结一致,战胜来自外力的压迫与强制。

总之,中国古代思想家几乎都对战争抱持一种相当谨慎的态度,这使得中国传统文化呈现出一种和平主义的伦理取向,反对用战争暴力征服他者,更不提倡强权政治和霸权主义,正所谓"故远人不服,则修文德以来之"。对此,《世界文明史》一书的作者持论中肯,其中关于中国文明价值取向的一段话同样可以视为是对中国传统正义战争理论的客观说明:"中国文明……之所以能长期存在,其原因部分是地理的,部分是历史的。中国在它的大部分历史时期,没有建立侵略性政权。也许更重要的是,中国的伟大的哲学家和伦理学家的和平主义影响使它的向外扩张受到约束……他们很少用武力把他们的意志强加给被征服民族,但是,却把同化被征服民族,使之成为他们的高级伦理制度的受益者当做自己的天职。"[①]

二、西方正义战争思想的演变

西方正义战争理论的萌发则可以追溯到古希腊罗马时代。古希腊执政官梭伦通过阐发权利观念与正义观念之间的联系,使正义成为一个有着明确德性含义的概念。苏格拉底强调从理性的角度来判别行为的正义性与非正义性,从而将正义观念建立在理性主义的基础上,这使得他的学生柏拉图得以在《理想国》中进一步区分个人正义和城邦正义。亚里士多德在综合前人思想的基础上强调指出:"城邦以正义为原则。由正义衍生的礼法,可凭以判断[人间的]是非曲直,正义恰恰是树立社会秩序的基础";"人们要使其权力足以攫取私利,往往不惜违反正义。弱者常常渴求平等和正义。强者对于这些便都无所考虑。"[②]古罗马学者西塞罗主张理性正义,认为自

---

① [美]E. M. 伯恩斯、P. L. 拉尔夫:《世界文明史》第 1 卷,第 173 页,商务印书馆 1987 年版。

② 分别参见[古希腊]亚里士多德:《政治学》,第 138、314 页,商务印书馆 1965 年版。

然法是最高的理性;正义从自然法中产生出来,指引人们做该做之事,同时禁止不应做之事。

从上述思想家关于正义问题的论述中,我们可以得出以下几个结论:首先,正义具有客观标准。人类社会存在着某种客观的正义价值标准,这种价值标准类似于中国古人所说的自然、天理或天道:凡符合这些标准的行为就是正义行为,凡违反这些标准的行为就是非正义行为。显然,衡量正义与否的标准不是出自某个人的主观意愿,而是人类社会共同体存在发展之内在价值的反映。其次,正义是社会共同体生存发展的基本原则。社会共同体根据正义价值制定出判断是非曲直的礼法,用以规范社会成员的思想行为,使之成为维护社会秩序的基础。再次,正义价值的伸张面临强权的挑战。强者往往因其体力与智力上的强大而违反正义原则,拥有强大实力的社会共同体更是具有一种侵犯他者权益的倾向,因此有必要重视战争的正义性问题。显然,这些关于正义的思考为西方文化传统构建正义战争理论提供了较为坚实的理论基础,和平、秩序、公益、善意和人类正义等价值理念由是进入到战争观念当中,并成为西方传统正义战争理论不可回避的话题。

在古希腊罗马思想家阐发正义观念的基础上,基督教思想家明确提出了"正义战争"概念,并据此着力探讨在一定条件下合法合理地进行战争的问题。安布罗斯以基督教和平思想为底蕴,反对暴力和仇恨,主张耶稣式的宽容与忍耐,要求人们在不放弃信仰的情况下寻求和平解决冲突的方法。奥古斯丁较为详细地探究战争的正义性问题,初步构建了正义战争理论体系。他将正义归之于上帝,认为千年和平只存在于"上帝之城",战争的目的在于维护"人类之城"的和平与秩序;正义战争尽管是悲剧,但有时却是"必要的恶":战争既是罪恶的结果,又是罪恶结果的一种补救,真正邪恶的不是战争本身,而是战争中的暴力倾向、残忍的复仇、顽固的敌意、野蛮的抵抗和权力的欲望。所以,如果战争是不可避免的话,也要抱着仁慈的目的进行战争而不能过分残忍。神学理论家阿奎那把正义区分为"自然的正义"和"实在的正义"两种形式:前者是无须证明的普世的道德律令,适用于人类和国家的一切领域;后者则是可以证明的契约和制度,它从属于自然的正义。阿奎那认为,一旦人类的法违背了神法和自然法,人们就无须接受这种不正义的人法的约束,这就在一定程度上承认了革命的可能性和合理性。阿奎那还进一步提出并详细回答了关于正义战争的四个基本问题:(1)战争是否合乎法理;(2)战斗对教士而言是否合乎法理;(3)设计埋伏对交战者而言是否合乎法理;(4)在神圣时节战斗是否合乎法理。为此,阿奎那首次明确勘定了正义战争的三大前提条件:(1)战争发动者和执行者是具有主权性质的权威,战争不是私人争斗;(2)战争具有充分而又正当的理由,如惩罚敌方的过错;(3)战争具有正当目的和意图,如出于惩恶扬善的和平愿望。这种有条件地承认战争存在的合理性,以及强调从事战争以及战争行为的结果必须受道德准则制约的思想,成为正义战争理论的中心议题。

　　西方近代正义理论建立在否定中世纪"神学正义"的前提上,它以自然状态说和社会契约论为基础,实现了古代正义观念的德性主题向现代性的自由、平等与权利为主题的政治哲学的转换。洛克认为,防止统治者实行专制统治是维护正义价值的主要途径之一,正义的社会就是人们拥有自由、平等的权利的共和制社会,为此提出了著名的"三权分立"学说。卢梭则认为,构成一切权利基础的正义社会必须建立在契约基础上,自然与暴力都不能成为合法权利的基础,只有契约才是现实社会一切合法权威的基础:通过契约建立的国家必须服从于"公意",而法律则是公意的典型体现,它不仅是公民自由平等权利的基础,同时也是社会正义的基础。康德从"自由"概念出发,认为正义应确保人类的自由意志,否则就是非正义的。这些关于正义问题的见解对于西方正义战争理论的发展起到了较大的推动作用,荷兰法学家格劳秀斯的《战争与和平法》一书则集中反映了这个时期研究正义问题的成就。

　　格劳秀斯《战争与和平法》中的一个重大主题就是正义与战争

的关系问题。他从自然法的源头着手,其议题几乎涉及战争正义性问题的所有领域:战争种类、正义战争、战争原因、战时合法行为、和平种类以及战争条约等等。他将正义战争的神学性还原为世俗性,把战争描述为武装力量执行的法律事务,强调战争同其他一切国际关系行为一样是一种法律的结果,正义战争必须符合自然法。他说:"由于战争是为和平而发动的,没有争端就不会引起战争,应当把通常发生在国家间的所有这些纷争看做是战争法的调整对象(an article),这样,战争本身就会把我们引向和平。这才是战争的真正目的。"①格劳秀斯通过强调正义战争的终极目的性而拒绝了国家对绝对战争权利的要求,认为国家只能为正当理由而发起战争,而正当理由则基于自然法意义上的权利或义务,即自卫、收回合法所有物、实施正当惩罚。他指出:"如果发动真正的目的是为了保全我们的生命和身体完整,以及获得或者拥有对生活来说是必要的和有用的东西的话,那么都是完全与那些自然法原则相一致的。在这些场合,如果有必要使用武力,也绝不会与自然法的原则相冲突,因为所有的动物天生就被赋予力量,以便足以保全和保护它们自己。"②因此,正义战争就具有积极的价值,它既尊重国家主权、恢复他国被损之权益、遵守国际承诺,同时也补偿因自己的过错给他国造成的损害,以及按其罪过制裁他国的违法行为等。

格劳秀斯的正义战争思想大致确立起了正义战争理论的规范体系,正义战争的道德原则与价值标准得到了较为明确的表达:一方面,"正义的战争"标准提供了战争执行之前合乎伦理和法理的审慎决策的基本要件,它们是正当的理由、正当的意图、正当的权威、正当的手段、成功的可信度以及战争作为最终手段;另一方面,"战争的

---

① [荷]格劳秀斯:《战争与和平法》,第27~28页,上海人民出版社2005年版。

② [荷]格劳秀斯:《战争与和平法》,第50页,上海人民出版社2005年版。

正义"标准则给出了战争执行过程中的基本原则,包括限制原则、相称原则、区分原则、保护原则和人道主义原则,即限制战争的手段与方法,以相称的杀伤和最小的破坏结束战争,区分军事和民事,保护平民、战俘、中立国和非敌对第三国的利益,履行人道主义责任。[1]

当代美国著名的哲学家迈克尔·沃尔泽(Michael Walzer)的正义战争理论在西方学术界产生了较大的影响,他所著的《正义与非正义战争——通过历史实例的道德论证》已经在美国出版发行了4版,以至于被誉为"新经典",书中所表达的关于战争正义性问题的许多见解富有独创性。沃尔泽不仅把正义战争理论当做一种指导人类活动的综合性战争观,更视之为一套系统的道德学说,为此他对传统正义战争理论的研究视野进行了拓展。具体说来,沃尔泽认为正义战争理论必须回答一些相互关联着的问题:在什么条件下先发制人的攻击不是侵略而是正当的?为什么基于宗教和意识形态理由使用武力攻击别的政治共同体是错误的?什么条件下对别国的军事干涉才是正当的?为什么不管战争是否具有正义性质双方军人在战场上都有杀死对方的权利?军人有权利杀死哪些人?区分平民与军人的标准是什么?什么条件下允许造成平民伤亡?为什么有些游击队员与革命者在被捕后无法享受战俘的正当权利?为什么公民有义务为保卫国家安全而死?政府投降后其公民还有权利反抗侵略者吗?为了获得正义战争的胜利是否能够使用非正义的手段?在什么条件下结束战争才是正义的?政治家对战争应该担负起什么样的责任?等等不一而足。针对这些问题,沃尔泽在战争这一颇具争议的人类活动领域开辟出了一个道德的新天地。

沃尔泽承认战争无疑非常恐怖,战争造成的破坏性十分惊人,但他依然坚定地认为有一些战争可以合情合理地、真正地被称为正义的战争,而另一些则可以视为非正义的战争。比如历史上古代犹太

---

[1] 参见周桂银、沈宏:《西方正义战争理论及其当代论争》,载《国际政治研究》2004年第3期。

人反抗亚述人的征服、高卢人抵抗罗马人的战争、埃塞俄比亚人反抗意大利人的入侵、波兰人抵抗德国人、芬兰人抵抗苏俄人等,都是正义战争的典型表现。沃尔泽的正义战争思想建立在研究大量历史实例的基础上,他既反对现实主义者将道德反思剔除出战争的做法,也不赞同和平主义者单纯依靠的道德说教来获得所谓"永久和平"的做法,而是认为真正的正义战争理论是"一种限制性的理论":"正义战争理论……反对侵略和征服;反对攻击平民、杀害战俘;反对恐怖行动、酷刑折磨和强奸掠夺;反对种族清洗和集中营……我们所能做的一切就是维护对战争的限制,我们必须保护无辜者不被故意杀害,不受恐怖轰炸,免受犯罪性的疏忽,保护他们不被漠视。"①据此,沃尔泽把正义战争主要区分为两种类型:一种是集体自卫的战争,另一种是保卫别国人民的战争。在沃尔泽看来,人们不难接受前一种正义战争形式,但往往对后一种正义战争形式充满非议,其中主要原因乃是缺少战争体验与战争记忆。沃尔泽自称是最早为"人道主义干涉"思想摇旗呐喊的人之一,而他之所以把保卫别国人民的军事行动纳入正义战争理论的视野中,首先是因为无法抹去纳粹德国实施有组织的种族灭绝而杀害家族成员的记忆。当然,作为一个严肃的学者,沃尔泽同时还将越南人进入柬埔寨关闭红色高棉"杀人区"、坦桑尼亚人进入乌干达推翻残暴的阿明政权、联合国制止卢旺达对图西族人的屠杀等看做正义战争的范本,因为这些战争行动是出于保卫那些正陷入极度痛苦、遭到大屠杀和奴役的人民的目的。

　　沃尔泽坚信,提倡包括"人道主义干涉"在内的正义战争理论,与其说让发动战争变得更加容易,还不如说使得发动战争变得更加谨慎了,因为当今的政治家们在面对是否采取军事行动之前,都必须充分地论证他们使用武力的决策之正当性,而且还必须以正义战争理论的话语来进行论证。这是沃尔泽本人作为社会良心的知识分子

---

① [美]迈克尔·沃尔泽:《正义与非正义战争——通过历史实例的道德论证》,中文版序言,第1页,江苏人民出版社2008年版。

之内心信念的体现,同时也是一种对于正义战争理论之自信的体现。

三、正义战争理论的当代流变

在当今理论界,人们越来越关注正义战争理论的实践合理性问题,各种思想潮流和理论流派都试图将战争正义性问题纳入自己的话语体系中进行讨论,以至于衍生出种种激进主义的道德论调。总体上看,激进的道德主义强调战争目的的正义性,认为战争手段和结果的正义是次要的,在某种程度上甚至赞同用"战争来结束一切战争"、"用战争来实现世界的和平与统一"。无疑,激进道德主义与格劳秀斯所开创的法理性正义传统是针锋相对的,后者更多地强调程序正义,而前者则主要受到康德主义传统和普世主义传统的影响,主张以善恶二元论来看待正义战争,强调战争在达致人类终极目的方面的重要意义。由于战争的双方都倾向于认为自己的事业合乎道义原则,而且在缺乏公正判断的情况下获胜者总能像在一战后签订《凡尔赛条约》那样,把自己的"道德真理"强加到被征服者的身上,这就使得"目的的正义性"从根本上消解并取代了"手段的正义性",从而将正义战争理论转换成一种纯粹的道德动机论了。

进一步地看,"干涉主义"就是这一思想倾向的一个重要衍生物。这种观点强调,人类社会存在着一些适合所有文明形态与文化类型的普遍价值,自由民主高于威权政治,且人权高于主权;国际社会的最终构成是人类个体而非国家,因而国家主权和中立权都是有限的,国家应当遵守并在任何可能的情况下维护并推进自由民主和基本人权;国家不仅有权保护自身权益,还有义务保护他者的权益,国际法应该允许国际社会和特定国家为维护人类根本的民主和人权权利而对他国进行干涉。在当代国际舞台,干涉主义大行其道,深刻地影响着国际政治新秩序的形成与发展。

从理论上看,激进道德主义尤其是干涉主义无疑是对正义战争理论传统的反动,它在绑架正义战争理论并驱使其为追逐特定利益的同时,曲解了正义战争理论据以建构起来的原初目的或出发点,从而将"战争权利"转换成了"战争义务"。历史地看,尽管中西方传统文化中的正义战争思想都允许为了维护人类的自然权利而干涉他国,也不反对将战争作为一种惩罚和保护手段,但这种"战争权利"必须建立在一定的前提基础上,即国家参与正义战争只是一种权利而非义务,并且这种战争权利只能是出于维护普遍道德准则和国际社会的整体利益而非谋求一国私利的目的。与之不同,干涉主义从道德理想主义出发,打着"人权高于主权"的旗号,在实践中蜕变为强权干涉他国的借口,最终沦为"民主和平的自由化大战略"的工具。

另一方面,干涉主义所主张的"正义战争"夸大了主权与民主、不干涉原则与人权原则之间的矛盾,在实践中往往难以达成目标、手段和结果的平衡,因而从根本上抽空了正义战争的本质内涵,颠覆了正义战争的内在价值。显然,干涉主义并非对战争道德思考传统的继承和发展,而是怀抱一种特别的道德优越感和自以为是的普世主义情怀对待全世界,试图通过战争手段矫正所有那些被认定的"不正义"。实际上,在传统正义战争理论中,禁止战争的义务与维护人权的义务如同一个硬币之两面,是同一实践过程的两个面向,而在当代国际社会,人权却变成为发动战争的理由。因此,从正义战争的基本原则出发来严格限定干涉主义行径的泛化,在当前就显得尤为重要。倡导"道德中立"的正义战争理念正是基于这一背景应运而生,其主张通过禁用某些特定种类的不人道武器,希望以此缓解战争所带来的恐怖后果,并迫使军队保护平民和给予战俘人道主义待遇,同时禁止吞并行为的发生。

当今国际社会已经拥有了较为权威的"联合国组织"、"联合国宪章"、"联合国人权宣言"、"联合国维和部队"以及诸多符合国际公约的合法跨国政权、跨国机构、跨国联盟,同时,随着全球一体化发展步伐的加快,与全球化市场相匹配的政治调控机制的日渐完善,国家间政治组织的合作能力的日渐增强,越来越多的人们开始深入思考着国家主权和保护平民职责之间的紧张矛盾、军事干预的道德底线和个人需要听从良知的关系等问题。正如日本学者入江昭所说:"国际组织在调解冲突方面已经证明是相当成功的,因为它们仅有的武器就是思想,一种承担义务和自愿服务的思想。他们没有把上百亿的金钱用于武器,他们也没用从事大屠杀,他们是文明的团体,因此他们的使命是把世界变成一个文明的共同体。"①对此,我们有理由对正义战争理论持有信心,虽然目前无论在理论层面还是实践层面,关于战争正义性问题都需要各国政府和人民给予更为有力的关注。

第二节 正义战争理论的价值取向

通过考察人们思考战争正义性问题的发展史,特别是中西方正义战争理论的历史源流,我们可以发现在不同的文化背景与时代背景下,对于战争合理性、合法性与正义性等问题的理解不尽一致,似乎目前还无法对"正义战争"这一历久弥新的课题给出清晰而有力的界定。但是,尽管如此,正义战争理论所依存的核心价值取向却是十分明显的,关于战争的道德考量依然是推动人们继续思考这一问题的内在动力。

一、正义的战争

正义蕴涵着"至善"的价值追求,对正义价值的维护是政治生活的本质性规定,它为政治生活提供了共同理解和认可的基础。这说明,只有在追求正义价值的政治生活中,个体的自我实现才能与共同体的整体利益完全统一起来,既使个体能够自觉献身于政治共同体的正义追求,同时政治共同体在个体履行了约定的道德义务的前提下提供并保障其基本的政治权利。

---

① [日]入江昭:《20世纪的战争与和平》,第230页,世界知识出版社2005年版。

战争的本质是政治的继续,它必须遵循并捍卫内在于政治生活当中的正义诉求。在这个意义上,正义战争理论的实质就是维护与伸张正义价值。具体说,正义战争理论为人们探讨那些同战争相关的正义问题提供了一个基本的思维框架,它始终是以特定的方式来激励人们对战争进行道德思考,希望对战争相关的道德问题尤其是正义问题作出较为明确的解答,以从法理上和道义上对战争权利作出严格的限制。从这个意义上看,正义战争理论通常由两部分组成。一是"正义的战争",二是"战争中的正义"。前者是所谓的"开战正义",关注"如何判断战争是否正义",即怎样的动机和目的条件下的战争才是正义的;后者是所谓的"交战正义",关注"怎样进行正义的战争",即在正义的战争中何种军事手段是合乎伦理的。

如果战争有正义与不正义之分,那么衡量战争正义与否的价值标准何在?正义战争理论认为,一场战争能够被称之为"正义的战争",至少要满足以下几个方面的条件:

第一,正当理由。这是正义战争理论的首要原则。只有存在清晰而明确的受侵害以及不义行为,国家才能有令人信服的正当理由发动战争。如制止侵略,这种自卫性战争不能是预防性的和进攻性的;又如恢复正义与和平,这种战争要求恢复不可争议的基本权利应该得到国际社会大多数成员的公认,而不能仅凭一己之辞;再如纠正敌国违背伦理道德的行为,这种战争要求所惩罚的罪错必须是显明的和得到国际社会普遍认可的,相反,那些名义上打着维护和平与人权旗号,实为赚取本国私利而发动的战争,因其动机不纯则要被排除在正义战争的范围之外,因为其真实的动机是为了掠夺他国财富,占领甚至瓜分他国土地。

第二,正当目的。这意味着一国不应将战争作为简单的政策工具而随便施用,战争的最终结果必须有利于维护和平、秩序和正义,具体而言就是维护国际社会的普遍利益,包括抵抗侵略、帮助友邦抵抗侵略、制止种族清洗、纠正某些国家所犯的巨大错误等,而不是出于扩大疆界、干涉他国的政治、经济以及意识形态建设等目的。

第三,合法权威。这一原则意味着正义战争是国家和国际行为,它既不是为了私人和集团,也不针对私人和集团;私人不得宣战,有权宣战的权威既可能是一国国内的统治权威,也可能是基于某种目的而形成的国家集团的集体权威。这表明,正义战争必须由合法的政府机构或受到广泛承认的国际组织(如联合国)来授权,那些由非政府机构、脱离国际联合组织或国际法约束的战争则是不正义的战争。

第四,致胜概率。这是对开战理由和目的的必要补充,这意味着正义战争仅有好的意图是不够的,还必须具有现实的成功希望,即有达成和平、秩序以及惩恶扬善的较高成功概率。如果战争不能取得预期目标,或者战争最终达到了预期目标,但却是以大量牺牲人民的生命财产为代价换来的,那么,这样的战争就会因此丧失基本的正义性。这也是军事学家富勒特别强调"有限战争"的原因:"一个有限战争是为了一种明确的有限政治目标而进行的,在这种战争中,所花费的力量必须与目标成正比,因此,战略必须服从于政治。"[①]

第五,最后手段。战争应当是尝试所有非暴力手段都失败或无法进行的情况下才诉诸的不得已而为之的最后手段,即正义战争在任何时候都不放弃和平解决的途径及其可能性,在发动战争前必须尽最大努力尝试各种和平手段:只有在其他各种非战争手段都无效的情况下,才能选择战争;而在战争过程中一旦出现了以和平方式解决争端的转机,则需要马上调整战略方向,同时停止军事行动。

值得注意的是,上述几个方面是相互联系的,其中没有任何一个条件能够完全凌驾于所有其他条件之上,一个国家要合法合理地使对武力,就必须同时满足这五个方面的条件。随着国际规范的变迁与军事技术的发展,"正义的战争"所必备的条件之相对地位也相应地发生了变化,其中一些条件的规范性作用随之出现了变动。这是我们现时段思考战争正义性问题时应该加以考虑的问题。

[①] [英]富勒:《战争指导》,第398页,解放军出版社1985年版。

二、战争中的正义

从政治哲学的角度来看,"正义的战争"所追求的目的,是要通过政治权力和惩罚机制确立和维护一种优良的政治秩序,但这一"优良的政治秩序"最终能否建立起来,还有赖于现实社会当中每一个见诸正义的行动,这就是"战争中的正义"所要求的行为准则。显然,"正义的战争"构成正义的宏观层面,而"战争中的正义"则是正义的微观层面。"宏观"与"微观"是把握事物的两种方式,二者实为事物的"一体两面":宏观层面的理论设计必须得到微观层面的行为支持,否则就会停留在纯粹理想的玄思当中。这意味着正义战争理论既必须关注"正义的战争"问题,同时还必须探讨"战争中的正义"。

一般认为,由国家实施的惩罚是体现和维护正义的唯一合法手段,也只有以国家的名义才可以发动正义的战争:"因其固有的相互性,正义本身就包含暴力,而且只能用暴力来惩治违反正义的相互性的人。可见,正义的目的不是取消暴力,而是把暴力制度化,用法律的惩罚来代替个人的报复。"[①]在这个意义上,正义是一种社会约束力,它需要诉诸政治统治方式,以政治权力的形式体现出来:政治权力通过确立一种持久的规范机制,强制每一个社会成员都必须以正义的方式行事,而由此培养出人们的正义动机,是以他人是否遵守规范为参照。[②] 因此,"战争中的正义"乃是确保"正义的战争"的基础,它在维护人类正义价值的同时,也属意与伸张人类文明一切合理的价值观念:"战争正义规范并不是要打破民族国家的界限,寻求一种形式上的公民权利的绝对平等,而是要在尊重民族国家多样性的基础上,既尊重不同的文化传统和政治经济制度对待人权问题的特殊方式,也要维护文明时代国家与社会相协调的一般要求,从而创造

---

① 慈继伟:《正义的两面》,第 182~183 页,三联书店 2001 年版。
② 慈继伟:《正义的两面》,第 24 页,三联书店 2001 年版。

出为人类社会所共同分享的正义与和平的信念,并为这一共同目标和人类基本权利提供强有力的保证。"①

沃尔泽认为:"开战正义要求我们对侵略和自卫作出判断;作战正义则要确定行为是遵守还是违反交战的习惯规则或成文法。这两种判断在逻辑上是独立的。完全有可能以非正义的方式打一场正义的战争,或者严守战争规则打一场非正义的战争……开战正义和作战正义的二元分立是战争的道德现实中所有那些令人疑惑不解的问题的核心。"②正因为如此,沃尔泽坚持要从整体上理解战争,并主张正义战争理论必须将开战正义和作战正义统一起来思考。在沃尔泽看来,既然正义战争理论是一种对于战争的限制性理论,那么就必须确立起"战争规则"来限制战争行动。战争规则包括两组禁令:"第一组规定他们何时可以杀人以及可以怎样杀人;第二组规定可以杀哪些人。"③沃尔泽认为后者较之前者更为重要,因为在战争中区分何者可以攻击或何者不可以攻击,乃是更为根本性的问题,而确定怎样杀人以及何时杀人的问题虽然也很重要,但即便舍弃这种战争规则,战争的道德体系也不会发生根本性的变化。进一步说,确立起战争当中可以攻击哪些人的战争规则"表明了一种普遍的战争观念,即战争是战斗人员之间的战斗"④,战争所带来的破坏性必须被严格地限制在特定的范围内:"战争是如此可怕,它使我们对约束战争的可能性感到怀疑,更糟糕的是没有规则约束的战争又使我们义愤填膺。我们的怀疑证明了战争规约的不完善,我们的愤怒则证明了它

---

① 马坤:《战争正义:一种制度性的分析框架》,载《长白学刊》2005年第3期。

② [美]迈克尔·沃尔泽:《正义与非正义战争——通过历史实例的道德论证》,第24页,江苏人民出版社2008年版。

③ [美]迈克尔·沃尔泽:《正义与非正义战争——通过历史实例的道德论证》,第48页,江苏人民出版社2008年版。

④ [美]迈克尔·沃尔泽:《正义与非正义战争——通过历史实例的道德论证》,第49页,江苏人民出版社2008年版。

的现实存在的有效性。"①这样，通过对战争规则的阐发，沃尔泽修正了传统正义战争理论，同时将其关注的中心转移到对限制战争的问题上来。

可见，即使一场战争满足了"正义的战争"所要求的基本条件，也并不意味着正义的开战方的战争行为可以不受任何道德约束。为此，正义战争理论较为详尽地勘定了战争行为的伦理原则。

第一，区别原则。按照《日内瓦公约》等国际法规定，战争过程双方必须遵守以下规定：区分军事人员和平民，保护平民，在交战中不得将其作为攻击对象；区分军事目标和民用目标，军事物体和民用物体，不得攻击民用目标和民用物体；不应对民众生活基础（如电力、供水等普通百姓日常生活所必需的设施）以及生存环境造成不必要的破坏。对此，有学者将这一原则具体归纳为以下10个方面：禁止以平民居民和平民个人为攻击对象；禁止在平民居民中散布恐怖为目的的暴力行为或暴力威胁；禁止将饥饿作为取得战争胜利目的的手段和方法；不应该强制或指示平民个人移动以掩护军事目标不受攻击或掩护军事行动；不得攻击平民居民生存必需的如粮食、饮水设备和农田灌溉工程等物体，保护含有危险力量的水坝、核能电厂等工程装置；在计划和实施攻击时，必须以一切手段查明并保证攻击的对象是军事目标，并且选择预定对平民生命和民用物体受损害最小的目标；尊重和保护如疏散、救火、医疗、排污等民间活动及其组织机构；对被占领地的平民不得强制遣送他国、强迫其为占领国自己服务；对被拘禁者应免费维持其生活并予以健康状况所需的医疗照顾；对妇女和儿童应予以尊重和重点保护。②

第二，人道主义原则。恪守人道主义原则，最大限度提供人道主

---

① ［美］迈克尔·沃尔泽：《正义与非正义战争——通过历史实例的道德论证》，第53页，江苏人民出版社2008年版。

② 参见张长岭：《当代中美战争和平伦理观念之比较》，载《军事历史研究》2005年第2期。

义保护和救助,最大限度限制对人道主义原则的违反和破坏。如保护战俘、平民和非敌对第三国利益,保护历史文物及文化宗教信仰,等等。

第三,相称原则。包括公开宣战;不过度杀伤和重复伤害;根据战争目标和实际情况选择合理适当的战争方法和手段,使用相称的暴力;在最短时间内以最小代价结束战争。一场得不偿失、旷日持久的战争很难说是正义的战争。

第四,限制原则。限制战争的方法和手段,不使用大规模杀伤性武器、致命性武器以及严重破坏生态环境的武器。

需要强调的是,要实现上述战争中的正义规范,还必须依赖联合国等国际组织的监督甚至强制性的作用。虽然国际组织并非凌驾于各国政府之上的政治权力机构,但是它对于人类基本权利与长久和平事业的追求,还是能够在积极的意义上带动与激励全世界人民共同捍卫正义价值。

三、正义战争理论的价值审视

在人类的政治生活中,权力与正义可谓是一对永恒的矛盾。帕斯卡尔曾经这样表达他对权力与正义关系的看法:"正义而没有强力就无能为力;强力而没有正义就暴虐专横。"[1]从本质上看,正义战争理论着力解决的核心议题就是权力与正义的关系问题。在坚持"一切战争都是不正义的"和平主义与主张"任何战争都是合法而又正义的"军国主义之间,正义战争理论试图从现实中寻求理想的进步,在尊重国际关系现实的同时不乏对人类社会的终极关怀。在此意义上,正义战争理论与其说是一个理论体系,毋宁说是一种思想传统;与其说是一种规范和约定,毋宁说是一种思想取向和思维方法。正义战争理论并不以消除战争和暴力为目的,而是试图给人们提供

---

[1] [法]帕斯卡尔:《帕斯卡尔思想录》,第96页,湖北人民出版社2007年版。

一些规范,使人们能够判断,在什么条件下战争和暴力是能够得到道德证明的,以及正义的战争应当受到怎样的道德限制。也就是说,正义战争理论并不寻求普遍的帝国或终极的和平,而只是以道德相对主义来理解国际关系。因此,作为一种从政治理性、法律制度和伦理原则等层面对战争和战争行为展开的道德思考,尽管正义战争理论在理论和实践上面临着诸多困难,但其还是能够提供一系列限制战争和战争行为的基本原则,从而为实现世界范围内的长久和平提供有益的思想资源与实践基础。

今天,随着全球化进程的不断推进,国际政治和国内政治界限日渐模糊,国际关切逐步扩展而国内管辖日益遭受限制和侵蚀,在此背景下正义战争理论更显出了一种独特的现实意义。正义战争理论的时代意义,主要不在于其是否具体告诉我们战争正义简单地取决于谁、为什么目的、以什么手段和方法、在什么条件下、怎样使用战争工具的问题,而在于它为我们理解和评估国际关系中武力使用的道德性提供了一个道德构架,提醒我们在理解正义战争思想传统的真实含义,并执行其合乎自然法和人类理性的基本规定的基础上所作出的用来指导政治和战争实践的应有的道德判断,同时努力推动这一道德构架在某种程度上满足各民族国家的实践需要。

当然,我们也要看到,由于正义战争理论从总体上是建立在一种道德理想主义基础上的学说体系,虽然亦竭力照顾到战争形态所需,但其有关"开战正义"与"作战正义"的伦理规约依然无法跟上战争实践发展变化的步伐。更重要的是,正义战争理论所制定的战争规则与军事行为规范,最终能否得到落实更多的取决于战争的实际状况,国际社会对此难以作出严格的监督和规范。在国际无政府状态下,战争本身是缺乏严格一致的认同和执行标准的,正义战争只是一种关于战争的道德伦理思考,而道德本质上是一种自律而非他律。这意味着在现实战争面前,正义战争理论所倡导的道德规范与评价标准多少显得有些苍白无力。因此,我们在无法奢望正义战争理论为战争这一最复杂的社会行为作出严密细致的道德规范的情况下,似乎应该将思考的重心转向审视其内在的理论困境,以推动这一人类的优秀文明成果焕发出新的生命力。

第一,政治上的保守特征。现代正义战争理论提倡有意识地强调现有国际政治经济秩序的合理性,并以维护这一秩序为旨归。这无形中掩盖了现存的国际利益格局和国际关系所存在的问题。比如,正义战争理论力图维护现存的国际疆界,而没有认真考虑这样一个客观事实:某些国家的版图是通过侵略战争或殖民掠夺获得的,甚至许多国际疆界就是由殖民主义者任意划定的,忽略甚至完全无视民族与文化的完整性。更为严重的是,正义战争理论倾向于把维护现存的国际秩序视为最重要的价值,为了捍卫者这一价值有时还牺牲大量民众的生命为代价。伊拉克战争就是典型的实例,美国对伊拉克发起的以最先进精确制导武器为主要手段的"外科手术式的"战争,就导致了大量无辜平民的死亡。可见,在所谓的"正义战争"中,虽然进攻的一方也许不是蓄意杀死平民,但也绝对不能认为就是无心之举,因为我们有足够的理由相信他们事先有能力预见到会有无辜平民的死亡。

第二,诸原则的时代悖论。就其力图促进国家间的正义与世界范围的和平而言,正义战争理论与国际法理念有一致之处,二者都承认民族国家的政治独立与领土完整不受侵犯,任何国际都有义务尊重他国主权而不蓄意干涉他国内政,民族国家有责任通过和平手段解决争端,但也有权使用武力进行自卫,等等。国际法体系旨在确立起一套适用于各国的权利与义务法规,但在各种文化传统对正义的理解尚存在分歧以及各国之间对某些国际争端的解决尚未形成道德共识的情况下,正义战争理论就为超级大国利用其军事优势去追求其所谓的"正义"提供了合法性辩护。从另一方面看,除了来自于国外的威胁之外,人们有可能受到来自于国家内部的威胁,在这种情况之下的国外军事力量介入是否具有合法性?在卢旺达、塞尔维亚等地屡屡遭受骇人听闻的国内武力胁迫时,国际社会似乎具备了正当的理由和意图进行介入。然而,这种军事干涉难以回避"国家主权论"的挑战，同时还得倚仗于一个可以得到国际社会普遍认同的合法权威的配合。这意味着正义战争的基本原则在进行国际干涉时是否适用以及如何适用等问题，依然需要认真进行探讨。另外，现代军事高技术的发展，也使得正义战争理论遭遇诸多的挑战。如面对核武器的巨大破坏力，国家在诉诸战争之前不得不进行更为审慎的考虑，战争作为"最后手段"的意义应该更加引起人们的重视。

第三，平民豁免原则亟待完善。随着军事技术的发展，现代战争事实上正在逐渐模糊前方与后方的区别。现代社会的军事设施与民用设施日益一体化，许多民用技术或民用设施被应用于作战指挥甚至武器系统，人们已很难把军事目标与民用目标明确区别开来。战斗人员受到日益精良的保护，相比之下平民则更易被战火所吞噬，而要保护平民免受伤亡则又意味着战斗人员必须承担更多的牺牲。比如，为了准确打击军事目标且避免平民伤亡，战斗机应该低飞，而低飞则增加了飞行员牺牲的可能性。1999年在塞尔维亚和科索沃的空袭中，北约就明确要求飞行员不得以低于15000英尺的高度投掷炸弹，这显然增加了战斗人员的风险。大规模杀伤性武器的出现也使得"不可避免的意外"与"连带伤害"成为战争的显著特征。网络战与信息战等新型战争样式的出现，更是为践行平民豁免原则带来了难题。沃尔泽较为深刻地揭示了平民豁免原则面临的困难："在紧急情况下共同体似乎具有不同于个人的更大权利……一个人不能为了保全自己的生命而杀死另一个人，但是为了拯救一个民族我们就可以侵犯一族确定的但人数较少的人民的权利。"[①]根据沃尔泽的看法，当一个民族或社会共同体面临迫在眉睫的道德灾难时，如果阻止灾难发生的唯一希望是通过违反诸如平民豁免原则而使用极具威力的杀伤武器，就是正当的，如二战时期美国向日本投掷原子弹的战争行为就具有正义性。然而，什么是"道德灾难"？如何判断战争

---

① ［美］迈克尔·沃尔泽：《正义与非正义战争——通过历史实例的道德论证》，第281页，江苏人民出版社2008年版。

"进入"或"脱离"极度紧急状态?这些问题依然复杂难解。

第四,战争伦理的问责困境。一般说来,发动侵略战争的始作俑者尤其是政治家与军事领导应对战争负主要责任,并在结束战争后接受惩罚,而普通士兵如果没有使用不正义的战争手段,而只是作为一国公民为发动侵略战争的国家而战,则不需要对此战争负责。然而,当代政治哲学要求人们必须对此作出进一步的思考:战争虽然系于国家领导人、政府以及军队,但其恰恰是由民众选举产生或以民众为主体而组成的社会组织,民众自身是否应该担负一定的战争责任呢?又比如,为避免易受攻击,游击队员往往装扮成平民,那么,如果平民受到攻击,责任是否全部归咎于进攻者,而那些装扮成平民的游击队员是否也有一部分责任?进一步看,如果游击队在某个地区活动,与平民生活在一起,平民为游击队员提供安全保护,同时也对攻击游击队的军队可能使用的手段施加了额外的道德约束,那么,平民是否有避开的责任?另外,在战争结束之后是否应该对不义一方实施政治体制与军事体制上的改造?一般意义上的和平谈判不至于涉及政体改造的问题,而若一种政治制度在可预期的范围内具有导致侵略的意向,如纳粹德国的法西斯政体,那么政体改造就应当是正义战争战后和解的题中之意。然而,这样做的一个可能的后果,就是一些国家会以某一政治制度将导致侵略为名,频繁地发起先发制人的战争。

战争是人类社会为平衡利益而采取的可悲而又必要的手段。我们既不能一味地赞同现实主义的功利观念,也不能简单地接受正义战争理论的道德原则。我们奉行和平的理念,并坚持和平的手段解决纷争,但我们在现实的世界中并不忽视武力威慑的必要性,也不会放弃通过武力来捍卫国家与人民的权利。

第三节　着力提升我军"正义之师"的形象

全心全意为人民服务的性质宗旨,决定了我军不仅是一支威武之师、勇猛之师、胜利之师,同时也是一支正义之师、文明之师、和平之师。我军奋斗的全部目的归结到一点,就是维护和保障人民大众的利益,这是我军之所以被誉为"正义之师"的根本原因。马克思主义无产阶级革命理论是我军"正义之师"形象得以确立的精神支撑,同一切反动势力作斗争的军事实践则是我军"正义之师"形象的现实写照。新的历史条件下,在进行军事训练转型、应对多种安全威胁、完成多样化军事任务与打赢未来信息化战争压力增大的情况下,我们一定要坚持我军性质宗旨,坚决捍卫我军所追求的正义价值,不断提升我军"正义之师"的良好形象。

一、我军"正义之师"形象的理论支撑

军队的形象是一种外在的表现,而军事学说则是军队据以组织起来的内在根据。马克思主义的军事学说是我军"正义之师"形象得以确立起来的理论支撑,它既是我军追求正义价值的精神动力,更是刻画我军"正义之师"形象的基本遵循。

马克思和恩格斯不但是科学共产主义的创始人,也是无产阶级革命理论的奠基者,他们在创立马克思主义哲学、政治经济学和科学社会主义理论的同时,撰写了大量的军事理论著作,揭示了战争的起源和本质,提出了区别正义战争与非正义战争的科学依据。

马克思和恩格斯明确指出,战争是一种伴随着人类文明进程发展起来的社会产物,不论战争双方如何美化战争的正义形象,现实社会当中只存在为追求各种现实利益而进行的具体战争,而不存在为实现普遍价值而进行的抽象战争。历史上存在着一种普遍的现象,战争双方大多宣称自己所从事的军事活动是符合正义的:或曰是替天行道,或曰是神的意志,或曰是以战止战等等不一而足。但在马克思主义看来,这些关于战争正义性的观念无不失之空泛,抽象的理由往往成为战争爆发的正当借口,而争夺现实利益的真实原因反而被掩盖了:宗教人士所发动的所谓"圣战"只是不同教区之间政治利益之争的真实体现,其本质依然是对领土扩张和财富的追求;出于神的意志或寻找生存空间而发动的战争,其背后隐藏着统治阶级追求权

力和展示个人权威的野心。以此观之,波斯战争、十字军战争、欧洲开拓海外殖民地的商业战争以及英法和法德等军事行动,都在一定程度上使人们曲解了正义战争的实质,从而剥蚀了战争的道义内涵与正义价值。因此,理论上绝对明确的正义战争并非就是捍卫现实正义价值之举,对战争正义性的考察,必须运用唯物史观的立场,分析每一个军事行为的真实意图,寻找背后支持军事行为的利益指向。

在此基础上,马克思和恩格斯进一步阐发了战争正义性问题。马克思主义军事学说认为,战争从根本上是阶级意志的体现,其真实目的在于物质利益的争夺,在阶级社会中战争"围绕着经济解放而进行"①,而那些宣称为了捍卫"正义"或"和平"价值的战争,无非就是鼓舞军人或民众参与战争的一种手段而已。在这个意义上,为着经济解放而战争乃是推动历史发展的一种原始动力。恩格斯在《反杜林论》中指出,暴力并非是绝对的坏事,它在历史中具有正反两种作用:前者是指革命的作用,它是摧毁僵化的政治形式的工具;后者是指剥削阶级为了一己私利而挑起的战争,对人类社会具有巨大的破坏和阻滞作用。恩格斯把战争之"恶"看成是社会历史发展过程中的否定性环节:当一事物由于已经丧失了存在的根据并失去其现实性时,就需要通过斗争甚至革命战争来创造新的事物,来代替已过时的肯定方面,从而实现新旧事物的更替。历史上每一种新的进步都要通过对旧事物的否定来实现。因此,虽然战争会在一定程度上破坏社会已有的相对稳定的组织结构,导致残杀、掳掠、饥饿甚至瘟疫,致使民不聊生,社会动荡不安,然而战争同样具有积极意义,为了追求经济解放而进行的革命战争乃是创造新社会的前提。恩格斯指出:"暴力在历史中还起着另一种作用,革命的作用;暴力……是每一个孕育着新社会的旧社会的助产婆;它是社会运动借以为自己开辟道路并摧毁僵化的垂死的政治形式的工具。"②显然,这里"暴力"

---

① 《马克思恩格斯军事文集》第 1 卷,第 85 页,战士出版社 1982 年版。
② 《马克思恩格斯选集》第 3 卷,第 527 页,人民出版社 1995 年版。

无疑就是指正义的战争,无产阶级革命、反侵略战争、民族解放战争以及农民反剥削压迫的起义战争都是具有合法性的战争形式。可见,并非一切战争都是消极的,那些旨在争取最广大人民权益的斗争是正义的战争。不但如此,正当暴力特别是革命暴力还是人类社会发展的直接动力,是建立和维持国家政权的重要手段。在实现共产主义的征途中,诉诸暴力或采取无产阶级革命的战争形式是不可避免的。

另一个方面,马克思和恩格斯坚持彻底的实践的人道主义精神,认为人民始终是战争中的决定性因素:人民不但是决定战争胜负的关键性力量,也是一切战争最终必须为之服务的主体性力量。马克思和恩格斯认为,战争的结果取决于人和武器这两种材料。[①] 在武器和人的相互关系上,人要适应武器技术的革新,武器装备的优劣制约着战争发展的方向,热兵器时代的枪炮肯定优于冷兵器时代的刀剑,大刀长矛是无法与坚船利炮相抗衡的。但枪炮自己并不会射击,只有那些充分掌握了军事技术的将士,才能使之找到正确的射击目标。因而,最终赢得战争的是人而不是枪炮。战争是否能够代表人民群众的意志,能否反映人民的利益,即战争是否具有人民性成为战争正义性最为重要的衡量标准。在革命战争时期,只有真正的人民战争才能取得最后的胜利。恩格斯在分析意大利革命遭受挫折时指出,正因为它没有能够像法国革命那样发动人民群众,没有坚持走人民战争的路线,其革命的前景才变得微妙起来。人民战争是正义的战争,代表着正义力量的斗争能够克服武器装备和战斗人员相对薄弱的限制,如同伟大的法国人民那样,将一支强军零敲碎打地摧毁,真正做到以小制大、以弱抗强,最后赢得战争的胜利。

在马克思和恩格斯看来,人民战争之所以能够取得胜利,最重要的原因在于其唤醒了被压迫阶级的自主意识,反映了社会中最底层人民要求解放、平等和自由的呼声。马克思主义军事学说关注的焦

---

① 参见《马克思恩格斯选集》第 1 卷,第 17 页,人民出版社 1995 年版。

点就是要将平等和自由观念灌输给生活在社会底层的弱势群体，激发他们为了保护自己的权益起来战斗。无产阶级自身权利的取得无法依靠其他力量，更不应期望于资产阶级的幡然悔悟，只有全世界的无产者团结起来，发动一场针对压迫势力的全球性解放战争，平等和自由的精神才能落地开花。

以毛泽东为首的中国共产党人将马克思主义的军事学说同中国革命实践结合起来，进一步丰富了人民战争与战争正义性的思想。毛泽东总结了中国长期革命战争的经验，系统地提出建设人民军队的思想，指出必须依靠广大人民群众，以人民军队为骨干，建立广阔的农村根据地，深入持久地进行人民战争。历史上存在着各式各样的军队，凡是代表人民利益和为新兴阶级所进行的战争都是正义之师所当为之事，凡是维护反动统治和侵略别国和民族的战争都是非正义之师之所为。人民的军队和反人民的军队在性质上完成对立，由于所代表的利益不同，决定其所进行的战争是否具有道德合法性。全心全意为人民服务是无产阶级军队的宗旨，其历史使命就是消灭一切剥削和私有制，解放全人类，实现共产主义。毛泽东说："历史上的战争分为两类，一类是正义的，一类是非正义的。一切进步的战争都是正义的，一切阻碍进步的战争都是非正义的。我们共产党人反对一切阻碍进步的非正义的战争，但是不反对进步的正义的战争。对于后一类战争，我们共产党人不但不反对，而且积极地参加。前一类战争，例如第一次世界大战，双方都是为着帝国主义利益而战，所以全世界的共产党人坚决地反对那一次战争。反对的方法，在战争未爆发前，极力阻止其爆发；既爆发后，只要有可能，就用战争反对战争，用正义战争反对非正义战争。"[①]

以毛泽东为首的中国共产党人有关人民战争与战争正义性的重要思想，为确立与塑造我军"正义之师"形象直接提供了理论依据，这为我军在革命战争与和平建设的卓越成就奠定了坚实的基础。

---

① 《毛泽东选集》第 2 卷，第 475～476 页，人民出版社 1991 年版。

二、我军"正义之师"形象的现实表现

我军"正义之师"形象的确立有着深厚的理论基础,也在现实战争典型地体现出来。从创立以来,无论是同国民党反动军队或是与日本法西斯军队进行的革命战争,还是新中国成立后人民解放军先后取得的抗美援朝和历次自卫反击战的伟大胜利,无不展现出"正义之师"的光辉形象。

一般地说,一场战争是否具有正义性,可以借助考察发动战争的原因、战争进行过程与战后和解三个方面是否符合基本的正义价值进行衡量。这里,我们具体通过对我军参与朝鲜战争的全景式概览,来透视我军"正义之师"的现实表现。

首先,我军参与朝鲜战争的动机具有鲜明的正义性。1950年6月25日,朝鲜爆发了大规模内战。美国立即进行武装干涉,并操纵联合国通过组成所谓"联合国军"的决议,扩大侵朝战争,妄图一举占领朝鲜,与之同时,派遣舰队驶入台湾海峡,有进一步侵犯我国之强烈意图。美国不顾中国政府一再提出的关于其武装力量退出台湾,迅速停止侵朝战争,和平解决朝鲜问题的严正警告,悍然越过"三八线",逼近鸭绿江和图们江,出动飞机轰炸我国的边境城镇,严重威胁了我国安全,同时,朝鲜劳动党和朝鲜政府也请求我国出兵援助。面对严峻的形势,中共中央政治局多次召开会议,深入分析国际国内形势。在全面权衡利弊之后,党中央认为,一方面,美国所主导的"联合国军"对朝鲜的战争是侵略性的,政治上是孤立的,本质上是虚弱的;所谓的"联合国军"在军事上战线太长、后方太远、兵力不足、士气不高,而且其内部矛盾、利益纠纷不断。另一方面,共和国成立之初百废待兴,经济建设刚刚起步,财政状况还不乐观,国内反动势力还没有完全清除,新解放区的土地改革还没有完成,我军的武器装备、后勤供应比较落后,空军、海军和装甲兵部队尚在组建中。但是,我军有着敌人所没有的优点:占有数量上的优势,有以劣势装备战胜优势装备之敌的经验,最为重要的是我们将要进行的战争是反

抗侵略的正义之战,有全国人民与朝鲜人民的合力支持,同时也可获得苏联的某些物资支援,等等。此外,朝鲜与中国唇齿相依,朝鲜爆发战争不单是朝鲜一国的问题,它不仅涉及到我国边境的安全稳定,而且还关联到台湾的解放问题。所以,我军出兵参战,从国家安全与和平阵营的安全来说都是有必要的,这既是朝鲜和世界人民利益的需要,又是中华民族当前和长远利益的需要。在这种情况下,党中央高瞻远瞩,毅然作出了组织志愿军入朝参战的决定。这一战略决策反映了中国人民反抗侵略、保卫国家安全的决心和意志,显示了中国人民不畏强暴、英勇斗争、威武不屈的民族精神,也体现了中国人民把爱国主义同国际主义相结合的高尚品格。可见,志愿军入朝作战,是反抗侵略、保卫国家安全的正义之举,师出有名,充分展现了正义之师的英雄形象。

其次,我军在朝鲜战争中有力地捍卫了正义价值。我军出兵朝鲜所捍卫的是"正义的战争",在战争当中捍卫的是"战争的正义"。在整个朝鲜战争中,我军处处以自身行为捍卫"战争的正义",处处体现出我军"正义之师"的良好形象。一是广大的参战志愿军官兵满怀对正义与和平的坚定信念,克服苦难,浴血奋战,直至赢得最后的胜利。在抗美援朝战争中,志愿军遵照中央军委和毛主席的指示,以朝鲜国土为课堂,以美军暴行为反面教材,进行了生动的爱国主义、国际主义和革命英雄主义教育,进一步理解了"抗美援朝,保家卫国"的伟大意义,坚定了为正义而战的信心和勇气,最终用劣势装备战胜了优势装备的敌人,成为"最可爱的人"。二是入朝作战志愿军指战员严守政治纪律和军事纪律,充分展现了正义之师的英雄形象。志愿军严格遵照党中央、毛主席制定的政治纪律和军事纪律,把团结朝鲜人民作为一项重大的政治任务,切实做到尊重朝鲜人民、朝鲜劳动党及其领袖金日成首相,遵守朝鲜政府的法令,尊重朝鲜民族的风俗习惯,严守纪律,秋毫无犯,并积极帮助朝鲜人民进行春种秋收、修渠治水,防疫救灾,克服各种困难,得到了朝鲜人民的信任和爱戴,同朝鲜人民结成了水乳交融、鱼水相依的深厚情谊。三是志愿军入朝作战坚持的是人民战争,得到了中朝两国人民的广泛支持。战争开始以来,全国人民的爱国主义和国际主义觉悟大大提高,民族自尊心和自信心大大增强,从而迸发出了极大的支援战争的积极性。为此,全国开展了轰轰烈烈的抗美援朝运动,"一切服从战争,一切为了战争的胜利",使志愿军得到了充足的人力、物力的支援和巨大的精神鼓舞。同时,朝鲜人民忍受着帝国主义侵略造成的苦难,以坚持生产、筹措粮食、修桥筑路、运送物资、救护伤员、担任向导、防奸反特等积极行动,有力地支援了志愿军的作战。中朝两国人民和军队休戚与共,生死相依,用鲜血凝成了伟大的战斗友谊。

最后,我军在朝鲜战争结束之后依然竭力维护正义价值。停战协定的签订标志着朝鲜战争的胜利,这既是战争的胜利,也是正义价值的胜利。在战争结束之后,我军依然竭力维护正义价值,这主要体现在我军对待俘虏的方式上。[①] 在战争过程中,陆续有敌军被我俘获,但由于受美国军方的欺骗宣传,也由于不了解志愿军宽待俘虏的政策,这些俘虏情绪上一开始对我志愿军官兵相当敌视,也倍感屈辱与恐惧。在充分了解我军的俘虏政策之后,尤其是通过志愿军官兵的实际行动,逐渐消除了俘虏们的恐惧心理。战俘们认识到,志愿军官兵廉洁、公正,严格执行政策。由于大部分美军战俘亲身体验到志愿军宽待俘虏的政策,深为这种真正的道义精神所感动,也都愿意主动配合战俘管理所的工作。在战俘中,有的美军、英军官兵参加过二战,当过日本或纳粹德国的俘虏。在被志愿军俘虏后,他们亲身体验了两种战俘经历的不同之处感受极为深刻。美军战俘狄克森自述道:"我在两次被俘中,受到了两种截然不同的待遇:一种是残暴、侮辱和虐待战俘,二战中日本人就是这样;另一种是真正的人道主义的宽待,这就是中国人民志愿军对待我们被俘人员所做的。"战俘们即将被遣返时,英军战俘亚当这样写道:"这些日子虽是在最困难的环

---

① 参见王勇:《志愿军中的"国际大学校"》一文,载《党史纵览》2010年第10期。

境下,却过得很快乐。这里的生活就像一个幸福的大家庭的生活,任何巨大的困难都通过我们与志愿军的协商而获得解决。他们从未违背自己的诺言。我在3年前离开了家人到距祖国海岸16000哩远的地方参加一场非正义的战争。我将要尽一切办法制止这样的事情在我的儿子身上发生。我将要离开志愿军和第一战俘营的工作人员,我将要离开许多可能永远再难见到的朋友,但是我带回家的就是永远不会磨灭的记忆,就是中国人民与英国俘虏间的亲密的友谊的记忆。你们给我们的宽待将永远地为我们所记忆着,并且将永远存在我们的子子孙孙的心里。"朝鲜战争中中国人民志愿军严格遵守国际法,对"联合国军"战俘实行人道主义的管理,执行宽待俘虏政策,不打不骂,不侮辱人格,及时治疗他们的伤病,使战俘们深受感动和教育,充分体现了中国人民志愿军"正义之师"的形象。

总之,朝鲜战争充分体现了中国人民志愿军是一支正义之师、仁义之师,就像原志愿军副司令员兼后方勤务司令员洪学智将军在回忆中所说的那样:"朝鲜战争是一场弱国与强国、正义之师与侵略势力的殊死较量。经过中朝军民的并肩战斗,终于打败了不可一世的美国侵略者。这场较量向世界证明,侵略战争必败,正义战争必胜。"①

三、新时期我军"正义之师"形象的提升

我军"正义之师"的形象是我军性质宗旨的集中体现,也是我军履行历史使命的有力支撑。在新的历史条件下,我国将面临着捍卫国家主权和领土完整,维护民族团结和祖国统一,确保国家利益和尊严不受侵犯与损害的战争,这样的战争代表着全国各族人民的意愿,符合国家的核心利益,有利于维护世界的长期和平发展,无疑是正义的战争。为此,我们要以军事训练转型为依托,在适应信息化战争要

---

① 刘玉书、曹瑞林:《正义的战争 伟大的精神——访原志愿军副司令员洪学智将军》,载《解放军报》2000-10-16。

求和应对多种安全威胁、完成多样化军事任务过程中,着力提升我军"正义之师"的良好形象,为打赢未来战争做好准备。

新时期提升我军"正义之师"形象,必须着眼于应对多种安全威胁、完成多样化军事任务。进入新世纪新阶段,以恐怖活动、突发性灾害和疫情、边海防冲突等为主的"非传统安全威胁",已成为危害国家利益、社会稳定和人民生命财产安全的突出问题,与之同时,使用武装力量进行反恐、抢险救灾、平息动乱、联合军演、人道主义救援等非战争军事行动,也日益成为国家运用和展示军事力量、达成经济政治目标的重要方式。在这种情况下,全面提高应对多种安全威胁、完成多样化军事任务的能力,使我军既能时刻应对传统安全威胁,又能随时应对非传统安全威胁,对于巩固党的执政地位、维护国家利益、确保社会安定和人民生命财产安全,具有十分重要的意义。但是,随着我军投入非战争军事行动的频率越来越高,面临的压力也越来越大,我军"正义之师"形象所受到的挑战也在增大。与传统军事行动相比,非战争军事行动涉及方方面面的利益,应急机制、用兵程序、指挥体制、军地关系、物资调度权、临时执法权等,还涉及国家和国家、军队和军队间的关系,通常需要全方位、多层次的相互配合才能完成既定的目标。同时,军队在处理突发事件,执行戒严、反恐、维持社会稳定等任务时,面对的是社会矛盾、民族矛盾、宗教矛盾、国际矛盾的相互交织,以及军事斗争、政治斗争、外交斗争、文化斗争的相互渗透,致使非战争军事行动在很大程度上打的是"政治仗"与"法律仗"。对此,在应对多种安全威胁、完成多样化军事任务中提升我军"正义之师"形象,就必须认识到非战争军事行动面临着的不确定因素及其有可能带来的社会影响,着力为非战争军事行动确立法理依据,彰显非战争军事行动合法性与正义性,争取得到国内民众与国际社会最广泛的支持,掌握更大的行动主动权。

新时期提升我军"正义之师"形象,必须立足于打赢未来信息化战争。战争是政治的延续,战争双方是军事实力的对抗,但更多的是政治力量的较量。战争是否具有正义性,不依赖于军事实力的强弱,而是取决于政治上是否能够得到国际国内各种力量的支持。未来的信息化战争将呈现出力量集成化、战场数字化、指挥网络化、打击精确化、保障一体化的发展趋势,其作战方式将从过去以陆地为主、侧重对敌实施地面作战,发展为陆、海、空、天、电一体化的联合作战上来。未来的信息化战争打的主要是"信息战",信息要素的有效配置极大地制约着战争的进程。但是,以"信息战"为核心的信息化战争依然是政治视野下的战争,无论战争的形态如何变化,也无论作战样式如何多样,战争双方都不能毫无节制、随心所欲地运用战争手段,战争服从于政治目的这一点不会变,军事对抗最终还要回到政治解决的轨道上来。实际上,信息化战争在突出战争形态自身变化的同时,也进一步彰显出了政治的作用地位。首先,信息化战争在充分运用信息技术发展高性能与高杀伤力武器装备,从而让战场越来越"透明"的同时,也使得所有国家在对外政策和战争决策方面的透明度越来越高,民心向背对战争的制约力量显著增强。其次,信息化武器装备越是先进,其造价就越高,战争耗费在呈几何级数增长的同时,削弱了各国对战争的承受能力,这为通过政治这一低风险、高效能解决国际军事冲突的手段,提供了更大的现实性。最后,不论信息化武器装备如何先进,信息化战争的最终目的依然是摧毁敌方的对抗意志,这为政治作战与军事对话留下足够的空间。因此,立足于打赢未来信息化战争来提升我军"正义之师"形象,就必须掌握信息化战争的特点规律,挖掘其蕴涵的政治、外交、经济、文化因素,充分发挥我军政治优势与政治攻势,努力在军事行动中寻找法理依据,从而为战争的正义性营造有利的态势。

新时期提升我军"正义之师"形象,必须依靠于政治作战样式的创新发展。人心向背从来都是取得战争胜负的决定因素,交战双方无不通过树立己方的正义形象来赢得战争的主动权。当前,现代战争的战争指导、作战方式发生了深刻变化,不再是单纯的攻城略地,不再是纯军事手段的对抗,而是集政治、军事、外交、法律、心理、舆论等多种手段的综合较量,重心在于征服对手的精神和意志。从最近几场高技术局部战争特别是伊拉克战争看，交战双方围绕争夺法理优势、掌握舆论主导、实施心理打击展开的激烈较量，开辟了没有硝烟的"第二战场"，对战争进程与结局发挥了重要作用。舆论战、心理战、法律战是战争双方争取政治主动和军事胜利的重要手段，已成为我军的一种重要作战样式。比如，根据《中国人民解放军舆论战纲要》，舆论战的主要任务包括"集中舆论力量，申明我军事行动的正义性，展示我强大综合国力、深厚战争潜力和特有政治优势，揭露对方军事行动的非正义性和战争犯罪行为及其虚弱本质，作战行动不间断地实施舆论打击，削弱敌方战斗意志"，以及"以我军事行动的法理依据、原则立场、政策主张引导舆论，争取国际社会的理解、同情和支持，团结国际友人、海外华人华侨，营造我得道多助、敌失道寡助的舆论环境"等几个方面的要求。从中可以看出，舆论战、心理战、法律战不仅是发挥政治工作作战功能的重要载体，也是部队战斗力新的增长点，为提升我军"正义之师"形象拓展了新的空间。因此，面对未来战争，我们要把舆论战、心理战、法律战等新型政治作战样式摆在重要位置，发动强有力的政治攻势，伸张国际正义，善于展示我军"正义之师"的形象，牢牢掌握国际合作与斗争的主动权，争取不战而屈人之兵，争取最大的政治和军事效益。

第四章

人道主义与军人核心价值观

人道主义是文明社会追求的基本价值之一,也是军人核心价值观的重要内容。军人奉行的人道主义是"军事人道主义",在我军则又具体表现为"革命人道主义"。革命人道主义是我军的精神传统,继承和弘扬这一精神传统,对于我们深刻理解与切实践行"热爱人民"核心价值的内涵具有重要的意义。

第一节 人道主义概述

人道主义内涵丰富,关于人道主义的理解方式也是多种多样。作为一种学说,人道主义包含有尊重人性、人的自由、教育和人的价值与尊严等多方面内容,从这些基本的内容出发,不同的学者作出不同的解释,使之呈现出不同的理论形态。同时,我们必须坚持马克思主义的基本原理来具体分析人道主义的理论内涵,进而把握其精神实质。

一、人道主义的形成与发展

美国《哲学百科全书》这样界定人道主义的内涵及其形成发展:"人道主义是14世纪后半期的哲学和文学运动,发源于意大利,并且扩展到欧洲其他国家,成为近代文化的组成要素。人道主义也指任何承认人的价值或尊严,以人作为万物的尺度,或以某种方式把人性及其范围、利益作为内容的哲学。"[1]关于人道主义概念的提出以

---

[1] In the Encyclopedia of Philosophy, vols3 – 4[M]. NewYork, 1972. P70.

及人道主义何以发展成为一种影响深远的学说,德国哲学家海德格尔进行了较为系统的词源学意义上的探究。据考证,古希腊已经存在人道主义思想的萌芽,但首先使用"人道主义"这一概念的是古罗马哲学家西塞罗,用以表达一种能促进个人能力得到最大限度发展的人性化教育制度。海德格尔指出:"在罗马共和国时代,Humanitas(人性或人道)第一次在它的名称之下被着重地深思与追求着。人道的人与野蛮的人相对立。在此,罗马人用'吞并'从希腊接受下来的 παιδευιν(教化)的办法,提高了罗马道德,而人道的人,就是指这些罗马人。希腊人是指晚期希腊人,其教化在各哲学家学派中被传习着。希腊人的教化,是指文艺与科学中的教化。这样了解的 παιδευιν 就被译为 Humanitas(人性或人道)。罗马人的真正的罗马特点就在于这样的人性或人道中。"[1]从海德格尔对这一概念的历史追溯当中,人道主义仅仅只是一个关乎"教化"或"教育"的价值理念问题,但其后来的理论演化远远突破了这一限定,成为一个人类观照社会文明与历史发展之价值尺度的重要观念。

具体而言,人道主义思想发端于古希腊罗马时期的自然法传统,成型于文艺复兴时期的人文主义传统,后经过新教改革运动与启蒙运动得到进一步的发展完善。文艺复兴运动所开启的人文主义传统是一场声势浩大的思想解放运动,其直接针对的对象是基督教传统。作为文艺复兴运动旗手的思想家们,把目光从神转向人,从天国转向尘世,高扬人的理性和尊严,反对神对人的奴役,积极倡导人本身的意义。意大利文艺复兴先驱但丁指出,帝国的基石是人权,帝国不能做任何违反人权的事情。[2] 此外,作家薄伽丘、政治思想家马基雅维利和布丹等无一不强调人的自然本性、人的价值和尊严、人的自由意志、人的世俗生活和世俗教育的意义,提倡个性解放和个性发展,主

---

[1] [德]海德格尔:《海德格尔选集》(上),第365页,三联书店上海分店1996年版。

[2] 参见[意]但丁:《论世界帝国》,第76页,商务印书馆1986年版。

张以人权代替神权。究其实质,文艺复兴是一种新文化运动,由于自身所具有的革命性精神,它把人们沉迷于对神的想象中转向关注人和自然本身,因而具有了世界观变革的意义。

　　文艺复兴运动致力从外围冲击着基督教神权理论,新教改革则试图从内部清理基督教压抑人性的不合理因素,由此形成了资产阶级的人道主义理论。新教改革是基督教内部的自我调整,虽然还继续坚持"上帝面前人人平等"的神学平等主义,但赋予了很多时代的内涵,尤其照顾到了具有勃勃生机的资产阶级的基本要求。新教主张,人不仅仅是因为上帝的一视同仁而平等,而是因为人的自然感性和道德理性而拥有自足的平等权利。大力主张宗教改革的马丁·路德率先否认了教会和教皇的至上权威,认为圣经高于一切,教徒可以根据信仰解释而非教会机构来获得上帝的恩宠,教会等世俗权力来自于上帝,教廷更是无权凌驾于世俗权力之上。另一改革代表人物加尔文则更加激进,他主张按照共和制的原则来改革教会,由教徒选举长老和牧师来共同管理教会事务。为了使得基督教适应时代的发展,加尔文阐发了他的"预定论",认为人在还未出生时就被先在地决定命运,而要确证自身是否获得了恩宠的证据,就只能通过信徒自身的努力,据此不断地增添上帝的荣光。这种论调就为人的理性和世俗生活留下了足够的空间:人的命运掌握在自己手中,世俗生活则是展现人的尊严和权力的基本保证。这样,资产阶级在获得了精神支撑的同时,也获得从更大范围上争取到了发展壮大的生存空间。

　　经过文艺复兴和宗教改革运动,人道主义的基本理论范型已经建立起来,但其现实性仍需要在启蒙运动以及与之相随的资产阶级革命运动中得到有力的阐发。也就是说,在资产阶级处于革命时期并竭力要上升到统治阶级的时候,人道主义要借机证明自身的实践合理性,因而甘于成为资产阶级反对封建主义的思想武器。为了发挥影响世俗世界尤其是社会变革的作用,这个时候的人道主义乃是一种"世俗人道主义",其更为确切的理论形态乃是"天赋人权论"。洛克是天赋人权论的主要诠释者之一,他认为人的生命、自由和财产是人人享有且不可让渡的基本权利,这些基本权利合乎人之自然本性,因而是一种自然权利,即人权。为此,他主张法律面前人人平等,法律必须保障人权。他说:"每一个个人和其他最微贱的人都平等地受制于那些他自己作为立法机关一部分所制定的法律。法律一经制定,任何人都不能凭借他自己的权威逃避法律的制裁,也不能以地位优越为借口,放任自己或任何下属胡作非为,而要求免受法律的制裁。"①18世纪以来,天赋人权思想得到了启蒙运动思想家的进一步阐发,孟德斯鸠、伏尔泰和卢梭继承了洛克等人的自然权利学说,并从不同的角度深入阐明了这种学说的内在机理。比如卢梭就认为:"人类主要的天然禀赋,生命和自由——这些天赋人人可以享有,至于是否有权抛弃,这至少是值得怀疑的。一个人抛弃了自由,便贬低了自己的存在;抛弃了生命,便完全消灭了自由的存在。"②洛克和卢梭等人的天赋人权理论开创了世俗人道主义的新篇章,对西方后来的人道主义实践产生了重要的影响,后来法国的《人权与公民权宣言》和美国的《独立宣言》都充分体现这种思想的基本精神。

经过古希腊罗马时期思想家的初步阐发,追寻文艺复兴运动、信教改革运动和启蒙运动的足迹,人道主义逐渐发展成为一种主体性哲学思想体系,其核心的理论主张亦因此得到明确的解释,同时获得了广泛的认同。

二、人道主义的理论形态

在其历史发展过程中,关于"人道主义"的称谓并不一致,不同的思想家因各自理解的角度之差异,也使得人道主义呈现出不同的理论形态。如在海德格尔看来,在人道主义发展史与理解史上就具有文艺复兴的人道主义、启蒙人道主义、马克思主义人道主义和存在

---

① [英]洛克:《政府论》(下篇),第59页,商务印书馆1964年版。
② [法]卢梭:《论人类不平等的起源和基础》,第137页,商务印书馆1962年版。

人道主义等几种影响较大的理论形态。下面,我们根据其对现实社会的影响力,重点介绍一下几种人道主义的理论形态。

1. 理性人道主义

理性人道主义是一种根植于欧洲理性主义传统的人本主义哲学思想,其萌发于古希腊罗马时期,在文艺复兴运动思想家和作家的著述中体现得最为充分。

俄罗斯哲学家C.弗兰克(1877~1950)较为清晰地梳理了理性人道主义思想的脉络。弗兰克认为:"古希腊罗马世界就是'人道主义'的真正故乡,是最早认识并以高尚形式逐渐阐明人的尊严、人的形象的美和意义的地方。使徒保罗在对雅典人发表的演说中,引证古希腊诗人的一句话'亦同圣类',指的就是这种以人与神相似为基础的古希腊罗马人道主义。"[1]在弗兰克看来,在古希腊罗马世界的宗教意识中,人与神处于一种相互掣肘的关系之中。一方面,人意识到外在力量的强大并不得不将自身的命运置于神的摆布之下,但另一方面,神灵本身也认为自己不是万能的,其干涉人类事务但又不能完全掌控现实社会中人的生活。也就是说,人的力量虽然有限,但却是具有高级本体基础和崇高价值的动物,与其说神是人的主宰,还不如说人是神的兄弟。不难看出,这里体现出来的就是一种理性主义的精神,古希腊罗马世界孕育了这种精神,并确立起了人道主义的基本价值取向。

萌发于古希腊罗马世界的理性人道主义在文艺复兴运动中得到了最为充分的发展。文艺复兴运动以"复兴"古希腊罗马世界的人文精神为旨归,其基本的理论取向表现为反对基督教神学与教会,反对封建制度,提倡人的价值与尊严,主张发展人的个性,为此批判柏拉图主义与基督教神学的禁欲主义的观点,鼓励人们追求现世的快乐与幸福,鼓励人们从事现实政治与商业活动,并从中确立起人生的意义。但丁竭力引导人们抛开中世纪虚幻的精神追求,并以一种理

---

[1] С. Л. Фраик:Снамиъог. МСА – PRESS. Парилс. 1964. P192~193.

性自觉来肯定人的世俗价值与现实生活,他甚至宣称:"人的高贵,就其许许多多的成果而言,超出了天使的高贵。"①人的价值在于追求美德与知识,在于理性与自由,在于彼此间的工作与协助,这是由人类的特性所决定的。彼特拉克把人的问题摆在其所有研究中的首要地位,主张人以及人的问题应成为哲学的主要研究对象,为此明确宣誓:"我自己是凡人,我只要求凡人的幸福。"他鼓励人们相互交往,既要爱他人,更要爱自己的祖国。他说:"对统治这个世界的神来说,除了看到人们通过社会纽带相互联结起来之外,在这个世界上没有任何别的东西可以使神更为高兴的了……对那些保卫和帮助祖国并使之强大的人,天堂里永远为他们保留着圣人的地位。"②布鲁尼则说得更为明确:"在对人类生活所作的道德教诲中,最重要的是关系到国家和政府的那部分,因为它们涉及到为所有人谋求幸福。如果说为一个人争取幸福是件好事的话,那么为整个国家争取幸福不是更好吗?幸福覆盖的范围越广泛,这种幸福也就越神圣。"③

2. 世俗人道主义

以理性主义精神为旨归的人道主义重在批判神学思想、鼓吹人性解放与理性启蒙,竭力展现一个"人道主义的"而非"神道主义的"世界的本来面目。然而,到底什么才是一个真正意义上的人道世界,思想家们的看法并不一致。在这个意义上,从复兴时代理性人道主义发展而来的"世俗人道主义"提出了一些重要的理论主张。

倡导世俗人道主义的主要代表人物是美国著名伦理学家保罗·库尔茨(Paul Kurtz)。库尔茨自称是一个"自由民族主义的世俗人道主义者",他长期致力于人道主义研究,不仅系统地论述了世俗人道主义的实质及其基本原则,撰写了包括《世俗人道主义宣言》在内的

---

① 北京大学西语系资料组:《从文艺复兴到十九世纪资产阶级文学家艺术家有关人道主义人性论言论选辑》,第3页,商务印书馆1971年版。
② 加林:《意大利人文主义》,第20页,三联书店1998年版。
③ 加林:《意大利人文主义》,第40页,三联书店1998年版。

许多论文,参与了美国人道主义协会文件《人道主义宣言Ⅱ》的起草,而且还曾经担任国际人道主义和伦理学学会主席,在现实生活中坚决捍卫世俗人道主义的价值。库尔茨认为,"人道主义"一词所指过于宽泛,缺少本质的规定性,因而导致不同的哲学学派可以根据各自的理解提出不同的定义。为此,库尔茨特别重视人道主义内涵的界定问题,提出了一个不同哲学流派都有可能认同的解决方案,即将人道主义定义为 eupraxophy,意为"人类良好行为学",具体的含义为"善的智慧的、实践的行为"①。依照这个定义,库尔茨阐发了世俗人道主义的基本理念。

首先,世俗人道主义不仅是一种主体性哲学理论体系,而且是一种关注现实人生和社会实践的生活方式。库尔茨明确宣称"人道主义代表了一种基本的哲学,一种世界观和人生态度,一种方法论和一系列价值标准"②,"我充分地相信在公认的意义上,人道主义不是一种宗教。它更多地表达了一种科学的、哲学的和伦理的观点"③。作为一种哲学理论体系,世俗人道主义是一种认识世界的方法,它服从于怀疑原则,坚持科学方法,自觉运用批判理性,并最终确立科学真理。在这个意义上,人道主义在现代知识学领域拥有支配性地位,这些发挥着支配性作用的知识真理包括:宇宙是物质的且不断发展和变化;人类是进化而来的,人是具有大脑皮层和高度发展的复杂的生物系统和社会系统;人会运用工具与语言,有创造的欲望和认识的意识,有想象力和理性能力,能在某种范围内改变人类的进化过程;等等。作为一种生活方式,世俗人道主义包括一整套关于个人生活态

---

① 分别参见[美]大卫·戈伊科奇等:《人道主义问题》,第14、409页,东方出版社1997年版。

② [美]保罗·库尔茨:《保卫世俗人道主义》,第9页,东方出版社1996年版。

③ [美]保罗·库尔茨:《21世纪的人道主义》,第3页,东方出版社1998年版。

度的伦理原则和参与社会实践的理想信念,主张运用科学技术改善人的生存环境,使人类能够获得真正意义上的幸福生活。

其次,支撑世俗人道主义的核心观念是反对宗教信仰,张扬自由民主价值,崇尚科学技术,倡导伦理道德。库尔茨坚决反对宗教信仰,希望通过伸张人道主义关于教化这一原始意涵,来克服人们对于外在压迫力量的恐惧感,以展现人的潜能和自由意志。库尔茨认为自由民主价值审慎地根植于现代社会之中,是人的生活不可缺少的核心价值,根据这些核心价值,现代人可以自主决定自己的生活方式和生活态度,自愿参与社会组织与选举领导人的权利,甚至还可以拥有选择安乐死这样有尊严地死去的权利。要保证人的基本尊严,就必须最大限度地发挥科学技术的积极作用,因为科学技术是人们认识世界和理解世界的最佳方式途径,它不仅能够帮助人们获得有关宇宙及人在其中地位的知识真理,而且还能够为人类的幸福生活提供基本的物质利益,使人远离不幸和灾难。当然,人类的幸福生活同时也是一种合乎道德的生活。库尔茨的世俗人道主义把幸福生活和社会公正视为最高的道德理想,关注个人的人格、创造性和能动性,试图寻找到一条能实现人生目的、能丰富人生经验和获得人生幸福的道路。

另外,面对种种全球性问题,世俗人道主义倡导一种"世界共同体"的理念,从而赋予了自身非常强烈的社会责任感。库尔茨认为:"需要去发展全球规模的科学教育,鼓励批判性的智力和理性,将其作为解决人类问题和促进人类利益的一种方式。"[①]我们每一个人对世界共同体都承担着责任,因为我们每一个人都是人类物种的一员,是地球行星的一个居住者,同时还是世界共同体的一个部分。对此,身为国际人道主义和伦理学学会主席的库尔茨奔走呼号,敦促形成有责任感的科学技术体系、世界经济体系、法律体系和良性生态系

---

① [美]保罗·库尔茨:《21世纪的人道主义》,第409页,东方出版社1998年版。

统,推动建立全球性的新的伦理观和责任观,并坚持将之视为世俗人道主义在当今时代的责任与义务。库尔茨相信,只有真正地履行上述责任,人类才能建立一个更加和平、更加繁荣的世界,才能真正确立起人类的尊严。

3. 新人道主义

所谓的"新人道主义"乃是相对于传统人道主义而言的,其基本的理论取向在于批判理性异化及其所带来的弊端,因而与理性人道主义与世俗人道主义比较起来带有鲜明的非理性主义特征。

在新人道主义者看来,之前的传统人道主义有一个共同的特点,那就是相信人能够通过发展自己的理性能力解释世界的本质和掌握认知世界的知识真理,这种理性能力能够创造一切,并坚信由人创造的一切能够创造出一个美好社会,从而给人带来幸福生活。但是,资本主义大工业生产及其造成的人与社会之异化现象,尤其是20世纪两次世界大战给人类造成的灾难,使得许多有识之士对人的理性能力产生了怀疑。人们意识到,科学理性作为人类理性的典型代表在不断认识自然与改造自然的过程中,造成了自己生命的遮蔽和存在的异化,人变成了只知道追求物质享受的"单向度的人",人的价值和尊严被消解一空。用19世纪美国著名超验主义作家梭罗的话来说,人们只想着如何谋生,却不懂如何生活,人们一味追求舒适、文明、工业化,为了追求物质利益,他们失去了原有的本质,变成了机器,变成了欲望的奴隶,致使许多人因此陷入了一种绝望的境地。对此,梭罗嘲笑道:"巴黎的猴王戴上旅游者的帽子,美国的所有猴子也纷纷效仿。"[1]面对人类发展中的问题,新人道主义认为有必要对传统人道主义思想及其哲学前提进行彻底的解构。

这种解构工作首先由一批哲学家发起,通过海德格尔对于人道主义的发生学研究,再由萨特、罗蒂、多尔迈等人接续而拉开了新人道主义的帷幕。这些带有后现代主义倾向的新人道主义者立足反思

---

[1] [美]亨利·梭罗:《瓦尔登湖》,第123页,上海译文出版社1982年版。

现代性,从否定物质与精神、主体与客体的对立统一关系的前提出发,拒斥传统形而上学,反对基础主义、本质主义,主张向统一性开战,取缔深度模式,宣扬所谓的不可通约性、不确定性、易逝性、碎片性。他们认为,人与自然之间不应是控制与被控制的关系:人类既不是宇宙的精华,也不是万物的灵长,人类没有权利凌驾于自然之上随心所欲地塑造自然。人与自然通过相互包含而彼此具有内在关系,人类不能只满足于为了自己的利益而机械地控制自然,而应该对自然怀有发自内心的爱,使自己与自然融为一体。因此,人们应该从堆积如山的商品中抬起头来,看到自身迷失在物性的世界里的尴尬处境;当代人还要立刻醒悟过来,因为人类的家园决不能安置在商品仓库中,生命的真谛与人生的意义应该在身与心、人与自然、个体与宇宙的合作、平衡、爱与和谐之中。

在一些未来学家尤其是生态主义者那里,新人道主义得到了更为简洁明了的表达。如罗马俱乐部主席奥雷利奥·佩西就是在针对全球性生态危机的基础上倡导新人道主义的。佩西认为,人类单纯地追求物质享受以及基于物质利益增长的社会进步,必然会造成对自然的破坏,致使环境日益恶化,所以人类应该改变无差异的指数增长观,用整体性的观点来选择可持续性的发展道路,以实现世代延续发展。这种发展观念变化的实质是"人的革命",人对自身重新进行解释正是新人道主义的核心诉求。佩西指出:"因为只有在新人道主义的基础上才能改造个人的生活价值和内心世界,也只有新人道主义才能把人的素质和能力提高到全球问题赋予他的新的责任的水平。"[①]为此,佩西希望通过文化教育来提高人的素质,挖掘人的潜力,实现人的革命,以最终确立以人为中心的发展观。可见,佩西所倡导的新人道主义由于特别强调"人的革命"而具有与传统人道主义完全不同的理论着力点。

[①] 徐崇温:《全球问题和"人类困境"——罗马俱乐部的思想和活动》,第320页,辽宁人民出版社1986年版。

三、马克思主义的人道主义

马克思主义的人道主义是在批判扬弃以往旧人道主义和关于人的学说中产生的,其一方面吸收了文艺复兴以来人道主义合理的成分,另一方面也对资本主义制度下劳动者的非人道主义境遇进行了深刻的揭示和批判。

前文提到,人道主义曾经是资产阶级反对封建主义的现实武器,在资产阶级革命时期发挥了积极的作用。确实,在十七八世纪资产阶级启蒙哲学家们纷纷用天赋人权、自由、平等、博爱等口号来鼓舞人民反封建的斗争,从而形成了一种所谓的"人道主义的世界观"。但是,在马克思主义看来,这种人道主义世界观乃是超阶级超时空的抽象人性论,其脱离社会关系去考察人,并以自然的人为出发点去论证人的理想追求,因而不可避免沦为抽象空泛的说辞。与之同时,如果说这种人道主义世界观有其现实性的话,那也是一种立足资本主义私有制对个人主义价值的言说,因而本质上是资产阶级的人道主义,其他的社会阶层并没有真正掌握自身命运的权利,也不能获得自由发展的权利。结果这种人道主义就变成维护资产阶级统治的意识形态工具,逐渐失去其现实合理性。正是基于对这种人道主义虚伪性的揭露,马克思主义的人道主义确立起了独特的问题意识。

1. 彻底的人道主义

马克思主义的人道主义是一种彻底的人道主义。在《资本论》中,马克思深刻揭示了资本主义的内在矛盾,谴责资本主义制度所带来的剥削与压迫,揭露了资本主义搞寡头政治与经济垄断从而将劳动力异化为商品,使人沦为奴隶的种种恶行。马克思洞察到了造成这一切的根本原因,他指出正是私有制刺激了人的贪欲,扩展了人的本能,放任了人的欲望,由此导致人的生产劳动、生活消费都发生严重的异化。在资本主义国家,工厂把工人变成活的工具,农场把农民变得弯腰驼背、四肢畸形,与之同时,这些被压迫人们的精神状态一片空虚,只剩下了单纯的动物生理习性,人变成了非人。可见,资本主义制度具有先天的非人道的特点,其不仅是社会中一切罪恶的根源,也是使人变得愚蠢、片面和脱离人类本质的根源。

马克思主义人道主义所具有的彻底性,还体现在对传统的尤其是资产阶级的人道主义进行的毫不留情的批判与清算上。马克思在批判资产阶级经济学中的人道学派和博爱学派时指出:人道学派无视现实存在的阶级矛盾,仅仅主张资本家们去节制高涨的生产热情,同时还不忘劝告工人安分守己,好好工作,少生孩子;博爱学派则更是彻底的"完善的人道学派",这种学说同样试图规避剧烈冲突的阶级矛盾,妄图通过将一切人都变成资产者来息事宁人。① 显然,在马克思看来,资产阶级的人道主义由于鼓吹超越历史与现实的"人性"与"道德",而不啻是"爱的空谈"、"爱的呓语"和"爱的废话",因而无助于人性的发展与人的本质的实现。

2. 实践的人道主义

彻底的人道主义同时也是实践的人道主义。由于马克思主义的人道主义具有理论上的彻底性和自足性,使之蕴藏着变革社会现实的巨大权能。马克思说:"哲学家们只是用不同的方式解释世界,而问题在于改变世界。"②正是基于这种立场,马克思本人不仅主张要用科学来清算从前的一切哲学信仰与意识形态幻象,戳穿资产阶级人道主义的虚幻以及各种为资本主义制度辩护的华丽辞藻,而且特别强调社会实践的特殊重要性。

在马克思主义经典作家看来,传统的人道主义总是无视严酷的现实,有意无意地通过谎言甚至欺骗来抵制人们改变现实处境的决心。资产阶级思想家们尤其如此,他们要么寄希望于统治阶级,规劝他们心慈手软以免激发社会矛盾,要么主张教育立法,使人心向善以求得彼此之间相安无事,再者就是企图凭借宗教道德力量来营造出"爱人如己"的社会状态。总之,资产阶级在如何实现人道主义的问

---

① 参见《马克思恩格斯全集》第4卷,第157页,人民出版社1995年版。
② 《马克思恩格斯选集》第1卷,第19页,人民出版社1972年版。

题上不仅陷入空想,而且还善于玩弄自欺欺人的把戏,而对于现实社会存在的问题则往往视而不见,甚至有意加以掩盖。

一切理论的真理性及其全部意义都在于其实践性,离开实践的纯粹真理"根本不存在于现实世界,而只存在于云雾弥漫的哲学幻想的太空"①。马克思指出:正像"无神论作为神的扬弃就是理论的人道主义的生成,而共产主义作为私有财产的扬弃就是对真正人的生活这种人的不可剥夺的财产的要求,就是实践的人道主义的生成一样"②。马克思对传统人道主义的批判表明,人道主义学说要真正确立起自身的合理性,就必须回应来自现实社会的种种呼吁,尤其是必须为解决社会冲突提供理论上的解释,同时还能够指导人们为追求更加美好的社会形态进行斗争。显然,这样的人道主义就是一种"实践"的人道主义。只有坚持这种实践人道主义并以之来推动无产阶级革命,才能从根本上消除不人道的社会制度。

3. 人的全面自由发展

与形形色色的人道主义相比,马克思主义的人道主义不仅是理论上最为彻底的人道主义,而且是实践上最为坚定的人道主义。在马克思本人看来,真正的人道主义着眼于无产阶级和劳苦大众基本的生存需要,批判与揭露剥削人和人压迫人的异化现象,鼓励通过暴力革命推翻全部现存的社会制度,从而为人类社会的未来发展指出一条光明的道路。拥有这种人道主义的无产阶级通过斗争,彻底消灭私有制,给每个人提供可供自由选择的平等权利与机会,使之真正获得全面自由的发展。在《共产党宣言》中,马克思恩格斯表明了这一态度:"共产党人不屑于隐瞒自己的观点和意图。他们公开宣布:他们的目的只有用暴力推翻全部现存的社会制度才能达到。"③

---

① [德]马克思、恩格斯:《共产党宣言》,第51页,人民出版社1971年版。
② 《马克思恩格斯全集》第42卷(上),第174页,人民出版社1979年版。
③ [德]马克思、恩格斯:《共产党宣言》,第587页,人民出版社1971年版。

马克思指出,未来的社会形式即共产主义是"自由人的联合体","建立在个人的全面发展和他们共同的社会生产能力成为他们的社会财富这一基础之上的自由个性,是第三个阶段"①。在《资本论》中,马克思明确指出共产主义就是"以每个人的全面而自由的发展为基本原则的社会形式"②。恩格斯在《共产主义信条草案》中,也把"共产主义者的目的"规定为"使社会的每一个成员都能完全自由地发展和发挥他的全部才能和力量"③。在这个基础上,经典作家从历史唯物主义高度揭示了"人的全面而自由的发展"这一命题的丰富内涵,阐明了只有那种不仅主张个体素质与个性得到自由而全面的发展,而且全社会中的每一个人都普遍地得到发展的人道主义才是真正意义上的人道主义。在这种人道主义的指引下,人类能够从必然王国带入一个自由王国,在那里人类不仅会终结人对人的统治,也会摆脱自然对人的统治,从而使人类最终获得全面解放。这一远大目标和美好理想的实现,是马克思主义人道主义为之奋斗的关键所在。

第二节 军事人道主义

军事人道主义是人道主义精神在军事活动中的体现,要求军事行为主体在其职业行为中尊重人性、人权和人的尊严这些基本的道义价值。军事人道主义在不同的文化传统中都有所体现,尽管人们对军事实践活动的理解方式不一,但都坚持其中必定蕴涵着一些应当遵守的基本道德要求。由于军事人道主义能够对战争起到一定的规范作用,现行的国际法与国际公约都对此作出较为翔实的规定,以此作为军人的行为约束。当然,并非所有打着人道主义旗号的军事实践活动都符合军事人道主义精神,西方大国操纵的"人道主义干涉"徒有其表,对

---

① 《马克思恩格斯全集》第 46 卷(上),第 486 页,人民出版社 1979 年版。
② 《资本论》第 1 卷,第 649 页,人民出版社 1975 年版。
③ 《马克思恩格斯全集》第 42 卷(上),第 373 页,人民出版社 1972 年版。

此我们要认清其实质,从而捍卫真正的人道主义精神。

一、军事人道主义的历史考察

军事人道主义是人类思想观念发展到一定阶段的产物,目前国际法体系中蕴涵的人道主义精神无不出自人类文明的美好向往与崇高追求。中西方两大文化传统中所孕育的人道主义精神对当代军事实践依然具有积极的意义,继承和弘扬军事人道主义能够推动人们对于战争本质的思考,亦有助于建构合理公正的国际政治经济新秩序。

1. 西方文化传统中的军事人道主义

在古希腊罗马时期,有关战争的人道主义思考就已经出现。在修昔底德的《伯罗奔尼撒战争史》中,记载了大量的有关军事人道主义的战例,其中一个典型的事例出自底比斯人对普拉底亚人非人道行为的谴责:"我们当中的一些人,在交战中被你们杀害了,对此我们没有那么伤心,因为这样做还有一定的正义性,但是对于其他的人——他们已经伸出手来,向你们乞怜,随后你们也承诺不杀害他们,你们还是非法地把他们屠杀了。这难道不能算做十恶不赦的罪行吗?"[①]同样,古罗马学者西塞罗也曾经说过:"至于战争,涉及战争的各种人道的法律,在宗教的全面保障下,明载于罗马人的关于宣战和缔结和约的法典中。"[②]这个时期有关军事人道主义的阐述非常之多,以至于格劳秀斯甚至用赞赏的口吻说:"在历史、尤其是罗马史中,符合人道的事例俯拾皆是:只要降服进贡,土地就归还给被征服者。"[③]

西方文化关于军事人道主义的系统思考出现在文艺复兴之后,

[①] [古希腊]修昔底德:《伯罗奔尼撒战争史》,第172页,广西师范大学出版社2004年版。

[②] [古罗马]西塞罗:《论老年论友谊论责任》,第106页,商务印书馆1998年版。

[③] [荷]格劳秀斯:《战争与和平法》,第446页,上海人民出版社2005年版。

一些思想家继承了古希腊罗马时期的人道主义思想,并对之作出更为深入的阐发,其中格劳秀斯与卢梭分别基于自然法理论与社会契约论的思考确立起了西方军事人道主义的基本面貌。格劳秀斯在其名著《战争与和平法》中运用大量的篇幅阐明了交战各方必须遵守的作战规则,体现了军事人道主义的正义性,他尤为强调战争双方注重一种人道主义的"容忍"。他说:"这种在战争中的容忍不仅是对正义的献礼,也是对人道的献礼,对节制的献礼,对灵魂之伟大的献礼。"[①]卢梭则在《社会契约论》中指出:"战争绝不是人与人之间的关系,而是国与国之间的关系;在战争之中,个人与个人绝不是以人的资格,甚至也不是以公民的资格,而只是以兵士的资格,才偶然成为仇敌的;他们绝不是作为国家的成员,而只是作为国家的保卫者。"[②]据此,格劳秀斯和卢梭就将军事人道主义思考建立在了理性主义基础上,这为后来国际法体系对军事人道主义精神的约定奠定了理论基础。

沿着这些理论思考的方向,军事人道主义精神得以在国际法体系当中得到充分的体现,下面这些国际法律文本在一定程度上就是这种精神的充分体现:1864年在日内瓦外交会议上通过的《改善战地陆军伤者境遇公约》;1906年制定的《改善战地伤者病者境遇的日内瓦公约》;1907年第二次海牙和平会议颁发的《海牙陆战法规和惯例公约》;1925年在国际联盟的倡议和红十字国际委员会的鼓动下缔结的《日内瓦毒气议定书》;1929年红十字国际委员会召开外交会议制定的《日内瓦改善战地伤者病者境遇公约》和《战俘待遇公约》;1948年联合国通过的《种族灭绝公约》;等等。正是由于这些国际法的约束,当今任何战争形式都不得不顾及到其中所涉及到的人道主义条文。比如,在海湾战争中西方联军的空军部队特别要求作战人

[①] [荷]格劳秀斯:《战争与和平法》,第435页,上海人民出版社2005年版。

[②] [法]卢梭:《社会契约论》,第14页,商务印书馆2003年版。

员必须仔细甄别准备攻击的目标:"不仅要避免民用设施和平民的损失,还要更加小心地避免破坏清真寺、宗教圣地和古迹……对军民两用设施的攻击常在夜间实施,因为夜间在该设施内的执勤人员和外面的行人较少。"[1]

2. 中国文化传统中的军事人道主义

与西方文化传统相比,中国传统文化尤为重视人的道德生活,以至于有的学者将中国文化称为"伦理性文化"。这种伦理性文化关于伦理道德方面的阐述非常之多,其中关乎"和"、"和合"与"和为贵"等方面的思想,为我们检视军事人道主义提供丰富的资源。

倡导兴"义兵"。中国古代的思想家普遍认识到战争是不可避免的,但却并没有因此无原则地主张滥施武威,而是倡导兴"义兵"。在《吕氏春秋》中就有这样的主张:"兵苟义,攻伐亦可,救守亦可;兵不义,攻伐不可,救守不可。"[2]这就是说,如果战争出于道义,就既可以进攻也可以自保,否则既不可以进攻亦难以自保。据此,吕不韦甚至将"义兵"比做"良药":"夫有以食噎死者,欲禁天下之食,悖;有以乘舟死者,欲禁天下之船,悖;有以用兵丧其国者,欲偃天下之兵,悖。夫兵不可偃也,譬之若水火然,善用之则为福,不能用之则为祸。若用药者然,得良药则活人,得恶药则杀人。义兵之为天下良药也亦大矣。"[3]可见,战争只是治疗社会疾患的手段而已,其若要有助于人类的福祉,就必须兴"义兵"。

力争行"义战"。"义战"观念是中国古代思想家思考战争正义性的具体体现。在大多数思想家看来,战争都是迫不得已而为之之事:如果说孙子提倡"不战而屈人之兵"尚属比较含蓄的话,老子将战争视为"不祥之器"就是对战事的一种强烈谴责了。因此,如果战

---

[1] Department of Defense, U. S. Final Report to Congress: Conduct of the Persian Gulf War, Washington D. C. 1992, P153.

[2] 《吕氏春秋·禁塞》。

[3] 《吕氏春秋·荡兵》。

争实属无奈,那也要力争行"义战"。尉缭子就持有这种观点,他说:"兵者,凶器也;战者,逆德也;争者,事之末也;王者伐暴乱而定仁义也。战国所以立威侵敌,弱国之所不能废也。"①这就是说,"兵者"之用是否符合道德,要看其掌握在谁手里以及在什么条件下运用它。尉缭子说:"凡兵不攻无过之城,不杀无罪之人。夫杀人之父兄,利人之货财,臣妾人之子女,此皆盗也。故兵者,所以诛暴乱、禁不义也。兵之所加者,农不离其田业,贾不离其肆宅,士大夫不离其官府,由其武议在于一人,故兵不血刃而天下亲焉。"②这里,所谓的"不攻无过之城,不杀无罪之人"就是典型的军事人道主义精神。

要求爱"士卒"。中国古代文化中不仅有孟子"保民而王"的民本思想,而且在军事上也提倡以人为本。《史记》就记载有战国吴起为将时"与士卒最下者同衣食,卧不设席,行不骑乘,亲裹赢粮与士卒分劳苦"的故事,所以凡是他指挥作战,士卒都很勇敢,无不战捷。孙子更是认为,将帅对待士卒要像对待婴儿与爱子一样,给予无微不至的照顾与精心抚育。他说:"视卒如婴儿,故可与之赴深溪谷;视卒如爱子,故可与之俱死。"③孙子还认为,在战争当中要注意珍惜民力和民财,进而将重民、信民、爱民视为经国治军的圭臬。他说:"国之贫于师者运输,运输则百姓贫。近于师者贵卖,贵卖则百姓财竭,财竭则急于丘役。"④

3. 军事实践活动中的革命人道主义

前面我们已经指出,马克思主义的人道主义不同于其他人道主义的地方,在于其把人的生存作为人道的终极尺度。马克思主义认为:"我们首先应当确定一切人类生存的第一个前提也就是历史的第一个前提,这个前提就是:人们为了能够'创造历史'必须能够生

---

① 《尉缭子·兵令》。
② 《尉缭子·武议》。
③ 《孙子兵法·地形篇》。
④ 《孙子兵法·作战篇》。

活,但是为了能够生活首先就需要衣、食、住以及其他东西。"①这样,由于马克思主义的人道主义建立在人的生存的基础上,因而是一种彻底的实践的人道主义,同时也是一种革命的人道主义:不仅仅是个人,而是全人类的解放成为革命人道主义的理想追求。

革命人道主义从彻底解放全人类的最高价值出发,通过无产阶级革命来追求无产阶级的利益。与一般的人道主义类似,革命人道主义也提倡尊重人、人的价值和人格,但其尤为倡导"一切革命队伍的人都要互相关心和互相爱护、互相帮助",表现出一种对劳动人民的高度热爱与尊敬,真正地相信群众的智慧和才能在历史发展中的伟大作用。需要特别说明的,由于革命人道主义是以全人类的解放为宗旨,因而就不仅仅适用于无产阶级,同时还提倡对其他阶级甚至是敌人的宽容。比如,人民军队的俘虏政策就要求人道地对待俘虏的敌军,不只是对俘虏的敌人士兵采取革命人道主义,就是那些高级将领甚至战犯也同样采取不杀、不抄腰包、不侮辱人格的政策,力求改造其思想,使之能够回到人民的立场上来。

在长期的革命实践中,以毛泽东为代表的优秀共产党人在坚持马克思主义人道主义学说的基础上,结合中国革命的现实,阐发了革命人道主义的基本要求。

一是要尊重人的人格和尊严。这是革命人道主义最基本的要求。毛泽东认为,官兵关系是同志关系,在革命军队中,要实行官兵一致、同甘共苦的方针,士兵要尊重官长,官长尊重、关心和爱护每一个战士。毛泽东历来主张,对于俘虏要"不加侮辱,不搜财物,不要自首,一律以诚恳和气的态度对待之"②。在《论持久战》中他还指出,对于被俘的日本士兵,"不是侮辱其自尊心,而是了解和顺导他们的这种自尊心"。在《论联合政府》中则提出"这个军队有一个正确的争取敌军官兵和处理俘虏的政策",这就是"对于敌方投诚

---

① 《马克思恩格斯选集》第 1 卷,第 78~79 页,人民出版社 1995 年版。
② 《毛泽东选集》第 1 卷,第 725 页,人民出版社 1966 年版。

的、反正的、或在放下武器后愿意参加反对共同敌人的人,一概表示欢迎,并给予适当的教育。对于一切俘虏,不许杀害、虐待和侮辱"①。

二是要把对人民的爱与对敌人的恨统一起来。革命人道主义要求同一切敌视社会主义制度、危害人民群众利益的敌人进行坚决斗争,真诚关心人民群众的利益和幸福,必要时为了人民群众的利益而不惜舍弃自己的一切。毛泽东《在延安文艺座谈会上的讲话》中明确指出:"世上没有无缘无故的爱,也没有无缘无故的恨。至于所谓'人类之爱',自从人类分化成为阶级以后,就没有过这种统一的爱。过去的一切统治阶级鼓吹提倡这个东西,许多圣人贤人也喜欢提倡这个东西,但是无论谁都没有真正实行过,因为它在阶级社会里是不可能真正实行的",因此"我们不能爱敌人,不能爱社会的丑恶现象,我们的目的是消灭这些东西"②。在毛泽东看来,对人民的爱和对敌人的恨是统一的。

三是要实现人的解放。中国共产党人继承和发挥了马克思恩格斯关于人的解放和发展的思想,为无产阶级的人道主义增添了新的内容。毛泽东还十分关注和强调人的解放,他说:"有人说我们忽视和压抑个性,这是不对的。被束缚的个性如不得解放,就没有民主主义,也没有社会主义。"③毛泽东从无产阶级的集体主义原则出发,强调个人解放只能依赖于阶级的、社会的解放,个人利益和价值的实现只能依赖于阶级地位和社会关系的改变而不是单个人的力量所能完成的。正是在这个意义上,毛泽东不是把人的解放仅仅局限于单个人的解放,也不仅仅局限于无产阶级自身的解放,而是主张全人类的解放。

---

① 《毛泽东选集》第 1 卷,第 47、94 页,人民出版社 1966 年版。
② 《毛泽东选集》第 1 卷,第 828 页,人民出版社 1966 年版。
③ 《毛泽东书信选集》,第 239 页,中央文献出版社 2003 年版。

二、军事人道主义的伦理要求

在人类文明发展进程中,人们已经认识到任何现实的行动都离不开一定道德的约束,而具有危险性与残暴性的军事行动尤其必须置于伦理规范的规制当中。实际上,连一向不看重伦理道德的现实主义者,也不得不承认其实际上是在历史当中发挥作用的:"有史以来直到中世纪的大部分时间为止,人们一直认为交战双方可以根据道德或法律自由地杀死全部敌人而不管他们是否是武装部队的成员,交战双方还可以自由地以他们认为适当的任何方式对待敌人,男人、女人和孩子常常被胜利者杀死或贩卖为奴而不会引起任何不利的道德反应"。[①] 不过,问题不在于伦理道德是否有意义,而是伦理道德如何在军事行动中体现出来。这也是我们在这里试图揭示军事人道主义伦理特质的原因。简单地说,我们可以从三个方面来阐明这一问题:

首先,慎重地发起战争。格劳秀斯认为战争乃是人类的不幸,因此应对参与战争的人予以道德上的宽容与道义上的同情。他说:"谈到战争的不幸,作为一种惩罚,应当区分灾难与侵害。因为一个人有时可能在违背自己意愿的情况下参战,在这种情况下指控其怀有敌意是有失公正的。"[②] 在格劳秀斯看来,战争有正义与非正义之分,正义战争是对入侵一方的惩罚,同时参与这种正义战争的军人还必须是出于自愿的道德选择;而非正义战争显然是对对方的侵害,理应受到公正的报复。但是,不管是因何种原因加入到战事当中,对于军人而言都可谓是一种"不幸",因为他们时刻面临牺牲生命的威胁。所以对于国家的统治者来说,启动战争乃是所有和平解决争端与冲突的手段都已经使用完之后的无奈选择。中国古代尤其是战国时期各路诸侯纷纷称霸,以至于战事连绵不绝,但即使在这样的环境

[①] 转引自余潇枫:《国际关系伦理学》,第277页,长征出版社2002年版。
[②] [荷]格劳秀斯:《战争与和平法》,第434页,上海人民出版社2005年版。

中也产生了许多"慎战"的理念,儒家的"义战"、墨家的"非攻"以及道家的"大军之后,必有凶年"观念等都是明证。实际上,深谙战争之道的兵家也并非个个都是好战分子,如孙子固然十分看重战争,但同时也提倡克制地进行战争。他在《孙子兵法·火攻篇》中指出:"夫战胜攻取,而不修其功者,凶,命曰费留。故曰:明主虑之,良将修之。非利不动,非得不用,非危不战。主不可以怒而兴军,将不可以愠而致战。合于利而动,不合于利而止。怒可复喜,愠可复悦,亡国不可以复存,死者不可以复生。故明君慎之,良将警之,此安国全军之道也。"可见,在孙子看来战争是"日费千金"之举,实属迫不得已而为之。

其次,克制地进行作战。一旦战事爆发,双方无不要求己方的官兵奋勇杀敌,并将之看做是赢得战争胜利的基本保证。但是,重视战争的胜利并不意味着必须不惜一切代价来赢得战争,适当的作战行为与有限的杀戮乃是确保长久和平的前提。这种军事人道主义在西方思想家那里也得到了肯定。格劳秀斯说:"所有并非旨在获得一种有争议的权利或结束战争,而仅仅是意图展示一方强力的行为,完全有悖于基督教徒的职责和人道的原理。所有基督教君主们理应禁止一切不必要的流血,因为他们必须向国家委任他们完成的事项负责——也正是由国家的权力,并为了国家的利益,他们才得以拥有手中的剑。"[①]参与作战行动的军人之所以不得滥杀无辜,乃是因为他们自身没有这样的权力。他说:"尽管在某些情况下,绝对的正义并不谴责在战争中牺牲生命的行为,但人道要求尽量作出最大限度的预先警告,以防止陷无辜者于危险境地,除非是在非常紧急和必要的情况下。"[②]为此,他认为年迈者、妇女、儿童、神职人员、知识分子、耕种土地者、商人、工匠以及一切以和平手艺谋生的人都应该免于战争

---

① [荷]格劳秀斯:《战争与和平法》,第439页,上海人民出版社2005年版。
② [荷]格劳秀斯:《战争与和平法》,第435~436页,上海人民出版社2005年版。

的伤害,同时战俘也应该得到人道的对待。而卢梭则在《社会契约论》中指出了应该克制地对待战争的原因:"战争的目的既是摧毁敌国,人们就有权杀死对方的保卫者,只要他们手中有武器;可是一旦他们放下武器投降,不再是敌人或者敌人的工具时,他们就又成为单纯的个人,而别人对他们也就不再有生杀之权。"①

最后,公正地结束战争。虽然战争贯穿于人类文明的发展过程中,但战争与和平毕竟是人类社会当中交替奏响的双重乐章。因此,如何公正地结束战争以争取到更长时间的和平,一直是人们苦苦追求的理想。不论以何种方式结束战争,一个关键性的方面就是要设法将在作战中双方积攒下来的仇恨,最大限度地化解掉,因而需要双方都拿出足够的诚意并真心尊重对方的选择。用当代德国学者霍纳特的话来说,就是消解"为承认而斗争"的前提。霍纳特提出了所谓的"社会冲突的道德语法",他认为人类社会存在"情感关怀"、"认知性尊重"与"社会团结"这三种攸关行为主体构建自我关系的承认形式,如果行为主体不能获得相关的承认,那么会感受到一种"蔑视",这种因蔑视带来的情感反应就是从事"为承认而斗争"的动力。在霍纳特看来,承认斗争是推动社会进步的力量,它促使国内社会最终达到一个不存在扭曲承认关系的状态,而要使得社会处于一个和谐的状态,就必须从道德上对行为主体争取承认的行为进行规范:"为了区分进步与反动,就必须有一个规范的标准,根据对终极状态的假设和把握,这一规范标准可以指明一条发展方向。"②在我们看来,这个"发展方向"就是和平,而这种和平乃是通过正义的方式获得的,因而有望达致一种持久的和平:"战争的目的是一种正义的和平,因此所使用的手段不应该破坏和平的可能性,或者鼓励对人生命的轻蔑,这种轻蔑将使我们自己和人类的安全置于危险的境地。战争行

---

① [法]卢梭:《社会契约论》,第15页,商务印书馆2003年版。
② [德]阿克塞尔·霍纳特:《为承认而斗争》,第175页,上海人民出版社2005年版。

为理应受到限制并适应这个目标。"①同样基于这种考虑,在海湾战争中西方国家军队也特别注意不要激起整个伊斯兰世界与西方世界对立起来,因为双方的冲突毕竟不利于人类全体的和平发展:"美国及其盟国出于人道的和政治的双重考虑,竭尽全力将'连带损伤'减少到最低的限度。绝大部分高级官员都认为,平民流血事件会激怒阿拉伯世界,并且会削弱盟国的道义基础。"②

三、"人道主义干涉"的实质

所谓的"人道主义干涉",是指当一国国内存在着有组织的大规模践踏基本人权的行为,而该国政府无力制止这类行为或干脆就是这类行为的采取者、主使者或纵容者时,或者一国政府无力或不愿承担在保障国内广大人民最基本的生存需要方面的其他应有责任时,国际社会未经该国同意所采取的针对该国政治权力机构(即该国政府或国内其他政治权力组织)、旨在制止这类大规模践踏人权行为和满足该国人民最基本生存需要的强制性干预行动。③

从广义上看,"人道主义干涉"既是一种军事人道主义的理论形态,同时也是军事人道主义的实践方式。从19世纪初开始至今,国际社会存在着多次以人道主义为名义发动的军事干涉,冷战结束之后尤甚,以至其成为世界政治生活中的一个绕不开的热点议题。但是,由于时代不同且国家间政治观念和价值取向的不同,人们对于"人道主义干涉"的理论取向尤其是实践方式看法不一。支持者认为,如果不采取军事干涉他国践踏人权的行径,世界范围内的人权现

---

① [美]罗尔斯:《正义论》,第379~380页,中国社会科学出版社1988年版。

② [比]布鲁诺·考彼尔特斯等:《战争的道德制约——冷战后局部战争的哲学思考》,第195页,法律出版社2003年版。

③ 参见时殷弘、沈志雄:《论人道主义干涉及其严格限制——一种侧重于伦理和法理的阐析》,载《现代国际关系》2001年第8期。

状就将受到威胁;而反对者则针锋相对,认为军事干涉的本质是侵害他国内政的不合法行为,无论从国际政治还是国际伦理的角度上看都是应该予以杜绝。那么,"人道主义干涉"的实质究竟是什么?我们可以结合军事伦理、国际政治与国际关系伦理的核心理念,来检视"人道主义干涉"的起源与现实表现形态,以揭示其精神实质。

1. "人道主义干涉"的起源

一般认为,人道主义干涉思想可溯源到"现代国际法之父"格劳秀斯那里,他在《战争与和平法》中论述国家与国民关系时初步阐明了后人称之为"人道主义干涉原则"的理念:"如果一个统治者对他的臣民进行迫害,以至于没有人能在这种迫害中受到保障,那么在这种情况下人类社会就可以行使那被(天然地)赋予的权利。"[①]当然,"人道主义干涉"之所以能够成为影响到世界局势变化的重要力量,还有待于一些重要思想家和理论流派对其思想内涵的坚持与阐发,其中自由主义与现实主义两大思想传统起到了重要的推动作用。

在国际政治领域,自由主义学说影响巨大,其以捍卫人的自由、权利、尊严、幸福等为出发点来看待国际政治生活,认为社会组织结构应该是这些终极真理的表现形式,因而不仅以完满性、应然性、终极性的价值来评价人类社会,而且力图将此种价值理念应用于现实社会。据此,自由主义认为,国家实力固然对国际政治有较为重要的影响,但其并不是维护现实社会秩序的唯一有效因素,国家政治制度、国际集体安全体系和国家间贸易往来,都需要建立在维护人之道德尊严与基本权利的基础上。在第一次世界大战后期,美国总统伍德罗·威尔逊就以奉行自由主义价值理念为名参与到战事中去,为此还特别声称:"在这场战争中,我们没有为自己提出任何特别的要求,我们希望建立一种世界结构,以便使人们能够尊严而安全地生活,使每一个爱好和平的民族都能像我们一样独立自主地生活并决

[①] 转引自时殷弘、沈志雄:《论人道主义干涉及其严格限制——一种侧重于伦理和法理的阐析》,载《现代国际关系》2001年第8期。

定自己国内的制度,并且确信其他民族将遵循公正和正义的原则与之相处,而不是依据实力地位,不是出自利己的侵略目的的相待。"①

现实主义是一种与自由主义相对峙的国际关系学说。现实主义认为,利益、权力和国家实力等是影响国家间关系的关键性因素,伦理道德与其他文化价值理念在决定地缘政治关系中几乎没有任何的作用。为此,现实主义强调彼此冲突的集团、国家利益和力量与大国关系的极端重要性,认为人类主要不是以个人而是以其所效忠的集团的一员的面目出现的,国家行为主要受国家利益驱使,维护国家利益仍然是国家的首要任务,大国之间的关系将主宰国际事务乃至整个国际政治生活。现实主义者马基雅维利在《君主论》中赤裸裸地告诫君王,要想在一个大多数人不是善良的黑暗世界里巩固自己的统治,为此就可以"非善良地去获取权力",甚至不惜"与人道相左"。他说:"人类的个性总是忘恩负义的,是变化多端、弄虚作假、怯懦软弱、生性贪婪的。只要你成功,他们就完全是你的人。"②另一名现实主义者摩根索则指出:"民族主义精神一旦在民族国家内得以实现,它就被证明是完全忠于一国利益的和排他的,而不是世界主义和人道主义的。"③

正是在诸如自由主义与现实主义学说的影响下,"人道主义干涉"获得了理论与实践上的双重支持,从而使之成为当代某种西方国家追求自身利益屡试不爽的战争借口。

2."人道主义干涉"的实践表现

在世界现代军事史上,"人道主义干涉"虽时有发生,但毕竟还不是过于频繁,影响较大的例子有法俄两国对希腊的干涉(1821~1827)、法国对黎巴嫩的干涉(1860~1861)以及19世纪末美国借口

---

① [苏]西瓦切夫·亚济可夫:《美国现代史》,第3页,武汉大学出版社1988年版。
② [意]马基雅维利:《君主论》,第107页,天津教育出版社2004年版。
③ 转引自范跃江:《论新干涉主义》,载《太平洋学报》2000年第1期。

人道主义问题挑起了美西战争等等。在第二次世界大战之后,特别是冷战时期,"人道主义干涉"有被泛化甚至滥用的趋势,如印度干涉巴基斯坦(1970)、越南入侵柬埔寨(1979)、坦桑尼亚干涉乌干达(1979)等战例就都发生在第三世界国家。冷战结束之后,"人道主义干涉"的实践方式发生较大的变化,它以"新干涉主义"这样一种新的面目出现,对世界的和平发展造成极大的冲击。

20世纪晚期以来,作为唯一超级大国的美国伙同其西方盟友在全球范围内大势推行新干涉主义,先后武装干涉索马里、卢旺达、波黑、科索沃、东帝汶等多个国家和地区,"9·11"事件之后,更是将新干涉主义与反对恐怖主义捆绑在一起,致使阿富汗、伊拉克、利比亚和叙利亚等多个国家爆发战争。

科索沃战争。原南斯拉夫联邦的解体引发了科索沃危机,这使得力图控制巴尔干局势的西方国家感到不安,它们不能容许南联盟的行为对正在形成当中的世界新格局造成任何不利的影响,同时也想借机铲除一直被西方体系视为异己力量的米洛舍维奇政权。这直接导致了1999年3月24日科索沃战争的爆发。以美国为首的北约组织以维护"人权"为名,在未经联合国授权的情况下凭借强大的军事实力对南联盟塞尔维亚共和国这个主权国家实施军事打击,肆无忌惮地进行了长达78天的狂轰滥炸,炸毁了20家医院、250多所学校、50多座桥梁、12条铁路、5条公路线、5家民用机场,众多的无辜平民死于战火,大量的民用设施毁于狂轰滥炸。科索沃战争为以美国为首的西方国家借"人权"名义干涉别国内政开了一个危险的先例。

反恐战争。"9·11"事件之后,美国迅速调整战略,以打击全球恐怖主义的名义先后发动了阿富汗战争和伊拉克战争,其实质同样是一种干涉主义行为。2001年10月7日,以美国为首的西方联军发起了对阿富汗基地组织和塔利班的战争,以彻底消灭制造"9·11"事件的幕后黑手及其同盟者塔利班武装。时至今日,这场旷日持久的反恐战争造成阿富汗时局持续的动荡,致使大量阿富汗平民伤亡,给阿富汗带来了深重的灾难。2003年3月20日,美国以伊拉克隐藏有大规模杀伤性武器并暗中支持恐怖分子为借口,不顾国际社会的强烈反对,绕开联合国安理会,公然对伊拉克实施大规模军事打击,战事时断时续历经了7年零5个月。伊拉克战争在国际社会引发了广泛的争议,遭到世界大多数国家和民众的质疑和公开反对。

利比亚战争。西方国家为攫取在利比亚的石油利益,利用利比亚反政府武装与政府军发生武装冲突的难得机遇,2011年3月19日以法国为首的北约军队发起了代号为"奥德赛黎明"的空袭行动,以推翻对西方来说一直是骨鲠在喉的卡扎菲政权。法国、英国、美国及北约通过多种渠道支持利比亚反政府武装夺取利比亚政权,最终击毙卡扎菲,导致利比亚政权易帜。利比亚战争是继科索沃战争、阿富汗战争和伊拉克战争之后,西方国家组成的军事联盟第四次对主权国家发动大规模军事干涉。

3."人道主义干涉"的本质

从上面对于"人道主义干涉"的理论源头与实践表现两个方面情况的梳理来看,不难看出其本质上无非是在谋求主张与发起干涉者自身的利益,以便在政治、经济、文化、外交和军事等方面取得更多主动权和话语权。一言以蔽之,所谓的人道主义干涉的实质就是霸权主义。

首先,"人道主义干涉"的现实目标在于维护西方国家利益。俗话说"无利不起早"。美国等西方国家凭借自己的强大实力推行人道主义干涉,都是出于利己主义的现实考虑,伊拉克战争就是最为典型的例子。众所周知,美国是世界上最大的石油消费国,占世界总消费量的25%左右,年进口原油逾5亿吨,占其石油需求的一半以上。因此,利用多种手段控制海外石油资源,保护石油运输通道,就成为美国国家安全战略的重点之一。这样,石油资源十分丰富的中东地区一旦试图脱离美国的视线,必然引发政府高层的震动。显然,美国对伊拉克开战的一个关键性原因就是为了确保战略性资源的安全。

这其实也是美国官方的普遍性意见:"如果华盛顿仍旧认为萨达姆统治下的伊拉克和美国国务院称为'资助恐怖主义最积极的国家'——伊朗都威胁着美国的利益,美国绝不可能容许这两个政权中的任何一个扩充其石油财富以及由此获得的权利。"[1]事实上,通过伊拉克战争,美国的石油业、建筑业、军事工业等都获得了丰厚的回报,这对于提振日渐式微的美国经济无疑起到了强心剂的作用。

其次,"人道主义干涉"所推行的制度性霸权有助于维护强权政治。制度霸权是指构建在资本主义制度基础上,通过西方国家在世界政治经济中的绝对主导地位体现出来的一种霸权形态。[2] 这种制度性霸权是实施"人道主义干涉"以维护强权政治的基础。正如有学者所指出的那样:"在当前国际形势下,霸权的存在,又使人道主义干涉不可避免地带上了强权色彩,从而丧失了其公正性和非政治色彩。西方所谓的'人道主义干涉'是指一个国家有权为制止在别国国内发生的非人道的事情进行武装干涉,不管所干涉的事务是否属于被干涉国的内政。"[3]近年来,美国加强与西方其他国家协调,巩固与西欧、日本的军事政治盟友关系,加大了从经济上政治上干预影响国际社会的力度,妄图永久掌控 IBM、世界银行和 WTO 这些国际经济贸易组织,同时注重掌握和控制国际政治经济秩序新规则的制定,试图主导联合国改革,将联合国一些经济发展与技术合作机构的职能转移到自己控制的三大经济机构中,使联合国的职能只限定在和平、人道主义援助、人权和环保等领域。在这种强权政治意识的支持下,美国频频推行"人道主义干涉"就不难理解了。

---

[1] Shibely Telhami and Fiona Hill:"America's Vital Stakes in Saudi Arabia",Foreign Affairs,2002,P168.

[2] 参见刘杰:《论国际秩序重构进程中的制度霸权》,载《上海社会科学院学术季刊》2000 年第 3 期。

[3] 张秀三:《论人道主义干涉及其实质》,载《东南亚研究》2001 年第 3 期。

最后,"人道主义干涉"提倡"人权高于主权"的实质是文化殖民主义的表现。"人道主义干涉"无一不以维护人权为幌子,为了达到从文化上控制他国的目的不惜抛出"人权高于主权"的谬论。美国前总统里根曾说"美国的领导地位,就意味着全球范围内对美国道德的普遍承认";前国务卿奥尔布赖特甚至赤裸裸地宣称美国的目标就是"强迫那些政府在人道主义方面达到我们自己的严格标准"。"人道主义干涉"的殖民主义心态可见一斑。其实,根据《联合国宪章》精神,各国应该在充分承认并尊重主权的前提下维护人权,与国家主权相比人权只能处于从属地位。事实上,人权本质上是国内管辖的事项,其本身就是国家主权的体现,人权保护实乃不应作为借口和理由来否定和削弱主权和不干涉内政原则。

总之,"人道主义干涉"虽然在一定程度上具有学理上的支持,但如果缺少行动上的前提约束与国际社会的普遍支持,就会违背军事人道主义的基本精神,从而成为黩武主义和新帝国主义的代名词。

第三节　弘扬革命人道主义精神

历史地看,人道主义所提倡的关爱生命与尊重生命,进而把生命当做存在的第一原则的价值观念,推动了人类文明的进步。作为人道主义精神的表现形态,革命人道主义尤为重视通过现实的斗争来解决社会冲突和改善人的生存处境,从而极大地激发了人的主观能动性,提高了人的实践能力。在新的历史条件下,革命人道主义依然是指引我军科学发展的宝贵精神财富,其在贯彻落实以人为本重要建军治军理念、提升战斗力与适应打赢信息化战争等方面,都具有重要的现实意义。我军"热爱人民"的核心价值是革命人道主义精神在新时期的生动体现。当代革命军人应该以自己的行动弘扬革命人道主义精神,不断强化宗旨意识,自觉将热爱人民的价值要求体现到军事训练转型当中。

一、新形势下弘扬革命人道主义精神的重要意义

革命人道主义是一种巨大的精神力量,它不仅能够在战争年代激起军人的革命热情,而且也是新时期发挥广大官兵主观能动性、激发创造力与推动官兵全面发展的精神资源。

1. 弘扬革命人道主义精神是贯彻落实以人为本重要建军治军理念的内在要求

构成革命人道主义的核心价值观念是以人为本。革命人道主义精神与以人为本重要建军治军理念,本质上都是马克思主义的人道主义在特定历史条件下的鲜明体现,弘扬革命人道主义精神是贯彻落实以人为本重要建军治军理念的内在要求。

人是社会存在和发展的基础,重视人的因素,开发人的潜能,提高人的素质,始终是推动各项事业发展的关键所在。胡主席从始终坚持人民军队的根本性质,坚决维护人民群众的根本利益,尊重官兵的主体地位,发挥他们在军队建设中的主体作用等方面,全面阐述了以人为本重要建军治军理念。他指出:"军队建设贯彻以人为本,要符合军队作为武装集团的特殊性,适应遂行作战任务的要求。要把爱护官兵生命与培育战斗精神统一起来,继承和发扬我军大无畏的英雄气概和英勇顽强的战斗作风,大力提倡为了人民的利益勇于牺牲奉献,做到一不怕苦二不怕死。要把关心官兵个人发展与从严治军统一起来,严格制度、严格纪律、严格训练、严格管理,做到令行禁止。要把尊重官兵权益与确保一切行动听指挥统一起来,教育广大官兵正确认识军人的义务和权力,自觉为祖国、人民和军队多作贡献。"这里,胡主席所阐明的"三个统一"重要思想,无疑是军队建设贯彻以人为本的基本遵循,同时也为新时期弘扬我军的革命人道主义精神指明了新的方向与途径。

2. 弘扬革命人道主义精神是尽快实现军事训练转型与提升战斗精神的基本途径

在我军的优良传统中,革命人道主义与革命英雄主义是紧密联

系在一起的,可以说,没有革命的人道主义就没有革命的英雄主义。正是基于对祖国和人民的爱,才有对敌人的恨,才体现出大无畏的英雄气概和英勇顽强的战斗作风。我军正处在军事训练转型的关键性时期,继承和弘扬革命人道主义精神,仍然是提升战斗力的基本途径。

事实上,如果我们将战斗精神看做军队特有的意识形态的话,那么这种意识形态就是推动军人采取军事行动的最为根本性的因素。正如有学者所说:"再没有其他意识形态构造能够提供这样一种必要的手段,能够说服个人去参加战斗并且供给他们足够动力,使他们愿意拿自己的生命冒险,即使遭遇到如下情形也在所不辞:在军事上获得最大成功,而他们个人则所获——不论物质的还是非物质的——甚少(历史上的武士们大多如此)。"[①]正因为如此,针对未来战争发展的不确定因素,世界各国军队依然十分强调战斗精神在形成军人基本素质中的基础性作用,可以说,"21世纪对职业军官的诸多要求中,战斗精神依然处于核心地位"[②]。

需要指出的是,任何一种军事训练转型都是一个长期的过程,我军要实现跨越式发展,尤其需要进一步弘扬革命人道主义精神,尊重广大官兵的主体性地位,激发他们的创造热情,不断提升战斗精神,自觉地以一种主人翁的姿态推进我军的科学发展。

3. 弘扬革命人道主义精神是适应未来军事发展形势打赢信息化战争的前提条件

目前,世界范围内的新军事变革方兴未艾,信息化战争已经成为最为重要的战争形态。对于我军来说,能否打赢未来信息化战争,不仅取决于武器装备的技术含量和广大官兵是否具有一种敢打必胜的坚定信念,同时还取决于我们能否从根本上转变观念,既能够充分认

---

① [美]布鲁斯·林肯:《死亡、战争与献祭》,第212页,上海人民出版社2002年版。

② 总政治部联络部:《美军军官》,第8页,解放军出版社2008年版。

识到这种战争形态的本质所在,又据此确立起有利于促进人类福祉的人道主义战争价值理念。也就是说,不管战争本身如何变化,其作为达致人类福祉的手段的本质不会改变,如何恪守战争的道义原则,依然是确保战争最后胜利的条件。因此,发扬我军革命人道主义精神就不只具有提升军队战斗精神之一种意义,同时还具有战略性意义。对此,莱昂哈德说得较为明确:"理解并实施有目的的战争是军人道义上的责任。如果我们一味坚持关于战争目标的陈旧而极其愚蠢的观念,便无法履行这一责任。我们一定不能允许我们所制造的暴力由于我们对陈旧战争观念的顽固坚持而成为与政治无关的事情。身着闪亮盔甲的骑上,最终成为现代军队的笑料。同理,如果我们不能适应当代的现实,我们的军事机构就会变得软弱无力。"[①]

可见,革命人道主义精神不会因为战争形态的变化而失去内在人性的光泽,相反,它所内蕴的人性内涵,始终是个体军人和武装集团在采取军事行动当中应该遵循的行为准则。革命人道主义曾经是我军拥有的精神财富,同时我们希望这种精神财富也能够转化为指引未来战争的精神力量。

二、新时期弘扬革命人道主义精神的基本要求

在新的历史时期,弘扬革命人道主义精神必须坚持贯彻落实以人为本重要建军治军理念,着眼于打赢未来信息化战争,大力创新发展先进军事文化,深化培育当代革命军人核心价值观,全面提高自身能力素质,不断提升战斗精神。归结起来,新时期弘扬革命人道主义精神的基本要求体现为以下三个方面:

1. 坚持宗旨意识

我军所坚持的革命人道主义是一种为最大多数人谋利益的人道主义,"全心全意为人民服务"是其最核心的价值诉求。新时期弘扬

[①] [美]罗伯特·R.莱昂哈德:《信息时代的战争法则》,第178页,新华出版社2001年版。

革命人道主义精神,首要的就是坚持我军的宗旨意识。

我军是人民的军队,全心全意为人民服务是我军的唯一宗旨。我军是中国共产党领导下的人民军队,从诞生之日起就是一个为了人民的利益而结合起来的战斗集体:不仅官兵来自于人民,而且还紧紧依靠人民,最终的奋斗目标也是为了人民。南昌起义时我们就鲜明地提出"实行土地革命,废除苛捐杂税,维护工农利益";古田会议决议规定"红军必须树立为人民打仗、为人民建立革命政权的无产阶级思想";党的七大进一步明确"紧紧地和中国人民站在一起,全心全意地为人民服务,就是这个军队的唯一的宗旨"。正因为确立了来自人民、依靠人民和为了人民的奋斗宗旨,我军才赢得了亿万人民的衷心爱戴和全力支持,形成了夺取胜利最深厚、最伟大的力量源泉。

相对于过去来说,我军面临的形势与肩负的任务已有了很大变化,但无论形势如何发展、任务如何变化,全心全意为人民服务的宗旨不会变,为了人民利益甘愿牺牲奉献的价值追求不能变。在新的历史时期,只有发自内心地热爱人民、全心全意地服务人民,才能永葆我军的性质、宗旨和本色,无愧于人民子弟兵的光荣称号。

2. 推进先进军事文化创新发展

作为一种强大的精神力量,革命人道主义是我军先进军事文化内蕴的基本价值要求之一。新时期弘扬革命人道主义精神的一个重要目的,就是充分激发广大官兵的主体意识,进而推动我军军事文化的创新发展,使之始终具有催生战斗力的无穷活力。

文化是民族之根、国家之魂,也是军队的精神旗帜。人民军队的发展史,既是一部浴血奋战的战斗史,同时也是一部气势恢弘的军事文化发展史。无论是土地革命战争还是解放战争,无论是抗日战争还是抗美援朝战争,无论是战争年代保家卫国还是和平时期遂行多样化军事任务,无不彰显出先进军事文化在提升战斗精神方面的积极意义。因此,发展先进军事文化既是历史的必然要求,也是现时代从思想上政治上保持人民军队性质本色的要求。

文化建设历来是军队思想政治建设的重要内容,其所含有的革命人道主义精神是我军的优良传统和政治优势。当前,意识形态领域纷繁复杂,各种思想观念多元多样多变,敌对势力加紧对我实施"西化"、"分化",极力鼓吹"军队非党化、非政治化"和"军队国家化",散布各种杂音噪音和政治谣言,恶意炒作涉军事件。在这种情况下,弘扬革命人道主义精神就是充分展现我军军事文化的人民性、革命性和先进性的内在要求,这对于确保我军"打得赢、不变质"具有极为重要的现实意义。

3. 发挥提升战斗力作用

在马克思主义看来,革命人道主义追求的终极价值是"人的全面而自由的发展",它通过团结一切可以团结的力量,并采取实践斗争的方式来争取与维护最广大人民的利益,最终实现共产主义。正是"人的全面而自由的发展"这一最高价值追求,最大程度上激发了我军指战员的主体性和战斗精神,使我军成为一支攻无不克战无不胜的伟大军队。

我军的革命人道主义来自官兵政治立场上的高度一致,来自浴血奋战中的生死相依。在革命人道主义精神的激励下,我军官兵之间患难与共,战友情谊亲如兄弟。这种高度团结统一的局面,使得我军在任何恶劣的战争环境中都能够拧成一股绳,形成强大的战斗力,就像一个钢铁拳头一样砸向敌人。新形势下,面对各种多元思想观念和不良社会风气的影响,我们必须充分发挥革命人道主义在提升战斗力方面的重要作用,大力发掘其中蕴涵的以人为本的精神资源,着力发展新型军政军民关系,注重在日常生活和完成重大任务中培养情同手足的革命情谊,增强官兵对部队的认同感、归属感和集体荣誉感,使之不仅成为分化和瓦解敌人的思想武器,而且成为组织动员人民的有力召唤和鼓舞广大官兵勇敢战斗的无声命令。

三、把革命人道主义精神化为热爱人民的价值追求

革命人道主义的最终目的是解放全人类,表现出对劳动人民的

高度热爱与尊敬,真正地相信群众的智慧和才能在历史发展中发挥伟大作用。弘扬革命人道主义精神,必须把"热爱人民"作为全部行为的根本准则,始终无怨无悔地为人民奉献一切。

热爱人民是当代革命军人核心价值观的基本要求之一。热爱人民,就是要忠实践行全心全意为人民服务的根本宗旨,视人民利益高于一切、重于一切,永葆人民子弟兵政治本色,与人民群众心连心、同呼吸、共命运,为人民无私奉献。只有热爱人民,才能自觉地服务人民。不管时代如何发展、形势和任务如何变化,我军都要同人民群众血肉相连、鱼水相依,完全彻底地为人民利益而奋斗。

永葆人民子弟兵政治本色。我军是人民的军队,来自于人民、服务于人民,是人民的子弟兵。"全心全意为人民服务"充分体现了我军的政治本色,反映了了我军崇高的价值追求。自成立之初一直到赢得全国解放战争,我军无不以服务人民为宗旨。我军在各个历史时期的称谓尽管各不相同,但都始终坚持以"工农"或"人民"来命名,如秋收起义部队称做"中国工农革命军",中华苏维埃共和国成立后称做"中国工农红军",解放战争以后统称"中国人民解放军",这充分体现了我军鲜明的价值追求。当前,一些西方敌对势力加紧"西化"、"分化"我军的步伐,社会转型期多元思想观念也对官兵思想行为产生侵蚀影响,永葆人民子弟兵政治本色面临严峻挑战。但是,不管时代如何发展,形势和任务如何变化,当人民的子弟兵,做人民利益的忠实捍卫者,这一条任何时候也不能改变。要始终站在人民的立场上想问题、作决策、干工作,保持和发扬艰苦奋斗的作风,反对拜金主义、享乐主义和极端个人主义,切实筑牢拒腐防变的思想防线,确保人民子弟兵的本色不褪、本质不变。早在新中国成立前夕,毛泽东就告诫全党全军,务必继续地保持谦虚、谨慎、不骄、不躁的作风,务必继续地保持艰苦奋斗的作风。现在,面临各种消极因素的影响,我们仍然需要保持艰苦奋斗的作风,不断升华思想、砥砺节操,防微杜渐、警钟长鸣,始终保持人民子弟兵的政治本色,更加坚定自觉地为人民服务。

视人民利益高于一切、重于一切。利益选择上孰先孰后、孰重孰轻,反映了不同的思想觉悟和价值追求。维护最广大人民的根本利益,是我军全部奋斗的根本价值所在。我军除了人民利益,没有也不允许有超越人民利益之上的特殊利益。始终把人民利益放在第一位,是革命军人必须坚持的正确利益观。汶川特大地震发生后,我军官兵昼夜驰骋赶赴灾区,争分夺秒抢险救人,始终把人民的利益举过头顶,为了人民敢于以命换命,哪里有灾难,哪里就有军旗招展;哪里有险情,哪里就有军徽闪耀;哪里有呼唤,哪里就有子弟兵奋不顾身的身影,涌现出了一大批英雄群体和个人,赢得了党和人民的高度赞誉。随着改革开放和社会主义市场经济深入发展,人们对自身利益的关注程度越来越高,官兵面临的利益考验也越来越多。我们尊重和关心官兵的切身利益,重视维护官兵的正当权益。作为革命军人,当个人利益与人民利益发生矛盾时,必须把人民需要作为最高需要,自觉顾全大局,坚持个人利益服从人民利益;当人民利益受到威胁和侵害时,必须把维护人民利益作为最高责任,敢于挺身而出,为人民利益牺牲一切。

与人民群众心连心、同呼吸、共命运。军民之爱如同鱼水情。始终与人民群众同呼吸、共命运、心连心,是我军的优良传统,也是当代革命军人核心价值观的必然要求。放眼全球,世界上没有哪一支军队能够像我军这样与人民群众水乳交融、血肉相连、生死与共。毛泽东"军民团结如一人,试看天下谁能敌"的著名诗句,我军提出的"军队打胜仗,人民是靠山"、"亏了我一个,幸福十亿人"、"服务人民情最真,为了人民敢献身"等口号,早已内化为我军的基本道德准则,升华为官兵的崇高价值追求。历史已经证明,军政军民团结是我们克服困难、战胜敌人的重要保证。作为当代革命军人,要做到与人民群众心连心、同呼吸、共命运,就是要大力弘扬拥政爱民的光荣传统,牢固树立人民群众是真正英雄的观念,尊重人民、学习人民,甘当人民的小学生,从人民群众中汲取智慧和力量;始终视人民为父母、把驻地当故乡,助民为民、造福人民,多为人民做好事、办实事、解难事;

严格遵守群众纪律,认真执行党的民族和宗教政策,尊重人民群众特别是少数民族的风俗习惯,依法处理军警民纠纷,切实树立文明之师的良好形象。

为人民无私奉献。这是革命军人热爱人民、服务人民的崇高境界。无私奉献,就是不论条件、不讲价钱、不计得失,甘于吃苦、甘于牺牲,把一切献给人民。战争年代,革命前辈为了人民解放事业抛头颅、洒热血,舍生忘死、浴血奋战,用鲜血和生命践行了为人民利益奉献一切、牺牲一切的庄严承诺;和平时期,我军官兵恪守"祖国安宁我光荣,人民富裕我幸福"的信念,时刻把人民冷暖安危挂在心上,为维护、实现、发展人民利益作出了重要贡献。军人的职业决定了无论过去现在还是将来,无论身处什么环境、从事什么工作、担负什么任务,都必然面对付出大于回报、奉献大于补偿的现实问题。要大力弘扬牺牲奉献精神,在战场上和危难关头,舍生忘死,赴汤蹈火,英勇奋战,甘愿为人民流血牺牲;在艰苦恶劣的环境和条件下,不怕吃苦受累、不怕寂寞孤独,舍小家顾大家,甘愿为人民奉献青春热血;在平凡的工作岗位,以事业为重、以集体为重,正确对待利益得失和进退去留,忘我投入、埋头苦干,甘愿为人民贡献智慧和力量。

第五章

爱国主义与军人核心价值观

军人生来为报国。爱国主义是军人价值观中最为基本的伦理义务，它既体现为一种为国家安全与稳定发展而献身的伦理情感，同时也是一种捍卫人民利益的坚定信念与神圣职责。报效国家是当代革命军人核心价值观的主题，这一价值追求体现了军队职能的本质内涵，贯穿于军人的全部实践活动，是我军官兵在党的领导下为人民利益奋斗的基本表现形式。在全球化背景下，爱国主义有其新的要求与表现方式。当代革命军人应该主动适应新的形势任务，牢固确立报效国家的价值追求，自觉把国家的需要、军队的使命变为自己的责任，化爱国之心为报国之行，切实为国家安全和发展创造良好环境，担当起党和人民的重托。

第一节 爱国主义的历史渊源与理论基础

目前，普遍为人们所熟知的关于爱国主义的界定，源自列宁"爱国主义就是千百年来巩固起来的对自己的祖国的一种最深厚的感情"这一论断。[1] 虽然对列宁做出这一界定的前后语境及其背后的

---

[1] 参见《列宁全集》第28卷，第168～169页，人民出版社1956年版。

真实意图还存在争议①,但是人们还是习惯地沿袭了这一定义,首先将爱国主义视为一种崇高的感情。在对于这种定义的深化理解中,人们逐渐丰富其内涵,进而将之看做是个人应该承担的伦理义务,视之为对祖国的河山、文化、人民以及历史和优良传统的热爱,对祖国命运和前途的关心,对祖国的无限忠诚和为祖国的独立富强英勇献身的精神,特别突出地表现为民族自豪感和民族自尊心、民族自信心。那么,作为一种情感与理性结合体的爱国主义又是如何形成的?这需要对国家的产生、国家的本质与国家的职能等进行分析,以探明爱国主义作为人之精神生活的历史渊源,分析爱国主义的理论基础尤其是伦理基础,揭示爱国主义的社会功能。

一、爱国主义的历史渊源

历史地看,爱国主义感情是人们在长期社会生活实践中对个人与国家共同体的依存关系进行不断认识、总结和概括而形成的,这种感情首先源自人类先民对自己生存的地理空间与物质环境的固守与热爱。在人类社会发展早期,先民们居无定所,被迫四海为家,生活始终缺少基本的稳定性与归属感。迫于生存方面的压力,先民们逐渐意识到逐水而居或依山而居的必要性,于是彼此有着血缘关系的一个族群就聚集在某个能够提供生活来源的地理环境中,并以此一稳定的生活中心去逐步拓展生存的空间。显然,一代又一代人努力持守的这个相对固定地理区域就是今天所谓的"故乡","故乡"成为了生活稳定性的根本保证。因此,依恋故土乃是一种自然感情的流

---

① 对于列宁这一定义的纠正最早源自中央编译局列宁斯大林著作编译室1985年发表在《人民日报》上的文章《对列宁关于爱国主义的一处论述的译文的订正》,随后有学者专门进行了深入的探究。请参见贺祥林:《列宁对无产阶级爱国主义理论的两大贡献》,载《中南民族学院学报》(人文社会科学版)2000年第1期;钱可威:《浅析列宁的"爱国主义"观——从对列宁一句话的误译谈起》,载《理论月刊》2007年第1期;杜汉生:《爱国主义:从"列宁定义"谈起》,载《湖北师范学院学报》(哲学社会科学版)2008年第6期。

露,这种自然感情容不得任何功利性的诉求。对此,恩格斯在《家庭、私有制与国家的起源》中说:"部落始终是人们的界限,无论对别一部落的人来说或者对他们自己来说都是如此:部落、氏族及其制度,都是神圣不可侵犯的,都是自然所赋予的最高权力,个人在感情、思想和行动上始终是无条件服从的。"①个人对族群无条件的依赖与忠诚就是爱国主义的最早雏形,它被恩格斯称之为是"古代氏族社会的纯朴道德高峰"。但是,氏族社会毕竟终将瓦解,人们对共同体生活形式的追求在不断地向前推进。

随着生活区域的相对固定与人口数量的增加,生存稳定性的深层问题凸显出来,人们开始谋求不同群落之间的联系,这样便出现了民族。恩格斯从人类文明史的角度,检视了社会共同体从原始部落到氏族、胞族、氏族联盟一直到民族的发展过程,这也是爱国主义形成的物质基础和历史前提。恩格斯指出,从有成文历史的时候起,土地已被分割而成了私有财产,由于地产的买卖和农业与手工业、商业与航海业之间分工的进一步发展,氏族、胞族和部落的成员很快就都杂居起来;后来,在胞族和部落的地区内逐渐加入新的移民,这些移民虽然也是本民族的同胞,但不属于这些团体,因而他们在自己的居住地上被看做是外人,他们不能参与所生活其中的共同体的管理事务,因而也就缺少归属感。为了获得更大的生存利益,人们慢慢意识到必须设立一个中央管理机关来处理共同体内部的事务,部落联盟以及中央管理机关的产生,预示着更大共同体的出现,民族与国家最终应运而生。最后,恩格斯归结道:"住得日益稠密的居民,对内和对外都不得不更精密地团结其爱。亲属部落的联盟,到处都成为必要的了;不久,各亲属部落的融合,从而各个部落领土融合为一个民

---

① 《马克思恩格斯选集》第4卷,第96页,人民出版社1995年版。

族[Volk]的共同领土,也成为必要的了。"①从恩格斯的论述中可以看出,居民内部的爱是维系其生存的必要前提,而人们之间团结一致对外不仅将这种爱社会化了,而且直接促成了民族共同体的产生。群体之间相互密切的共生关系是当时人类主要的行为方式和组织形式,根源则在于为了满足日益增长的物质和文化生活需要。到了中世纪,族群之间产生了内部有层次的驱动力和整合力,最初的血缘性族体概念最终被地域性的超血缘族体概念所取代,群体的共生出现了明显的社会分层,具有国家意义的民族(nationality)应运而生。民族的价值集中体现在共同价值上,而个体价值是建立在民族共同价值基础上的。这种以个体价值为基础的整体价值,以个体成员之间的某种组织模式而紧密结合在一起。可见,民族不仅只是一个人与人之间的联合体,同时也是一个精神共同体。

民族的融合产生了国家,而国家又进一步促进了民族的融合。恩格斯在"德意志人国家的形成"中,谈到德意志人何以能够"给垂死的欧洲注入了新的生命力"时说道:"他们的个人才能和勇敢,他们的自由意识,以及把一切公共的事情看做是自己的事情的民主本能,总之,是罗马人所丧失的一切品质,而仅仅这些品质就能从罗马世界的污泥中造成新的国家,培养出新的民族……"②当然,早先的国家不是现代意义上的"民族国家",而是带有宗族血缘性质的"氏族国家",因而首先是一个文化共同体而非政治共同体的,远古时期中国的分封制诸侯国与古希腊的城邦都具有这种性质。但是,正是这一共同体所带有的先进的文化气质,赋予了爱国主义内在的生命力与持久的影响力。恩格斯对于国家的这一属性说得非常清楚:"社会一天天成长,越来越超出了氏族制度的范围;即使最严重的坏事自它眼前发生,它也既不能阻止,又不能铲除了。但在这时,国家

---

① [德]恩格斯:《家庭、私有制与国家的起源》,第170页,人民出版社1999年版。

② 《马克思恩格斯选集》第4卷,第108页,人民出版社1995年版。

已经不知不觉地发展起来。"①可见,国家产生的目的在于维系社会共同体的存在与发展。既然国家的终极目的在于遏制"恶"的产生,那么,国家就是一种"善"。"国家绝不是从外部强加于社会的一种力量……确切地说,国家是社会在一定发展阶段上的产物。国家是承认:这个社会陷入了不可解决的自我矛盾,分裂为不可调和的对立面而又无力摆脱这些对立面。而为了使这些对立面,这些经济利益互相冲突的阶级,不致在无谓的斗争中把自己和社会消灭,就需要有一种表面上凌驾于社会之上的力量,这种力量应当缓和冲突,把冲突保持在'秩序'的范围内;这种从社会中产生但又自居于社会之上并且日益同社会异化的力量,就是国家。"②

总之,从对生于斯长于斯的故土的热爱,到对民族的维系,再到对国家的承认,其间无不贯穿着一种深厚的爱国主义精神,同时,也正是这种精神反过来推动着民族与国家的发展。所以,正是基于这样的认知,人们将爱国主义视为是构成人类道德生活的重要内容,看成是社会生存与发展的内在需要。"这种爱国主义的伦理情感主要表现为对自己祖国和民族的深沉热爱和伦理关切,包括对民族国家的语言、民族优良文化传统、国土、同胞国民的真挚热爱,对祖国的前途命运、国家事业及其富强与文明始终如一的关切、参与和爱护……爱国不仅是一种政治伦理的道义要求,而且也是每一个国民确保和维护其自身社会生存和发展的内在需求。在此意义上,对于每一个公民来说,爱国和爱国主义不仅是一种首要的政治伦理美德,而且也是一项首要的公民伦理义务,它具有康德'绝对律令'的道义约束力。"③

二、爱国主义的伦理基础

在人类的共同生活中,人们之所以能够产生对于共同体的深厚

---

① 《马克思恩格斯选集》第4卷,第112页,人民出版社1995年版。
② 《马克思恩格斯选集》第4卷,第170页,人民出版社1995年版。
③ 万俊人:《爱国主义是首要的公民美德》,载《道德与文明》2009年第5期。

感情,乃是基于人与人之间的相互依赖和相互支撑,以此确立起生活的稳定性与归属感。在此,爱国主义是人的一种情感需要。但是,如果再深入探究这种感情缘何而起,且因何得到了人们的普遍认同,则还需要分析其理论基础,特别需要对其伦理取向及伦理本质进行考察。

从国家生成的逻辑来看,其从来就不是自然地具有暴虐的倾向,国家亦不先天就会施行暴政。毋宁说,国家自身的意志具有向善的性质。"国家能够把儿童从父权统治和家庭暴政中挽救出来;国家能够把公民从封建群体,后来从公社群体中解脱出来;国家也能够把工匠及其雇主从行会的保证解放出来。国家也许会有过多的暴力倾向,但也仅仅在它纯粹具有破坏性的时候,才会产生这样的作用。"[①]对于个人来说,不仅其生命的存在需要得到国家的护佑,就其作为一种道德存在而言,也需要通过国家来得到实现。显然,对国家意志的服从,往往是个人意志得以实现的条件,同样,个人也只有在国家所设定的道德理想之旗帜的指引下,才能实现个体化的道德目的。

在现代政治哲学尤其是契约论思想家看来,"国家"是基于"公共意志"组织的人类生活共同体,其先天地就是一个"伦理共同体"。在《社会契约论》中,卢梭这样概括其契约论所要解决的问题:"要寻找出一种结合的形式,使它能以全部共同的力量来卫护和保障每个结合者的人身和财富,并且由于这一结合而使得每一个与全体相联合的个人又只不过是在服从其本人,并且仍然像以往一样地自由。"[②]既然人们制定契约的目的在于保护人身、财富和维护其自由,那么,订约者要做到这些事情必须具备什么样的条件呢?卢梭说道:"我们每个人都以其自身及其全部的力量共同置于公意的最高指导

[①] [法]爱弥尔·涂尔干:《职业伦理与公民道德》,第69页,上海人民出版社2001年版。

[②] [法]卢梭:《社会契约论》,第19页,商务印书馆2003年版。

之下,并且我们在共同体中接纳每一个成员作为全体之不可分割的一部分。"①具备这些条件,国家就诞生了;通过这一结合行为所产生的国家本质上是一个伦理共同体,其自身具有不可侵犯的公共人格。之所以说国家是一个伦理共同体,原因就在于推动国家得以产生的"公意"具有伦理特殊,这些特性具体表现在:(1)公意是公正的,永远平等地代表着公共利益;(2)公意不同于众意,后者是个别意志之和,其依然着眼于私人利益;(3)公意是稳固的、不变的和纯粹的,但其充分表达依赖于党派的缺失,即公意本身不会被消除而只会被取代或掩盖。不难看出,以上几个方面与其说是概括了公意的特点,还不如说是形象地刻画出了公意的道德色彩,对私人利益的摒弃和对公正的维护使得其成为了一个类似上帝的纯粹的神圣意志,它洞悉一切又安排一切,并使一切按照善的标准运行。

从另外一个角度看,基于"公意"组织起来的国家不仅仅是一个外在于人的物体,其同时还是一个能动的活的思想者。"国家是社会思维的器官……国家并不是为了思考而思考,也不是为了建构一种学说体系,而是因为引导集体行为。"②那么,国家是如何"思考"的? 国家思考的取向是什么? 国家到底追求什么样的目的? 对于这些问题,有两种相左的意见:一种观点认为国家存在的目的是为了保护个人的权利,另一种观点则认为国家有其自身的目的追求,个人应当听命于国家的召唤。

前一种意见以洛克、卢梭、康德与斯宾塞等自由主义者为代表。他们认为,社会是个人的集合,个人因其具有天赋的不可剥夺的权利而成为社会中最真实的社会存在,所以国家应该以个人为目的,个人的自由解放与全面发展乃是国家存在的最终根据。由于国家本身不

---

① [法]卢梭:《社会契约论》,第20页,商务印书馆2003年版。
② [法]爱弥尔·涂尔干:《职业伦理与公民道德》,第55页,上海人民出版社2001年版。

是生产者，①既不能创造财富，也就不能自主地消费与享受财富。康德指出，个人作为一个道德人格，拥有一种值得尊敬的特殊品格，无论他处于一种公民的地位还是自然地位，都应该得到国家的尊重。斯宾塞坚持认为，个人是构成社会有机体的细胞，他在自身周而复始地有机活动中有权利不受他者的侵害。但是，只要个人参与社会活动，就难以避免受到他人的侵扰甚至伤害，这就需要一些社会团体或社会中介机构来具体维护个人的权益。国家的职能就是管理好这些社会机构，使之有利于个人的自由发展。

　　后一种意见以黑格尔等理性主义者为代表。这种意见倾向于认为每个社会都有高于个人的目标，且这个目标与个人的目标无关；国家的目的就是要执行这种真正意义上的社会目标，而个人只是施行这一计划的工具，因为个人既不可能制订出这样的计划，亦无法去完成这样的计划。② 因此，个人作为国家的工具就必须为其繁荣发展而工作，并只能作为国家之公民去分享他参与创造的社会财富。对此，黑格尔指出，不存在超越于国家之上的所谓天赋人权，只有在国家中个人的特殊利益才能成立。③ 个人的力量不管如何伟大，也无法掩盖国家的光芒。

　　不过更多的学者还是理性地看待国家与个人的关系，坚持二者之间存在着一种辩证的关系，国家既无法将个人视为纯粹的工具，个人也不能完全超越于国家之上。也就是说，个人构成了国家的基本元素，国家则是个人生活的基本保障：离开了个人，国家就是一个空壳，离开了国家，个人就无所依托。"我们的道德个性并不与国家相

----

① 参见[法]爱弥尔·涂尔干：《职业伦理与公民道德》，第56页，上海人民出版社2001年版。

② 参见[法]爱弥尔·涂尔干：《职业伦理与公民道德》，第58页，上海人民出版社2001年版。

③ 参见[德]黑格尔：《法哲学原理》，第267页，商务印书馆1996年版。

对立,相反,它是国家的产物。"①事实上,几乎所有的政治哲学或国家学说都建立在寻求国家与个人之间的关系上。从历史的源头来看,虽然现代意义上的国家还没有出现,但个人在与社会的斗争过程中逐渐意识到需要像国家这样的共同体,来整合社会生活中出现的各种混乱,可以说,在一定意义上国家正是个人争取自我权利的产物。涂尔干如此描述人类文明进程中的这一奇特现象:"起初,个人生活还束手束脚,叫人不屑一顾,后来,个人生活的范围逐渐扩大,渐渐变成了道德尊重的对象……个人能够形成他觉得最合适自己的世界的观念,并使他的本质属性得到顺利的发展。"②涂尔干所谓的"最合适自己的世界的观念"就是关乎国家共同体的观念。人们意识到,共同体越是能够将其成员紧密地团结起来,个人的生活就越是有保障;国家越是强大,个人就会越受到尊重。因此,追求个人权利的道德个人主义与国家进步的步伐是一致的,二者并不会出现此消彼长的背弃现象。

既然国家的产生与发展并不致于防止个人对自我权利的追求,那么,国家无疑就是在创造、组织和实现这些权利。对个人权利的保护正是"国家道德"的根本功能之所在。"国家的主要功能是为何和如何解放个人人格的"③,"国家首先是一种道德纪律的机构。"④正是在这个意义上,黑格尔甚至断言:"国家是伦理性的东西……在国家中义务和权利是结合在同一的关系中的。"⑤在国家的支持与庇护

---

① [法]爱弥尔·涂尔干:《职业伦理与公民道德》,第74页,上海人民出版社2001年版。

② [法]爱弥尔·涂尔干:《职业伦理与公民道德》,第61页,上海人民出版社2001年版。

③ [法]爱弥尔·涂尔干:《职业伦理与公民道德》,第77页,上海人民出版社2001年版。

④ [法]爱弥尔·涂尔干:《职业伦理与公民道德》,第67页,上海人民出版社2001年版。

⑤ [德]黑格尔:《法哲学原理》,第261~262页,商务印书馆1996年版。

之下,人才成为了人,因为只有像国家这样的共同体才能把人与人结合起来,从而使之变得更为强大,这是个人在相互分离的状态所无法实现的目标。国家支配下的个人生活乃是一种道德性的精神生活,这种生活方式比单个人所能实现的生活更加丰富多彩。于是,个人被集体提升起来,很容易也十分自觉地接受他本人所归依的服从状态。

三、爱国主义的社会功能

在严格的意义上说,爱国主义不仅仅只是国家统治者对其民众的政治要求,而是人们基于对国家这一社会最高组织形式的理性认知的观念反映。在长期的共同生活中,人们逐渐认识到,国家不是高高在上的异己力量,国家的内在本性趋向于整合社会关系,同时能够给人们的道德生活带来积极的影响。没有建立在这种理性认识基础上的爱国主义精神,整个社会就会陷入分散,一旦国家的功能得不到充分的展现,个人的生活也就失去了基本的保证。

爱国主义的社会功能或社会价值与国家的功能紧密地联系在一起,澄清了国家的本质功能,也就奠定了分析爱国主义价值功能的基本前提与主要途径。

黑格尔曾经形象地说,"国家不是艺术品,而是立足于地上",国家是"在地上的精神"。[①] 这意味着国家不是一个抽象的概念,更非脱离人们现实生活的外在力量。国家深刻地介入人们的现实生活当中,既维护国家自身的特殊职能,又着眼保障个人与社会的统一性。正如黑格尔在不同的地方反复指出的那样:"国家的力量在于它的普遍的最终目的和个人的特殊利益的统一","国家的特殊职能和权力……最后的根据是在国家的统一中"。[②] 那么,国家的统一如何能够实现?必须依靠国家主权。没有主权,就会国将不国,国家职能亦

---

① 分别参见[德]黑格尔:《法哲学原理》,第259、269页,商务印书馆1996年版。

② [德]黑格尔:《法哲学原理》,第261、294页,商务印书馆1996年版。

无从体现。由于主权具有绝对的权威性和不可转让的特征,这就决定着国家是主权的唯一拥有者,是公共利益的代言人,也是具有人格意志的道德整体。

按照黑格尔的看法,国家的主权分为"对内主权"与"对外主权"两种形式。对内主权建立在对于国家内部成员的统治基础上,其职责在于维护社会有机体之完整;对外主权建立在国与国的相互承认的基础上,其职责在于保证国家的独立性。在现实主义观念的影响下,由于人们习惯于将国家等同于"国家机器",所以往往把国家的对内主权看做是权力的同义语,甚至看成是一种权力的专制,而将对外主权视之为强权政治,甚至斥之为"霸权"。实际上,主权乃是一种理想主义的构造物,其最重要的职能在于谋求"国家的福利":在和平时期,国家的"特殊领域和职能沿着完成自己的特殊事业的道路不断前进",各社会领域与机构之间相互保存且促进整体之完善;在非和平的条件下,国家就在保证主权安全的名义下调动各个社会环节来"拯救国家",在必要的时候甚至要以牺牲国家成员的利益与生命为代价。① 因此,不管以何种方式来捍卫自己的主权,国家最终的目的无非就是提供与谋求一种合理合法的社会生活的框架。如果说国家具有自己的"意志"的话,这个意志就是"国家的福利",即从内在与外在两个层面为人创造合宜的生活条件。"国家是一种特殊的机构,国家的责任就是制定某些对集体有利的表现。"②

显然,国家并不是像霍布斯所说的那样,天生就是一个怪兽"利维坦":在国家的领地里人与之间并非处处为敌且时时处在无休止厮杀的恐怖状态中。当然,国家也不仅仅是一个地理上的概念而已,虽然其不会到处将自己的意志强加到个人身上,但也不会放任社会成为一盘散沙,其基本职责就是为社会创造并提供一个"均衡机

---

① 参见[德]黑格尔:《法哲学原理》,第295页,商务印书馆1996年版。
② [法]爱弥尔·涂尔干:《职业伦理与公民道德》,第54页,上海人民出版社2001年版。

制",驾驭社会中介机构来统合个人与国家的关系。因此,国家就必须深入到各个社会领域,介入社会生活,对各种社会群体实施监督甚至控制,以将其权限约束到一个合理的范围内。显然,国家的这些作为是旨在维护个人的权利,同时通过对个人自由个性的伸张来实现自身的目的。但是,国家并不是处处以个人意志之马首是瞻,国家只是在社会状态允许的范围内保证实现最完整的个人化而已,其并没有放任个人主义泛滥,恰恰相反,国家既要约束所谓的"集体特殊主义",即各种群体性道德,同时也要控制"特殊个人主义",即利己主义道德。在一定意义上,既然国家是要为个人提供实在形式,个人有时就不得不充当国家的工具。但是,作为国家之工具的道德选择并不意味着个人就必须始终以国家的意志为意志,而只是暂时地服务于一个内在于我们生活的有机体,因为正是这个社会有机体确保了我们生活在确定性中。

从以上的分析中可以看出,国家为道德敞开的领域是不可限量的,国家的功能在一定意义上就是一种"道德功能",即促进个人以一种道德的方式生活。[①] 有学者这样描述国家的道德职能及其实现的方式:"为了能够完成国家的伦理职能,政府在社会公共道德生活方面,通过推出法律与道德公共政策来确立和维护其道德秩序。每一项具体的道德公共政策,都加强了个人的社会道德特征,成为一种完善现代伦理关系的有效措施。它们不断地将新的国家精神输入到人们的行为当中去,加强人们的公共道德意识,把个人利益与社会的公共利益结合起来。国家旨在通过强有力的举措,消灭种种不道德的现象,为人们的道德生活排除种种障碍。"[②]

不过,我们这里主要的目的不是探究国家的道德职能,而是要回

[①] 参见[法]爱弥尔·涂尔干:《职业伦理与公民道德》,第74页,上海人民出版社2001年版。

[②] 丁大同:《试论国家伦理职能的实现手段与目标》,载《道德与文明》2000年第3期。

答下列问题:即爱国主义的道德功能又是如何体现出来的？如何理解爱国主义的道德特性？我们能够从下面一段话中找到答案:"爱国主义是全体国民基于坚贞的国家政治认同和深厚的'忠于祖国、热爱祖国'的道德责任承诺所形成的一种政治美德。它是政治的，也是道德伦理的。就其政治含义而言,爱国是国家公民的首要政治美德,它意味着每一个国家公民对所属国家的政治认同,以及基于这一政治认同所担负的保卫国家独立、维护国家统一和尊严、为祖国的强大和发展而努力奋斗的基本政治责任。因为有了自己的祖国,我们每一个人才能脱出'自然状态',从'自然人'转变为'社会人'和'文明人'。个人无法选择自己的祖国如同个人无法选择自己的父母。但祖国却可以选择自己的公民,只有那些忠诚而富有爱国之政治美德的国民,才配称真正合格的国家公民。"[1]

可见,爱国主义乃是一种伟大的精神力量,其一旦形成就会给人类社会生活以巨大的推动作用:调整个人与祖国关系的基本行为准则,维系个人与祖国的密切联系,鼓励人们为祖国利益去建立丰功伟业,等等。对于任何一个民族或国家来说,爱国主义都是一种取之不尽用之不竭的宝贵精神财富,既有着悠久的文化传统,亦具备深厚的社会心理根基,因而可以为各种不同民族、不同职业、不同年龄、不同思想觉悟的最广大社会成员所理解和践行,从而不仅在精神领域而且也在社会实践效果上产生相当巨大而持久的影响力。

第二节　爱国主义的伦理内涵

对于爱国主义的研究大多集中在意识形态或思想政治教育领域,人们因此一般地将爱国主义视为是一种政治上的要求。然而,如

---

[1] 万俊人:《爱国主义是首要的公民美德》,载《道德与文明》2009年第5期。

果要将爱国主义看做是个人的美德,进而视之为是一种处理国家与个人关系的伦理义务,那么就需要对之进行伦理学上的探究,以分析其伦理内涵,揭示其伦理本质。从伦理学的维度看,爱国主义是道德情感与伦理义务的统一:一方面,爱国主义与道德情感紧密相连,这种基于爱的情感以对祖国的悠久历史、灿烂文化、壮美山河等的认同为心理基础,以对本国的生存发展与繁荣昌盛的深切关心为核心,以民族自信心、自尊心和自豪感为依托;另一方面,爱国主义能够将爱国之情提升到伦理义务的高度,使之成为所有公民的伦理自觉与道德担当,并以爱国主义为个人生活与事业的价值准绳,以此作为精神生活的主导力量。显然,从方法论上讲,基于情感与理性相统一的方式来思考爱国主义,是一种"内在的角度"而非"外在的角度"。"真正的爱国主义,似乎只能从内在的角度出发,以一种面向世界的集体行动形式呈现出来;对我们来说,当我们自身所爱戴的国家群体与其他群体发生冲突的时候,我们只能向我们自身的群体表示忠诚。"[1]正因为如此,莫斯卡这样定义爱国主义:"爱国主义,乃基于生活在同一国家中的人民,结合在一起的共同利害的意识,以及语言同一,背景同一,分享共同的光荣,并且荣辱与共,必然会产生同一的情操与思想。"[2]这里所谓的"情操"与"思想",充分反映出了爱国主义乃是一种情感与理性相结合的伦理观念体系。

一、作为伦理范畴的爱国主义

人们之所以习惯于将爱国主义看成一个政治性概念,视之为一种意识形态上的要求,一个根本原因就在于历史上爱国主义往往被充当政治动员的口号,无论是政治上先进的力量,还是反动势力,都希望借助爱国主义来获得自己行动的合法性。这样,爱国主义就不

---

[1] [法]爱弥尔·涂尔干:《职业伦理与公民道德》,第80页,上海人民出版社2001年版。

[2] [意]莫斯卡:《统治阶级论》,第615页,国立编译馆1998年版。

仅仅是个人的行为,而是"政治正确"与否的衡量标准。正是基于爱国主义在历史上的这种命运,致使许多人颇有微词,甚至认为其根本就不具有道德属性。比如,有的学者就认为爱国主义在道德上是不可接受的,因为它强调祖国和同胞的特殊关切,违背了道德的公正前提。不过,一些较为客观的学者虽然反对"爱国主义是一种道德义务"的观点,但还是坚持认为从道德角度讨论爱国主义具有一定的意义。玛莎·鲁斯鲍姆在《爱国主义与普世主义》一文中指出,一个人完全可能既是爱国者,又对人类其他部分有着同等的道德关切。如果我们真正相信所有人生而平等、拥有不可剥夺的权利,那我们就必须从道德的角度来思考爱国主义,思考我们该如何与世界其他部分相处、我们能为他们做些什么。

正是在这个意义上,一些学者试图从伦理学的角度来分析爱国主义的道德价值。我国学者万俊人指出:"任何一个独立自主的民族国家里,爱国主义都被看做是一项首要的公民美德。"[①]美国著名伦理学家阿拉斯太尔·麦金太尔不仅在复兴美德伦理学方面成绩卓著,同时也对爱国主义作出了伦理学上的探究,他直接以《爱国主义是种美德吗?》这样一种追问的方式作为著作的名称来切入这一论题,指出当今学界流行的关于爱国主义的看法存在一个弊端,即无法将其作为一种个人的美德来对待,而是往往体现为非理性的情感宣泄。这种流行的观念认为,爱国主义要求人们绝对忠诚、无条件地服从,而无须进行理智的思考和辨别,显然这种爱国主义不能称之为真正的美德。因此,麦金太尔认为,爱国主义不只是一种道德情感,它是道德的基础,应该将其置于理智的支配下才符合国家和个人的需要,因为除了对本国的热爱之外还应当对人类或者正义有着适度的爱和关切,这样的爱国主义才是真正的爱国主义。[②] 按照这样的理

---

① 万俊人:《爱国主义是首要的公民美德》,载《道德与文明》2009年第5期。

② 麦金太尔对爱国主义的道德内涵十分感兴趣,许多分析很有创意,参见论文《道德与爱国主义》,载《开放时代》1995年第6期。

解,爱国主义就可以视为是源于特定国籍在道德上所施加的特殊义务与特殊待遇,个人如果不承担这样的义务也就享受不了相应的待遇,这不仅是现代国家学说或政治哲学的基本理念,同样也是自古以来人们对国家这种的社会组织形式的基本看法。

作为伦理学的范畴,爱国主义有哪些伦理特质呢?我们可以从爱国主义对于社会生活的意义中进行概括。

首先,借助爱国主义所含蕴的道德信念,人们可以实现自由。黑格尔说:"政治情绪,即爱国心本身,作为从真理中获得的信念(纯粹主观信念不是从真理中产生出来的,它仅仅是意见)和已经成为习惯的意向,只是国家中的各种现存制度的结果,因为在国家中实际上存在着合理性,它在根据这些制度所进行的活动中表现出来——这种政治情绪一般说来就是一种信任(它能转化为或多或少地发展了的见解),是这样一种意识:我的实体性的和特殊的利益包含和保存在把我当做单个的人来对待的他物(这里就是国家)的利益和目的中,因此这个他物对我来说就根本不是他物。我有了这种意识就自由了。"[①]在黑格尔看来,爱国主义首先只不过是"政治情绪",它基于对国家之精神本质的理解,体现为一种对国家组织社会生活的道德认同或伦理信任,但正是这种情感上的认同与信任,促使人们进行理性思考,认识到单个人相对于国家这种普遍物来说,只是一个特殊的存在者,他要实现自己的利益,进而实现人的自由,就必须将自己委身于国家共同体中去。这样,基于情感认同与理性思考的爱国主义就是实现人的自由的必然方式,舍此别无他途。

其次,爱国主义能够提升人类共同体的整体感,从而有助于优化人们的道德生活。一些学者认为,社会分工促进社会的发展,但同时也在一定程度上削弱了人类共同生活的基础,尤其给人的道德生活带来无可挽回的负面影响。实证主义的代表孔德说:"每一种分解作用都必然带来相应的分散作用,人类的劳动分工不可避免地会引

---

① [德]黑格尔:《法哲学原理》,第266~267页,商务印书馆1996年版。

起个人之间的分歧,同时智力和道德也会以同样的比例产生分歧……社会分化会很自然地使顾全大局的精神产生窒息,或者至少可以说对这种精神产生深刻的阻碍作用。"① 然而,在另外一些学者看来,社会分工不会导致社会的分散,相反,正是分工促成了社会成员的高度团结,社会因此能够在道德上得以保持高度的整体感与秩序感。当然,社会团结不会自动产生,而能够发挥这种道德功能的正是国家以及以国家名义组织起来的政府,从国家意识中生发出来的爱国主义则具体承担了这项道德功能。国家与政府本身是分工的产物,但是经过严密组织起来的政府机构各个层级之间彼此具有高度的关联性,相互发生作用,从而保持社会统一性与"道德一致性"②。

最后,爱国主义不仅能够保证个人化的道德生活,同时还能够实现个人之外更高的道德理想。正如麦金太尔指出的那样,对于个人而言,爱国主义的确是一种美德,它使得人从动物性中抽离出来,并超越私人性以实现人之共有的本质。③ 在社会学家涂尔干那里,国家是一个具有道德生命力的概念,它不仅为整个社会搭建起一个政治生活的框架,而且还能够组织起合理的社会生活,尤其能够"促使个人以一种道德的方式生活",从而"保证实现最完整的个人化"④。但是,国家不只是个人权利的维护者,它同时还有着自己的道德理想,这种理想能够指引着单个的人超出一己之私,为社会共同体的整体利益作出努力。爱国主义正是这样的道德理想。用涂尔干的话来说,爱国主义对于社会全体成员来说是一种"高于他们并主宰他们

---

① 转引自[法]爱弥尔·涂尔干:《社会分工论》,第317~318页,三联书店2000年版。

② 参见[法]爱弥尔·涂尔干:《社会分工论》,第321页,三联书店2000年版。

③ 参见[美]麦金太尔:《道德与爱国主义》,载《开放时代》1995年第6期。

④ [法]爱弥尔·涂尔干:《职业伦理与公民道德》,第74页,上海人民出版社2001年版。

的事物",当然也是一种"没有任何异议而共享的理想"①。在这个意义上,爱国主义就是一种"把个人与某一国家维系起来的全部观念与感受",它作为一种"道德权威",指导人们去坚守自己的家园而非属意于外在的利益,从而"最大限度地为其成员创造一种更高水准的道德生活"②。

二、作为道德情感的爱国主义

情感主义伦理学是伦理学史的一个重要流派,以哈奇森、休谟、斯密等为代表。这种伦理学说认为,人的一切行为都受到情感的推动,情感是道德判断的对象,也是道德行为之所以产生的根本原因。一方面,从人的角度来看,人的一切行为最终都有赖于情感的推动,理性受到情感的制约;另一方面,从道德的角度来看,情感以及受情感推动的行为才是道德认知的对象,其他因素都受情感的影响。因此,当我们在判断一种行为是否是道德行为的时候,就必须对情感或受情感推动的行为进行评价,除此之外,我们不可能把任何其他东西作为道德分析的对象来进行道德上的善恶评价。哈奇森认为,道德的根源不会来自外在于人的自然,也不会来自人的理性、知识、最高者的条律以及利益,只会来自人的情感。哈奇森进一步认为,自然情感是"在没有先在的家世纽带的条件下能推广至全人类的最弱程度的爱的基础",这种自然情感所产生的最大效果是使人自身,而不是外在自然事物真正成为道德王国中的真正主人;爱或仁爱是社会公德中所有美德的基础,并可以有效地提升公共善。可见,情感构成了道德判断的起点,也是推动道德行为的终极动力。因此,在情感主义伦理学看来,只存在一种道德类型,那就是基于人的情感而生发的道

---

① 分别参见[法]爱弥尔·涂尔干:《职业伦理与公民道德》,第76、78页,上海人民出版社2001年版。

② [法]爱弥尔·涂尔干:《职业伦理与公民道德》,第78~79页,上海人民出版社2001年版。

德,所谓的"道德"就是"情感道德"。

情感主义伦理学说可以为我们分析爱的道德本性提供方法论依据,并有助于揭示爱国主义作为道德情感的深层本质。概括地说,爱是人的自觉活动形式,它具体体现为社会性的道德情感;任何一种爱都不是孤立的,相反,它旨在消除人的孤独,因此爱是人类最为基本的情感需求。正是这种情感需要,基于人之爱的道德规范才能把人与人、人与家庭、人与国家能够融为一体。人类一旦离开了爱,也就没有了人类世界的存在。

首先,从本质上看,人类之所以需要"爱"这种情感,乃是在追求一种归属或秩序,而爱国主义是人们追求归属感与秩序感的最高形式。在一定意义上,爱记录着人类进步的步伐,是人类文明的标识。对此,德国哲学家马克斯·舍勒还专门以《论爱的秩序》为题作出了独特的论述,他指出:"人属于爱的秩序,爱的秩序是人之本己的一部分。"[①]对于人的这种独特的情感需要,在中国古代先贤哲人那里阐发得非常清楚,诸如孔子的"入则孝,出则悌,谨而信,泛爱众",孟子的"仁者以其所爱及其所不爱"与"仁民而爱物"以及墨子的"兼爱"等等就是如此。古人的阐述表明,爱首先专注于具有血缘关系的某一个人与某一个群体上,但随着文明的进步,爱超越了亲情关系,逐渐扩展至整个部落、民族、国家,其最高形式就是爱国主义。

其次,爱的意义是让人走出自己,面向世界,同时再从世界中反观自己,从而实现自己,因此爱是一条通往自由的道路,爱国主义则是指引人们追求自由的精神旗帜。黑格尔这样论述爱的道德意义:"所谓爱,一般说来,就是意识到我和别一个人的统一,使我不专为自己而孤立起来;相反地,我只有抛弃我独立的存在,并且知道自己是同别一个人以及别一个人同自己之间的统一,才获得我的自我意识……爱的第一个环节,就是我欲成为不独立的、孤单的人,我如果是这样的人,就

---

① [德]马克斯·舍勒:《论爱的秩序》,第48页,生活·新知·读书三联书店1995年版。

会觉得自己残缺不全。至于第二个环节时,我在别一个人身上找到了自己,即获得了他人对自己的承认,而别一个人反过来对我亦同。"①从黑格尔的论断中可以看出,所谓的爱就是要在人与人、人与社会之间建立起的一种社会关系,以消除个体的孤独感与无助感,而爱国主义则为个体在满足情感需要上提供最为丰富的资源,没有爱国主义的指引,人们就将会在寻找情感依托的道路上迷失方向。

再次,爱是人之为人的本质体现,人不仅在爱的交流中实现了人际互动,同时还在爱的付出当中实现自己的本质规定,而爱国主义则是实现人的本质的最佳途径。马克思正是在这个意义上理解爱的情感需要及其道德内涵的。马克思认为,蜜蜂、蚂蚁和大部分哺乳动物是类的存在物,但只有人是有意识的类的存在物,人不仅意识到自己的类,而且自觉地从属于类,所以类成为挣脱自然的局限,获得自由解放的前提。在这个意义上,成为"类"就是成为"人",而"爱"则是成为"人"的必由之路。

从以上对"爱"的道德性质的分析中可以看出,爱的生发源于人的情感需要,终于人的自由而全面的发展。在爱的情感需要中,爱国主义是一种最高的表现形式。没有个人就没有国家,个人是组成国家的最小元素,但个人只有在国家中才会具有现实性,才能反映出自己的伦理特质:正是基于对国家或祖国的深沉的爱,个人获得现实的权利,并得以实现自己的伦理本质。黑格尔的下述论断就揭示了爱国主义作为"政治情绪"的本质要求:"国家直接存在于风俗习惯中,而间接存在于单个人的自我意识和他的知识和活动中。同样,单个人的自我意识由于它具有政治情绪,而在国家中,即在他自己的实质中,在他自己活动的目的和成果中,获得了自己的实体性的自由。"②可见,如果说爱国主义是一种个人的美德的话,其价值就体现在对祖国深厚的、神圣的、崇高的情感之中,具体地表现为爱祖国的传统文

---

① [德]黑格尔:《法哲学原理》,第175页,商务印书馆1996年版。
② [德]黑格尔:《法哲学原理》,第253页,商务印书馆1996年版。

化、政治制度、历史未来、人民大众以及山川河流。基于这种自然情感上的爱,不因祖国的兴衰而有所增减,亦不因距离的远近有所强弱。爱国主义是一种个人与国家生死相依、休戚相关的依存之情:作为公民,其命运与国家拴连在一起;作为子孙,其情感同祖国始终维系在一起。所以,国家是人类生命得以生存和发展的坚实基础,个人的生命只有融于祖国的命运中才会获得更高的道德价值。

三、作为伦理义务的爱国主义

对于一般人而言,爱国不需要理由,所谓的爱国主义行为就是忠于自己的祖国,因为我生于斯长于斯。因此,人们往往将祖国比拟为"母亲",谁不爱自己的母亲呢?但是,如果稍微加以追究,爱国主义就不仅仅只是一种情感的表达,其更多的是一种建立情感之上的理性诉求与道德自觉。我国学者万俊人指出:"就其道德伦理的含义而论,爱国和爱国主义作为一种政治美德,对于作为国家公民的个体来说,同样具有首要的意义,它意味着作为公民的个体应该自觉意识到自我个体同国家共同体之间'同呼吸、共命运'的生命同体关系,并基于这种生命同体的伦理关联意识和情感,自觉承诺'我们之为人民'对自己的祖国、民族、国民同胞的道义责任。"[①]可见,祖国不只是一个地理上的概念,她同时还代表着特殊的价值观、特殊的政治制度、特殊的社会模式等,正是祖国所展示的独特的文化传统、独特的历史与独立的社会成就,成为了人们爱国主义情感与理性指向的对象。

实际上,任何伦理道德最终都指向人的社会性存在方式,只有从"社会性"的意义上揭示其本质,伦理道德才具有真正现实的意义。艾德勒与范多伦指出,伦理道德"同维护有组织的社会相关,因为只有在这种社会中,每个人应承担的义务和责任才能得以履行;或者同伟大而又坚强的某种高尚和不可战胜的精神相关;或者同在所作所为每一件事中合乎条理和适度相关;因为这样才能保持节制和自我

---

① 万俊人:《爱国主义是首要的公民美德》,载《道德与文明》2009年第5期。

约束"①。因此,对于爱国主义的伦理性质,不能仅仅局限于情感主义的范畴,同时还必须将之置于理性主义的语境中作出进一步的分析,以揭示其作为一种伦理义务的特性。

爱国主义既是道德情感的最高形式,也是道德主体所承担的义务和责任,它是情感与理性的统一。按照黑格尔的看法,所谓"爱"是"精神对自身统一的感觉",这是主体试图成为某个共同体成员的一种情感投射。就其本质而言,爱是一种具有自然形式的伦理,其作为处理家庭关系的伦理情感尤其如此。黑格尔进而认为,爱在家庭关系中是一种自然伦理,但"在国家中就不再有这种感觉了,在其中人们所意识到的统一是法律,又在其中内容必然是合乎理性的"②。这里,黑格尔并不是否认在处理国家关系中就不需要爱的情感了,而是说维系国家共同体的关键是法律,即理性的义务而非诉诸不确定性的情感。事实上,黑格尔认为作为精神的最高实体的国家,其内在地需要一种爱国主义精神以为支撑,只不过这种爱国主义乃是一种建立在理性基础上的伦理义务。"国家是绝对自在自为的理性东西,因为它是实体性意志的现实,它在被提升到普遍物的特殊自我意识中具有这种现实性。这种实体性的统一是绝对的不受推动者的自身目的,在这个自身目的中自由达到它的最高权利,正如这个最终目的对单个人具有最高的权利一样,成为国家成员是单个人的最高义务。"③

爱国主义旨在整合国家与个人之间的伦理关系,强调个人对国家的伦理义务。就个人所承担的这一伦理义务来看,国家利益是一种高于个人的普遍性,其与个人特殊利益相比始终处于绝对的地位,个人只能以体现国家普遍利益的道德原则和道德规范为善恶标准,并提倡在必要的时候牺牲自我,以保全国家整体之利益。事实上,个

---

① [美]艾德勒、范多伦:《西方思想宝库》,第282页,吉林人民出版社1988年版。
② [德]黑格尔:《法哲学原理》,第175页,商务印书馆1996年版。
③ [德]黑格尔:《法哲学原理》,第253页,商务印书馆1996年版。

人只有在国家中才能体现自身的社会价值和伦理本质,这就是黑格尔"成为国家成员是单个人的最高义务"的基本意涵,也是麦金太尔之所以将爱国主义作为一种美德的主要原因。黑格尔指出,人们之所以普遍认同这样一个观念,即国家必须维持下去,只有在国家中特殊利益才能成立,主要原因不在于国家拥有强大的权力,而是由于每个人都具有的"需要秩序的基本情感"[①]。当人们都意识到这种情感需要的时候,情感即上升为理性,爱国主义就成为公民的伦理义务。"忠于自己的祖国、热爱并维护祖国的尊严、统一和强大,乃是每一个公民的'自然义务',也就是说,爱国主义本质上是作为国家公民不可轻慢、不可卸脱、不可逃避的政治责任。"[②]同样,麦金太尔也是从这个维度来理解爱国主义的理性本质的,他说:"一般说来只有在共同体内,个体才能有道德,才能在他们的道德中得到支持,才能以这样一种方式被构成为道德行为主体,其他的人也以此方式来看待他们,并通过他们看待他们自己的方式来这样给予他们应得的东西。在道德上,我的共同体的其他成员对我的高要求,表达了一种对我的尊敬,而这种尊敬与利益的期待毫无关系;而那些没有或很少在道德方面被要求的人,则缺少人们的这种尊敬,如果老是这样的话就会伤害这些个体的道德能力。"[③]

在协调个人与国家的关系中,爱国主义无疑是标准的价值遵循,它不但能够满足人们之间的情感需要,还能够将这种情感升华为伦理义务,成为维系国家共同体的基本法则。那么,个人的爱国心因何而起? 个人又为什么能够自觉地将国家利益置于自身利益之上? 根本的原因就在于国家本身就是一种道德存在物:国家不是外在于人的异己的东西,国家自身就带有道德的性质;国家作为最高的伦理实体,乃是人实现自身本质的前提条件与基本保证。涂尔干说得好:

---

① [德]黑格尔:《法哲学原理》,第267~268页,商务印书馆1996年版。
② 万俊人:《爱国主义是首要的公民美德》,载《道德与文明》2009年第5期。
③ [美]麦金太尔:《道德与爱国主义》,载《开放时代》1995年第6期。

"社会也有引以为荣的地方,这并不是因为它们最伟大,最富庶,而是因为它们最公平,组织得最好,具有最合理的道德结构。"①

正是国家内蕴的伦理精神使之成为人们道德情感投射的对象,同时也成为伦理理性追求的最高目的。在亚里士多德看来,国家内蕴的伦理精神本质上就是一种"善",正是这种内蕴在人类共同体中的善使得个人具有真正的美德。亚里士多德在《尼各马可伦理学》中提出城邦应以"善"为目的:"为一个人获得这种善诚然可喜,为一个城邦获得这种善则更高尚,更神圣。"②为此,亚里士多德分析了城邦这一实体在追求"善"的过程中的种种表现形式,描绘了一幅各阶级间较为宽松、人与人之间较为友善、以全城邦的人民幸福、和谐为目的的城邦形象,最后得出这样的结论:"我们看到,所有城邦都是某种共同体,所有共同体都是为着某种善而建立的(因为人的一切行为都是为着他们所认为的善),很显然,由于所有的共同体旨在追求某种善,因而,所有共同体中最崇高、最有权威,并且包含了一切其他共同体的共同体,所追求的一定是至善。这种共同体就是所谓的城邦或政治共同体。"③可见,正是国家这一共同体使得人超越了动物的本能追求,成就人之所以为人的德性。与之类似,社会学家斯宾塞也是从人与国家的有机联系中理解爱国主义的伦理义务的。他认为,"国家也是一种生命,并和一个生物一样遵从相同的成长和组织规律",国家作为一种社会组织的最高形式"有着超过类似的某种东西"④,这种超越性的存在体就是伦理道德。

---

① [法]爱弥尔·涂尔干:《职业伦理与公民道德》,第80页,上海人民出版社2001年版。

② [古希腊]亚里士多德:《尼各马可伦理学》,第6页,商务印书馆2003年版。

③ [古希腊]亚里士多德:《亚里士多德全集》第9卷,第3页,中国人民大学出版社1997年版。

④ [英]赫伯特·斯宾塞:《社会静力学》,第262页,商务印书馆1996年版。

总之,在许多思想家看来,正是国家的道德本性造就人的道德生活,甚至人之为人的本质的实现也有赖于国家所创造的道德环境。正是在这个意义上,爱国主义就是公民必然的道德选择与最高的伦理义务。

第三节　大力弘扬爱国主义精神

爱国主义同军事活动有着天然的关系,参与战争的军人往往被称之为弘扬爱国主义精神的典范,参加保卫祖国战争的行为更是被视为是表达爱国主义的最佳方式。参加战争的军人将个人的生死置之度外以求得国家的安全与人民的安康,这种行为自然就是爱国主义的最高表现形式。因此,爱国主义就不仅是一种对祖国的深厚感情,更重要的是一种报效国家的实际行动。报效国家,不同的历史时期对军人有不同的时代内涵和表现形式,对于当代革命军人而言,就是要大力弘扬爱国主义精神,把个人的前途命运与国家的前途命运紧密联系在一起,坚决捍卫国家主权、安全、领土完整和人民民主专政的国家政权,为建设富强民主文明和谐的社会主义现代化国家贡献力量。这不仅明确了当代革命军人报效国家的基本内容,而且为如何报效国家进一步指明了方向。

一、军人生来为报国

在当今时代,"军人"是一种身份,也是一种职业。军人是一种特殊的身份,他既是国家的公民,同时也是其他公民生命与国家整体利益的保卫者;军人更是一种特殊的职业,这种职业不像其他一般性职业那样直接参与社会财富的创造,但离开军人通过战争来维护国家的安全与稳定,从而为人们的现实生活提供基本的保障,社会财富就无从产生。从这个意义上说,军人生来为报国,其人生价值根植于国家和人民的需要,其生命意义亦由国家和人民来赋予。

在中国传统文化中,军人与国家是一个密不可分的有机体,这从汉字"国"的构成中可以反映出来。汉字"国"的繁体写做"國",其外围是一个"囗",表示国家的领土和疆域,其里为"或",表示"一个人"("一"、"口")手执武器("戈")保卫国家("囗")。显然,"國"是一个典型的会意字,生动表达了"执干戈以卫社稷"的内涵。可见,报效国家是军人共同的价值追求,也是军人义不容辞的神圣职责。同样,我们可以通过对西方"爱国主义"一词的追溯,来说明军人与国家的内在关系。英语中的"patriotism"(爱国主义)来源于拉丁语中的"patria"(祖国),而"patria"的词源则又出自拉丁语中的"Pater"(父亲)。这样,在西方文化传统中"爱国主义"也就被用做表达对"开国之父"们所建立的国家的忠诚与热爱,但由于所谓的"开国之父"往往都是政治家兼有军人的身份,所以军人同时也就被赋予了建国乃至卫国的天职。

正是由于军人与国家之间存在着天然的联系,人们甚至把"军人"看做是"为国牺牲"的同义语。黑格尔不仅把为社会而牺牲视为公民生命的最高表现形式,因而"当国家要求个人献出生命的时候,他就得献出生命"[①],而且还将之看做是个体的最高价值,即"个体的完成,是个体作为个体所能为共体(或社会)进行的最高劳动"[②]。在这个意义上,军人参加战争就不是被人的生物本能所驱使,也不是国家统治者的集体游戏,而是保持国家与民族之"文化继续前进的一种不可或缺的手段"。"各民族之融合为一个社会并且当他们的文化几乎刚刚开始之际就完全摆脱了外来的危险,这对于一切文化的继续进步都是一种障碍并且会陷入无可救药的腐化的。"[③]故此,战争就具有普遍性的道德意义,军人职业也被赋予了独特的文化使命与伦理内涵。

---

① [德]黑格尔:《法哲学原理》,第79页,商务印书馆1996年版。
② [德]黑格尔:《精神现象学》(下卷),第10页,商务印书馆1979年版。
③ [德]康德:《历史理性批判文集》,第75~76页,商务印书馆1990年版。

进一步地看,军人所从事战争的事业具有更为宽广的历史意义,军人的职责不仅在于维护国家安全与发展,同时也是在为着实现国家的文明价值乃至整个人类的"文化命运"。康德说:"因而所有的战争就都是要——尽管这并不是人的目标,但却是大自然的目标——建立起国家与国家的新关系的反复尝试,并且正是要通过摧毁或者至少是瓦解一切国家来形成新的共同体;然而这些新的共同体,或者是在其自身之内或者是在他们彼此之间,却又变得无法维持,于是就必须再度经受新的类似的革命。直到最后,部分地是由于内部有公民宪法的可能最好的安排,部分地是由于外部有共同的约定和立法,人们才会犹如一架自动机那样地建立起来能够维持其自身的、就像公民共同体的这样一种状态来。"[1]在康德看来,战争的价值不仅体现在建立国家与国家之间的关系,而且还通过瓦解国家组织来建立起新的共同体,最终实现人类的永久和平。在这个过程中,军人的职责就是不断地参加"新的类似的革命",即参加旨在建立国家间新关系与新的共同体的战争,这一职责既是作为国家之公民的义务的体现,同时也是作为大自然之一员的义务的体现。军人通过战争,既实现了"人的目标",也实现了"大自然的目标"。

实际上,正是通过为国家献身的战争,军人才获得了其自身的内在规定性,在这个意义上,军人与国家乃是一个互为支撑的统一体:国家赋予军人为着国家共同体利益驰骋疆场的权利,军人依靠国家获得其自身的普遍性与现实性规定。在这里,军人就是国家组织内部的一个特定的阶层,在这一阶层当中军人得以成为黑格尔所说的"实体性的东西"而非"单纯的私人"。"人必须成为某种人物,这句话的意思是说,他应该属于某个特定阶级,因为这里所说的某种人物,就是某种实体性的东西。不属于任何等级的人是一个单纯的私

---

[1] [德]康德:《历史理性批判文集》,第12~13页,商务印书馆1990年版。

人,他不处于现实的普遍性中。"①

当然,军人与国家密切关系不只是军人职业使命与军人个体职责使然,还需要一切同军人有着紧密联系的社会成员来共同促成。也就是说,军人生来为报国,但使之能够"报国"的乃是一种存在于所有社会成员当中的普遍性的爱国主义精神。在历史上,强大的民族与强盛的国家,无不有赖于这个民族或国家的成员所具有的爱国主义精神。我们知道,古希腊时期的城邦斯巴达是一个半军事化的社会组织,其国民视能够参加战争为最高的荣誉,战死疆场不仅是个人的荣耀,同时也是整个家族的骄傲。在卢梭的《爱弥尔》中就讲述了这样一个故事:有一个斯巴达妇女的五个儿子都在军队里,她等待着战事的消息。一个奴隶来了,他战栗地告诉她:"你的五个儿子都战死了。""贱奴,谁问你这个?""我们已经胜利了!"于是,这位母亲便跑到庙中去感谢神灵。卢梭紧接着评论说,像这位母亲一样的人才能够称得上是国家的"公民",而这种"公民"的最主要品质就是爱国。"凡是想在社会秩序中把自然的感情保持在第一位的人,是不知道他有什么需要的。如果经常是处在自相矛盾的境地,经常在他的倾向和应尽的本分之间徘徊犹豫,则他既不能成为一个人,也不能成为一个公民,他对自己和别人都将一无好处。"②这里卢梭使用的是带有文学色彩的描述语言,但却形象地阐明了爱国主义乃是一个公民最为重要的品质,否则就很难称之为一个"人"了。

总之,无论是从军人本身的职责还是就国家共同体赋予军人的使命来看,军人可谓是"生来为报国",这既是历史上军人职业身份的真实写照,同时也是当今时代对军人职业的现实要求。

二、新时期弘扬爱国主义精神的基本要求

当前,我国与世界的联系日益紧密。在全球化背景下,我国主流

---

① [德]黑格尔:《法哲学原理》,第216页,商务印书馆1996年版。
② [法]卢梭:《爱弥尔》,第10~11页,商务印书馆1978年版。

意识形态尤其社会主义核心价值体系日益深入人心,同时外来社会思潮也给人们的思想观念带来不少的冲击,弘扬爱国主义精神呈现出新的特点,面临新的挑战,有着新的要求。对此,当代革命军人要进一步增强民族自信心、自尊心和自豪感,坚定在复杂的国际环境中维护国家利益的信念,用更加包容开放的爱国主义精神去指引人生价值的实现。

1. 增强民族自信心自尊心自豪感

中华民族素以自强不息著称于世,是一个有着强大自信心、自尊心和自豪感的伟大民族。中华民族的自信心、自尊心和自豪感是其英雄气概、坚强意志和创造精神的反映,我们坚信中华民族曾经创造过辉煌,也必将在建设中国特色社会主义的伟大事业中再创辉煌,实现中华民族的伟大复兴。在新的历史时期,增强自信心、自尊心和自豪感必须反对民族虚无主义、盲目排外主义、极端民族主义等错误思想倾向。一方面,我们不能无视中华民族所创造的灿烂文明,认为本民族的一切东西都是落后的,其他民族的都是先进的,从而对祖国妄自菲薄,崇尚西方的一切,就像邓小平指出的那样,"绝不允许把我们学习资本主义社会的某些技术和某些管理的经验,变成了崇拜资本主义外国,受资本主义腐蚀,丧失社会主义中国的民族自豪感和民族自信心"[1]。另一方面,我们又不能排斥一切外来的东西都视之为糟粕,全盘否定其他民族和国家的东西,而是要认识到我们优秀文化的形成和发展既是勤劳、勇敢、智慧的中华民族创造的伟大成果,也是与外来文化交流、碰撞、吸收的结果。还需要指出的是,随着中国综合国力的进一步增强,我们切不可助长极端民族主义情绪,人为地破坏好不容易争取来的战略机遇期。显然,中国的发展和进步,离不开自身的不懈奋斗,也离不开世界各国的文明成果。一个真正具有自信力、自尊心和自豪感的民族,无不能够清醒地认识到自己的长处,也能够认识到自己的短处,并且为了本民族和祖国的繁荣昌盛,

---

[1] 《邓小平文选》第 2 卷,第 262 页,人民出版社 1994 年版。

虚心向其他民族学习,弥补自己的不足。当代革命军人应当进一步强化民族自信心、自尊心和自豪感,做弘扬民族精神的模范,为中华民族的再度辉煌增光添彩。

2. 坚定维护国家利益的信念

目前,我国正行进在中国特色社会主义的康庄大道上,经济社会的快速发展需要军人更加坚定维护国家利益的信念。但是,我们应当看到,随着经济社会的深刻变革和我军建设环境的日益开放,各种思想文化交汇交融交锋,思想活动的独立性、选择性、多变性、差异性明显增强,社会上一些错误的落后的东西不可避免地会渗透到军队中来,对官兵的理想信念产生消极的影响。与之同时,国际政治和思想文化领域的斗争更加激烈,一些西方国家从未放弃对我实施"西化"、"分化"战略,各种敌对势力加紧在意识形态领域进行渗透破坏活动,极力鼓吹"军队非党化、非政治化"和"军队国家化",西方一些国家甚至打出了"利益无国界"、"民族国家过时"的旗号,妄图淡化与遮掩意识形态斗争的复杂性、尖锐性。对此,我们要清醒地认识到无论全球化如何发展,民族国家依然是国际交往的行为主体,国家利益依然是国际竞争的焦点,民族国家的界线不会因为全球化而消失,爱国主义的价值反而会因为全球化得到进一步的凸显。新世纪新阶段,党和人民赋予我军的任务更加繁重,维护国家利益的责任更加重大。当代革命军人一定要适应新形势、实现新发展,坚持以先进的思想为指导、用科学的理论来武装,进一步铸牢军魂,锻造合格的政治品格,坚决抵制西方敌对势力对我国实施的"西化"、"分化"战略图谋,确保我军始终成为坚定维护国家利益的坚强后盾。

3. 倡导包容开放的爱国主义精神

全球化时代的爱国主义不是狭隘的爱国主义,更不是极端民族主义,而是具有世界眼光的包容开放的爱国主义。在中国近代史上,林则徐既是第一位带头起来反抗西方殖民主义侵略的民族英雄,也是一位较早开眼看世界并主张学习西方先进思想的爱国主义者。他领导的禁烟斗争,向世界表明了中国人民对鸦片烟毒的深恶痛绝和反抗外国侵略的坚强决心,表明中华民族是一个热爱自由、不畏强暴的民族,由此也揭开了中国近代民主革命的序幕。同时,作为中国近代启蒙思想的先驱,林则徐学习外语以关注和研究外部世界,组织译员翻译各国历史地理,编成《四洲志》,为打破当时清政府闭关锁国、落后封闭的社会状态注入了新鲜的血液。这给我们的启示是,在高新技术飞速发展的今天,我们更是不可关起门来搞建设,只有在继承和发扬中华民族的优秀成果的基础上,吸收和借鉴世界各国创造的一切文明,才能实现中华民族的伟大复兴。因此,当代革命军人一方面要自觉维护中国的国格,在祖国不够富裕的时候不妄自菲薄,在强权压力面前不奴颜婢膝,在金钱地位诱惑下不做丧失国格人格的事,在侵略者的武力威胁下不屈服投降;另一方面,又应该树立起世界眼光和历史眼光,自觉将爱国主义、人道主义和国际主义统一起来,响应国家号召积极参与国际维和活动和国际人道主义救援活动,提升我军的国际形象,从而为维护国际和平作出应有的贡献。当前,我军对外军事交流合作十分频繁,中国军队越来越融入国际军事的大舞台。在这种情况下,参与对外交往的中国军人尤其要珍惜机会,应该注意在一言一行中塑造新时期中国军人有信念、有能力、有道德的良好形象,让世界更加直观、全面地了解中国,了解中国军队。

三、化爱国之心为报国之行

毛泽东说过:"如果有了正确的理论,只是把它束之高阁,并不实行,那么,这种理论再好也没有意义。"我国学者万俊人说:"爱国不是一种抽象的政治伦理口号,更不是一种简单的意识形态宣传,而是一种有着真实而丰富内容的实质性政治美德和公民美德……每一个国家公民都必须懂得,我们不仅要公平分享国家利益,要求国家、政府和执政党合法、正当、有效地保护我们的基本权利及其充分实

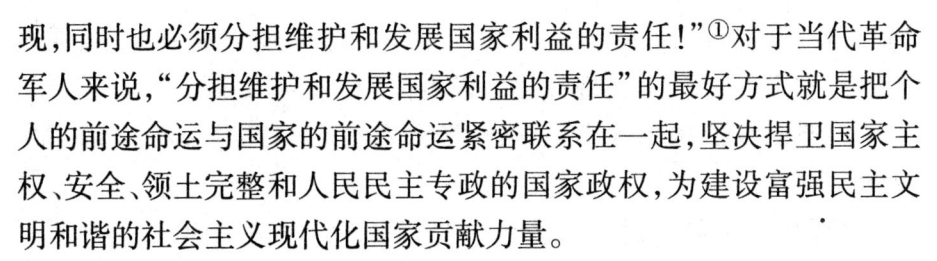

现,同时也必须分担维护和发展国家利益的责任!"[1]对于当代革命军人来说,"分担维护和发展国家利益的责任"的最好方式就是把个人的前途命运与国家的前途命运紧密联系在一起,坚决捍卫国家主权、安全、领土完整和人民民主专政的国家政权,为建设富强民主文明和谐的社会主义现代化国家贡献力量。

1. 把个人的前途命运与国家的前途命运紧密联系在一起

天下兴亡,匹夫有责。国家的兴衰与每个人的前途命运息息相关。国家积弱,其民必哀;国家强盛,其民必荣。正如修昔底德所言:"一个人在私人生活中,无论怎样富裕,如果他的国家被破坏了的话,也一定会牵入普遍的毁灭中;但是只要国家本身安全的话,个人就有更多机会从私人的不幸中恢复过来。"[2]涂尔干也指出:"国家越强大,个人就会越受到尊重。"[3]的确,国家与民族的强大是个人发展进步的前提,每个人都应当把个人的前途命运与国家的前途命运紧密联系在一起,自觉地将爱国主义作为自己的道德理想与价值追求,并把这种崇高的理想与追求自觉化为报效国家的行动。当前,国际形势复杂多变,我国社会也处在深刻变革之中,国家安全问题的综合性、复杂性、多变性不断增强。新的形势和任务,对全面履行我军历史使命提出了更高要求。能不能履行好党和人民赋予我们的神圣使命,关系到党的执政地位的巩固,关系到国家的长治久安,关系到全面建设小康社会目标的实现。当代革命军人一定要充分认清国家安全形势的新发展新变化,认清维护国家安全和发展利益面临的新问题新挑战,全面提高应对多种安全威胁、完成多样化军事任务的能

---

[1] 万俊人:《爱国主义是首要的公民美德》,载《道德与文明》2009年第5期。

[2] [古希腊]修昔底德:《伯罗奔尼撒战争史》,第145页,商务印书馆1960年版。

[3] [法]爱弥尔·涂尔干:《职业伦理与公民道德》,第62页,上海人民出版社2001年版。

力,自觉把自己的命运与国家兴亡、中华民族的复兴联系起来,投入到轰轰烈烈的社会主义现代化建设洪流中去。

2.坚决捍卫国家主权、安全、领土完整和人民民主专政的国家政权

"风尘三尺剑,社稷一戎衣"。当代革命军人将国家安危与人民幸福系于一身,在享有崇高的职业荣誉的同时,更肩负着捍卫国家主权、安全、领土完整和人民民主专政的国家政权的社会责任。对于军人来说,为保卫国家利益而牺牲奉献,既是一种社会责任,也是一个人的"实体性的义务"。"他有义务接受危险和牺牲,无论生命财产方面,或是意见和一切天然属于日常生活的方面,以保存这种实体性的个体性,即国家的独立和主权。"[①]当今时代,国家利益的发展出现了许多新情况、新特点:世界多极化曲折发展,国际战略格局正经历重大而深刻的调整;西方对我防范遏制力度加大,西方国家不愿看到我国发展壮大,处心积虑牵制和阻挠我国发展,从政治、经济、军事等各个领域频频向我出招;周边地区不稳定因素增多,美国"重返亚洲"使我国周边安全环境更加复杂敏感;一些国家与我领土领海争端频发;西方国家加紧对我实施"西化"、"分化"战略,敌对势力颠覆破坏活动一刻没有停止。对此,我们必须拓展安全战略和军事战略视野,不仅要关注和维护国家生存利益,还要关注和维护国家发展利益,不仅要关注和维护领土安全、领海安全、领空安全,还要关注和维护海洋安全、太空安全、电磁空间安全以及其他方面的国家安全。为此,革命军人应当强化报效国家的意识,提高应对危机、维护和平,遏制战争、打赢战争的能力素质,以便更好地维护国家安全、捍卫国家主权和领土完整,发挥好维护世界和平的作用。

3.为建设富强民主文明和谐的社会主义现代化国家贡献力量

为建设富强民主文明和谐的社会主义现代化国家贡献力量,是我军官兵报效国家的鲜明特色和重要内容。长期以来,我军官兵怀

[①] [德]黑格尔:《法哲学原理》,第240页,商务印书馆1996年版。

着丹心报国的壮志豪情,为国家的独立和富强、民族的解放和复兴,进行了最热忱、最忠勇的斗争。新形势下,我军作为社会主义祖国的钢铁长城,人民民主专政的坚强柱石,建设中国特色社会主义的重要力量,担负着为建设富强民主文明和谐的社会主义现代化国家、实现中华民族伟大复兴提供强大安全保障的职能使命。当前,我国正在全面建设小康社会,加快推进社会主义现代化建设。我军既要把国家主权和安全放在第一位,履行好维护国家主权、统一和稳定的神圣职责,从而为中国特色社会主义事业提供安全保障,又要积极支持和参与改革开放和现代化建设,为建设富强民主文明和谐的社会主义现代化国家作出应有贡献。广大官兵必须以强国富民为己任,自觉服从服务于党和国家工作大局,在全面建设小康社会的伟大进程中充分发挥智力、人力、技术等优势,积极参加和支援地方经济建设,带头践行社会主义核心价值体系,积极传播社会主义新思想新道德新风尚,发扬我军拥政爱民的优良传统,努力在社会主义新农村建设、生态建设和环境保护、国家重点工程建设中担当重任,勇于在抢险救灾等急难险重任务中当先锋、打头阵,为民造福、为国兴利,同时还要发扬我军战斗队、工作队、宣传队的优良传统,积极配合地方党委政府,做好维护社会稳定的工作,严密防范和坚决打击各种敌对势力的渗透破坏活动,坚决捍卫国家安宁、社会安定,坚决保卫人民的和平劳动和幸福生活。

下篇
军人核心价值观的道德维度

第六章

职业道德与军人核心价值观

在整个社会职业系统中,军人职业是一种古老而光荣的职业。军人职业所具有的高风险性、社会责任感与整体感,使之带有其他职业不具备的独特属性,因而也具有不同的职业道德要求。军人职业道德是军人核心价值观的集中体现:核心价值观既是一种道德标准又是一种道德理想,而军人核心价值观的道德目的就是为职业军人提供基本的行为规范。要赢得未来信息化战争,就必须研究信息化条件下战争形态变化的特点规律及其对军人职业道德建设的影响,探索与信息化战争相适应的军人职业道德规范,从而确立起培育军人核心价值观的理论基础。

第一节 职业道德概述

历史地看,职业是社会分工的产物;自从出现了职业,同时也就产生了相应的职业道德。"有了分工,个人才会摆脱孤立的状态,而形成相互间的联系;有了分工,人们才会同舟共济,而不一意孤行。"[1]所谓职业道德是指在一定职业活动中所应遵循的具有自身职业特征的道德规范。职业道德强调用理性规范调节职业活动中的各种道德关系,从而具有不同于其他类型道德的性质特点,同时也具有独特的社会功用。

---

① [法]爱弥尔·涂尔干:《社会分工论》,第24页,三联书店2000年版。

一、职业的道德属性

职业是人类社会发展到一定阶段的产物。在某种意义上,人类社会的发展进步就是建立在不同职业之间的分工合作基础上:"分工"意味着各司其职,"合作"则要求共同承担责任。显然,职业具有内在的道德属性,这是职业之所以存在并得以不断发展的根本原因。

法国社会学家涂尔干从现代性的角度深刻地解释了分工形成的社会基础以及分工特有的社会功能,从而较为全面地阐发了职业产生的历史根源及其道德本性。涂尔干认为,社会分工不会导致社会的失序,相反,社会分工所产生的职业化有利于社会团结。他说:"分工绝不会造成社会的肢解和崩溃,它的各个部分的功能都彼此充分地联系在一起,倾向于形成一种平衡,形成一种自我调节机制。"[①]这里所说的"自我调节机制",就是每一种职业自身都应该具有的道德要求。为什么职业产生的同时也就产生了职业道德?这就得考察职业的道德本性。

职业群体不同于家庭成员,职业群体的产生源自家庭成员的分化。在人类的历史演化进程中,家庭发挥着不可取代的作用,基于血缘亲情关系上的家庭成员不仅维系着本家族的生存发展,而且也是推动社会共同体生存发展的基本力量。这在农业社会的自给自足经济形态下尤其如此。在这个阶段,家庭或者家族还只是一个直接的生产组织,农民跳不出血缘关系,也无法追求家族之外的利益或权利。在家庭生活中,这种血缘关系很容易把个人集中起来,在家长威权的支配下彼此不同的意见与利益也比较容易调和,因此能够营造一种特别和谐的道德氛围。在这个意义上,家庭在人类道德生活史上扮演了十分重要的角色,它不仅是"自我牺牲和自我克制的课

[①] [法]爱弥尔·涂尔干:《社会分工论》,第二版序言,第16页,三联书店2000年版。

堂",而且是"至高无上的道德圣地"①。但是,随着社会化进程的加快,家庭成员逐渐发现家庭生活的局促性,他们开始谋求更大的发展空间和更加稳定的生活样式,而多样化的职业恰好能够满足这种需要。那么,职业生活取代家庭生活,是否会对道德生活产生消极影响呢?不会。从家庭出走的成员在成为职业人之后,虽然撇开血缘伦理的规约,但却重新获得了一种新的道德生活方式,这种道德生活将个人从狭隘的家庭中引导出来进入到宽广的社会共同生活中,从而为个人提供了更为丰富的精神资源和道德力量。

当然,职业群体虽然试图从家庭关系中集体走出来,但较早的职业活动仍然同家庭有着密切的关联。起先,刚刚从家庭中脱开来的职业活动者并非严格意义上的"职业人",其充其量只能算是一个走出家庭到社会上谋生的活跃分子。在这个意义上,法人团体就只不过是家族模式的扩大化而已,其经营方式虽然发生了一些变化,但其本质上还是家族的继承者,家族依然在经济生活中处于支配的地位。但是,随着农业与手工业的分离,人们所涉足的社会领域更加宽广,"出现了直接以交换为目的的生产,即商品生产;随之而来的是贸易,不仅有部落内部和部落边境的贸易,而且海外贸易业也有了"②。当对外贸易发展起来之后,真正的职业活动便开始深刻地影响到了人们的生活。一旦人们要以贸易为生,就得走出家族之外去寻找买主,从而与其同行发生关系。于是,一种新的行为方式就确立起来,同时,人们必定需要创设一种新的组织结构来适应并驾驭这种新的行为方式。这样,行业组织就应运而生,职业群体便宣告诞生,职业人也就成为一种新的人的类型。

新的人的类型或职业群体的产生,意味着一种新的道德生活方式的诞生。对此,涂尔干说得十分明白:"在任何群体形成之处,都

---

① [法]爱弥尔·涂尔干:《社会分工论》,第二版序言,第18页,三联书店2000年版。

② 《马克思恩格斯选集》第4卷,第163~164页,人民出版社1995年版。

会形成一种道德原则……群体不只是规定其成员生活的一种道德权威，它更是生活本身的源泉。"①由于职业群体承担着如此巨大的道德影响力，这意味着职业人深入社会公共生活的愿望越是强烈，就越是需要发挥其规范或规制社会生活的能力。在这里，职业群体无疑是国家与个人之间的中介，人们通过自己的职业活动可以将国家意志与个人愿望有机地联结起来。这种情况在经济生活中体现得尤为充分。我们知道，在人类最早的社会组织模式当中，家庭通过普遍的财产制度和遗产制度维持着人们的经济生活，在这种原始的家庭形态解体之后，职业团体代而行使这一功能。在职业团体那里，"群体可以像家庭一样维持统一性，把财产管理和经营起来，或者在每个人死后把财产接收下来，再传递给某个人，让这个人继续经营财产以图发展……国家已经不能再承担经济事务了，因为经济本身对它来说太专业了。只有职业群体才能胜任这项任务……"②

显然，在人类历史发展的早期，我们可以发现职业群体这一道德特性：某个特殊的职业群体往往能够营造出一种特殊的道德环境，这种道德环境实际上就是"人以群分"的内在原因。在社会发展过程中，一部分人发现他们拥有其他人所不具备的观念、利益与情感，职业分工也有差异，这些相似性强烈地使得彼此相互吸引、相互交往与相互融合，从而慢慢形成了一个独特的群体。从根本上说，历史上任何一个群体的生成都具有其道德基础，群体生活本质上就是一种道德生活。职业群体的存在和发展更是如此，随着社会职业化程度的提高，职业的道德要求也会随之更加严格。涂尔干这样描述职业的道德特点："社会需要一种限制作用来迫使人们超越自身，在其物质本性之上又加上了一种其他的本性，但是，人们一旦尝到了新生活的

---

① [法]爱弥尔·涂尔干：《社会分工论》，第二版序言，第38页，三联书店2000年版。

② [法]爱弥尔·涂尔干：《社会分工论》，第二版序言，第43页，三联书店2000年版。

甜头，便开始越发需要这种生活了；人们迫不及待地寻觅着每一个生活领域。这就是为什么人们一旦发现共同利益并联合起来的时候，他们不仅维护自身利益，而且还互助合作，共同避开来犯之敌，为的是进一步享受彼此交往的乐趣，与其他人共同感受生活，归根结底就是一种共同的道德生活。"①

总之，职业的产生就伴随着道德上的责任，职业生活本质上就是一种道德生活。任何一种职业都内蕴着特殊的道德要求，职业的道德特性反过来又推动职业团体的发展。关于这一点，从职业道德的本质特点与社会功用中可以得到进一步的说明。

二、职业道德的特点

职业道德是一种群体道德，其强调职业行为的正当，提倡职业人以自由和自觉的方式遵守本行业的行为规范，维持并发展同伴之间的道德关系。职业道德的主要特点表现在纪律性、群体性、多样性与独立性等几个方面。

1. 职业道德的纪律性

多戈夫与洛温伯格等在《社会工作伦理实务工作指南》一书中说："只要是触及人们的生活、生存和福祉，就必然会出现道德问题。对于社会工作者日复一日的工作来说，道德问题是不可避免的。"②的确，没有道德上的纪律约束，任何社会活动形式都不会存在。③ 对于职业活动来说，道德纪律是维系职业群体作为一个独特之整体的根本所在。如若缺乏基本的道德纪律约束，群体便不会存在，更不会

---

① [法]爱弥尔·涂尔干：《社会分工论》，第二版序言，第27页，三联书店2000年版。

② [美]拉尔夫·多戈夫、弗兰克·M.洛温伯格等：《社会工作伦理实务工作指南》，中国人民大学出版社2005年版。

③ 参见[法]爱弥尔·涂尔干：《职业伦理与公民道德》，第16页，上海人民出版社2001年版。

出现任何意义上的职业活动。实际上,在职业活动制定必要的道德纪律,目的是维系个体与整体之间的良好关系。任何一个整体都由个体集合而成,为了让这一整体存续下去,作为要素的个体就必须通过特定的行为方式来维持整体的生存与发展。一般而言,个体并不都能够自觉地意识到整体的利益之所在,个体也无法像关注自身利益那样去关照整体的利益。这时,就必须制定相应的道德规范,标示出个体行为的界限,告之其如何处理与同行者的关系,什么是不正当的行为,以及个体为群体应当承担什么样的责任等,引导甚至迫使个体去尊重整体的利益。对于个体来说,这种职业纪律约束既存在于自身之外,同时又对其行为起着支配作用。正是拥有这样的道德纪律,职业活动方能得以实现。

2. 职业道德的多样性

一般地说,道德随着践行道德的能动者之不同而发生变化,因而呈现出不同的道德类型。然而,对于某一类型的道德来说,无论道德行为主体如何变化,其自身具有同一性:除了主要内容相对固定之外,基本的道德规则、内在的道德标准与最终的道德目的无不具有稳定性。但是,作为一种独特的道德类型,职业道德不同于其他类型道德的最为显著的特点是其多样性,可以说,有多少种职业就有多少种职业道德。正如涂尔干指出的那样:"作为一名教授,我不必去履行商人的义务。企业家的义务与士兵的义务,士兵的义务与牧师的义务也迥然不同……有多少不同的天职,就有多少种道德形式……"[①]比如,科学家的义务就是诉诸批评,并用理想而非权威来统摄判断,因此就必须具有一种相当开放的心态,即实事求是的科学精神。比较而言,军人的职业道德就带有非常苛刻的强制性,其必须在规定的范围内令行禁止,且必须将服从命令视为天职。还比如,医生对于特殊的患者倾向于隐瞒病情的严酷程度,甚至有时必须刻意说

---

① [法]爱弥尔·涂尔干:《职业伦理与公民道德》,第7页,上海人民出版社2001年版。

谎以稳定患者情绪,而其他职业者却要求保持基本的诚信度。如此等等。据此,涂尔干将职业道德称之为"道德特殊主义",因为这种道德没有为个体道德留下任何地盘,而纯粹是职业群体的道德要求,且这种道德随着践行者所从事职业的不同而拥有完全不同的形式。

3. 职业道德的群体性

职业道德的每一个分支都是职业群体的产物,职业道德因而具有鲜明的群体性特点。在这个意义上,同样作为社会性而非个体性的道德类型,职业道德既不同于家庭道德,亦区别于公民道德。涂尔干深刻地揭示了职业道德的这一特点,他指出:"一旦这样的群体形成,任何事物都阻挡不了这种恰如其分的道德生活演化下去,同时,这种生活也成了促使它产生的特定条件的标志。所以,如果人们没有这种通过密切联系创造出来的整体感,就不可能生活在一起,也不可能同舟共济,他们情不自禁地依附于这个整体,与其休戚与共,用行动去报答它。这种对超出个体范围的事物的依附,对个体所属的群体利益的依附,是所有道德生活的源泉。这样的整体感变得越来越强烈,最终被应用于共同生活的事务,共同生活成为最平常、最重要的生活,也变成了各种程式,而且比其他程式更明确。由此,我们获得了道德规范的整体,它的基础也正在成形。"[①]这样,从职业活动中生发出来的道德活动就变得社会化了,整个社会因之受益匪浅。可见,道德活动不能完全交付个体,那样只会造成混乱无序的局面。通过职业道德来处理个体与社会的关系,乃是现实社会的最佳选择,这既有利于社会,也不会伤害个体。个体会在集体根基的庇护下找到自己的优势,使自己安居乐业;因为在他看来,无政府状态也会给他带来痛苦。

---

① [法]爱弥尔·涂尔干:《职业伦理与公民道德》,第27页,上海人民出版社2001年版。

4. 职业道德的独立性

在一定程度上,职业道德是一个相对独立的道德规范体系,其作为一种特殊道德类型,既有别于其他社会道德,各个分支的道德要求也迥然有别,因为"对每一种职业来说,都要制定一系列规范,来确定所需要的工作量,对各种人员所付的适当报酬,他们对共同体应负的责任,以及彼此应负的责任,等等"[1]。就前一种情况来看,虽然职业道德从理论基础方面得益于其他道德所提供的价值资源,但其主导原则、具体规范与理想追求等都具有唯一性,甚至"无视公众意识对它的看法"[2]。对于一般的道德规范,公众舆论都可以发表看法,无论是颂扬其崇高还是苛责其失落,皆无不可。然而,除了较为笼统的议论之外,舆论往往无法对具体职业行为作出严格的评价,因为这些职业行为并非为所有社会成员共有,人们也就不能准确地辨别职业行为的正当与否。只有当某一种职业活动侵犯到公众的生命安全与基本权利的时候,社会舆论才可以作出严厉批评,甚至可以通过诉诸法律来惩罚职业活动的不道德行为。就后一种情况来看,职业道德内部各个分支也是相互独立的,军人履行军事职责的时候,一般无需照顾社会民众的看法,同样,教师职业所推崇的"传道授业解惑",也完全不能指望公务员在自身职业活动中得到遵循。实际上,职业道德的独立性反映了职业生活本身的道德追求,这种道德追求使得职业人能够在进行职业活动的过程中同时确立起生活的意义与价值。正如涂尔干所说:"当个体拥有同样的利益,他们的目的就不仅在于维护这些利益,或通过同伴之间的结合来保证自身的发展。甚至说,他们结合在一起,只是为了快乐,他们可以融入同伴之中,不再会感到在他们的对手中迷失自己,这种快乐也是共同生活的快乐,简

---

[1] [法]爱弥尔·涂尔干:《社会分工论》,第二版序言,第42页,三联书店2000年版。

[2] [法]爱弥尔·涂尔干:《职业伦理与公民道德》,第8页,上海人民出版社2001年版。

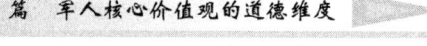

言之,就是用同样的道德目标来引导他们的生活。"①

三、职业道德的社会功用

涂尔干研究社会分工与职业的关系秉持着一个独特的问题意识:"为什么个人越变得自主,他就越来越依赖社会?为什么在个人不断膨胀的同时,他与社会的联系却越来越紧密?"②这种问题意识在涂尔干著名的《职业伦理与公民道德》一书中得到了更为明确的揭示:"道德的根本功能是帮助人们彼此适应,从而保证群体的平衡和发展……道德的真正目的是让个体感到他不是一个整体,而是整体的一部分,通过对比周围环境的扩展,让个体感觉到他自己无足轻重。既然社会是这个环境的唯一范围,是直接的范围,道德的结果就是使社会获得存在的可能性。"③涂尔干认识到,人类进入现代社会以来物质生活得到了极大地提高,但同时道德失范问题也日益突出;要从根本上消除道德失范所带来的社会混乱,就必须探究社会分化的内在根源和社会分工的原因及其对职业道德的影响,通过职业群体的组织方式整合社会问题,恢复社会正常秩序,彻底拯救日趋败落的伦理道德。在涂尔干看来,职业道德是"将个体维系于由个体组成的群体的纽带,将个体维系于所有与群体有关的事物的纽带",在此职业道德乃是一种社会情感与集体期许,是"我们共同持有和尊重的传统,它们可以为规范赋予意义和生命,照亮个体运用规范的路径"④。为此,涂尔干赋予了职业道德很高的期许,其不仅是规制职

---

① [法]爱弥尔·涂尔干:《职业伦理与公民道德》,第28页,上海人民出版社2001年版。

② [法]爱弥尔·涂尔干:《社会分工论》,第一版序言,第11页,三联书店2000年版。

③ [法]爱弥尔·涂尔干:《职业伦理与公民道德》,第291页,上海人民出版社2001年版。

④ [法]爱弥尔·涂尔干:《职业伦理与公民道德》,第32页,上海人民出版社2001年版。

业行为的规范,同时也承担着重建社会秩序的责任。简单地说,职业道德扮演着"人格化权威"或"法律仲裁人"的角色,它一方面负责解决人们的利益纠纷,划定人们应该各自遵守的界限,另一方面还承担着维护社会秩序与世界和平的责任。[1] 那么,职业道德何以能够担负着如此的责任?其本质要求又是什么?这些问题既可以从职业产生的原因中得到解释,又能够从职业自身的发展中得到揭示。

社会分化不是为了分裂社会,而是为了整合社会秩序,同样,职业的产生也是为了有效地增加社会的整体利益。在这个意义上,职业道德的一个基本的社会功能就是通过特定的规范方式确保整体存续下去,从而增强社会的整体感。[2] 比如,在经济活动中,就尤其需要一种强有力的道德规范来约束"经济人"的交易行为,从而使经济活动有助于提高整个社会的福祉。"生产并不是一切,倘若工业只能通过维持生产者之间永无休止的争斗和无法满足的欲望来提高产量,那么它所带来的邪恶也就无法调和了……假如工业为了实现其生产目的,必须破坏和平、引发战争的话,那么它就没有什么价值可言了。"[3]所以,经济功能本身不是目的,而是实现更高目的的手段。于是,要使得作为社会生活的一个器官的经济生活有助于推进社会整体的利益,就必须制定相应的职业规则,把从事经济活动的个体的心灵与意志凝聚起来,引导其为社会共同的目标而工作。

涂尔干认为,社会分工与职业的出现和所谓的"道德密度"相关。他说:"如果我们把人们的相互结合及其所产生的非常活跃的交换关系说成是动力密度或道德密度的话,那么分工的发展直接与

---

[1] 参见[法]爱弥尔·涂尔干:《社会分工论》,第二版序言,第17页,三联书店2000年版。

[2] 参见[法]爱弥尔·涂尔干:《职业伦理与公民道德》,第16页,上海人民出版社2001年版。

[3] [法]爱弥尔·涂尔干:《职业伦理与公民道德》,第18页,上海人民出版社2001年版。

这种密度成正比关系。"①什么是"道德密度",涂尔干没有作过多说明,但其主要意思是指个人之间相互结合的程度,即社会团结的程度。个人之间越是紧密地结合在一起,道德密度越大,社会分化的程度就越高,职业分化的程度也就越是发达。

职业的发展进程反映出职业道德在社会变迁中的作用。涂尔干说:"随着社会规模不断扩大,所有权也在发生变化并呈现出一种集中化趋势,如果社会容量和密度不断增加使我们有必要进一步改变它,我们就能够预先估计到它的变化,并借此预先作出准备。"②在历史发展进程中,这种相关性原理体现得非常明显,我们可以从几个方面来检视道德密度与社会发展之间的关联。首先,道德密度推动了人口的增长。在工业社会出现之前,不管是农耕生产还是游牧狩猎,人们之间的联系都十分有限,将人与人聚集起来的精神纽带几乎完全依靠血缘与亲情。在这种社会状态,人们迫于生计,一般寻求固定有序的生活方式,社会空间狭小,社会交往稀疏,人口密度稀薄,整个社会处在一种自然而有限的联系之中。但随着相互交往的扩大,人与人之间的关联度更大了,人们发现他们往往处在一个利益攸关的社会网络当中,彼此再也无法彻底地分开来。与之同时社会信任度也得到了增强,不同人群甚至是不同种族之间开始实现通婚,这极大地提高了人口繁衍的速度。其次,道德密度促进了城镇的发展。客观而言,城镇的出现乃是一系列社会变化促成的结果,其中尤其不能忽视人口增长与人际之间紧密互动这一必要条件。人际交往日益频繁的一个直接结果就是城镇的出现,大量外来移民的涌入既促进人与人之间关系的发展,同时也加速了城镇的发展。另外,道德密度也加速了沟通手段与传播方式的变革,这种变革无疑是适应人际之间

---

① [法]爱弥尔·涂尔干:《社会分工论》,第214页,三联书店2000年版。

② [法]爱弥尔·涂尔干:《社会分工论》,第一版序言,第8页,三联书店2000年版。

无障碍互动的必然结果。

第二节　军人职业道德规范

军人职业与其他职业最大的不同是军人必须面对战争。战争是对立意志之间的冲突,是不同信仰之间的斗争,胜利属于打垮敌人意志、摧毁敌人信仰的一方。显然,要完成这样的作战任务,军人必须具有一些基本的职业道德规范。在较早步入职业化的西方国家军队中,军人职业道德建设已经积累起来一些经验,在理论认识上也达到了一定的高度。如美军认为:"军人职业包括两种类型的要求,一个是专业要求,即军队要做什么。另一个是品德要求,即对国家的义务,两者紧密相连。"①这里,所谓的"对国家的义务"就是军人的职业道德要求,而要达到"专业要求",同样也需要军人具备基本的职业道德,甚至这一"专业要求"本身就是军人职业道德的内容。这里,我们希望通过考察军人职业的历史起源及其内在规定性,来把握军人职业道德的基本要求,以为我军的职业道德建设提供理论基础。

一、军人职业的历史考察

历史地看,职业是随着人类文明发展而产生的社会现象。随着人类活动领域的扩大与深化,单一的社会群体无法承担与完成整个社会事务,这表明只有通过社会性的分工协作才能达成有效的社会治理。军事活动是人类实践活动的重要方面,它能够满足社会发展的特定需要,即维护某一具体社会的安全发展,为其提供利益保障并拓展其利益诉求,乃至最终改变文明的发展方向。②需要指出的是,

---

① 转引自总政治部联络部:《美军军官》,第27页,解放军出版社2008年版。

② 参见谈远平、康经彪:《战争哲学》,第289~290页,扬智文化事业股份有限公司2004年版。

军事活动是一种特殊的实践方式,专门从事军事活动的职业人群,即职业军人亦具有不同于其他社会群体的特殊性,其最大的特点就是军人以"保家卫国"为其天职,维护其所归属的国家民族或共同体的安全稳定,乃是最为重要的职责所系。也就是说,军人职业较之其他职业类型具有更少的功利主义诉求而具有更多的危险性,它不以单纯的谋生为目的,其从事的活动是一种义务性行为,所追求的乃是"自身之外"的他者的利益与权利。

那么,军事活动何以能够产生并渐次成为一种独特的职业类型?按照英国空军少将约翰·唐尼的说法,军事职业的真正起源略早于1800年,过了将近一个世纪之后达到高度职业化程度。在达到职业化之前,阶级出身的差别在军官职业中起着主导作用。[①] 我们来回顾一下这个历史发展过程及其基本面貌。

在古代,士兵与平民融为一体:战时全民皆兵,战事结束则回归日常生活。正如布劳迪指出的那样:"市民扔下锄头,离开田地去战斗,在危急过后再重返家园。"[②]当然,这种情况并没有否定一定数量专职军人的存在,只是尚未出现专门从事军事活动的固定职业。在古希腊时期,"战士"即是"平民战士"而非职业军人,只有在成为一名城邦之公民的意义上,参与战斗的士兵才能获得某种程度上的认同与相应的社会地位,"即使在军事化程度最高的斯巴达,军事训练也主要是被用来作为文化启蒙和发展的一部分,而不是国家要实现的政策目标"[③]。在柏拉图看来,职业士兵不可能具有真正的战斗力,因为那需要高尚的道德以及对集体的忠诚,而职业士兵充其量也

---

① 参见[美]约翰·唐尼等:《军队管理——军事职业剖析》,第122页,解放军出版社1987年版。
② [美]里奥·布劳迪:《从骑士精神到恐怖主义——战争和男性气质的变迁》,第46页,东方出版社2007年版。
③ [美]里奥·布劳迪:《从骑士精神到恐怖主义——战争和男性气质的变迁》,第46页,东方出版社2007年版。

不过是具备一些缺乏灵魂的战斗技能,而在最糟糕的情况下甚至只是热衷于炫耀。① 正因为这样,柏拉图坚持认为作为非职业军人的苏格拉底较之那些华而不实的职业士兵,具有更加值得敬重的品质,因为前者所体现出来的勇气比职业士兵的军事知识与军事技能更加具有维护人类共同体生存发展的价值。古罗马早期基本上接受古希腊的平民战士理想,但为了适应不断对外扩张的需要,罗马帝国的军队逐渐成为一个高度职业化的组织,由职业士兵、应征士兵和雇佣兵组成的罗马军团代表着西方最早的军事职业化形象。

从16世纪开始,新式火药武器、新式防御工事和更大规模军队的出现,极大地推动了军事职业的发展,人们开始把军事职业理解为一种消除异己力量以保证民族共同体生存发展的活动形式。"战争是民族成见得以形成的力量源泉,反过来民族成见又煽动新的战争,特别是战争宣传为了将冲突正当化,往往将敌人定义为反基督教者、异端或者他人……一个国家如果过于强调民族的'纯洁性',势必会将它的敌人看做劣等人种,并企图将敌人的肉体和文化一并消灭。"② 在这种观念的支配下,随后的几百年时间里所进行的武装冲突,从16世纪早期西班牙征服者焚烧玛雅文化古籍,到20世纪的法西斯主义妄图一统天下的罪恶行径,都可以被视为是"正义力量"与"邪恶力量"的较量。

在古代,武士与其他部落成员没有任何区别,在必要时准备战斗,当战争结束时就回归故里。但是,在现代社会战争逐渐成为士兵的专职使命而与平民无关。③ 这意味着军事活动逐步成为一种特殊

---

① 参见[美]里奥·布劳迪:《从骑士精神到恐怖主义——战争和男性气质的变迁》,第49~50页,东方出版社2007年版。

② [美]里奥·布劳迪:《从骑士精神到恐怖主义——战争和男性气质的变迁》,第152~153页,东方出版社2007年版。

③ 参见[美]里奥·布劳迪:《从骑士精神到恐怖主义——战争和男性气质的变迁》,第146页,东方出版社2007年版。

的职业,这可以从梳理"战士"一词内涵的变迁当中明确地反映出来。在现代社会的早期,贵族依然是战士最重要的来源,号称为"武士"。对此,有人做过的统计表明:16世纪英格兰有75%的男性贵族参加过战争,虽然这一数字在一个世纪之后下降为20%。① 然而,由于武士阶层的固化与堕落,士兵的构成也随之发生了极大的变化,那些以家道中落之贵族所构成的军人主体逐渐失去了往日的光环,转而被人们视为"民族的糟粕"与"社会的渣滓",军队则被看成一个"牢笼",以至于人们认为文明社会要获得发展,就必须将平民同这些粗鲁的人隔绝开来。这种看法在那个时期的文艺作品当中得到充分的反映。

但是,军队追求贵族光辉色彩的努力始终没有因此停止,许多士兵奔赴战场仍然是一种远大抱负的体现,他们追逐阶级荣誉感、社会地位和因参军带来的财富,与之同时,一些国家的军官们也着手巩固新型军事等级体系。在民族国家创建的初期,战争乃是"为数不多的打破传统社会等级秩序的手段之一",下层人士要么通过战争出人头地,要么在战争中死去。② 法国大革命之后,军官团的贵族统治宣告无效,于是逐渐实行全民入伍。到了19世纪晚期,所有欧洲国家和美国都建立专门训练军官的军事学校,普遍兵役制的全民入伍以及"全民皆兵"的观念随之得以普及。③ 这样,从军就正在成为一种工作,所谓的"战士"就是专事战斗的人,战士也因其从事的工作赢得应有的社会地位。由于通过从事战斗可以获得向社会上层流动的机会,大量平民开始涌入到军队中去,他们不仅推动了军人职业的

---

① 参见[美]里奥·布劳迪:《从骑士精神到恐怖主义——战争和男性气质的变迁》,第154页,东方出版社2007年版。

② 参见[美]里奥·布劳迪:《从骑士精神到恐怖主义——战争和男性气质的变迁》,第158页,东方出版社2007年版。

③ 参见谈远平、康经彪:《战争哲学》,第359~360页,扬智文化事业股份有限公司2004年版。

形成,而且在一定程度上改变了人们对于军人的固有看法,从而修正了传统军人的负面形象。

从另一个角度看,军事技术的发展也使得军事职业化势在必行。欧洲工业革命之后,军事技术获得了长足的发展,受其影响,作战方式亦发生了较大的变化,作战指挥和参与战斗再也不能主要地依靠军人的强健体魄和勇敢精神,而必须得到专门的技术训练。线堂枪炮的杀伤威力、杀伤范围和射击精度的空前增强与提高,日益复杂的攻防战斗,以及协同陆海军、步炮兵的战场动作,无不需要指挥军官和参谋军官花费全部时间和精力学习、掌握战场指挥的专门知识。与之同时,武器装备的技术性能日趋复杂,所面对的战役战术的知识含量也在增加,这些也要求士兵必须经过专门的军事教育与军事训练才能很好地完成赋予的战斗任务。一句话,要赢得现代意义的战争既不能单凭匹夫之勇,亦不能纯粹依靠武器装备,而应该寻找到人与武器的结合点,这是军事职业化的本质所在。在这种意义上,军人乃是专业的军事人员,军事职业便从社会分工中独立出来,获得了自己的职业属性。正如黑格尔所说:"国家武装力量之成为常备军,以及负有卫国使命的特殊职业之成为一个等级,都是一种必然性,正如其他特殊环节、利益和职业之各成为一个身份或等级——婚姻身份、产业等级、政治等级、公务人员等级等等——也都是一种必然性一样。"[1]

总之,战争形态的变化催生了军事职业:"战争特点的变化、使用武器的变化、军队规模以及军事活动的数量和性质的变化,一并导致了军事组织的许多变动,这种变动的趋势向着不断增长的组织复杂性、日益精细的劳动分工和逐步加强的专门化。"[2]目前,西方发达国家的军队基本上都是职业化军队,我国也已经开启军队职业化的征程。

---

[1]　[德]黑格尔:《法哲学原理》,第343页,商务印书馆1996年版。
[2]　[美]查尔斯·H.科茨、罗兰·J.佩里格林:《军事社会学》,第83页,国防大学出版社1986年版。

二、军人职业的本质属性

以上从一个较为纯粹客观的视角对于军人职业的发展历程进行了宏观历史的考察,目的是呈现出军人作为一种人的特殊类型的精神面貌,进而把握军队作为社会力量体系内部发展的历史方位。显然,这种历史性考察虽然澄清了一些真实情况,但尚不足以掌握到军人职业的深层本质,这就要求我们从本体与方法上作出更加深入的探究。20世纪中期,当代美国著名学者萨缪尔·亨廷顿撰写的《士兵与国家》一书较为系统地探讨了军人职业的历史与理论问题,明确提出了"现代军官队伍是一个职业性的团体,而现代军官则是一个职业者"的观点。[①] 亨廷顿把专业度、责任感与整体感看做是衡量一个职业的标准,并以此深入分析了军人职业的特点规律。沿着亨廷顿的研究路径,我们这里着重从军事社会学的角度对军人职业作出简要的分析,以突出军人职业区别于其他职业的本质规定性所在。

1. 职业军人的专业度

严格意义上的职业军人,首先是掌握着有关军事活动专门知识的职业工作者。就当今一名职业军人的成长史来看,其一般先在军事院校接受较为系统的军事教育,在正规化管理中培养军人意识,使之能够胜任各种性质的指挥、参谋与技术任务。"军事院校……不仅是传授军事艺术,而且向青少年灌输思想和提供享有特权待遇的职业保障,来确保军官承担义务和效忠国家。"[②] 不过,在军事院校能够学习到的专门知识仍然是有限的,随着军事生涯的延长与继续,因所担负的职责与任务就要求其具备更加规范的知识与专长,以应付在其岗位上产生的各种问题。如果他表现卓越,还可能有机会处理涉及整个

---

① 参见[美]查尔斯·H.科茨、罗兰·J.佩里格林:《军事社会学》,第245页,国防大学出版社1986年版。
② [美]约翰·唐尼等:《军队管理——军事职业剖析》,第122页,解放军出版社1987年版。

军事机构的主要问题,甚至参与到国家决策上来。①可见,从职业军人的整个军事生涯而言,为之奠定基础、提供养分与指明方位的关键因素,就是其所拥有的有关军事活动的专业背景与专门知识,即专业度。

但是,上面描绘的"职业军人成长图"似乎仅仅适合职业军官所拥有的专业度,那么如何衡量与理解职业士兵的专业度问题?士兵毕竟构成了军队的多数,且职业士兵与非职业士兵之分野的关键就体现在双方所拥有的专业度之高低上。首先需要指出,许多参军入伍的士兵的确表现出一种对其服役的强烈兴趣与献身精神。只要客观上允许,出于这种入伍动机的士兵一般会一直留在军队直至退休。当然,这种士兵的数量毕竟有限,只有具有大量适应战争需要的掌握着各种技术知识的专门人才,真正构成了军事战斗力的核心,才有望形成一支职业化的军队。为此,入伍之后的士兵必须经过一段时间甚至是数年的专业训练,使之懂得胜任自己本职工作所需的一整套规范与要求,熟练地掌握许多正式与非正式的军事技能,甚至要求他们能够较为自如地处理一些日常公务,包括各种材料撰写、日常工作安排与应急事务处理等。事实上,军事技能主要是通过服役获得的,因此在业务能力方面不是所有的军官都高于士兵。"在完全正规化的军队中,很难认为一个军龄很长、受过高级训练、身经实战的老兵,其业务水平不如一个无经验的年轻军官。"②这样,职业士兵就不仅仅是战场上搏杀的"战士",而且还是军队建设发展的参与者与积极推动者。"职业士兵的主要贡献在于其双重作用:一是军事方面的能手,二是军事文化的负荷者。"③与之比较起来,非职业士兵就很难

---

① 参见[美]查尔斯·H.科茨、罗兰·J.佩里格林:《军事社会学》,第246页,国防大学出版社1986年版。

② [美]约翰·唐尼等:《军队管理——军事职业剖析》,第121页,解放军出版社1987年版。

③ [美]查尔斯·H.科茨、罗兰·J.佩里格林:《军事社会学》,第256页,国防大学出版社1986年版。

真正融入到军队生活中去,更不能指望他们将当兵视为一种自己认同的生活方式。这些非职业士兵也许能够掌握基本的军事技能和遵守军队的各项规章制度,但他们之所以这样做的前提条件是由于军队有严厉的制裁条例,因此无法做到献身军人职业。

2. 职业军人的责任感

职业军人的首要标志是其具备的专业度,但专门知识与技能的掌握却不能成为职业军人的唯一衡量标准,如果缺少对于军人职责的基本理解与情感认同,从军的经历将变成人生的一段插曲。"对军队中某些类别的人来说,军队生活只是他们成年职业生涯中的一段插曲。而对其他类别的人来说,他们把自己全部的生命、忠诚和义务义无反顾地奉献给军事职业。"[1]可见,在从事军事活动的人当中,只有那些真正自觉地承担保卫国家之责任者,方可以称之为职业军人。

大多数军事学家都赞同克劳塞维茨将军事视为政治之延续的观点,在此意义上军事职业活动乃属于社会政治活动范畴,即基本目的是维护和巩固国家政权,拓展国家利益,保护人民生命与财产的安全。这是军事职业区别于一般社会职业的重要特征。正是在这个意义上,《孙子兵法》开篇即道"兵者,国之大事,死生之地,存亡之道"。黑格尔说:"军人等级是负责保卫国家的普遍性的等级,它有义务使它本身中自在的理想性达到实存,即有义务牺牲自己……有教化民族的真实英勇在于准备为国牺牲,使个人成为只是多数人中的一个。在这里,重要的不是个人的胆量,而是在于被编入普遍物中。"[2]这里所说的"普遍物"即是指的"国家"。所以,正是从事关国家安全、社会稳定与人民安康的角度上,军事职业所承担责任的特殊性方能得到最好的体现。

但是,作为承担保家卫国之责任的军队虽然时刻准备拿起手中

---

[1] [美]查尔斯·H. 科茨、罗兰·J. 佩里格林:《军事社会学》,第262页,国防大学出版社1986年版。

[2] [德]黑格尔:《法哲学原理》,第343～344页,商务印书馆1996年版。

的武器打击外来之敌,并非就是通常意义上的好战分子。事实上,职业军人十分清楚战争意味着什么,因而往往倾向于把战争视为外交调节等和平手段已经失效的最后解决途径,并认为这也是由于自己作为职业工作者能够深入理解战争之意义的职责所系。对此,作为军队曾经的服役者,科茨与佩里格林说得非常明确:"与百姓的成见不同,军人把自己看做是战争的坚决反对者。通常他反对不顾后果的好战或侵略性的行动。只有在对结果有把握的时候,才能把诉诸战争当做最后的解决办法。"①可见,职业军人只是在专事维护国家利益的意义上才是职业人士,在对于生命、自由、权利等这些关乎人类健康发展与社会进步的基本价值的理解上面,其与一般民众几乎没有什么区别。

3. 职业军人的整体感

如何理解"职业军人的整体感"？我们可以通过"相对献身的连续性"这一概念进行把握。② 所谓"相对献身的连续性"指的是某一个特定群体为了一个特定的目标持续奋斗甚至献出生命的行为倾向。比如,对于单个职业军人来说,其献身国家利益的行为倾向具有偶然的相对性,但通过职业军人群体的整体行为,则可以使这种行为得以保持连续性。一位参加过长征的红军战士在回忆爬雪山的情景时说:"我们翻越一座又一座雪山,当时想,我们这些人也许永远也翻不完这些山了,没有什么希望了。但我们坚信,即使我们真的倒下去,中途失败了,但我们的下一代也一定会继承我们未竟的事业,继续前进,革命终将成功。"③这里体现出来的就是一位普通军人的职

---

① [美]查尔斯·H. 科茨、罗兰·J. 佩里格林:《军事社会学》,第55页,国防大学出版社1986年版。

② 有关"相对献身的连续性"的阐述,参见[美]查尔斯·H. 科茨、罗兰·J. 佩里格林:《军事社会学》,第238页,国防大学出版社1986年版。

③ 张林:《红军精神:团队与职业精神的完美典范》,载《中华读书报》2005-05-11。

业整体感。可见,赞美军人"前赴后继"这一语词,比较形象地诠释了"相对献身的连续性"概念的内涵。

当然,"相对献身的连续性"概念只是从外在的视角有助于我们理解军人职业区别于其他职业的属性,要把握军人职业的整体感还需要引入内在视角。也就是说,职业军人的整体感来自于专业度与责任感,但专业度的高低与责任感的强弱又取决于军人从整体上把握与理解自己所从事职业的独特性。英国空军少将约翰·唐尼说:"各级军人的专业水平如何,最终决定于这支队伍的整体气质,当然,还取决于军队作为一项职业用职能活动去吸引人们的能力。"① 在这里,所谓的"整体气质"乃是军人整体感的外化,而军队吸引人的"能力"则是军人整体感向军队之外的辐射力与影响力,这种辐射力与影响力在其本质上是军事组织凝聚力的体现。"军队是一群有组织的人。通过协调的行动,不屈不挠地达到目的。其生存的因素就在于凝聚力。军事力量具有这种古老的传统,它要求有良好的组织,因而军队一直是整个社会的组织观念的创始者。"②

从另外一个意义上讲,军队也需要借助这种整体感来维护自身组织的有序运转及其实践效果,因为军队作为一种社会性组织,其期望不总是与军人个体的需要相一致,因为军人既是既定秩序的维护者,同时为了维护秩序又必须具备破坏者的特点,即军人既是"警察"同时又是"罪犯",总感觉到自己生活在社会与反社会的夹缝当中,因而自觉不自觉地沦为"融入社会的放逐者"③。要克服这种"放

---

① [美]约翰·唐尼等:《军队管理——军事职业剖析》,第75页,解放军出版社1987年版。

② [美]约翰·唐尼等:《军队管理——军事职业剖析》,第84~85页,解放军出版社1987年版。

③ [美]里奥·布劳迪:《从骑士精神到恐怖主义——战争和男性气质的变迁》,第48~49页,东方出版社2007年版。

逐者"的现实困境,就必须强化军人的整体感,甚至为了维护这种整体感还有必要在一定程度上牺牲自己的个性与自由。"军队纪律的要求是绝对的而不是平均的;检阅中出现一个最差的人就会把标准降低99%。纪律越严明,个人的长处就发挥得越少而表现也就越稳定。军队要求的是确保无误,而不是杰出完成任务的某种可能性。"①因此,严明的纪律就不仅仅只是约束军人行为的外在规范,其本质上是维系军人整体感的有效举措。

三、军人职业道德的基本规范

从社会分工与专业归属的角度来看,当代各国军队都在不同程度上朝着军事职业化的方向发展。在一些发达国家,军队已经完全专业化了,军人主体早已不是原来的雇佣兵或征召兵,各军兵种的军人都是基于足够薪金而自愿入伍的,且很多还是无退休的全职兵。由于受到较为严格的专业训练,这些国家的军人不仅具有职业精神,而且还接受职业道德的规范约束,以确保军事职业成为一个有利于推动人类发展进步的力量体系,而不是像历史上曾经那样被视为人类社会的威胁。事实上,对于那些业已完成了职业化的军队,整个社会都倾向认为此一力量体系乃是国家最值得信任的体系。诚然,"国家最值得信任的体系"名号的获得,不仅仅是因为军队承担着保家卫国和维护社会稳定的职责,更多的还是由于军队经过专业化训练和职业精神规制,而成为一种向善的力量。换言之,由于被严格地界定了职责范围与行为取向,军队就被理解为一个承担并执行特殊使命的力量体系之整体:虽然军队仍然只是整个社会系统的一个组成部分,但这一结构性因素却是人类发展与社会进步的积极推动者。正是在此意义上,布劳迪指出:"无论在哪个社会,如果军队里除了少量的专业军事人才外主要由应征兵或者自愿参军的市民组成,那

---

① [美]约翰·唐尼等:《军队管理——军事职业剖析》,第116页,解放军出版社1987年版。

么战争就可以被解读为一种对社会的复兴。"①

当然,军队作为向善力量与军人个体的道德修为是关联在一起的,军人个体的道德自觉在一定程度上反映了整个军队的道德形象,军人职业道德则直接关系到军队能否作为一种专业的力量体系之正当性。可见,理解军人职业道德的规定性,就是把握军事职业内在本质的重要途径,因为正是军人职业道德绘就了军事职业的精神面貌。那么,军人职业道德具有哪些方面的基本要求?虽然不同文化传统对军人职业道德内容的界定会有差别,不同政治制度下的军队也有着特定的要求,但是有关军人职业道德基本规范的理解还是相通的。正是基于这一点,我们可以从以下几个方面来把握军人职业道德的基本规范。

1. 忠诚

从最宽泛的意义上看,忠诚是每一个个体都必须具备以及任何社会团体都极力称颂的道德品质,就连信奉宗教的人也把"忠诚于神"作为信众的最高道德要求。同样,忠诚是凝聚军事战斗力的灵魂。军队是国家的暴力机关,直接为阶级利益服务,必须始终保持对国家的忠诚才能确保军人行为的正确方向。马基雅维利在《君主论》中告诫人们,任何国家都必须拥有由自己人民组织起来的武装力量,而不能依靠雇佣兵或别的国家的军队,主要是因为"这些雇佣军队是不团结的,怀有野心的,毫无纪律,不讲忠义,在朋友当中则耀武扬威,在敌人面前则表现怯懦"②,使用这些缺乏忠诚,不坚守诺言的信誉的军队,就好像借用别人的铠甲,结果是"他人的铠甲不是从你身上落下来就是把你压倒,或者把你束缚得紧紧的"③。相反,一旦军人确立了忠诚国家的决心,就能形成强大的合力,克服任何艰难

---

① [美]里奥·布劳迪:《从骑士精神到恐怖主义——战争和男性气质的变迁》,第41页,东方出版社2007年版。

② [意]尼科洛·马基雅维利:《君主论》,第57页,商务印书馆1985年版。

③ [意]尼科洛·马基雅维利:《君主论》,第66~67页,商务印书馆1985年版。

困苦,产生意想不到的战斗力。对于职业军人来说,拥有忠诚的品质尤为重要,因为只有将自我愿望与个人利益让渡给国家,军人才能获得自身所从事职业的合法性。针对这一点,科茨与佩里格林指出:"职业军人的主导价值具有服役倾向,也就是说,这些价值趋向于效力国家,为国奉献作为出发点。"①因此,古今中外几乎所有的军队都把忠于国家作为军人道德的基本准则,并以此作为衡量军人道德行为和品质的根本标准。

2. 保民

职业军人的主要职责是保卫国家,隶属国家的民众则是其直接的服务对象。正因为军人能够将捍卫群体利益作为自己的道德要求,因而受到了普遍的赞扬。"现在,军职人员甚至是级别低下的军人,在公众心目中的形象是非常高大的,他们几乎被普遍看做是对于我们的安全和幸福来说必不可少的人物。"②对于在保民这一军人道德要求,中西两种文化传统都是认同的。《司马法》这样理解战争之道:"不违时,不历民病,所以爱吾民也;不加丧,不因凶,所以爱夫其民也;冬夏不兴师,所以兼爱其民也。"战争的目的是维护自己国家利益,但切不可因之伤害到本国民众,即使在进入敌国之后,军人依然应该像对待自己国民那样对待对方的民众。古希腊文化传统不仅对战场上勇猛拼杀的军人评价非常之高,还坚持对被俘而又坚贞不屈的敌方将士以礼待之;中世纪亦不提倡有意杀死无辜人员,甚至禁止处死俘虏。卢梭认为,战争决不能产生超出其目的所必需的任何权力。他说:"战争的目的既是摧毁敌国,人们就有权杀死对方的保卫者,只要他们手里有武器;可是他们一旦放下武器投降,不再是敌人或敌人的工具时,他们就又成为单纯的个人,而别人对他们就不再

---

① [美]查尔斯·H.科茨、罗兰·J.佩里格林:《军事社会学》,第37页,国防大学出版社1986年版。

② [美]查尔斯·H.科茨、罗兰·J.佩里格林:《军事社会学》,第66页,国防大学出版社1986年版。

有生杀之权。"①从这些论述中可以看出,由于战争的最终目的是为了维系社会发展与推动文明进步,因此就必须尊重推动社会发展与文明进步的主体:人,包括自己国家与其他国家的民众。

3. 勇敢

狭路相逢勇者胜。对于军人来说,没有勇气就没有胜利。历史上不同的民族和国家都把勇敢作为道德范畴的重要组成部分。"勇"是中国儒家先哲提出的"三达德"之一:"智、仁、勇三者,天下之达德也。"②勇敢也是古希腊哲学家柏拉图提出的"四主德"之一。与之同时,古今中外的军事理论家都非常重视勇敢品质,我国古代的兵家曾以"仁、智、勇"为武德理想,孙武提出为将者应有"智、信、仁、勇、严"五德。克劳塞维茨认为在军事斗争中,"胆量是最可宝贵的品德,它好比是使武器锋利和发光的真正的钢"③,据此认为"勇气是军人应该具备的首要品质"④。恩格斯更是生动地指出:"枪自己是不会动的,需要有勇敢的心和强有力的手来使用他们"⑤,"勇敢和必胜的信念常使战斗得以胜利结束"⑥。从上述引述中可以看出,勇气体现的不仅是战胜对手和困难的决心,更是一种敢于打破常规的开拓精神。因为唯有无所畏惧的勇气,才敢于在面对困境甚至是绝境时打破常规。比如,西点军校就认为对军人来说勇气至关重要:没有勇气,就没有荣誉;没有坚持,就没有胜利。战争是生死存亡的较量,作战中不仅受到敌方的威胁,更重要的是还有来自内心的恐惧,而勇气无疑是战胜恐惧的良药。一定程度上,人的勇气和胆识是在无路可走时逼出来的,是在屡败屡战中锻炼出来的,也是自己给自己灌输

---

① [法]卢梭:《社会契约论》,第15页,商务印书馆2003年版。
② 《礼记·中庸》。
③ [德]克劳塞维茨:《战争论》第1卷,第197页,商务印书馆1982年版。
④ [德]克劳塞维茨:《战争论》第1卷,第74页,商务印书馆1982年版。
⑤ 《马克思恩格斯军事文集》第5卷,第81页,战士出版社1982年版。
⑥ 《马克思恩格斯军事文集》第1卷,第236页,战士出版社1981年版。

233

出来的。在战场上,勇气可以将看似不可能的事情变为现实,拥有勇气的军人无所畏惧地向着既定的方向前进,最终完成战斗任务。

4. 牺牲

与其他职业比较起来,军人职业充满了危险性。英勇战斗甚至以身殉国,历来是军人的最高价值追求。关于军人牺牲品质的论述很多,战国时期的军事家吴起说过:"出师之日,有死之荣,无生之辱";古希腊时期的亚里士多德也说:"那些在战斗中死亡的人是勇敢的人,因为他们所经历的危险是最伟大、最高尚的。"①的确,在诉诸武力的情况下军人是要作出牺牲的,在必要时甚至要以付出生命为代价。"绝大多数真正的职业者在他们的职业生涯中不断实践,以掌握更多的专门知识,树立更强的责任感和整体感为其理想,并为之奋斗不已。他们'声称'自己掌握了一门合乎一定标准的专门知识,并把实践他们所选择的职业看做是一种献身和某种程度的自我牺牲,看做是他们的职业义务和一种生活的方式。"②这里,牺牲就是军人的同义语:牺牲奉献不仅是军人不折不扣履行职责与使命的具体体现,亦表明军人完全具有自我牺牲的道德觉悟。正是这个意义上,克劳塞维茨甚至将军人的牺牲精神视为国家意志与民族精神的集中体现。他说:"在我们的时代里,除了通过战争,而且是依靠胆量进行的战争以外,几乎没有其他途径可以培养一个民族的大胆精神了。只有依靠胆量进行的战争才能抵住懦弱的贪图安逸的倾向,这种倾向会使一个日益繁荣和交往频繁的民族堕落下去。一个民族,只有它的民族性格和战争锻炼在不断地相互促进,才能指望在世界政治舞台上占有巩固的地位。"③

---

① [古希腊]亚里士多德:《尼各马科伦理学》,第54页,中国社会科学出版社1990年版。
② [美]查尔斯·H.科茨、罗兰·J.佩里格林:《军事社会学》,第237页,国防大学出版社1986年版。
③ [德]克劳塞维茨:《战争论》第1卷,第201页,商务印书馆1982年版。

5. 荣誉

一支具有强大战斗力的军队必然是一支具有高度荣誉感的军队,一名优秀的军人也必然是一个视荣誉高于一切的军人。事实上,只有具有强烈责任感的军人才能视荣誉高于一切,才能在祖国和人民召唤的时候不辱使命,甚至牺牲生命也在所不惜。军事活动中的荣誉来自于军人所追求的保卫国家、争取和平的价值,来自于军人在军事活动中表现的可贵的道德情操。战争与死亡相伴,军人与荣誉相随。梁启超说:"人无名誉心则已,苟有名誉心,则虽有千百难事横于前途,遮断其进路,终必能鼓舞勇气排除之。"这里所表达的就是一个人克服困难追求荣誉的自我意识。这种自我意识在中世纪骑士身上也得到了充分体现:"年轻男子离开从前的生活去追求成为骑士这一无与伦比的目标,虽然他在探求的道路上孤身一人,但是同时也和其他相仿的骑士们分享自己的道德准则和勇气。"[1]军人的价值不仅在血与火的洗礼中,同时也体现在灵与肉的磨炼中,战争和军事训练是对人们付出巨大的体力、智力和意志力的综合考验,能够经受这些考验并且通过自己的行为获得荣誉,较之一般领域更能引起自豪感,这种基于荣誉而来的自豪感能带来无穷的精神动力。对此,德国伦理学家包尔生对荣誉的威力给予了高度评价:"最高的名望和荣誉是大多数曾给历史带来转折点的人们的最强有力的动机——在亚历山大、恺撒、弗里德里希、拿破仑那里就是这样。而且,假如在人的记忆中没有对荣誉、名望和不朽的憧憬,伟大的精神和艺术成就也就不可能获得。"[2]

6. 纪律

军队不仅在道德上要求军人具有忠诚、保民、牺牲、勇敢与荣誉

---

[1] [美]里奥·布劳迪:《从骑士精神到恐怖主义——战争和男性气质的变迁》,第39页,东方出版社2007年版。

[2] [德]弗里德里希·包尔生:《伦理学体系》,第492页,中国社会科学出版社1988年版。

等品质,还通过纪律来约束军人行为,以有利于保证这些道德品质的实现。由于战争具有极端危险性,它会给参与其中的人造成极大的心理压力,甚至挑战其业已形成的世界观与人生观。"战争是涉及生死存亡的社会现象,它使人在面临危险的环境时,必须随时作出应急的判断与行为。基于生死的关键,人在积极的行为中可能会有过度施暴的残忍行为,也可能会出现不畏生死、舍生取义的高尚情操,在消极行为中则可能会因怯懦而畏战惧战,败逃或投降于敌。"[1]的确,每个人面对生与死、战与不战的抉择都会费一番思量。但是,如果存在着一个外在的纪律约束,规定必须如此行动的话,人们的行为就会获得一致性。"军纪的内涵是对于命令能准确的奉行,个人对命令的批评应无条件地停止,并且应忠实的执行。此外,根据命令而产生的行为是一致的。"[2]这里,纪律是确保命令得以执行的前提条件,它从根本上维护了军队的集体性与整体感。所以,在布劳迪看来,无论是古希腊社会的平民战士还是中世纪的日本武士,他们都因为归属于某一特定的集体而具有自身独特的行为准则和精神气质,运用艺术手法宣扬的那种英雄个人主义乃是一种似是而非的个人主义,它无以逃脱而不得不成为这种精神气质的组成部分。[3] 任何一场战争的胜利都是全体军人共同努力的结果,而纪律无疑是确保军队成为一个整体与力量系统的纽带。

第三节 新时期军人职业道德建设

我军正迈向职业化道路,军人职业道德是我军职业化建设的重

---

[1] 谈远平、康经彪:《战争哲学》,第343～344页,扬智文化事业股份有限公司2004年版。

[2] 转引自谈远平、康经彪:《战争哲学》,第347页,扬智文化事业股份有限公司2004年版。

[3] 参见[美]里奥·布劳迪:《从骑士精神到恐怖主义——战争和男性气质的变迁》,第40页,东方出版社2007年版。

要内容。军人职业道德建设是一项复杂的思想工程,军事实践活动本身的变化会给其带来一些冲击,如若对之不加以先期足够考虑或应对无果,那么这种道德建设必定会落后于时代的发展,最终亦无助于军事行动目的的实现。在新的历史时期,我军的职业道德建设要充分把握信息化战争的特点,认识到信息化战争形态对军人职业道德认同带来的影响,以建立起适应信息化战争形态的军人职业道德体系。

一、信息化战争的特点

恩格斯指出:"一旦技术上的进步可以用于军事目的并且已经用于军事目的,它们便立刻几乎强制地,而且往往是违反指挥官的意志而引起作战方式的改变甚至变革。"自20世纪中后期以来,科学技术的发展推动了世界范围内的军事变革。这场新军事变革的核心是信息化,其实质是谋求军队发展方式和战争形态的根本转型。那么,信息化战争作为一种全新的战争样态具有哪些基本特征?其对于军人职业道德建设提出哪些新的要求?

首先,信息化战争的核心是夺取"制信息权"。传统的战争样式往往以攻城略地、夺取制海权或制空权为核心目标,信息化战争的核心则是夺取"制信息权"。在信息化战争中,信息网络充斥战场各个领域,使得指挥控制、情报侦察、预警探测、通信联络等联为一体,实现了各类信息资源在不同时空的全维共享、实时交换,使指挥人员、作战人员和作战保障人员联为一体,并使各种作战要素能够在不同系统环境下实现联体互动。可见,这种战争形态的实质就是以信息能为主要作战手段,以"信息流"控制"能量流"和"物质流",以此来削弱对方的战斗力。在信息化战争中,一切都围绕信息的争夺展开,军事行动的每一环节都是在近乎实时性信息指导下进行,以至于信息本身成为了一种武器。这样,信息优势是确立军事优势与战场优势的先决条件,只有真正掌握了战场信息的主导权,才能获取作战行动的主动权,最终赢得战争的胜利。

其次,以信息为主导的战争是一种"可控制的战争"。美国人认为,这种战争形态具有以下 5 个主要特征:对军事行动进行监督控制,从而可以依靠远程战略武器的力量;目标不是对准敌方国家的整个社会,而仅仅是对准其政治领导或政治制度;使敌方因战事造成的间接损失减至最低限度;使西方社会及其军队所冒的风险减至最低限度;让人确信消灭敌人的武装力量不再是主要目的和胜利的必要条件。[①] 信息化战争的典型特点就是"精确+控制":精确是硬杀伤武器,能够准确摧毁敌要害目标和关节点;控制是软杀伤武器,可以增强己方的作战效力,对敌方可使之瘫痪。实施信息化作战,可以充分借助各种高科技武器装备准确有效地摧毁敌人的目标,置敌于被动境地,同时最大限度地减少战场消耗和己方人员伤亡,尽快赢得战争的胜利。

最后,人的因素依然是赢得信息化战争的关键。不可否认,信息化战争建立在大规模运用信息化武器的基础上,但这些武器装备的操控主要还要依靠军事人员,人的能力素质起着关键性的作用。我们知道,信息化战争是一体化战争,其依靠计算机网络对陆、海、空、天、电磁空间进行连接与融合,通过这种"无缝"连接实现军事行动的一体化。从中可以看出,实施军事行动一体化的主体就是人,从信息获取、传输、处理、管理,到指挥员分析、判断、定下决心、下达作战命令,再到人员、武器装备进入战斗状态,其间无不体现出人的主动性与创造性。因此,信息化战争要求士兵尤其是各级指挥员必须要有多样化的知识技能,掌握网络技能,增强信息防护、信息传递、信息获取、信息攻击的综合能力。

二、信息化战争形态对军人职业道德认同带来的影响

信息技术的快速发展改变了人们的学习工作和生活方式,极大

---

① 参见[俄]B. H. 科内舍夫:《战争作为政治手段:当代美国的观点》,载《国外社会科学》2005 年第 4 期。

地促进了社会的高速发展,不仅使基于全球性信息基础结构的政治、经济、外交、社会的活动越来越多,而且也使军事领域发生了一场对国家安全具有生死攸关意义的、划时代的变革。美国西弗吉尼亚大学军事学教授罗伯特·R.莱昂哈德认为,信息技术给军事活动带来以下的变化:第一,信息侦察技术使军事行为透明化;第二,军事安全的信息依赖性大大增加,这在增强了军事力量的同时,也增加了被敌方攻击的漏洞;第三,信息技术革命开辟了国家间新的战略竞争空间:太空和信息领域,如何利用新的信息技术来控制太空和由计算机网络构成的赛博空间(cyberspace),有效地展开进攻和防御,这将是未来信息时代军事竞争的焦点;第四,信息技术的迅速发展和广泛应用也改变了军事原则、安全理念,甚至战争的形式也有了很大的变化。不难看出,基于信息技术的军事活动具有全新的特点,这要求军队对之作出积极的反应,同时也促使军人重新理解自己的行为意义,从而对军人个体的精神生活尤其是道德生活产生影响。

1. 信息化战争一方面主张对敌实施"集中打击",另一方面又要求己方"兵力分散",这给士气激励带来了困难,从而弱化军人职业道德所要求的合作意识

在强大的"电子眼"的辐射范围内,战场几乎是透明的,战争的一方如果缺乏有效的信息防护就将暴露无遗,敌方会有针对性地实施集中打击。正是在这个意义上,美国高级军事研究学院军事理论教授詹姆斯·施耐德一针见血地指出:鉴于现代大规模毁灭性武器的杀伤力巨大,集中兵力就等于邀请敌人来消灭自己。海湾战争作为信息化战争的始作俑者比较充分地体现了这一特点,美国人罗伯特·R.莱昂哈德在他的《信息时代的战争法则》一书中对此作出了分析,他认为,从前的士兵们走向战场时大多数作战队形都可使他们肩并肩地在一起。密集排列的作战队形,不仅给那些使用大刀长矛的部队增加了杀伤力,而且还给了士兵们一种精神力量,这种精神力量最终将能够发挥出比武器更重要的作用。我们知道,古代战争的特点是一方或另一方的士气尚未崩溃之前,双方都不会大开杀戒,而一旦有一方士气崩溃,那么该方的部队就会大乱,经常是掉头就逃。这时另一方就会乘胜追击,对溃败敌军的后部乱砍滥杀,从此杀戮才会开始。相反,随着现代火力的出现和由此而导致的战场上兵力的分散,那些在作战中无法看到战友或听到战友说话的人往往会麻木不仁,从而出现一种称作"战场孤独"的心理现象,那些孤独的士兵们经常俯卧在地上来躲避轻武器射击,他们对自己周围正在发生的一切视而不见,充耳不闻。尽管战斗在周围激烈进行,他们却很容易产生一种形单影只和不被注意的感觉,在这种情况下自然就会了无生气,既不开火也不动弹,致使整个部队很可能出于这种苦恼而停滞不前。① 可见,信息化战争是集中与分散双重组合的战争形态:从歼灭敌方力量的效率而言,应该集中运用信息武器的火力实施打击,最大限度消灭敌人;但从保存己方的力量而言,则又必须适当分散兵力,将人员伤亡降至最少。不难看出,这里存在着一个背弃的现象:应当集中起来的是火力(武器),分散的则是兵力(人),但战争胜利却是人与武器相结合的结果。显然,如何在这种人与武器相对分离的状态下激发军人的合作意识,是信息化战争形态下应该面对的问题。

2. 信息化战争一方面提倡"人道化",另一方面又"非人道化"地倚重高技术武器的杀伤力,这会导致军人从理性上认同职业道德时出现困难

相对于历史上的战争形态尤其是两次世界大战来说,信息化战争不再是"总体战争",而是"没有危险的战争"或"没有损失的战争",因而是一种相对更加人道主义化的战争。要将战争的危险或损失降至最低,就必须倚重信息化武器装备。俄罗斯学者科内舍夫十分准确地描绘信息化战争所追求的目标及其现实形态:"这种战争是'遥控'进行的,战火蔓延到自己的领土或西欧的可能性被认为

---

① 参见[美]罗伯特·R. 莱昂哈德:《信息时代的战争法则》,第129页,新华出版社2001年版。

是微不足道的(恐怖分子进行的非对等袭击除外)。因此,由于使用了隐形技术和导弹,由于宇宙通信和作战指挥系统的完善,空军的作用越来越重要。这里特别强调的是,应当通过摧毁敌方的兵力、军工目标和指挥系统来取得胜利,并使平民的牺牲和经济目标的损失减至最低限度,攻占领土在许多情况下失去了原先的重要意义。主要目标逐渐确定为迫使敌人失去军事战略控制权并随后投降,同时在衡量胜利时越来越注重通过少量流血达到战争的政治目的。"[①]但是,战争是意图与结果的结合体,好的动机并不就一定导致好的结果。由于在信息化战争中频频采用精确打击,这不仅使得被攻击的目标遭受毁灭性打击,也往往在情报引导和技术误差等因素导致的误击误炸事件中无辜者生命的丧失。比如,在伊拉克和阿富汗美军就多次出现误炸事件,造成了大量平民伤亡,仅伊拉克平民伤亡人数就超过了25万人。无疑,人道化的战争意图与非人道化的战争后果之间出现了悖谬,职业军人如何面对这一困境,将直接影响到职业道德的养成。

3. 信息化战争是古典战争与后现代战争的混合体,一方面恪守"国家至上"理念,另一方面又试图维护"个体价值",这会导致军人在情感上难以接受传统职业道德忠诚于国家的主导原则

古典战争理论的集大成者是德国军事学家克劳塞维茨,他在著名的《战争论》中表达了一个基本观点:战争是政治的延续,战争这种暴力形式通常可以归结为两个或更多国家的军队之间有组织的武装斗争。按照这个定义,战争的终极目的就是维护地缘政治实体的利益,通过较为彻底地消灭对方军事存在来维护国家主权安全,从而彰显国家意志的至高无上地位。与之不同,后现代战争虽然具有一切战争所共同的"杀人"本质,但却尽量避免生命的无畏伤亡。通过对海湾战争的检视,艾柯归纳了后现代战争的一些突出的特征:"后现

---

① [俄]B. H. 科内舍夫:《战争作为政治手段:当代美国的观点》,载《国外社会科学》2005年第4期。

代战争不应杀死敌人。古典战争的目标是要尽可能多地消灭敌人。在过去,一场胜利之后军队将领们在夜里穿过战场,成千上万的尸体中有一半是自己的士兵……与之相反,海湾战争建立起两个原则:(1)任何士兵都不应当牺牲;(2)歼灭的敌人也应该尽量少……典型的后现代战争要避免杀伤平民,因为杀人过多就可能导致国际舆论的谴责。于是用上了精确制导炸弹。"①在后现代战争形态中,国家意志虽然仍然贯彻于战争的全过程,但已经无法像过去那样成为指导具体作战行为的主导原则,个体生命的价值被突出出来并得到战争双方的尊重。这样,在后现代战争中,不仅应当竭力避免伤及平民,而且即使敌方战斗人员的生命安全也应尽可能得到维护。因此,由于信息化武器破坏威力增大,后现代战争被迫谨慎选择打击目标和手段,严格控制打击规模和范围,力争以精确打击和"非致命打击"为主,有所打亦有所不打,最大限度地减少波及无辜和附带损伤。

4. 信息化战争本身所具有的局限性也不容忽视,"信息透明"与"信息阻隔"的矛盾将影响到军人对自身所从事的职业活动的认知,进而对建构职业道德产生消极的影响

意大利学者安贝托·艾柯在《古典战争与后现代战争》一文中,以美国为例分析了信息化战争的内在结构及其面临的问题。艾柯认为,人们习惯于从技术层面来划分战争的形态,倾向于主张由于在军事领域采用"信息技术手段",因而战争的性质有了根本的变化,即从古典战争转向了后现代战争。这种后现代战争的新特点非常鲜明:"从战场上的对抗转向信息技术的斗争;不是把信息对抗的手段单纯地变成武装力量结构最重要的组成部分,而是把它变成战争的目的。"②然而,就目前已经实施的信息化战争来看,实际情况要复

---

① [意]安贝托·艾柯:《古典战争与后现代战争》,载《南方周末》2007-03-15。

② [意]安贝托·艾柯:《古典战争与后现代战争》,载《南方周末》2007-03-15。

杂得多。首先,所谓的信息化战争并非是单一的信息技术的产物,而是建立在综合各种科学技术成就的基础上的。比如,就美国武装力量所依赖的科学技术而言,其发展的情景就不是仅仅建立在单纯利用信息学的基础上,而是对几乎所有高技术的综合运用,其中包括在军备和作战指挥系统中采用电子计算机技术、机器人技术和信息网络;完善探测系统以达到战场的"透明度";增加武器系统和作战部队的攻击能力、速度、效率和杀伤力;扩充和运用新型武器,例如航天武器、定向射束武器以及利用生物成分和载体的武器;等等。其次,"信息革命"所推动的军事变革是一个长期的量变的积累过程,其间所暴露出来的问题足以抵消因技术革新带来的革命性意义。现在,人们都已经认识到以信息技术为主导的技术革命推动一场军事变革,但尚未意识到这场军事变革自身存在的问题。比如,信息化战争追求战场上的信息主导权已达到信息透明化,但无论技术上多么先进,战场对于一个指挥官来说,永远不可能达到透明的地步,因为要真正实现孙子所说的"知彼知己",绝非单纯的技术手段可为,心智的运用更为关键。事实上,任何一次建立在技术革新基础上的军事革命都不能替代和弥补政治上的错误决策。再者,假如敌人虽然无法拥有堪与匹敌的作战技术,却选择了出其不意、攻其不备的非对等战略,那么战争胜负绝非一目了然。①

三、建设适应信息化战争形态的军人职业道德

恩格斯说过:"枪自己是不会动的,需要由勇敢的心和强有力的手去使用它们。"再先进的武器装备,一旦离开了人,都将失去其应有的效能。信息化战争无疑具有很高的技术含量,但人的因素在其中仍然起着关键性的作用。美国国防部在向美国国会递交的海湾战争报告中指出:"赢得这场战争胜利的是人,而不是机器或技术。"当

---

① 参见[意]安贝托·艾柯:《古典战争与后现代战争》,载《南方周末》2007-03-15。

然,在发挥人的作用的时候,我们不仅要意识到知识素养和军事技能对于战争胜负的影响,还必须致力于提升军人职业道德水准,因为知识素养和军事技能能否最终转变为战斗力,往往取决于军人的道德能力与精神境界。因此,要着眼打赢信息化战争,就必须着力建设与这一战争形态相适应的职业道德,真正突出人在战争中的决定性地位。

第一,适应信息化战争发展趋势,深化军人对职业道德的认同。严格地说,信息化战争既是现实战争的形态,同时代表着未来战争的发展趋势。如何从现实进而把握未来,不仅是提升军人认知自身所从事职业的关键所在,而且直接关乎其职业道德认同感的程度。我们知道,信息化战争的核心是控制信息主导权,但掌握了信息并不就意味着掌握了战争主动权,信息的控制也不等同于赢得了战争的胜利。这就是说,我们必须对信息对军事行动的功能有一个清楚的认识,尤其必须了解信息发挥作用的方式。从根本上讲,信息化战争依托信息科学的成就指挥作战,其具体实施呈现多个层面,"信息战的内容包括摧毁敌方的民用和军事指挥、通信系统和无线电电子战设施,以及制造虚假信息,操纵敌方军队、平民和军政领导机构的行动"[①]。由于追求多样化实施手段,信息战具有长期的性质,最终的目标是使敌国自行毁灭。在一般社会领域,信息在实现这一目标中的作用包括:创造条件从外部控制生态灾难;煽动民族之间的纠纷,制造经济危机;提供过时和有害的技术;灌输违背民族传统,损毁人们历史记忆的行为准则。具有很大现实意义的是对敌方的大众新闻媒介和来自外部的大量信息的处理实行直接和间接的监控。比较来说,信息在军事领域的运用则要具体得多,其主要方面包括指挥、通信、侦察和监督系统连成一个统一的网络,从而有可能在实时状态下作出决定和指挥作战;作出决定要在指挥系统中减少层层通过的现象,在很大程度上决策是在同一层面,即在同一级指挥员中进行的;

[①] [俄]B. H. 科内舍夫:《战争作为政治手段:当代美国的观点》,载《国外社会科学》2005年第4期。

侦察的目标不单单是搜索和分析情报,而是预测敌人近期的行动;各个分队在空间上分散驻扎,同时从作战指挥角度来看又连成一个整体;一些机动的小股部队能够使用设置在作战区域之外的大量威力强大的武器;等等。信息化战争的最高形式是"战略信息战"(strategic information warfare):不是通过大规模使用传统武装力量,而是通过一切可以得到的有关敌人、有关已方力量和周围环境等各种各样的信息,加上一支精干机动的打击力量来达到战略目的。① 以上所陈述的各个方面,都只是对信息化战争的简单勾画,但这足以表明其呈现出来的众多特性将在深层次上影响到军人对战争的认知、理解与判断,同时也会对建构与实践职业道德产生影响。

第二,深入揭示信息化战争的伦理内涵,突出军人职业道德内蕴的人性因素。任何形态的战争都是有目的的,作为政治之延续的军事行动无不深藏着对人的理解和对于人类文明发展方式的判断。在这个意义上,理解战争的目的性并分析其伦理取向,是强化军人意识的内在要求,这对于推进军人职业道德建设具有十分重要的意义。对于信息化战争这一新的战争形态,我们首先固然要把握其本身的特点规律,同时亦要分析其文化品质与精神取向。对此,莱昂哈德在其《信息时代的战争法则》一书作出卓有成效的思考,他指出:"有目的的战争是对人类本性的一种有用而又正确的表现方式:当战争与目的之间没有任何联系时,它就变成了不道德的工具。这种两者相关的观点直接冲击着武器的设计和军队的规划。"②在莱昂哈德看来,信息技术在军事领域的广泛运用引发了战争形态的变化,但任何技术本身是没有生命力的,其有无价值取决于人的理解与使用:当人们将某物的使用价值提升到最高程度并使之最大程度地影响到人类

---

① 参见[俄]B. H. 科内舍夫:《战争作为政治手段:当代美国的观点》,载《国外社会科学》2005年第4期。

② [美]罗伯特·R. 莱昂哈德:《信息时代的战争法则》,第244页,新华出版社2001年版。

实际生活的时候,恰恰是我们应该作出反思的时候。在一个所谓的信息化时代,信息的获取占据着生活的中心意味着什么?波斯特说:"历史可能按符号交换情形中的结构变化被区分为不同时期,而且当今文化也使'信息'具有某种重要的拜物教意义。"①波斯特的意思是,"信息方式"有可能像"生产方式"那样成为社会发展的决定因素。暂且不论波斯特的观点正确与否,其指出信息交往方式所足以引发社会变革的权能是值得重视的,至少对信息尤其是电子信息的过分依赖有可能改变甚至颠覆人们对于道德生活的理解。"电子信息方式先通过凸显和扩张个体的'效准'与'主宰'地位,加剧和扩大伦理世界的内在分裂;继而造成原生的伦理世界与教化的伦理世界、教化的伦理世界与道德的伦理世界之间生态链的断裂,从而对教化世界和道德世界进行解构和重构。"②可见,信息交往方式足以改变了人与世界关系的建构方式,也随之改变了人的自我建构方式,这对于军人建构与实践职业道德必定带来深刻的影响。

第三,把握信息化战争的实践方式,推动军人职业道德向军事职业精神转化。按照黑格尔"精神现象学"的看法,人类文明的发展史就是一部精神演化史,在历史的长河中"道德"与"伦理"都只是"精神"的发展环节,只有"精神"才具有真正的现实性。撇开黑格尔唯心主义的方法论不论,其所阐发的"道德"与"精神"之间关系的观念还是值得借鉴的。具体地说,职业道德只是个体职业行为的规定,它必须通过职业精神并在职业精神中才能实现自身。从这个意义上说,在把握信息化战争实践方式的过程中,当今的军人不仅需要强化职业道德认同感与整体感,而且更需要将之上升为一种"实践精神",如此方能保持军事职业特性的同时保持与整体世界的协调性。布鲁斯·林肯在《死亡、战争与献祭》中说:"由于战争牵涉到有组织

————————

① [美]马克·波斯特:《信息方式》,第13页,商务印书馆2000年版。
② 樊浩:《电子信息方式下的伦理世界》,载《中国社会科学》2007年第2期。

的大规模致人于死命的暴力,人们总会围绕杀人等一系列本已棘手的争端,就战争提出严肃的伦理问题。就出发点而言,我们必须注意到,人之杀人,其原因多种多样,情况千变万化,而且所有集团都掌握各种范式来规定应当怎样看待这类杀戮,应当怎样为之辩护。有时它们被规定为谋杀(即非正当杀人);其他情况下则否,因为在有些条件下杀人是合法的、道德的、文明的,亦即/或者在宗教上是被允许的甚至(尤其是与战争情况有关的杀人)是受到赞扬的。"[1]这里,所谓的"就战争提出严肃的伦理问题"就不仅仅是纯粹的伦理道德问题,而是涉及战争的合法性这一根本性问题。一旦取消了战争的合法性,军人职业或军事职业也就失去现实存在的必要。换言之,军人以"杀戮为业",但如果不能从根本上解决因何杀戮以及如何杀戮等这些基础性问题,军人的杀戮就同歹徒的滥杀无辜没有任何区别了。因此,自古军人生而为战争,但战争不仅是为了保家卫国,而且也是为了文明的存续与发展。对后者的强调需要我们对"保家卫国"这一最高价值作出更为谨慎的审视,这乃是一个真正的职业军人对自身职业精神的持守与捍卫。

---

[1] [美]布鲁斯·林肯:《死亡、战争与献祭》,第214页,上海人民出版社2002年版。

第七章

道德人格与军人核心价值观

道德既是关于"善"的理念,也是规范现实生活的行为准则,同时还体现为一种组织生活的能力素养与心理品质。一般地说,道德表现出一种强烈的向善意愿与良善的行为取向,这种基于良心的道德在个体身上就体现为人格。对于每一个人来说,道德人格有助于保持身心和谐,端正行为取向,提高精神境界,提升生活质量,从而成为健全的人。良好的道德人格是军人核心价值观的内在要求,其不仅是军人身心健康的保证,也是军人有效履行军事职责的基本前提。在构建和践行核心价值观的时候,军人应该正确理解道德人格的精神实质,自觉培养高尚的道德人格,努力发掘核心价值观所内蕴的道德因素与人格力量,从而将之化为推动事业进步的不竭动力。

第一节 道德人格概述

道德人格是一种理想化的人格,包括道德的人格化和人格的道德化。道德人格是伦理学研究的对象,但深入研究这一问题的却是伦理学与心理学之间的一个交叉学科——道德心理学。道德心理学从人与人之间的道德关系和进行社会道德活动的个人入手,分析道德人格形成的心理根源、内在机理、表现形式及其结构功能,从而形成了一整套关于这一问题的基本知识。

一、道德人格的内涵

"道德人格"并不是"道德"与"人格"两个概念的简单组合,理解其精神实质需要从历史与逻辑相结合的角度进行把握。

汉语中原无"人格"这一概念,作为一个名词,其首先从西方传入日本,然后再转道传至中国。从词源学上看,人格(Personality)一词来自晚期拉丁文 persona,是指古希腊时期戏剧演员在舞台上戴的面具,因而又可引申为戴着"假面"或"面具"表演的意思。戏剧中的面具与现实生活中形形色色的人联系起来,于是"人格"一词也就逐渐演化成为一个有着丰富内涵的概念,古罗马思想家西塞罗将其概括为四层含义:一个人表现在别人眼中的印象;人在社会中的角色或身份;个人优秀品质的总和;人的尊严与声望。[①] 西塞罗的归纳代表了那个时期关于人格概念的最高理论成就,这之后的研究无不建立在这一成果基础上。

到了中世纪,人格一词在神学的背景中被赋予新的含义。在奥古斯丁的神学思想当中,在所有被造物中人是最高级的,他与其他被造物既有共同的地方也有明确的界限,那些与动物共同或重叠的部分,即感官感觉乃是"外在之人";人身上不与动物重叠的部分,即心灵或理性则是"内在之人"。奥古斯丁说:"我们以一定的反思步骤藉着灵魂的部分来向上向内攀登时,开始达到并非我们和野兽共有的东西,这是理性开始的地方,在这里我们可以辨认内在之人了。"[②] 奥古斯丁认为,通过反思便能发现,所谓的"内在之人"就是理性或心灵本身,这就是人之为人的特殊规定,也就是人格,确切地说,人格就是心灵的能力。人格是人内在的真实的东西,因而体现了人的本质。奥古斯丁的探究虽然带有神学的特点,但却从人的内在视角较为深入地探究人格的内涵。

虽然神学着眼于人的内在性来探讨人格问题,但只有到了文艺复兴倡导人性解放运动以后,人格的内涵才转向现实生活中的人,人

---

① 参见李江涛、朱秉衡:《人格论》,第4页,辽宁出版社1989年版。
② [罗马]奥古斯丁:《论三位一体》,第45页,上海人民出版社2005年版。

格也因此获得了真正的现实性。在资产阶级思想家的推动下，许多学者开始宣称人不再隶属于上帝，人具有独立于上帝的"人格"，这就是人之为人的尊严与价值。随着世俗社会的日益发展，关于人性话题的研究也获得更大的空间，以至于形成声势浩大的人本主义思潮。同时，各个学科日趋分化，专门探讨人的心理问题的心理学学科独立出来，人格问题的研究获得空前的发展，也形成一大批重要的研究成果。

当然，心理学在人格问题方面的研究成果是建立在商讨甚至争论的基础上的，我们可以以最近几十年来的众多研究范式作一个简单的梳理。(1)精神分析论的人格理论。这一研究范式由弗洛伊德创立，其后经由荣格、阿德勒与艾里克森等人逐步完善发展起来。精神分析理论强调潜意识、性本能等人格动力的重要性，研究的内容涉及恋母情结、梦、焦虑、防卫机制、早期经验等对人格成长和发展的重要影响因素。(2)特质论的人格理论。主要代表是奥尔波特发、卡特尔和艾森克等，他们的主要研究目的是分析基本人格的特质、类型以及对人格特质的行为表现和形成原因进行解释，为此强调人的个别差异，分析人的差异所具有的跨情境一致性和跨时间持续性等问题。(3)生物论的人格理论。这种理路主要倡导者是汉斯·艾森克，他运用生物学方法来研究人格，认为可以从内外倾向性、神经性和精神质三个维度上划分人格，进而得出"内向型人格的人比外向型人格的人对外在刺激更敏感"的结论。(4)行为主义的人格理论。该理论源自华生的行为主义，强调外部力量对个体人格与行为的极端重要性，认为个体行为的差异来自于个体在成长过程中所经历的学习经验的差异。(5)认知论的人格理论。这一研究范式主要提倡从人的信息加工方式角度看待人的行为模式的一致性，认为有关未来自我的认知表象会影响人的行为，人的认知就是在反映并建构人的本质，因此人的认知范式直接决定了人的人格类型。(6)人本主义的人格理论。其主要代表人物有马斯洛、罗杰斯、洛梅等，他们主要研究人的经验、自我、自我实现、生命的意义等问题，认为正是这些因素构成人格的基本内涵,由此特别重视个人对世界的看法,强调个人的责任。

从检视以上几个研究范式的过程中,我们可以发现心理学家对人格的研究经历了一个从关注人的意识到转向潜意识领域,从研究人格的结构到人格的类型,从人格生物学因素到高层次的认知因素,再到人本主义研究人的责任、价值和意义问题的发展过程,这同时也是一个研究自身理论自觉与视野拓展的过程。但是,这些研究也存在一些问题,主要体现为在研究方法上仍然是以自我报告为主,缺少宏观理论上的概括提炼;注重人格发展过程研究,缺少内容上的精到概括;研究领域日趋专门化,过于偏重认知的变量与实验数据的分析等。[1] 这说明,研究人格问题还需要创新研究方法,扩大研究视野,尤其需要从理论上解决一些基础性的问题。

当然,心理学家的研究仍然具有重要的意义。事实上,从人格概念的演变过程中,我们可以发现其内涵在不断发展变化,这种发展变化具有两个特点:其一是关于人格问题的研究日益趋于微观化,人格问题逐渐成为心理学甚至精神分析学派的一个重要议题;其二是人格的道德意涵逐步凸显出来,这直接促成"道德人格"成为一个具有独立含义的概念。如果深入追究起来,这两个研究的路向实际上又是互相结合的:虽然心理学或精神分析学派对于人格问题的研究建立在实证分析基础上,但量表的设计与实验数据的获得无不得益于对人的道德行为内在机制的分析上,而且也离不开关于道德概念的一般性认识与学理分析。与之同时,道德人格概念亦在这种微观研究当中逐渐成熟起来,这就为相关的理论探讨提供了较为扎实的科学基础。结合这两方面的研究成果,我们可以从"道德心理学"的角度对道德人格的内涵进行简要的归纳。

第一,人格是人的一种存在状态,而道德人格则是人作为人的资

---

[1] 参见陈促庚、张雨新:《人格心理学》,第46~47页,辽宁人民出版社1987年版。

格。学者们对于道德人格的看法不尽相同,如:道德人格是"个人的脾气习性与后天道德实践活动所形成的道德品质情操的统一"[1],道德人格是"一个人作为道德主体的资格或品格"[2],有的学者把道德人格看做是一个人做人的尊严、价值和品质的总和,[3]有的则认为道德人格是在立足于实有人格且无限趋向理想的人格,[4]等等。虽然不同的学者对于人格与道德人格的理解上存在着差异,但基本上都坚持人格是人的一种自我存在状态,其集中体现为个体内在精神品质,尤其是个体的道德品质。正因为如此,我们就能够将许多从不同侧面解释道德人格含义的做法归并在一起,即道德人格实质上就是指人作为人的资格。

第二,人格是一个人从整体上表现出来的心理面貌,而道德人格则是反映出个体对道德同一性的追求。虽然心理学家对人格的理解各各不同,但基本上遵循了拉丁文 persona 一词"面具"的原义,简单地说就是一个人从整体上表现出来的心理面貌。我国心理学教授陈仲庚在其《人格心理学》一书提供的定义比较具有代表性:"人格是个体内在的在行为上的倾向性,它表现一个人在不断变化中的全体和综合,具有动力一致性和连续性的持久的自我,是人在社会化过程中形成的给予人特色的身心组织。"[5]这个定义比较全面地综合各流派的看法,突出了人格的道德内涵及其内在规定性,同时也界定了人格的道德本质在于追求自我的同一性。

第三,人格是个人稳定的心理与精神状态,而道德人格则是这种心理与精神状态最为坚定的动力要素。道德使人成为人,而只有形

---

[1] 罗国杰:《伦理学》,第440页,人民出版社1997年版。

[2] 赵成文:《道德人格及其社会功能初探》,载《社会科学》1999年第7期。

[3] 参见唐凯麟:《道德人格论》,载《求索》1994年第5期。

[4] 参见肖雪慧:《守望良知》,第366页,辽宁出版社1998年版。

[5] 陈仲庚、张雨新:《人格心理学》,第50页,辽宁人民出版社1986年版。

成了独特的道德人格,个人才能够被标示为真正的人。在此意义上,人需要扮演不同的角色,或多或少要按照他人的意愿去行事,因而带有"人格面具",但同时人只有按照自身承担角色的道德要求去行动,方才称得上是"真实的自我"。这就是必须从两个方面来定义人格的原因:人有外在的人格也有内在的人格,前者是指一个人被他人知觉和描述的方式,而后者则可以解释为什么一个人被他人认为是这样而不是那样。可见,前者即是一般意义上的"人格",后者则体现了"道德人格"的本质属性。

二、道德人格的类型

道德人格是人们在道德生活中所表现出来的人格特征,包括道德心理倾向、个体品质、价值取向、行为方式等等,是道德自我的抽象表现。简而言之,道德人格就是人格在道德活动中的具体表现。在这种意义上,道德人格具有多种多样的表现形态,每一种具体的形态都反映出特定的道德认知方式与不同的道德实践指向。

根据马克思主义的基本原理,个人的道德人格是随着社会历史条件的变化而变化的,个人要从"自然生命"变为"社会生命"从而确立起道德人格,就必须通过社会化的途径。马克思以个人自由的扩展进程为标志,考察了社会发展进程,同时也揭示了与之相适应的个人道德人格的三种历史形态。他说:"人的依赖关系(起初完全是自然发生的),是最初的社会形态,在这种形态下,人的生产能力只是在狭窄的范围内和孤立的地点上发展着。以物的依赖性为基础的人的独立性,是人的第二形态,在这种形态下,才形成普遍的社会物质变换,全面的关系,多方面的需求以及全面的能力的体系。建立在个人全面发展和他们共同的社会生产能力成为他们的社会财富这一基础上的自由个性,是第三阶段。第二个阶段为第三个阶段创造条件。"[①]根据马克思的观点,我们可以将道德人格分为依附型人格、独

---

① 《马克思恩格斯全集》第46卷,第104页,人民出版社1979年版。

立型人格、自由型人格三种类型。

1. 依附型道德人格

依附型道德人格缺乏自我意识和自我选择行为的能力。在人类社会早期,由于社会生产力发展水平不高,人还不能控制和驾驭自然,甚至不能控制自己的本能和欲望,因此不能按照自己的意志来行动,人的自由空间很小,自由活动的能力也很弱,彼此之间缺乏独立性,因而人与人之间的关系就表现为一种人身依附关系,致使个体很难说得上具有真正意义上的道德人格。处在这一历史时期的人们,如果要获得生存,就必须确立一个共同目标,把个体生命力量凝结为一个整体,朝着共同体指引的方向努力,才能显示出人的本质力量,从而战胜各种自然灾难和生存压力,即"人只能以'集群'的方式结成一体与自然抗争"[1]。因此,这时的人只能在群体力量中显示自己的生命潜能并体现出人的本质力量。显然,在这种情况下形成的人与人的关系就是典型的依附关系,"这种依附关系,尽管表现着的是人的依附,实质上仍是体现着人对自然的依赖"[2]。随着社会的发展和生产力水平的逐步提高,人在与自然的斗争中赢得了基本的生存权利且萌发了朴素的自我意识,但依然未能摆脱依赖状态:如果说个人获得一些基本的生存权利,那也只是在其所处的等级地位中获得了有限的非自我性的人格权,人的本质性规定仍未得到充分的体现,即使最高的统治者也很难说拥有真正的独立人格。总的看来,处于这一时期的人的道德人格远未真正形成,虽然萌发了初步的道德意识与自发的道德行动,但稳定性的人格取向始终没有出现过,原因就在于"原始意识的散漫性与流动性表现为对象与记号、物体与名称、一与多、动与静、时间与空间的关系都是混淆的"[3]。

---

[1] 张青兰:《人格的现代转型与塑造》,第54页,广东人民出版社2005年版。
[2] 张青兰:《人格的现代转型与塑造》,第57页,广东人民出版社2005年版。
[3] 张青兰:《人格的现代转型与塑造》,第55页,广东人民出版社2005年版。

2. 独立型道德人格

具有独立型道德人格的个人是具有自立能力、自主性质、自律意志和自由状态性质的人。现代民族国家的出现极大地提高社会生产力，同时也为独立道德人格的出现准备了物质条件。随着科学和生产力的迅速发展，人能够在相当大的程度上按照自己的主观愿望来处理同自然的关系，同时人与人的关系也趋于平缓，彼此之间具有相对独立性，个人逐渐冲破狭隘群体的局限性而获得一定程度上的行动自由。文艺复兴运动唤醒了人类的道德意识，使人们重新发现了人的价值与尊严。这之后，争取人权、呼吁人道、追求平等自由的理想成为世界范围内社会变革的主旋律，从17世纪英国的光荣革命到18世纪的法国大革命、英国的工业革命、美国的南北战争，再到19世纪俄国革命和中国近代变革，无一不是争取自由解放和独立道德人格的体现。显然，新的社会形态唤醒了人们身上沉睡的道德意识，矫正了以往人们对于道德人格认识上的偏差，独立形态的道德人格开始出现。马克思指出："如果说经济形势，交换，确立了主体之间的全面平等，那么内容，即促使人们去进行交换的个人材料和物质材料，则确立了自由。"[①]个人在以世界市场为背景的普遍社会交往中，逐渐突破了其自然局限性，获得了社会分工所要求的独立能力，不仅其意志能够支配自己的生命活动，而且还能够选择自己的行为，自己成为了自己的主人，从而使自己获得人身依附的解放。当然，这种从人身依附关系解脱开来的"解放"还不是真正意义上的"自由解放"，在人与自身的关系上自由还是受到极大的限制，因为人的物质需要作为一种必然性还在依然驱使和控制着人的活动，人不幸堕入自己所创造的物的牢笼之中。

3. 自由型道德人格

自由型道德人格是对独立型道德人格的真正超越。在马克思看来，对于个体乃至人类整体来说，真正的自由解放意味着首先必须要

---

① 《马克思恩格斯全集》第46卷，第197页，人民出版社1979年版。

从关乎自身生存的物质生产实践入手,才谈得上人的其他方面的进一步发展,因为"'解放'是一种历史活动,不是思想活动,'解放'是由历史的关系,石油工业状况、商业状况、农业状况、交往状况促成……"①可见,从整个人类历史的发展来看,自由的道德人格正是在各种历史关系中进行和实现的。按照马克思的设想,只有到了共产主义社会人才能够获得"全面而自由的发展",从而实现人的本质:"'特殊的人格'的本质不是人的胡子、血液、抽象的肉体的本性,而是人的社会特质。"②由于科学技术和生产力的不断发展,个人对自然界的必然性已经能够达到高度的认识和控制,能在较高的程度上按照自己的意志从事处理人与自然关系的各种活动,即达到自由。这种自由的实现是一个历史过程:首先,先前社会形态中已经在较高程度上实现了的道德人格还在随着人类社会的前进而继续向前发展,个人的自由度还在不断扩大;其次,由于社会生产的扩大,人的需要得以在较高程度上得到满足,且能够在一定范围内遵照自己的意志行事,而多少摆脱了外在力量的控制;最后,社会生产力发展最高阶段,社会产品极大丰富,人们各取所需,人与人的关系不再存在着对立与冲突,个人因此获得了充分的自由。总之,在共产主义社会,社会发展成为以"每个人的全面而自由的发展为基本原则的社会形式"③,此时个人不但不依附于群体,而且也不再受物的控制与支配,而是能够驾驭全部生产力和社会关系,个人"作为个性的个人确立下来"并得以实现"个人的独创的和自由的发展"。

三、道德人格的结构功能

20世纪中叶,当代美国社会学家帕森斯在总结和批判斯宾塞、涂尔干、韦伯、马林诺夫斯基等社会理论家的基础上,从单位行动出

---

① 《马克思恩格斯选集》第1卷,第74~75页,人民出版社1995年版。
② 《马克思恩格斯全集》第1卷,第270页,人民出版社1956年版。
③ 《马克思恩格斯全集》第23卷,第56页,人民出版社1972年版。

发构建社会行动系统,为此建立了一个庞大的结构功能主义分析框架。帕森斯认为,行动的最基本特征是意志性和导向性,任何一个行动都包括行动的目标、行动的状态和行动的规范取向这三个要素,而社会系统、行为有机体、人格系统和文化系统则构成所谓"行动系统"。帕森斯强调,社会系统之所以能够稳定地存在并能够延续下来,主要是因为其具有适应、达标、整合和维模这四个基本功能:"适应"功能是指从外部环境获得足够资源的能力,"达标"功能主要指系统有能力确定自己的目标次序和调动系统内部的能量以集中实现系统目标,"整合"功能主要指为系统协调各个部分之间关系的能力,"维模"功能主要指在系统运行过程暂时中断时期保存原有运行模式的能力。[①] 帕森斯的结构功能主义理论内蕴着合理的方法论因素,它对于我们分析道德人格的结构功能具有借鉴意义。

对于道德人格的结构功能,中外许多学者都进行过阐述。精神分析学家荣格指出,道德人格包含两个层面:其一是表层的角色扮演,即一个人按照他认为别人希望他去做的方式行事;其二是深层的真实自我,即一个人认为其所是的方式去行事。人格心理学家艾森克认为道德人格是决定个人适应环境的个人性格、气质、能力和生理特征,而卡特尔则坚持人格乃是可以用来预测个人在一定情况下所作行为反应的特质。在综合了50多种人格定义的基础上,澳尔波特最终将道德人格界定为"个体内部决定其特征性行为和思想的身心系统的动力组织"。这是迄今为止能够被人们普遍接受的关于道德人格的定义,其合理性体现在把道德人格当做个体内部的动力组织,正是这一动力组织支配着人的思想行为的独特表现。

近些年来,国内学者也对道德人格的结构功能进行了探讨,形成了一些研究成果,其典型的代表性学说集中起来主要有四种:"要素说"、"层次说"、"系统说"和"结构说"。对于道德人格到底有哪些

[①] 参见[美]帕森斯:《社会行动的结构》第二章"行动理论",第48～97页,译林出版社2003年版。

要素构成,学者意见不一,有的认为道德人格由道德认识、道德情感和道德意志组成,其中道德认识是道德主体行为的必要条件,道德情感是主体道德行为的心理动因,道德意志是道德行为的心理过程与充要条件;①有的将道德意志和道德行为习惯均视做道德人格的重要组成部分,即道德人格由道德认知、道德情感、道德意志和道德行为习惯四要素系统组成;②有的认为,道德人格的内在结构是个体特定的知、情、意、行和道德信念的有机组合,道德认识是基础,道德情感是道德人格的外露部分且体现道德人格的高低,道德意志是知、情转化为行的关节点,道德信念对道德人格的形成起定向作用。③ 持"系统说"的学者认为道德人格不是各个要素的集合体,其内在结构由各个系统有机结合而成,即理想与志向系统、动力支持系统和认知实践系统三个系统组成,其中道德理想与志向系统反映道德主体的人生目标、人生理想和价值取向,动力支持系统保证道德理想和志向的持续与实现,而认知实践系统则是道德人格由主观精神变为道德现实的中间环节。④ "层次说"将道德人格的结构看做是由各个层次组合而成的整体,即以道德认识、道德情感和道德意志为基础的道德信念—价值方针体系、道德原则—规范体系和内在的道德行为模式的有机集合体。⑤ "结构说"则建立在区分道德人格结构与道德品质结构的基础上,认为道德人格以道德认识、道德情感、道德意志、道德信念和道德行为习惯五种心理要素作为心理基础,由个体的道德准

---

① 参见王海明:《寻求新道德——科学的伦理之建构》,第399页,华夏出版社1994年版。
② 参见李德显:《也谈品德的心理结构》,载《山西大学学报》1994年第1期。
③ 参见罗国杰:《伦理学》,第444页,人民出版社1997年版。
④ 参见赵成文:《论道德人格及其社会功能初探》,载《社会科学》,1999年第7期。
⑤ 参见刘善仕:《简论道德人格及其结构》,载《长沙水电师院学报》1990年第4期。

则意识、道德责任意识和道德目标意识三个意识统一组成,其中每个意识都是一个系统,以个体道德认识、道德情感、道德意志、道德信念和道德习惯作为其道德心理基础。①

在以上侧重探讨道德人格内涵与结构的基础上,另外一些学者认为必须将其功能的分析结合起来,因为阐发任何一个概念都必须建立在对其定义、影响因素、类型以及功能等综合分析的基础上,而不是孤立地分析其中一个方面。实际上,结构孕育着功能。道德人格的构成要素及其外在行为特征,使之无论对个人还是社会都有着重要的作用。简单地说,崇高的道德人格本身就是一种道德理想,其能够激励人们追求一切美好的东西,从而成为一种向善的道德力量,激发更多的人去行道德之事,从而推动整个社会形成一种良好的道德风尚。

一是高尚的道德人格给人以启迪,感染他们的内心世界,促发其以此为道德榜样,从而实现其所孜孜以求的道德理想。道德人格结构中有着恒常的道德思维、道德情操和道德习惯,具有超越一己之私而趋向社群和类的势能,以至于一些仁人志士宁愿舍生取义、杀身成仁以在道德上成全自己,以实现理想的道德人格。每个人的道德动机都受到他人道德行为的影响,通过与他人有声与无声的语言交往来构建自己的道德人格。查尔斯·泰勒说:"一个人不能基于自身而是自我。只有在与某些对话者的关系中,我才是自我:一种方式是在与那些对我获得自我定义有本质作用的谈话伙伴的关系中;另一种方式是在与那些对我持续领会自我理解的语言目前具有关键作用的人的关系中……"②在自我道德意识与外在道德力量的感化之下,个体的"道德图式"得以确立起来,并形成具有一定稳定性的道德观念结构和道德信念系统。"道德图式"一经确立,就作为一种主观的内在尺度引导个体对道德现象作出有意识的评价或无意识的反应,

---

① 参见唐凯麟:《道德人格论》,载《求索》1994年第5期。
② [加]查尔斯·泰勒:《自我的根源:现代认同的形成》,第50页,译林出版社2001年版。

不仅对个体的道德认知发生影响,同时也影响到个体道德行为的发生。不难看出,"道德图式"就是个体道德人格所追求的理想模式,当然,这种道德理想模式的建构不只是个体自我设计的结果,而是自我设计与外在对话的结果。

二是崇高的道德人格具有极大的震撼力量,能够引起人的反思,净化人的心灵世界,提升人的道德境界,提高道德生活质量,从而有助于实现人的自由解放。在某种意义上说,自由不是为所欲为,而是一种高度社会认同的获得以及基于这种认同基础上的意志自决与道德自律。对于一般社会性人群而言,崇高道德人格能够达到"见贤思齐"的效果,从而有助于实现其自由。根据当代心理学的研究结果,一个人通过对他人行为的观察与比较,可以获得优秀者的相关信息,总结自己的优缺点,并习得新的行为、技能和信念,促使自己做得更好。实际上,道德义务乃至人的自由解放正是在与他人关系的建构当中体现出来的。对此,黑格尔有理由说"在义务中个人毋宁说是获得了解放"。他说:"一方面,他既摆脱了对赤裸裸的自然冲动的依附状态,在关于应做什么、可做什么这种道德反思中,又摆脱了他作为主观特殊性所陷入的困境;另一方面,他又摆脱了没有规定性的主观性,这种主观性没有达到定在,也没有达到行为的客观规定性,而仍然停留在自己内部,并缺乏现实性。在义务中,个人得到解放而达到了实体性的自由。"[①]

三是高尚道德人格是一种无形的社会凝聚力,其能够将分散的社会情感与凌乱的社会意识凝聚起来形成强大的社会合力,有助于形成良好的社会风貌。现实社会中的每一个人都是独立的存在者,其行为的内在动机因为受到各方面因素的影响而呈现出多元化倾向。从一般社会规范来看,可以将行为动机界定为正当与不正当、高尚与卑劣、光明与阴暗等两相对立的性质,这些性质不同的行为一道构成了现实生活的多元形态。当然,一个具有良好道德风貌的社会

---

① [德]黑格尔:《法哲学原理》,第167~168页,商务印书馆1996年版。

共同体必定"扬善抑恶",它要求社会成员的行为具有正当的、光明的与高尚的道德取向,同时反对不正当的、阴暗的与卑劣的邪恶行为。为此,社会有必要将各种力量动员起来,创造出一个良好的道德环境,以构建良好的社会秩序。创造道德环境有赖于每一个生活在其中的人采取积极的道德行动,人们之间通过交叉的道德感染和循环振荡,共同感受道德生活跳动的脉搏。一旦这样的道德环境得以形成,就能够对处于其中的人的道德行为产生一种无形的强制力,使他们为了避免心理焦虑和孤独而不得不尽快消除自己与道德环境不协调的矛盾,从而对主体的道德选择产生一种限制与引导的作用。这样,拥有高尚道德人格的人的行为就必然成为人们竞相效仿的榜样,各种散落在社会角落中的情感与意识由此得以聚集起来,并在某种共同道德理想的指引下追求道德的卓越与社会的和谐。

第二节 军人的道德人格

军人是一个独特的职业群体,其行为不仅受制于有关军事法规,同时也受到严格的职业道德约束。在这些规范的共同作用下,军人的道德人格呈现出完全不同于一般人的特点。军人道德人格是其道德意识在个体身上的反映,后者规定了军人构建道德自我的方向与途径,并在一个较为宽广的意义上为之提供精神资源与价值范式。

一、军人的道德意识

军人道德意识是一种基于个人道德认知,并结合军事职业特点而形成的关于道德生活的观念。由于融入了军事职业的特殊要求以及军旅生涯的感悟,军人的道德意识乃是一套有着独特精神内涵与行为倾向的观念集合。

1. 从生成源头上看,军人的道德意识源自军队纪律与军事条令条例的严格约束

与其他职业活动比较起来,军人职业具有更高的纪律方面的要

求,纪律对于军队完成既定军事任务的重要性无论怎样强调也不过分。华盛顿曾说:"纪律是军队的灵魂,它能使势单力薄的军队令人生畏,帮助弱者取得胜利,给每个人带来尊严。"①

在我军的《军人道德规范》中,对于"严守纪律"这一条是这样规定的:"遵守宪法法律和法规政策,执行条令条例和规章制度,服从上级命令和组织决议。注重自我约束,自觉养成令行禁止、雷厉风行的优良作风。保守军事秘密,坚决抵制非法组织在军队的活动,维护军队的高度集中统一和稳定。"在"严守纪律"的要求中,我们可以解读出以下三层意思:一是明确了严守纪律的主要内容,这些内容对于军人来说是外在的纪律约束,是必须遵守的法律条文,因而丝毫没有讨价还价的余地;二是指出了严守纪律的道德要求,强调从他律性的纪律向自律性的道德转化的方式与途径,"自我约束"与"自觉养成"的要求旨在培养一种"令行禁止、雷厉风行"的道德意识;三是阐明了严守纪律的重要意义,同时特别申明遵守军事纪律的现实意义在于排除一切外来因素的干扰,以"维护军队的高度集中统一和稳定",从而确保我军成为维护国家利益的唯一合法的武装力量。

从以上对于纪律的意义、内容、功能及其本质性规定的分析中看出,既然纪律具有无可争议的优先地位,那么,军人的行为就必须无条件地置于纪律以及纪律要求之细则等有关条令条例的约束之下。道德必须以法律作为底线,道德意识的形成同样需要纪律作为基础。在此意义上,纪律性的规定,对于军人来说就是康德所谓的"道德法则"或"绝对命令",只有从内心服从于这些约束,军人才能真正形成意志自决和获得行动上的自由。因此,纪律和军事条令条例乃是军人形成道德意识的原始性力量,缺少这些外在性的律令,军人的道德观念就是无根基的意识的混杂,最终也就无法形成稳定的人格定向和行为取向。

---

① 总政治部联络部:《美军军官》,第 88 页,解放军出版社 2008 年版。

2. 从价值目标上看,军人的道德意识趋向于追求一种高于个人的道德理想

道德的本质在于探究人生的意义,规范人与人的关系,并确立人类行为标准,以追求良善的生活方式。照此来看,军人的道德意识必定指向一个高远的道德理想,以此来指引军人的思想行为。对于这种道德理想,亨廷顿在《士兵与国家》一书中这样说:"军官队伍必须忠于军人理想;只有达到这种程度,它才是职业性的。其他的忠诚都是攸突无常,含有分裂性的……军队中唯一持久和具有团结力量的忠诚就是军人对其职业权能之理想的忠诚:即每个战士对做个好士兵理想的追求,每个部队对模范团的传统和精神的崇尚。"

目前,各国军队都建立了一套核心价值体系,鼓励官兵牺牲奉献,以实现国家利益为最高道德理想追求。当代西方发达国家的军队无不强调这种道德理想。如,英国军人必须向具有"宪法上尊荣职位"(a dignified part of the Constitution)的英国国王宣誓效忠;德国《军人法》也规定"军人对联邦德国忠心服勤,以及勇敢保卫德国人民权利及自由义务";美国军官就职时更是要宣誓"我将支持并捍卫美利坚合众国宪法,抗击国内外一切敌人;我将竭诚效忠宪法;我自愿承担这一义务,绝无任何思想保留,绝无任何规避之意图;我将彻底而忠诚地履行即将肩负之职责。愿上帝保佑"[1]。全心全意为人民服务是我军的性质宗旨,这是共产党领导下的人民子弟兵区别于其他军队的根本标志,每位加入军队的军人所宣誓的誓词充分体现了这一点:"服从中国共产党的领导,全心全意为人民服务,服从命令,严守纪律,英勇战斗,不怕牺牲,忠于职守,努力工作,苦练杀敌本领,坚决完成任务,在任何情况下,绝不背叛祖国,绝不叛离军队。"[2] 可见,由于军人使命与角色伦理的独特要求,忠于国家的道德理想,不仅是军人道德意识的反映,同时还是军人核心价值观的基本要求。

---

[1] 总政治部联络部:《美军军官》,第5页,解放军出版社2008年版。
[2] 《中国人民解放军内务条令》第12条,载《解放军报》2002-04-03。

正因为如此,岳飞虽然具备"倒戈兵变、跃登龙座"的条件,但是却选择了"精忠报国",成为我国历史上的民族英雄;当代美国名将麦克阿瑟将军虽然在朝鲜战场失败了,但却始终服从于美国的国家利益,最终以一曲"老兵不死"的悲歌赢得美国民众的一致赞扬。

3. 从精神实质上看,军人的道德意识建立在协调互相冲突的道德价值的关系基础上

德国诗人席勒曾经说过一句名言:"人一半是天使,一半是野兽。"就人的自然属性来看,每一个人都与动物一样具有存在的本能,弱肉强食,适者生存,处于霍布斯所谓的"人与人像狼一样"的战争状态中。但人毕竟是社会的存在物,在人类共同体生活中,人与人互相支撑,其中不乏为了自己的族类牺牲个体的无私之举,彰显出人性的光辉与道德的力量。

事实上,不仅人的自然属性与社会属性处在一种矛盾之中,即便就社会内部的分化与分层而言,不同的群体之间亦存在着完全不同的行为标准与价值取向。就军人群体而言,他们一方面以效忠自己的国家为己任,在此前提下倡导符合军事职业特点的道德生活,在一种严格主义的要求下不断历练武德修养,并时刻准备为了国家民族的利益牺牲自己的一切;但另一方面,他们又经常性地处在一种认同危机的纠结当中,"为谁当兵、为谁打仗"的疑问不时纠缠着他们,促使他们反复拷问自己的良心,以图对自我与他者、个人与社会以及群体与国家之间的关系有一个明朗的结论。对此,黑格尔以军人的"英勇"品质为例指出了这种冲突的表现特性:"作为情绪的英勇,它的固有价值包含在真实的绝对的最终目的即国家主权中。这种最终目的的现实性,作为英勇的作品,是以个人现实性的牺牲为其中介。因此这种形态包含着极端尖锐的矛盾:牺牲自己,然而这却是他的自由的实存!个体性具有最高的独立性,然而同时它的实存在外部秩序和服务的机器中起作用;一方面,绝对服从和放弃私见与争辩,就是要做到没有头脑,另一方面,要最强烈地、广泛地做到镇定和当机立断;对个人施加最敌对而且是亲身的行动,然而他对他们,作为个

人说来,毫无冤仇,甚且不无好感。"①军人的职业要求与个人的内在要求之间存在的这种冲突,对于军人个体来说是一个客观现实,它不时地冲击军人的道德意识,给军人行为带来不确定性,从而塑造了一种独特类型的道德人格,使得军人与一般人的人格定向明确地区别开来。

二、军人道德人格的特征

要把握军人道德人格的特征,就必须掌握战争的特点规律,同时还应该结合人性的一般特点加以分析。战争是一种复杂的社会现象,它不仅只是人与人之间的互相杀戮行为,而附着有更多其他的目的。同样,在从事军事行动当中的军人也不是一味地以杀戮为目标,即便有不得已的杀戮行为,也掺杂着复杂的情感因素。布鲁斯·林肯在《死亡、战争与献祭》一书中较为中肯地表达了战争以及战争影响到构成军人道德人格复杂性的意见:"就我们的论题而言,战争可以作如下定义:在既定的对内团结一致,对外相互竞争的集团之间所爆发的有组织的、连贯的暴力行为。与其他大量暴力行为模式相比,它既不是个人的、自发的、偶然的,也不是非理性的,然而——就像所有暴力一样它包含着许多甚至是大规模的破坏行为。作为一种复杂的现象,战争由多重相互关联的维度所构成,其中主要有经济、意识形态以及社会的因素。"②显然,军人的道德人格建立在一系列价值冲突的基础上,正是在冲突中寻求和谐的努力,使得军人道德人格呈现出不同于其他类型人格的特点。

1.道德自律与外在律条的统一

根据道德心理学的观点,他律是道德的外在、遵从的一面,自律是道德的自我发动、主动的一面。在现实生活中,每个人都受到道德

---

① [德]黑格尔:《法哲学原理》,第344页,商务印书馆1996年版。
② [美]布鲁斯·林肯:《死亡、战争与献祭》,第209页,上海人民出版社2002年版。

的约束,一种是已经内化于心的道德法则,另一种是外在的道德律条,前者是道德自律的体现,后者则是道德他律的反映,二者共同发挥作用,以规范人们的道德生活。当然,这只是一个对于人的道德生活的理想模型,事实上,处于特定社会情境或不同生活境遇中的人在面临道德抉择的时候,总是会遭遇到道德冲突与道德困境,即道德自律与道德他律往往处在冲撞状态中。军人也不例外,所谓"忠孝不能两全"的说法就是对军人道德困境的描述,"舍小家保大家"、"牺牲我一人,幸福千万家"等口号伸张的价值也具有与之类似的特点。在这里,对于军人来说,"忠"、"大家"与"千万家"乃是高于"孝"、"小家"与"我一人"的价值目标,但前一类价值的实现是以放弃后一类价值的追求为前提的。但如何能够使得军人自觉地将其他价值置于个人价值之上,并为之采取现实的行动,从而形成稳定的道德人格,并不是一蹴而就的,这当中需要一个较长时期的"军事社会化"过程,以帮助军人调适道德自律与外在律条的统一关系。军事社会化的痕迹在新兵经历从老百姓到军人的转变过程中体现得最为充分。戴维·波普诺对这转变描述说:"一旦入伍者从市民环境中走出来,集中在一个封闭的军事基地,他们就开始经历剥夺或禁欲的过程,这使他们旧的自我被系统地刷去……入伍者被灌输以一套行为模式,通过向长官敬礼、注意整洁有序的外表、无条件地执行命令等,被期望的肯定的角色模式得到强化。12个礼拜以前,入伍者还是一个市民,现在他或她就是一个士兵,一个水兵或潜水兵了。"[1]

2. 职业道德与个人品质的统一

职业道德是对从事某一职业人群的规范要求,具有群体性,而个人品质纯属个人的内在行为取向,二者具有较大的差异性,因而往往处在冲突之中。任何一个职业人都会发现在自己所从事的职业当中具有一些不同于个体的道德规约,这种情况在军人那里体现得更加

---

[1] [美]戴维·波普诺:《社会学》,第166~167页,中国人民大学出版社1999年版。

明显。例如，对于一个普通的信徒，杀人是几乎所有的宗教律则所严格禁止的，但对于信教的军人而言，合法地杀人不仅是允许的，而且在特殊的情况下杀人数量越多还能够获得荣誉上的嘉奖从而得到鼓励，甚至因此得到职务上的擢升。因此，如何处理个人品质与职业道德之间的关系，就成为军人道德人格的关键性因素。一般地说，军人道德人格的形成同时受到职业道德与个人品质的影响，优良的个人品质无疑有利于形成良好的职业道德，而职业道德又可以反过来提升个人品质。"真正的职业军人往往会全力以赴地完成任务，但让未来顺其自然，职业军人的理想是在忘我的状态下，与战友为一个共同的目标而努力奋斗。同生死共患难的经历会使人产生弥足珍贵的袍泽深情。这种友情常常维系终生，缓解现实生活的烦忧。多数军官会发现军旅职业使人受益匪浅，除个人获得的回报和地位外，他们珍视志同道合的战友、上司和部属，珍视共同承担挑战、为国奉献的特殊经历。那些一起出生入死的战友常常会成为最富有教益的老师或者最有激励作用的榜样。"[1]在战争史上，将个人品质与职业道德结合起来的典范很多，拿破仑·波拿巴就是其中的一位军人。对于拿破仑来说，他作为一个政治家的历史形象并不十分光彩，但作为一名军人却堪称典范，他在历次军事行动中所体现出来的高超战争艺术及人格魅力，一直以来为人津津乐道，许多人甚至不惜频频使用溢美之词来称颂他的人格力量，比如，"他是一个敢做敢为的人。他很自然地出来为王"；"他不仅在思想上采取主动，而且对于每一件事的细节都要亲自关注"；"为了达到目的，他是不怕痛苦、烦恼和麻烦的……他总是把自己所有的精力、能力和注意力都应用到当前的行动和讨论之中。他把热情灌注到每一件事情里面"[2]；等等。拿破仑把自己完全裹在命运之中，却始终坚信凭他个人的一己之力完全可以对抗全人类的所有力量。正是这种为了实现目标全力以赴的个人

---

[1] 总政治部联络部:《美军军官》,第44页,解放军出版社2008年版。
[2] [英]富勒:《战争指导》,第37~38页,解放军出版社1985年版。

品质,为拿破仑挣得了难以计数的美誉,他虽然没有赢得统治整个世界的战争,但却赢得了不少追捧者的心。这无疑是拿破仑作为一名军人所能够获得的最高荣誉,也同时是其拥有非凡人格魅力的生动体现。

3. 尚武精神与和平主义的统一

据富勒在《战争指导》一书中的说法,实证主义哲学家赫尔特·斯宾塞曾经发现在人类交往当中同时存在着两种独立起作用的道德准则,即"友好准则"与"敌意准则"①,前者表现为对内合作,后者表现为对外对抗,并认为这两种准则是每一个社会成员都在遵循的,故实际上又体现为两种对立共存的道德人格定向。斯宾塞所说的两种准则,分别是社会成员对内与对外处理道德关系的价值标准,也是分别对待"熟人"与"陌生人"的道德标准。在军人群体之间,也存在着类似对立的道德准则:尚武精神与和平主义,其同时存在于军人的道德人格当中,独立地发挥作用。在军人的道德视域中,敌我的战争就是两个集团之间的斗争,敌方是一个外在的集团,己方则是内在的集团:外在集团是一个道德的异己力量,必须全心以消灭之;而内在集团是自身生存的保证,故必须竭力维护之。同时,内部团结越是紧密,合作意识越是强烈,军队的战斗力就越强大,赢得胜利的可能性就越大。这样,战争与和平就相互起作用,尚武精神与和平主义交织在一起,相互发展,只不过一个是在集团内部,另一个则体现在集团与集团之间的斗争关系中。对于军人个体而言情况也是如此,他们在形成自己的道德人格过程中不得不反复对这两种道德准则进行考量,最终认识到必须将尚武精神与和平主义诉求有机地结合起来,视为道德意识的核心要素,并将之融入到内在的道德人格中去。当然,尚武精神与和平主义的统一在具体个体军人身上的表现程度不一,其随着军人经历的变化也会打破曾有的平衡,既有可能出现军国主义甚至法西斯主义的人格倾向,也有可能促使军人反思战争暴力而

---

① [英]富勒:《战争指导》,第31~32页,解放军出版社1985年版。

彻底地走向和平主义。

三、军人道德人格的表现形式

军人道德人格是军人个体内在的道德品质、心理素质、气节操守与行动意向的表征,它通过军人的精神气质与价值取向体现出来,并外化为军人的实践活动。从基本的表现形式来看,军人道德人格教育通过严正的道德品质、凌烈的操守气节、顽强的战斗意志、过硬的身心素质和卓越的行动能力等几个方面得到反映。

1. 严正的道德品质

严正的道德品质是军人道德人格最为鲜明的表现形式,也是军人群体区别于一般社会群体的一个显著标志。军人的严正品质来自其所承担的社会责任与内在的职业素养:为国家民族与社会利益牺牲奉献的意识,决定了每一个军人必须具备基本的正义感、诚实无妄、道德勇气、高尚情操和脱俗的精神气质。因此,在战争时期,军人固然是最值得信赖的群体,即便是在和平时期,军人往往也成为开社会风气之先者。在这个意义上,军队是维护社会安全的坚强堡垒,军人群体则是构筑道德高地的中坚力量。因此,现代军队无不十分重视军人道德品质的培养,希望借此打造正义之师的形象。比如美军就认为:"军人勇气和信仰的力量来自其正直的品格"[1],"军官在'促进普遍福祉'方面所起的作用,说到底,需要一种无私无畏的敬业精神……勇气不单是有关英雄主义或精神力量的问题,它是一种发自内心的信念和忠诚,即决心义无反顾地为正义奋战到底"[2]。

2. 凌烈的操守气节

操守气节是道德人格的反映,是指道德主体对心中道德理想的一种坚守,强调立身做人要有骨气。战争是敌我之间进行的战斗行为,由于双方各自维系着国家与民族的利益和人民的期盼,因而参与

---

[1]　总政治部联络部:《美军军官》,第163页,解放军出版社2008年版。
[2]　总政治部联络部:《美军军官》,第14页,解放军出版社2008年版。

战事的军人尤为看重自己的操守节气。崇尚个人操守气节是中华民族的传统美德,那些肩负着国家安危与民族团结的仁人志士多体现出一种凛烈的操守气节,甚至视气节重于生命,诸如"烈士不毁节以求生,良将不怯死以苟免"、"宁为短命全贞鬼,不做偷生失节人"、"士可杀不可辱"等诗词警句就是生动的体现。宋代文天祥临危受命率军抗敌,被俘后大义凛然宁死不屈,在囚狱中写下了千古回响的《正气歌》,历数了中华民族高扬操守气节的优秀代表,并以此勉励自己。诗中写道:"时穷节乃现,一一垂丹青;在齐太史简,在晋董狐笔;在秦张良锥,在汉苏武节;为严将军头,为嵇侍中血;为张睢阳齿,为颜常山舌;或为辽东帽,清操厉冰雪;或为《出师表》,鬼神泣壮烈;或为渡江楫,慷慨吞胡羯;或为击贼笏,逆竖头破裂……。"文天祥无疑是中华民族的优秀代表,同时也是军人的杰出代表。历史上无数仁人志士的爱国精神和崇高气节激励了一代又一代中华儿女,中国共产党领导的人民军队以一种大无畏的革命英雄主义充分地展现了这种操守气节,这也是我军之所以能够取得革命胜利的宝贵精神财富。

3. 顽强的战斗意志

军人道德人格的一个重要的特点,就是在于具有忍受艰苦的坚忍品质、克服困难的果断决心和不达目的誓不罢休的顽强意志。军人之所以需要锻炼出这样一种战斗意志,原因就在于战争具有不确定性,战场的情况可谓是瞬息万变,特别需要一种坚忍品质和过硬作风来应对这种变化。克劳塞维茨在《战争论》中特别辟有一章"坚忍"来阐述这一问题,他认为战争中的丰功伟绩几乎没有一件不是经过无限的劳累、艰辛和困苦才取得的,因此只有坚忍精神才能引导军人实现最终的目标。他指出:"在战争中,一个统帅却经常受到种种情况的冲击,诸如真和假的情报,由恐惧、疏忽和急躁所引起的错误,由正确的或错误的见解、恶意、真的或假的责任感和急惰或疲劳所引起的违抗行为,以及一些谁也想象不到的偶然事件,等等……高度的勇敢和内心的坚强能使他像岩石抗拒波涛的冲击一样抵御住这些感受。谁在这

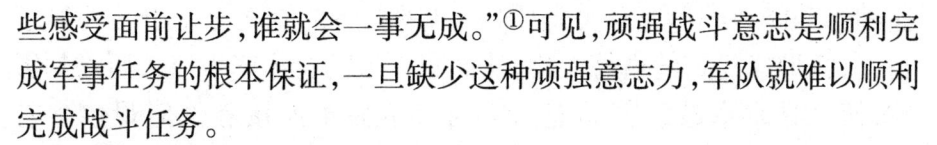

些感受面前让步,谁就会一事无成。"①可见,顽强战斗意志是顺利完成军事任务的根本保证,一旦缺少这种顽强意志力,军队就难以顺利完成战斗任务。

4. 过硬的身心素质

战争是一种暴力,是人类社会中最残酷、最激烈的对抗活动,既是交战双方军事实力的较量,也是参战人员身心素质的抗衡与搏杀。一名真正勇敢的军人,同时也是一位身心素质过硬的勇士。过硬的心理素质具体体现为一种胆略或胆量。克劳塞维茨非常重视胆量这种心理素质在战争中的作用,他将之称为"一种独特的有效因素"与"最可贵的品质",因而"是使武器锋利和发光的真正的钢",在战争中"占有特别优先的地位"。②因此,几乎每一支军队都相当重视军人身体素质与心理素质的训练,以此作为提升战斗精神的重要途径。军人身体训练的过程同时就是一个心理素质提高的过程。福柯以新训为例形象地描绘这一过程:"一种精心计算的强制力慢慢通过人体的各个部位,控制着人体,使之变得柔韧敏捷。这种强制不知不觉变成了习惯性动作。"③可见,军人身心素质的锻造必须对身体的一举一动进行严格规定,通过这种对身体每一个部分的严格约束和训练,身体便自然成为角色内化的一条通道,从而转化为一种强大的心理认同与心理素质。因此,体能训练就不仅仅只是一种单纯体格上的锻炼,同时也是一个强化心理素质的过程,故无论武器装备如何先进,各国军队都依然重视军人体能训练,以此作为锻造军人身心素质的最佳途径。

5. 卓越的行动能力

一支现代化的军队不仅要拥有先进的武器装备,同时还必须具备强大的战斗精神与行动能力。军队是一个战斗集体,其战斗力依赖于每一个军人的行动意向尤其是行动能力。军队核心价值观对于

---

① [德]克劳塞维茨:《战争论》,第268页,解放军出版社1964年版。
② [德]克劳塞维茨:《战争论》,第261页,解放军出版社1964年版。
③ [法]米歇尔·福柯:《规训与惩罚》,第153页,三联书店1999年版。

这种行动能力的养成至关重要,一旦军人的价值观内化于心外显于行,就将形成稳定的道德人格,从而对军人的行为产生持久而深刻影响,使之具有卓越的行动能力。当代革命军人核心价值观包含有"忠诚于党,热爱人民,报效国家,献身使命,崇尚荣誉"这五个方面,这五个方面的要求既体现了军人的核心取向,同时也内蕴着积极的行动意向:"忠诚"、"热爱"、"报效"、"献身"、"崇尚"都是表达这种行动意向的动词,而"党"、"人民"、"国家"、"使命"、"荣誉"则分别是其追求的价值目标。因此,当代革命军人核心价值观就不只是一种静态的"价值观念",更是一种"追求并实现价值观"的动态过程。当代革命军人只要深入践行这种价值观,就能够拥有卓越的行动能力。实际上,外军也是在这个意义上理解军人核心价值观的,如美军就认为,"优秀人士总是积极主动的。他们不会让局势、压力和环境影响控制自己的行动。他们总是积极行动,而不是消极应付……面临重要决策的时候,他们的表现总是思考、选择和行动"[1]。

第三节　军人道德人格的培养

军人道德人格具有极其重要的现实意义,其不仅是构成个体军人军事素养的重要因素,同时也是军人职业道德建设与形成良好军队武德的基础。培养军人道德人格既需要遵循一般性道德规律与道德原则,同时又需要不断地接受军事实践的检验,即注重理论要求与实践取向的统一。

一、培养军人道德人格的重要意义

作为承担着特殊职责的军队来说,其往往被视为是一个代表着社会道德风尚的群体,可以说,一个优秀的军人,就是一座耸立

---

[1]　总政治部:《美军军种核心价值观培育研究》,第75~76页,解放军出版社2009年版。

的道德丰碑；一支卓越的军队,就是一面高扬的精神旗帜。军队的道德风貌是从每一个军人的道德人格体现出来的,后者不仅是军人个体能力素质的显现,同时也是军人职业道德与军队整体形象的具体反映。

1. 道德人格是构成个体军人军事素养的重要因素

军队是一个战斗集体,其中单个军人的军事素养会对战斗力的形成产生影响。军人的军事素养是一种综合能力,道德人格在其中发挥着基础性的作用。

克劳塞维茨认为,战争是一个处处充满危险的领域,具有偶然性与不确定性,赢得战争胜利的军人必须为之付出艰辛的劳累,为此他将"危险、劳累、不确定性和偶然性"归结为"形成战争气氛的四个要素"。[①] 这"四个要素"运用得好,就会有利于战事的顺利推进,如果运用不好或者运用不得法,就会成为妨碍军事活动的阻力。克劳塞维茨相信只有一种办法能够减轻这种阻力,这就是"战争锻炼"。他说:"锻炼能使身体忍受巨大的劳累,使精神能承担极大的危险,使判断不受最初印象的影响。通过锻炼就会获得一种宝贵的品质——沉着,它是下至士兵上至师长所必须具备的,它能减少统帅在行动中的困难。"[②] 实际上,克劳塞维茨所谓的"战争锻炼"就是要养成军人基本的军事素养,或者说"战争锻炼"就是"军事素养"本身,[③] 而其中最为基础性的军事素养就是军人身上体现出来的道德人格力量。克劳塞维茨在这里提到了"沉着",在《战争论》的其他地方还多次强调"干劲、坚强、顽强、刚强、坚定"等品质,甚至将这些本质视为"英

---

① [德]克劳塞维茨:《战争论》,第89页,解放军出版社1964年版。

② [德]克劳塞维茨:《战争论》,第127页,解放军出版社1964年版。

③ 实际上,另一个中文版的《战争论》就是用"战争素质养成"代替"战争锻炼"这一概念的。参见杨南芳等译校:《战争论》,第60页,台北猫头鹰出版社2001年版。

雄本色的表现"①。坚忍的道德人格造就了军人的英雄本色,而英雄本色的军人乃是一个果敢的行动者。"促使人们行动的最强的动力总是来自感情,而最强大的支持力量则来自感情和智力的合金(如果可以这样说的话),这种合金就是我们前面讲过的果断、坚强、顽强和坚定。"②

克劳塞维茨的上述观念对后世的影响很大,现代军队无不重视军人道德人格对于军事素养的意义。如美军就强调:"无论在和平时期还是战争时期,军官都要立志成为品格高尚的领导者……军官的一举一动必须符合尊重、荣誉、职责、服从、正直、优秀、勇气、投入和忠诚这些道德标准。"③美国西点军校是一个人才辈出的地方,不仅诞生了众多声名显赫的将帅,而且其历届毕业的学员许多是政界、商界和学界的领军人物。人们发现,西点军校之所以能够造就一大批精英,其中一个重要的原因就是极其重视军人道德人格的养成和道德品质的培养。比如,西点军校认为一个合格的美国军官必须是"一个无敌的战士、一个忠诚服务于国家的仆人、一个掌握高技能的专业人才、一个有品德情操的领袖",强调"责任是一种与生俱来的使命"和"主动承担起责任,并为自己的行为负责"。其广为人知的一句名言是"千万不要纵容自己,给自己找借口"。可见,正是西点军校重视军人学员道德人格养成的独特方法,造就了它的百年辉煌。

2. 道德人格有利于构建军人的职业道德

军人的道德人格是其职业道德的反映,军人崇高的道德人格有助于其形成良好的职业道德。克劳塞维茨阐发了军人个体的道德人格对于职业道德的意义:"深刻了解这种事业的精神实质,激发、锻炼和吸取那些在战争中活动的力量,把自己的全部的智力运用于这个事业,通过训练使自己能够确实而敏捷地行动,全力以赴,从一个

---

① [德]克劳塞维茨:《战争论》,第90页,解放军出版社1964年版。
② [德]克劳塞维茨:《战争论》,第110页,解放军出版社1964年版。
③ 总政治部联络部:《美军军官》,第130页,解放军出版社2008年版。

普通人变成称职的军人……从事战争的人只要还是在从事战争,就要永远会把自己同自己一起从事战争的人看成是一个团体……这种团体精神好像是把起作用的各种精神力量黏连起来的黏合剂。"①在克劳塞维茨看来,"一个普通人"变成"称职的军人"的前提就是要"激发、锻炼和吸取那些在战争中活动的力量",所谓"在战争中活动的力量"就是战斗意志,而构成战斗意志的最为基本的元素就包括军人个体的道德人格。

实际上,但凡强调军人职业道德的军队,都同时重视军人道德人格的作用。如曾任美军陆军参谋长的李奇威将军曾经说:"职业军人负有三种主要责任:首先,就完成任务所需要的条件提出诚实、勇敢、客观的专业建议。其次,如果现有条件达不到最起码的条件,要诚实、勇敢、客观地向上级报告这样行动的后果。最后,无论最终的决策如何,都要在现有的条件下全力以赴。"②李奇威将军这里所强调的职业军人的"三种主要责任",无一不是建立在军人道德人格的基础上,所谓的"诚实"、"勇敢"、"客观"以及"全力以赴"等等道德品质,同时就是军人个体道德人格的表现形式。

需要注意的是,一旦军人道德人格普遍地出现偏差,就将会对职业道德产生较大的影响。由于思想观念日趋多样化,当代军人很难完全不受其影响,这也是在养成军人独特的职业道德时应该引起重视的问题。对此一问题,外军普遍加以特别的关注:社会的倾向所反映出来的东西与我们军事职业伦理关心的东西密切相关,因为像其他职业一样,军队的构成都来自于现实的社会,无法避免社会对我们道德价值观的影响。这种来自社会多样化思想观念的冲击有时是相当巨大的,甚至有可能从根本上颠覆人们对军队美好形象的传统看法。近些年来驻外美军频频曝出屠杀平民、虐俘、性侵犯等事件,就使得美国国内民众对其军队的表现颇为失望,同时一定程度上暴露

---

① [德]克劳塞维茨:《战争论》,第254~255页,解放军出版社1964年版。
② 总政治部联络部:《美军军官》,第130~131页,解放军出版社2008年版。

了美军欲充当"世界警察"的丑陋本质。这正好印证了美军军方的说法:"军人行为稍有不当,损害不单是个人职业声誉,全体美国军官作为国家利益和安全的保护人的职业声誉也会受到危及。"①

3. 道德人格有助于形成良好的军队武德

道德人格对于军队之武德的形成具有巨大的牵引作用,从而影响到人们对于军队形象的总体看法。

"军队武德"出自克劳塞维茨的《战争论》一书,他用颇有文采的语言阐发了这一概念,同时也揭示了军人道德人格与军队武德的关系。他写道:"一支军队,如果它在极猛烈的炮火下仍能保持正常的秩序,永远不为想象中的危险所吓倒,而在真正危险面前也寸步不让,如果它在胜利时感到自豪,在失败的困境中仍能服从命令,不丧失对指挥官的尊重和信赖,如果它在困苦和劳累中能像运动员锻炼肌肉一样增强自己体力,把这种劳累看做是致胜的手段,而不看成是倒霉晦气,如果它只抱有保持军人荣辱这样一个唯一的简短信条,因而能经常不忘上述一切义务和美德,那么,它就是一支富有武德的军队。"②在这里,"自豪"、"服从命令"、"尊重和信赖"、"困苦和劳累"、"荣辱"等"义务和美德",实际上就是军人个体道德人格的具体体现,若没有这些在军事活动展现出来的具体品质,"军队武德"就只不过是一个抽象的道德理念而已。正是在这个意义上,军队的武德就是道德人格的外显形式。诚如有学者所说:"军人武德的现代意义是一种自尊自重、负责任、守纪律、爱国家、重荣誉、有理想的军人人格特质,它是战斗意志的源泉,军人赖此履行国家人民托付之重责大任。"③

相反,如果军人个体的行为缺少道德人格的支撑,既无视基本的

---

① 总政治部联络部:《美军军官》,第130页,解放军出版社2008年版。
② [德]克劳塞维茨:《战争论》,第255~256页,解放军出版社1964年版。
③ 谈远平、康经彪:《战争哲学》,第371页,扬智文化事业股份有限公司2004年版。

职业道德规范,又不遵从做人的道德底线,那么必然侵蚀到军队武德,使军队形象受损。比如,在越战之后,美军官兵的道德人格受到美国社会多元价值观的负面影响,驻外军事基地屡屡曝出性丑闻,涉案人员既有训练新兵的男教官,也有道貌岸然的高级将领。从1991年震惊世界的"尾钩事件"到被提名为美参谋长联席会议主席的拉尔斯顿的婚外恋,从因性丑闻丢官的美太平洋司令麦基到2000年3月30日曝光的美军三星女中将、美陆军情报副参谋长克劳迪·肯尼迪遭一名男将军性骚扰,从韩国和科索沃少女被奸杀再到2001年的日本冲绳强奸案,等等。可以说,美军的种种道德失范行径令人触目惊心,致使其成为世界各大报纸竞相报道的丑闻。另外,据美国防部2007年5月4日公布的一份调查报告显示,驻伊美军的道德水准自开战以来再次出现了大幅度的滑坡,将近40%的士兵认为在一定条件下可以对伊平民施暴,多达60%的士兵表示可容忍和理解战友对无辜平民的杀害或者伤害,甚至有10%的士兵竟然还"自豪"地承认曾有虐待平民的行为。对此,美军深感有必要强化军人核心价值观教育,尤其提出要注重培养军人的健康人格,以帮助其养成良好的道德行为,试图竭力挽回军队往日在美国民众心中的正面形象。

二、培养军人道德人格的基本原则

道德人格的形成有规律可循,培养道德人格需要坚持一些基本的方法与途径。对于军人来说,道德人格的培养主要需要坚持道德同一性原则、建构主义原则与军事人道主义原则。前两个原则带有普遍性,后一个原则主要适用于军人职业群体。

1. 道德同一性原则

所谓的"道德同一性"又称为"道德自我同一性",它是关于个人道德形象的社会自我图式,即具体说就是个人对于自我愿意成为什么人的道德思考和追求。作为自我形象的一部分,道德同一性是一种主观的自我感,一种特殊的经验自我,涉及个体对"我是什么人"、"我愿意成为什么人"以及"我应该过一种什么样的道德生活"等等的思考与定位。

　　从道德心理学的角度看,道德人格来自自我理解和自我一致性的制约,道德行为的动机来源于个人的道德同一性建构。西方学者布雷西把道德同一性作为道德自我的核心来理解,他认为道德行为之所以产生的主要原因是因为人们想要成为某种人,而友善的道德行为往往受到维持个人自我形象的支配而不是一味地服从外在道德标准,道德同一性的形成更多地信赖于内部的自我同一性内容,如道德价值观和道德目标等。对于个体而言,道德自我是在约束自我欲望和修养自我性情的过程中生成的,因而道德同一性的建构是一个整合个人变化、社会要求与未来期待的综合性过程。通过这个过程,一个人的真实自我、现实自我和理想自我一致性关系得以建立,同时,自我对社会文化环境产生适应性反应从而出现经验的一致性,使个体生活在过去、现在与将来连续性当中。这样,个体的道德人格便形成了。

　　然而,一旦个体发生道德同一性危机,就会使之孤立于同伴、家庭和社会之外,在群体中丧失自己的位置,于是道德人格的形成便会受阻,从而出现人格偏差或个性扭曲等现象。这种道德同一性实质上是一种自我认同危机,"一种严重的无方向感的形式,人们常用不知他们是谁来表达,但也可被看做是对他们站在何处的极端的不确定性。他们缺乏这样的框架或视界,在其中事物可获得稳定意义,在其中某些生活的可能性可被看做是好的或有意义的,而另一些则是坏的或浅薄的"[①]。泰勒认为,这种认同危机会导致"自恋人格的失常",致使人对于自我和什么对人有价值缺乏道德方向感。

　　显然,道德同一性是养成军人道德人格必须遵循的基本原则。一方面,军人应当尽快完成军事社会化的过程,努力适应军营生活方式,自觉遵守各项条令条例,不断培养军人意识,尽早成长为一名合格的职业军人,从而顺利实现角色转换。另一方面,军人在实现角色

---

① [加]查尔斯·泰勒:《自我的根源:现代认同的形成》,第37页,译林出版社2001年版。

转换当中又不能操之过急,既要照顾到过去生活经验的合理性,也要适应当下军营生活的要求,同时还要适应个体与群体的未来发展趋势,从而将自我道德人格建立在过去、现在与未来的连续性和个体、群体与社会的一致性中。

2. 建构主义原则

建构主义是一种后现代理论,但作为一种认识客观世界的认识论与方法论,其所面对的是这样一些基本问题:物质与人的思维是什么关系?为什么人的思维能反映客观世界?人的知识、人格、能力、行为取向是如何形成的?自古希腊智者学派的普罗泰戈拉提出"人是万物的尺度"的观念以来,人们普遍倾向于认为只有人才是真正认识客观世界的主体,而人对事物的认识无论是具体的还是抽象的,都是思维对自然表述的结果,在这个意义上,世界万物都是人所"建构"的,世界意义包括人生的意义也是人所赋予的。心理学家皮亚杰从儿童心理发育着手研究人对客观事物的认知过程和机制,揭示主体与客体的关系,极大地推动了建构主义在当代的发展。皮亚杰认为,人对客观事物的认知是主体对客体的反映,反映的过程是主体适应客体的过程,适应的过程是人的心理发育、人格成长与智力成熟的过程。因此,人的认知不是外来强制灌输的结果,而是一个自我主动建构的过程。但更多的建构主义者认为,人的认知是内在与外在因素互相影响的结果,文化、历史与社会等外部因素同样是认知的基本条件,同时,人与人的交往亦能深化认知的程度。

根据建构主义理论,道德人格就是个体依据自身的生活经验,在特定的道德情境和共同体环境之中所建构起来的结果,即是个体经验与社会道德情境相互作用的产物。一般来说,个体道德人格的建构首先出自自身的生活经验,尔后根据这些经验逐渐形成较为稳定的道德信念,再在此基础上意识到必须承担某些道德责任与道德义务,从而实现有效的道德控制。当然,个体如果要自觉到道德乃是人之为人的本质性要求,并必须通过道德的行为方式来展现人的现实存在的尊严与价值,还需要一种社会道德情境来反复强化上述认知结果与行为意向。这样,在个体经验与共同体的相互作用下,个体的道德人格得以逐步成熟。

因此,在培养军人道德人格的时候,就必须坚持建构主义的方法原则。一方面,军人应该注重自身的道德修养,不断积累道德生活的经验,同时也为创造一个良好的军营道德情境作出努力。另一方面,军队作为军人生活的共同体,应当形成和谐的道德环境,并对军人个体进行必要的道德教育,帮助军人个体形成高尚的道德人格,同时也要尊重每一个军人个体的道德生活方式,以不断净化军营的整体道德生活。

3. 军事人道主义原则

军事人道主义是一整套建立在对于军事活动价值功能的认识基础上的观念,它认为军事行动虽然避免不了伤甚至摧毁人的生命,但仍然必须考虑到人道主义的价值诉求。简单地说,军人即使要杀人,也必须是有条件的、有限的和合理地杀人。在这里,尊重生命、符合人性、捍卫正义、维护权利等都是军事人道主义的题中应有之义。

在《战争指导》中,富勒认为战争只是手段而已,而人道主义则是衡量军事活动的终极价值。他这样说:"在封建时代,一个国王的目标就是要使他的那些粗暴的诸侯对他表示臣服。那时,原始火炮的发明被认为是具有极大的价值的,因为它能击毁诸侯的堡垒,使诸侯丧失抵抗力的基础。但是,如果火炮的破坏力太大,不仅能破坏堡垒,而且还会使方圆几里之内的一切田园、牛圈以及家仆、农奴等等都同归于尽,那么,结果就没有什么意义了,因为那样的话,诸侯们就无法表示他们对国王的臣服,将没有可供朝贡的东西,这样,也就是手段把目标吞食了。"[①]美军也强调军事人道主义原则的现实意义,明确指出,"军官必须超越战乱的纷扰,在人性经受最严峻考验的时刻,确保部属不丧失人性"[②],并将之上升为军人个体应当具备的道德人格。美军认为:"按照这些道德规范从事战斗的男女战士是值

---

① [英]富勒:《战争指导》,第394~395页,解放军出版社1985年版。
② 总政治部联络部:《美军军官》,第130页,解放军出版社2008年版。

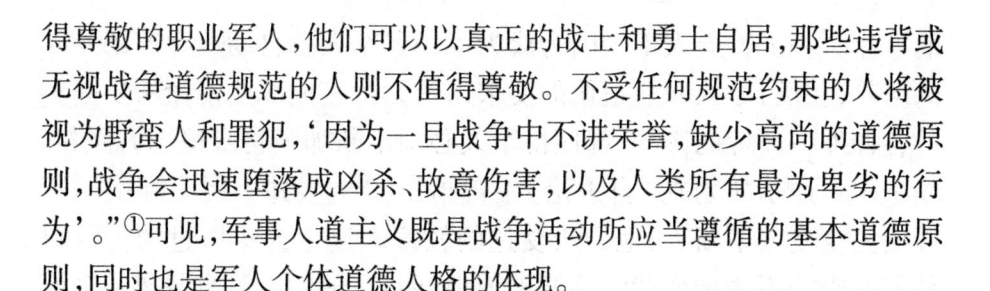

得尊敬的职业军人,他们可以以真正的战士和勇士自居,那些违背或无视战争道德规范的人则不值得尊敬。不受任何规范约束的人将被视为野蛮人和罪犯,'因为一旦战争中不讲荣誉,缺少高尚的道德原则,战争会迅速堕落成凶杀、故意伤害,以及人类所有最为卑劣的行为'。"[①]可见,军事人道主义既是战争活动所应当遵循的基本道德原则,同时也是军人个体道德人格的体现。

随着科技发展及其在军事领域的运用,先进军事武器的杀伤力将呈现出几何级数的增长,所谓"不流血的战争"的残酷性丝毫不亚于传统战争,由此将对军人道德人格的养成产生前所未有的冲击力。对此,曾经发动过几次信息化战争的美军已经有所感知,同时也提出了警告性意见。美军认为:"先进技术在战场上取得无与伦比成功的同时,也有可能使现代军人漠视战争的残酷性,使之淡忘战争对军人精神世界的严酷考验。"[②]显然,无论战争的形态如何变化,都难以避免流血牺牲,所以军事人道主义的价值理念不是已经失效了,而是将在规制军人道德人格和军事行为当中发挥出更重要的作用。

三、培养军人道德人格的方法途径

道德人格具有可变性和可塑性的,这说明人们可以通过各种途径来培养道德人格、提高道德人格甚至改变道德人格。人作为社会实践活动生存物,其道德人格是通过其具体的社会实践活动来生成塑造的,对于从事特殊活动的职业群体来说,尤其需要注意在自己职业职责所要求的范围内加强道德人格培养。军人道德人格的养成既需要遵循一般性道德规律,同时又需要在军事实践当中不断探索,注重理论要求与实践取向的统一。

1. 培养道德品质

道德品质的修炼是一个长期的过程,甚至可以说是一个人一生

---

① 总政治部联络部:《美军军官》,第29页,解放军出版社2008年版。
② 总政治部联络部:《美军军官》,第35页,解放军出版社2008年版。

的事业。一个普通人不会因为成为了一名军人就自动放弃道德品质的培养,相反,军人职业道德的要求以及为了完成职业使命所要面对的各种外在环境的影响,都使得军人必须不断加强自身道德的修养。埃米尔·迪尔凯姆在《自杀论》中曾指出:"士兵并不因为穿上了军装而完全变成了新人;他们所受过的教育和迄今为止所过的生活对他们的影响不会像变戏法那样地消失;而且,他们也没有脱离社会而不参与公共生活。"[①]因此,培养优良的道德品质,纯化高尚的道德人格,就成为每一个军人走好军旅生涯的"必修课"。我军从成立之初,就十分注意军人正直品质与道德正义感的培养。如毛泽东"三湾改编"之后,红军的一个明显变化就是整个军队的精神气质为之焕然一新,红军战士为革命奋斗的决心树立起来了,同时也确立了同国内外一切反动势力作斗争从而为国家和人民谋解放的信心。外军也普遍注重军人道德品质的养育,美军甚至要求每一名军官具备绅士品质,这些品质包括:对人权的坚定信仰;对他人尊严的尊重;以"己所不欲,勿施于人"的态度对待身边的人;对人类幸福各方面的持久关注;把每个人当做血缘之亲来悉心对待的意愿。[②] 在一些美军军人看来,这些品质所体现的是人性的力量而非软弱的体现,它们是始终如一地追求伟大目标的人区别于常人的标志,事实上只有那些具有绅士品质的人才能被称为"男人中的男人"。

2. 恪守操守气节

对于军人来说,操守气节乃是一种"明是非、辨生死"的道德智慧。一个军人,当身处危险的战场环境中仍需保持不怕死的品质与节操,在执行军事任务中摆脱利益诱惑和克服私欲贪婪,在平时军队生活中能够耐得住寂寞守得住清贫,他便拥有了崇高的操守与凌烈的气节。可见,恪守操守气节是军人道德人格的生动体现,也是军人

[①] [法]埃米尔·迪尔凯姆:《自杀论》,第216页,商务印书馆1996年版。

[②] 参见总政治部联络部:《美军军官》,第156页,解放军出版社2008年版。

所承担的捍卫国家利益之使命赋予的基本要求,军人无不以此为荣誉。在革命战争年代,广大官兵所展现的革命气节则始终是人民军队的精神之魂:"砍头不要紧"的夏明翰、投江殉国的抗联女英雄、从容跳崖的狼牙山五壮士、死不投降的杨靖宇等无数革命先烈,为着国家和民族的利益,奋不顾身,慷慨赴死,表现了革命者宁为玉碎不为瓦全的凛然正气和威武不能屈、铁骨傲苍穹的高尚节操。实际上,任何一支具有真正战斗力的军队都十分看重军人的气节,当代军队尤其如此。比如,《美国武装部队成员行为准则》关于军人气节方面就有这样的规定:"我将永远不自愿投降。如果我是指挥官,当我的下属依然有办法抵抗时,我将永远不率领他们投降。如果我被俘,我将继续尽可能地抵抗。竭尽全力逃脱并帮助他人逃脱。我不会接受敌人的任何利诱和任何特殊待遇。"①

3. 强化战斗意志

战争既是双方物质力量的抗衡,更是战斗意志的较量。无论何种战争形态,军人是否具有顽强的战斗意志,乃是战争胜负的关键。若米尼说:"为了要胜利地进行战争,第一个条件就是要有坚强的战斗意志。当一个将军本身充满真正的尚武精神,并能把这种精神传播给自己的士兵时,它虽然也可能犯错误,但是仍将取得胜利,得到应有的荣誉。"②需要强调的是,由于未来信息化战争具有集中火力重点打击而非传统上集团冲锋的特点,战斗意志有被弱化的可能,甚至有人据此认为战斗意志将无从体现。实际上,虽然信息化战争倚重远距离打击,似乎难以重现传统战争中战火纷飞的场面,但对军人战斗意志的要求与其说是降低了,毋宁说提出了更高的要求,因为不管战争以一种什么样的方式进行,缺少主观上的打赢意识,就不会赢得最后的胜利。当然,在信息化战争中,相对一般战士而言,顽强意志力对于指挥人员或军事统帅来说尤为关键,否则就会出现"将熊

---

① 总政治部联络部:《美军军官》,第139页,解放军出版社2008年版。
② [法]若米尼:《战争艺术概论》,第387页,解放军出版社1986年版。

熊一窝"的现象。对此,莱昂哈德指出:"一位蹩脚指挥官,或一位性格胆怯的指挥官,会花费过多的兵力来保护自己,他对自己的保卫程度远远超出了敌人的攻击能力,因而浪费了宝贵的资源。这种情况发生时,他会发现自己缺乏完成基本任务所需的战斗力。他会耗尽时间、人员、装备和补给物品。但是,他是否会认识到正是由于自己无能才自作自受,这就很难说了。"①相反,一位具有强大意志力的指挥官就能够做到防患于未然,他会将战斗中可能遭遇到的困难想方设法消除在萌芽状态,从而将危险降至最低,确保赢得最终的胜利。

4. 锻造身心素质

后现代主义学者福柯将身心素质过硬的军人称之为"理想的士兵形象",他在《规训与惩罚》中指出,"理想的士兵形象"之所以能够"从远处一眼就可以辨认出来",正是因为"他具有某些符号","他的体魄和胆量的自然符号,他威武的标志。他的肉体是他的力量和勇猛的纹章"②。除了先天的因素之外,军人的身心素质大多是在训练中锻炼出来的。需要说明的是,人的"身心"实际上是一个整体,身体的强壮有利于形成强大的心理,同时坚强的内心也有助于身体的健康。在未来的信息化战争中,大量高技术武器如电子、航空航天、精确制导等武器装备的杀伤破坏力将大大增强,战斗的残酷性、危险性和偶然性空前增大,这对每个参战人员的体魄、意志和心理素质提出了更高的要求。"现代武器在杀伤力及速度方面的巨大进展更是雪上加霜,使得安全问题比过去任何时候都更加严重。这一时期的军队在不了解情况的黑暗中四处挣扎,有许多东西要恐惧,有许多东西要防备。"③对此,军人要不断加大体能训练强度,加强心理对抗训

---

① [美]罗伯特·R.莱昂哈德:《信息时代的战争法则》,第183页,新华出版社2001年版。

② [法]米歇尔·福柯:《规训与惩罚》,第153页,三联书店1999年版。

③ [美]罗伯特·R.莱昂哈德:《信息时代的战争法则》,第181页,新华出版社2001年版。

练,坚持在艰苦环境中摔打和磨炼,努力在近似实战的环境中经受各种身心的考验,努力做到在突发情况下不惧怕不惊慌,面对战斗残酷激烈所带来的生命威胁不怯战不畏缩,面对连续作战中的极度疲劳不怕苦不怕累。

5. 增强行动能力

军人的道德人格必然会转化为军事行动,高尚的道德人格就会促发卓越的行动能力。在战争时期,我军形成的井冈山精神、长征精神、大渡河精神、抗大精神、狼牙山精神、上甘岭精神等等,既是军人个体革命意志与顽强作风的体现,又是军人群体道德人格的集体展现,同时也是强大行动能力的展现,井冈山时期和长征途中艰苦卓绝的斗争、强渡大渡河的英勇顽强、延安时期抗大师生的学以致用忠心报国之举、狼牙山五壮士的宁死不屈、志愿军用鲜血和生命坚守阵地的壮怀激烈,无不是体现出一种卓越的行动能力,正是革命精神及其强大的行动能力,为我军赢得最后的胜利。现时代,外军在注重培育军人道德人格的同时也着重养成军人的行动能力,比如《美军空军核心价值观手册》这样刻画一个具有这种行动能力的军人形象:"一个可以信赖的诚实的人;一个勇敢的、愿意奉行正义并为之牺牲的人;一个顽强不屈、即使身陷非常困境也能坚决完成任务的人;一个深爱祖国、决心努力让它变得更加美好的爱国者;一个有能力胜任的、可以按照最高标准将工作做好的人;一个自觉地热心为国家服务、必要时愿意牺牲一切的人。"[①]我军的经验与外军的做法都昭示了一个基本的道理:军人是生来为打赢;只有拥有卓越行动能力的军队才能赢得最后的胜利。

---

① 总政治部:《美军空军核心价值观教育》,第186~187页,解放军出版社2008年版。

第八章

崇尚荣誉与军人核心价值观

荣誉感是人类基本的道德情感,知荣辱与明廉耻是人之为人的基本要求。崇尚荣誉一向被视为是道德高尚的重要标志,荣辱观也因此成为伦理学研究的基本问题。荣誉,是一种历来为军人所追求的崇高价值,它既是对军人牺牲奉献与创造功绩的赞美,同时也是对军人道德操守与忠诚信仰的颂扬。崇尚荣誉,是我军官兵崇高价值追求的鲜明特征,是忠诚于党、热爱人民、报效国家、献身使命的道德支撑,是当代革命军人核心价值观的基础。作为一种道德追求,崇尚荣誉对确保革命军人政治信仰坚定、思想道德纯洁与忠实履行使命等方面,具有不可替代的重要作用。

第一节 荣誉的道德特性

从古至今,人们珍视荣誉、追求荣誉与享受荣誉,以至于荣誉之高低成为衡量人们道德生活的精神界碑。在伦理学中,荣誉是道德义务与道德良心的结合,它既是行为主体在履行义务之后受到的肯定性道德评价,也是行为主体接受肯定性道德评价时的主观感受。作为一种道德品质,荣誉是道德意识、道德行为与道德境界的统一,荣誉感对道德意识具有引导性的作用,对道德行为具有评价性的作用,对道德境界具有标识性的作用。

一、什么是荣誉

所谓荣誉,就是个人或团体由于出色地履行义务而获得的肯定、赞誉和褒奖以及与之相伴随的主观的满足感、光荣感和自豪感。荣誉是来自外在的客观评价和行为主体的自我感受的统一。一方面，荣誉是一定社会与组织对人们行为社会价值作出的正式的积极的客观评价，即亚里士多德所说的"荣誉是献给善良人们的德性的奖品"。另一方面，荣誉又表现为一种自我评价的荣誉感，是个人对自己的社会价值的自我确证，它是人们为追求荣誉而激发起的内心感受，是人类内在道德良心的体现。

从客观方面来说，荣誉作为一种社会行为的评价尺度，缘起于一定社会当中的风俗习惯和约定俗成的规则，这些从历史中传承下来的生活习惯与社会规则，不仅有助于人们确立起较为明确的荣誉观念甚至道德观念，同时也有利于形成安全稳定的生活方式。对此，洛克指出："嘉赏或不悦、称赞或惩责，就是决定一般所谓德性或失德的一种尺度。这些称、讥、毁、誉，借着人类底隐密的同意，在各种人类社会中、种族中、团体中，便建立起一种尺度来，使人们按照当地的判断、格言和风尚，来毁誉各种行动。"[①]在这里，洛克明确指出荣誉作为道德评价尺度，其具体内容来自人们的社会生活，源于行为个体对社会共同体本身及其所形成的文化习俗的认同。从主观方面来说，荣誉是道德主体羞耻心与自尊心的体现：行为主体在自我意识的形成过程中不同程度地受到各种社会规范的影响，往往将遵循社会规范的行为看成是自我肯定，而将违背社会规范的行为视为是自我否定，前者赋予行为主体一种满足感与成就感，后者则给行为主体以一种羞耻感和屈辱感。对此，斯宾诺莎说道："自我满足实在是我们所希望的最高的对象。因为没有人努力保持他的存在，而其目的是为了别的东西。而且这种满足可以因称赞而愈益增进和坚强，反之可以因责罚而愈益扰乱不安，所以我们大都为荣誉所指

[①] 周辅成：《西方伦理学名著选辑》（上），第737页，商务印书馆1987年版。

导,很难忍受耻辱的生活。"①可见,荣誉作为道德评价机制,督促行为主体履行特定的道德义务与伦理职责,不断完善和提升自身的品行德性。

恩格斯在《反杜林论》中指出:"善恶观念从一个民族到另一个民族、从一个时代到另一个时代变更得这样厉害,以致它们常常是互相直接矛盾的。"②在马克思主义看来,荣誉作为一种道德范畴不是抽象的道德原则或伦理信条,而是由一定的经济关系所决定的,因而总是具体的历史的。在不同的社会历史条件下,在不同的等级、阶层与阶级中,荣誉都有着截然不同的形式和内容。托克维尔认为:"荣誉不外是一种特殊情况建立的,供一个国家或一个阶级来进行褒贬的特殊标准。"③在原始社会,社会道德体系建立在公有制基础上,人们共同劳动、共同消费,维护氏族社会的稳定与和谐,在原始的生产方式和风俗习惯影响下,荣誉是恪尽职守与履行氏族义务的标志:诚实劳动、履行氏族义务以及为氏族部落的发展尽职尽责,就会获得赞誉,相反则会为人所不齿,甚至丧失作为氏族成员的资格。

人类进入阶级社会以后,由于整个社会的一切都是为维护阶级统治服务的,道德也不可避免地被打上了阶级的印记,荣誉更多的是身份和特权的象征。古希腊人非常推崇战争中的英雄以及竞技会上的优胜者,将他们视为真正的勇士,看做是一个城邦强大的象征。在希腊人的心目中,每个合法公民的职责就是顽强训练、增强素质与英勇作战,以便效忠城邦。雅典的政治家梭伦不仅把战死疆场的泰洛斯看做战斗英雄,而且赞誉其是最幸福的人,雅典人则在他阵亡的地点给他举行了国葬以嘉许其作出的贡献。斯巴达人更是鄙视和痛恨

---

① [荷]斯宾诺莎:《伦理学》,第195页,商务印书馆1983年版。
② 《马克思恩格斯选集》,第132页,人民出版社1972年版。
③ [法]托克维尔:《论美国的民主》(下卷),第776页,商务印书馆1988年版。

在战场上临阵脱逃或缴械投降的人,将之视为奇耻大辱。斯巴达城邦的女子在注重健身锻炼的同时,还要学习一种歌舞,专门用于颂扬勇敢善战的英雄,讽刺挖苦阵前畏缩的懦夫,以此颂扬荣誉精神。与之类似,古代奥运会上的优胜者在他所属的城邦乃至整个希腊都享有崇高的声誉,在各种体育项目角逐中赢得胜利被视为城邦精神的最高体现,这种荣耀甚至不亚于赢得战争胜利。"一个奥林匹克决胜者甚至比凯旋的将士还要光荣。他的野橄榄枝编成的花冠和悲剧家的奖品并列排放。游行、献祭、盛宴,还有最伟大的诗人欣然写下的颂歌,一个奥林匹克的优胜者被所有的这些盛誉包围着。"①当然,在古希腊,并不是每一个人都可以参与战争或参加体育竞技活动,只有那些获得了城邦公民身份的人才拥有这种资格,奴隶甚至普通平民都没有获得这些荣誉的可能性。

在封建社会,等级与权势更是衡量荣誉的标准。虽然也有一些进步的思想家不赞成把荣誉等同于等级和权势,如中国汉代的贾谊就提出"贱而好德者尊,贫而有义者荣"的思想,进而主张荣誉是对履行社会义务的道德评价,但这些合理的思想很难真正为统治者所吸纳。在资本主义社会,虽然封建等级与政治特权得以被打破,但荣誉的评判标准却被纳入到资本逻辑当中,资本的多寡成为衡量人的价值尊严的尺度,同时也成为形成荣誉感的物质基础。这正如马克思所说:"我是什么和我能够是什么,这决不是由我的个性来决定的。我是丑的,但是我能给我买到最美的女人……我是一个邪恶的、不诚实的、没有良心的、没有头脑的人,可是货币是受尊敬的,所以,它的持有者也受尊敬。货币是最高的善,所以,它的持有者也是善的。"②显然,货币延展了人的力量和属性,却抹杀了人性的真实与客

---

① [美]依迪丝·汉密尔顿:《希腊精神——西方文明的源泉》,第13页,辽宁教育出版社2003年版。

② [德]马克思:《1844年经济学哲学手稿》,第109~110页,人民出版社1979年版。

观。资本主义社会虽然标榜"自由、民主、平等"这些价值,但其同其他奴隶社会和封建社会一样崇尚特权,只不过是崇尚"资本的特权"罢了,而且还把它作为道德评价的标准。① 总之,在以私有制为基础的社会里荣誉观是以财富和特权为基础的,在剥削阶级那里荣誉失却了真正的道德内容而异化为阶级统治的工具,其道德的特性与人性的光辉被长久地遮蔽。

总的看来,荣誉产生于特定的社会环境,每个社会集团都有自己独特的荣辱观。托克维尔认为:"人们一旦组成特殊的团体,立即会产生荣誉的观念,即产生他们对于应褒或应贬的事物所持的一套看法。这些特别的规定总是来源于他们所在的团体的特殊习惯和特殊利益。"②长期以来,被统治者处于弱势地位,不仅物质生活得不到很好的保障,精神生活同样也处在被压制的状态。但是,一个人可以衣食堪忧甚至居无定所,但精神的追求始终是维系其生命力的重要力量,其中对于荣誉的执著尤为体现出一种崇高的精神境界。历史地看,被统治阶级以诚实守信与正直宽容的德行为荣,以趋炎附势与骄奢淫逸道德败坏为耻,他们注重个人的德性修养,并赞誉那些推动社会发展进步的崇高行为,许多仁人志士甚至为了正义不惜牺牲生命。无产阶级的荣誉观是其中的典型,其认为衡量荣誉的标准不是等级和特权,也不是资本和财富:统治阶级倚靠权势和财富所赢得的不是荣誉而是耻辱,真正的荣誉是对人民、对集体事业的贡献,对人类的自由全面发展的无私的付出,只有这样的荣誉才是值得尊敬和赞誉的,才是真正的荣誉。③

---

① 参见罗国杰:《马克思主义伦理学》,第 333~335 页,人民出版社 1982年版。

② [法]托克维尔:《论美国的民主》(下卷),第 780 页,商务印书馆 1988年版。

③ 参见罗国杰:《马克思主义伦理学》,第 336 页,人民出版社 1982年版。

二、荣誉的道德品质

道德品质是个人在道德行为中所表现出来的比较稳定的、一贯的特点和倾向，是一定社会的道德原则和规范在个人思想和行为中的体现。荣誉是构成道德品质的质素。对于个体来说，追求荣誉不仅有助于形成并强化个体内在的道德意识，而且还推动个体为了实现自身的精神生活而承担起基本的道德义务与伦理职责。

有关荣誉的道德意识是构成荣誉品质的内在要素。荣誉总是与耻辱相对立，知耻才能求荣，对荣誉的追求往往是建立在道德意识的基础之上的。在中国的传统文化中，人们对于荣誉的道德认知始于"知荣明耻"。儒家认为"知耻"与"远耻"是形成德性的起点。孔子提出"知耻之谓勇"与"恭则远耻"的观点，并将"勇"的品质看做"三达德"之一，而"勇"的要义就是要"知耻"。孟子坚持认为人之贵于禽兽者乃是因为人皆有"四心"：即恻隐之心、羞恶之心、恭敬之心、是非之心，[1]其中"羞恶之心"即"耻感"或"用耻"，这是"义之端也"，即"义"的人性根源和德性本体。法家将"礼、义、廉、耻"当做"国之四维"："国有四维，一维绝则倾，二维绝则危，三维绝则覆，四维绝则灭。倾可正也，危可安也，覆可起也，灭不可复错也。"[2]"四维"就是法家所认为的立国和治国的四项基本道德原则，其中的"耻"是底线，它不止具有个体德性的意义，而且被提升到国家存亡的伦理地位。可见，儒、法两家的道德体系都充分肯定了"耻"的地位，也将中国的传统文化打上了深深的"知荣明耻"的烙印。在中华传统"耻感"文化的发展过程中，人们对于荣誉的认知不断提高，有关荣誉的价值判断原则和标准也开始成形，荣誉作为一种道德品质的内涵逐渐得到丰富。

作为一种道德品质，荣誉与道德义务休戚相关。实际上，人们只

---

[1] 参见《孟子·告子上》，《诸子集成》，上海书店出版社1986年版。
[2] 《管子·牧民》，《诸子集成》，上海书店出版社1986年版。

有在履行义务的过程中才能够形成荣誉的道德品质。道德上的义务与政治或法律上的义务有所不同,它不是以获得某种权力或权利为目的,而是为了履行特定的职责,为了履行这种职责有时必须牺牲个人的利益甚至生命。换言之,只有那些能够用善恶标准进行评价的,且与人们的道德责任感相融合的自愿履行的义务才能构成道德义务。[①] 虽然在某种意义上履行道德义务意味着牺牲,但一个人由此可以得到社会舆论的肯定和赞誉,从而获得极大的精神满足。进一步地看,人之所以能够承担特定的道德义务,并据此获得荣誉感,乃是人之为人的本质规定,用马克思在《青年在选择职业时的考虑》中的话来说,这种本质规定指向"自身的完美"与"人类的幸福"。他说:"在选择职业时,我们应该遵循的主要指针是人类的幸福和我们自身的完美。不应认为,这两种利益是敌对的,互相冲突的,一种利益必须消灭另一种的;人类的天性本来就是这样的:人们只有为同时代人的完美,为他们的幸福而工作,才能使自己也达到完美……如果我们选择了最能为人类而工作的职业,那么,重担就不能把我们压倒,因为这是为大家作出的牺牲;那时我们所享受的就不是可怜的、有限的、自私的乐趣,我们的幸福将属于千百万人,我们的事业将悄然无声地存在下去,但是它会永远发挥作用,而面对我们的骨灰,高尚的人们将洒下热泪。"[②]由此可见,促进他人的幸福可以上升为一种道德义务,人们在履行这一义务过程中也获得了独特的荣誉。

荣誉品质是荣誉意识和荣誉行为的统一。在荣誉意识的作用下,人们对现实的道德行为产生了一定的好恶的心理反应,从而形成荣誉感。进一步地看,强烈的荣誉感又是驱使人们履行某种社会道德义务的动力,因而表现为一种内在的信念。信念是对某种道德理想、道德原则和规范在内的确信,它一旦形成,具有促发某种行动的稳定性和持久性。当然,荣誉感不等同于信念或信仰,它甚至较之信

[①] 参见罗国杰:《马克思主义伦理学》,第319页,人民出版社1982年版。
[②] 《马克思恩格斯全集》第1卷,第459~460页,人民出版社2002年版。

念或信仰具有更为强烈的行动意向。托克维尔说:"荣誉,在它最受人们重视的时候,比信仰还能支配人们的意志;而且,甚至在人们毫不迟疑和毫无怨言服从信仰指挥时,也会基于一种虽很模糊但很强大的本能,感到有一个更为普遍、更为古老和更为神圣的行为规范存在。"①这种"虽很模糊但很强大的本能"实质上就是意志。意志是人们在履行道德义务的过程中所表现出来的克服一切困难和障碍记忆作出抉择的顽强毅力和坚忍不拔精神。意志促使人们将自己的道德意识、道德情感、道德信念外化为道德行为,帮助人们自觉地调节自己的言行和情感,克服内外部的各种困难、障碍,坚持自身认定的行为方式,形成行为习惯。正如包尔生所说:"荣誉是道德的卫士,对荣誉的爱首先推动着意志去发展自重的德性,然后又推动着它去获得社会的德性,或者至少是避免不公正的行为、谎言和犯罪。"②当人们坚信某一道德原则并决心在自己行动当中贯彻这一原则的时候,就会在内心里产生一种坚强的信念和意志力,严格要求自己,果断作出抉择,并能够在最终付出行动之后获得一种自豪感和成就感。

在具体的社会实践中,人们不断地获得有关荣誉的意识,并在荣誉品质的引导下自觉履行道德义务。但是,荣誉意识与荣誉品质一旦形成,就不会消极地适应社会道德的发展状况,而会积极主动地影响甚至改造道德的内容和形式,引导人们的道德实践,推动人类文明的发展。

三、荣誉的道德价值

荣誉对于个人生活与社会生活具有极为重要的价值,人作为社会成员的价值通常是以他所获得的荣誉来衡量,社会的和谐秩序也

---

① [法]托克维尔:《论美国的民主》(下卷),第775~776页,商务印书馆1988年版。

② [德]弗里德里希·包尔生:《伦理学体系》,第492页,中国社会科学出版社1988年版。

往往有赖于其成员对荣誉感的不懈追求。正是由于荣誉对社会与个人的道德发展具有的不可替代的价值,有学者如此说道:"个人道德荣誉感是社会道德存在和发展的忠诚卫士,是抵御道德价值系统免于崩溃的一道堤坝。"①在这里,我们希望沿着个体性与社会性这两个基本方向来探究荣誉的道德价值。

1. 荣誉的个体性道德价值

对于个体来说,荣誉不仅是自我意识与内在良心的反映,同时也是促发其道德行为的精神力量。通过对荣誉的追求,个体既能够获得身心的愉悦,也能感受到一种精神上的满足,相反,如果一个人自甘堕落,漠视他人对自己行为的褒奖,就会产生一种罪责感与羞耻感,使之长久地处于一种不安的状态中。有学者说:"一个人做了善事,就会感到一种精神上的满足,产生了'发现自己'的欢悦情感;当一个人行了恶,感到对不起别人或有失自己的面子时就感到羞愧、懊悔、羞怯,通过对比,启发内省,从而自觉地作出补偿行为。"②休谟也曾经说过:"美名虽然一般说来是令人愉快的,可是我们从我们自己所尊重和赞许的人的赞美方面,比从我们所憎恨的和鄙视的人的赞美方面,得到更大的快乐。同样,我们对他们的判断十分重视的那些人,如果对我们表示轻蔑,我们就要感到极大的耻辱。"③可见,生活在现实社会关系中的个体,无不关心他人对自己言行的评价:虽然个体自我所构筑的强大精神世界固然是一个人拥有"存在的勇气"的重要因素,但如若忽视外在力量对其行为的鼓励与认同,个体的精神世界便难以获得充分的养分,久而久之便会自行陷入故步自封的境地。因此,荣誉感对于个体而言就是一种鼓励甚至是一种人生信仰,而耻辱则是一种鞭笞或警示。正如包尔生所说:"既然荣誉的提高

---

① 林剑:《论人的荣誉感的道德价值》,载《江汉论坛》2005年第12期。
② 曾钊新、李建华等:《德行的心灵奥秘》,第276~277页,辽宁人民出版社1992年版。
③ [英]休谟:《人性论》(下册),第357页,商务印书馆1980年版。

产生快乐,荣誉的下降造成痛苦,对荣誉的爱就推动意志决心去寻找提高荣誉的事物,去躲避损害荣誉的事物。"①

进一步地看,荣誉感还是个体追求成功人生的基础。对于一般人而言,荣誉感是其获得发展进步的动力,而对于伟大人物来说,强烈的荣誉感则是其创造伟大业绩从而"给历史带来转折点"的保证。"对荣誉的尊重和对耻辱的恐惧甚至在最坏的情况下也产生了一些好的结果:懒惰的本性由于害怕蒙受贫困的耻辱而行动起来;胆怯的气质也因为害怕被指责为怯懦而被激励得勇敢起来;好斗和固执的性情由于害怕惩罚和丢脸而屈服。我们也不能设想那些伟大的业绩可以在没有对于荣誉强烈的爱的情况下被完成。最高的名望和荣誉是大多数人曾给历史带来转折点的人们最强有力的动机。"②

实际上,荣与辱不仅涉及个体自身利益的得失,而且还是确立起人之为人的价值根基,因而是一个需要明确加以区分开来的两种不同行为取向。荀子认为,荣与辱不仅事关"义利之辨",而且关乎"安危厉害",因此必须加以严格辨析。他说:"荣辱之大分,安危厉害之常体:先义而后利者荣,先利而后义者辱;荣者常通,辱者常穷;通者常制人,穷者常制于人,是荣辱之大分也。"③与之类似,朱熹指出人与禽兽的区别在于是否知荣辱:"耻者,吾所固有羞恶之心也。存之则进于圣贤,失之则入于禽兽,故所系为甚大。"④孔子曾经断言"人而无信,不知其可",宋代大儒陆九渊则说"夫人之患,莫大于无耻。人而无耻,果何以人哉"⑤。在孔子心目中,人无信不立;而在陆九渊眼里,如果没有羞耻之心,人简直就不是人了。从这些阐述当中,荣

---

① [德]弗里德里希·包尔生:《伦理学体系》,第491页,中国社会科学出版社1988年版。

② [德]弗里德里希·包尔生:《伦理学体系》,第492页,中国社会科学出版社1988年版。

③ 《荀子·荣辱》。

④ 《孟子集注》卷十三。

⑤ 《陆九渊集》卷三十二。

誉感之对于人的意义由此可见一斑。

2. 荣誉的社会性道德价值

荣誉感是个体内在道德情感的反映,这种情感虽然生于个体内部,但促发该情感的因素却是来自社会的道德评价。也就是说,荣誉感作为道德情感的表现形式,生于内起于外:荣誉感正是人与人之间所构成的社会关系投射到个体身上所产生的积极情感反映。这说明,荣誉感是内在于个体内部的情感需要,这种情感需要是每一个追求适宜道德生活的人所必需的。社会成员对荣誉的普遍性需求,表明荣誉具有不可取代的社会价值。

历史地看,对于荣誉的追求伴随着人类文明发展的整个过程。在原始社会中,为了共同体的生存发展,初民们形成了最初的善恶观念与行为规范,这些规范以禁忌的形式表现出来,并形成了最初的荣誉观,即遵守禁忌光荣,违背禁忌可耻,由是对氏族共同利益的维护成为一个氏族成员的集体荣誉;反之,违背这些禁忌,就是不祥之兆,也是一种耻辱。从这个意义上看,荣誉就是"集体的"荣誉,它是维护一个民族生存发展的道德力量。"荣誉观只能来自民族本身的需要,而不能有其他来源。每个民族的荣誉观都有自己的个性。"[1]这也是恩格斯断言"每个社会集团都有它自己的荣辱观"的原因。[2]

中西思想史上许多著名的思想家不仅看重荣誉对个体的意义,还十分重视阐发荣誉的社会价值。古希腊人荷马说:"荣誉是一个人的生命——一个人的价值与意义就在这种社会功能与社会肯定之中。如果一个人被剥夺了社会功能或社会荣誉,他就是零——什么也不是。"[3]《荷马史诗》中的英雄尤其看重荣誉,"在战场上光荣地

---

[1] [法]托克维尔:《论美国的民主》下卷,第788页,商务印书馆1988年版。

[2] 参见《马克思恩格斯全集》第39卷,第251页,人民出版社1979年版。

[3] [古希腊]荷马:《荷马史诗·伊利亚特》,第15页,人民文学出版社1994年版。

死去"可谓是他们追求的最高目的。阿喀琉斯就是这样的一个典型代表人物,在他看来,为着捍卫荣誉而参与战争,即使牺牲生命也在所不惜:当希腊主帅阿伽门农抢走他心爱的女奴布里塞伊斯这个"荣誉的奖品"后,他认为主帅的这一行为伤害了他的自尊和荣誉,为此阿喀琉斯的母亲海洋女神甚至特意向宙斯请求道:"请看顾我的儿子吧,因为命运女神要他的荣誉过早地枯萎。阿伽门农肆意地侮辱他,剥夺了他的战利品,因此祈求你,万神之父,给特洛伊人降福吧,让他们保持胜利,直到希腊人把荣誉重新还给我的儿子为止!"[①]当然,阿喀琉斯参与战争的行为似乎是为了捍卫私人的利益,但在他个人背后矗立着城邦,可以说,是为了维护国家的正义最终促发了它他的行动。可见,如果说个人受到屈辱尚可以容忍的话,一旦民族与国家利益受到侵害而激起的愤怒与耻辱,则无论如何是不能忍受的。这正是马克思所说的:"耻辱就是一种内向的愤怒。如果整个国家真正感到了耻辱,那他就会像一只蜷伏下来的狮子,准备向前扑去。"[②]

第二节 军人与荣誉

荣誉是军人的"第一生命"。一支战斗力强大的军队,必然是一支具有高度荣誉感的军队;一名优秀的军人,也必然是一个视荣誉高于一切的军人。荣誉既是军人个体自我肯定的方式,也是其社会价值的体现。军人职业孕育了英雄主义品质,这种品质体现人的意志与信仰,高扬人的尊严与价值,彰显人的本质力量。

一、荣誉是军人的"第一生命"

"为国捐躯,虽死犹荣"。战争关乎国家的存亡,军人的使命就

[①] [德]古斯塔夫·施瓦布:《希腊神话故事》,第281页,宗教文化出版社1999年版。

[②] 《马克思恩格斯选集》第1卷,第407页,人民出版社1956年版。

是为国而战。保卫国家既是军人的职责,同时也是军人的荣誉。军人以牺牲奉献为己任,身系国家民族安危,时刻面临生死考验,最能体现大忠大义,最能彰显大荣大辱,也最为崇尚荣誉,即如培根所言,"有一种荣誉……堪称罕见的最高荣誉,即为祖国利益不怕危险,不惜捐躯"。

军人的荣誉是一种最高的荣誉,德国著名军事家克劳塞维茨甚至将之看做军队的"真正的生命力"。他说:"就这种情感的来源来说,它确实可以算是人的最高尚的情感之一,它是在战争中使巨大的躯体获得灵魂的真正的生命力。不管其他的一切感情,如爱国心、追求理想的狂热、复仇心以及其他各种感情多么普遍,不管其中有一些看起来多么崇高,但即使有了它们,荣誉心仍然是不可缺少。"①在克劳塞维茨看来,荣誉之所以是军人不可缺少的高尚情感,乃是因为只有荣誉才能够确保军人"像对待自己的田地那样对待每一个军事行动",因而荣誉就是一种"勤勉精神",一种"竞争心",一种"进取心",这种优良品质汇集起来就构成了军事职业的内在精神,而这可是赢得战争胜利的必备因素。

荣誉历来被视为军人必备的道德品质。在中国春秋战国时期,《左传》就提出了"明耻教战"的思想,认为参与战事的军人必须有明确的荣辱观,以此作为军人崇尚荣誉、贞守气节、不辱人格、奋发进取、创建功勋的内在精神动力。《吴子兵法》说:"凡治国治军,必教之以礼,励之以义,使有耻也。夫人有耻,在大足以战,在小足以守矣。"②在吴起看来,治理国家和建设军队都需要激发起人们的道德觉悟,如果军人缺少基本的荣辱感,则既不可守疆卫土,更不可贸然发动战事。纵观我国军事史,历代保国安民的军旅将士,都把"苟利国家生死以,岂因祸福避趋之"、"良将不怯死以苟免,烈士不毁节以求生"、"捐躯赴国难,视死忽如归"等作为立身行事的准则,孜孜以

---

① [德]克劳塞维茨:《战争论》第1卷,第93页,商务印书馆1982年版。
② 《吴子兵法》,第2页,博展源出版社2002年版。

求属于军人的荣誉感。每当国家有难的关键时刻,这种荣誉感便激励着军中热血男儿为国家为民族抛头颅、洒热血,在所不惜。文天祥战败被俘后拒绝劝降,写下了"天地有正气,杂然赋流形"的正气歌后慷慨赴死;史可法在明知无法战胜敌军的前提下率领扬州军民誓死抵抗,血染城墙、彪炳史册。他们之所以视死如归,乃是出于对荣誉的敬重;他们虽败犹荣,为人所敬仰,千古传颂。可以说,"裹尸马革英雄事,纵死终令汗竹香"、"功名只向马上取,真是英雄一丈夫"、"忠为百世荣,义使令名彰。垂声谢后世,气节故有常"等名言警句,就是荣誉的价值在军人精神深处厚重积淀而成的雄浑诗篇,也是中国历代军人争创荣功、贞守气节的真实写照。

在西方,荣誉也是军人历来所追求的基本价值。在古希腊城邦时期,许多贵族为了追求荣誉,不惜放弃舒适安逸的生活,以图在战争中建立功勋,获得荣誉。作为雅典城邦执政官的伯利克里在一次阵亡将士国葬典礼上热情地赞誉这些英雄:"在我看来,像这样一些人的死亡,对我们说明了英雄气概的重大意义,不管它是初次表现的也好,或者是最后证实的也好……在他们看来,这是最光荣的冒险。他们担当了这个冒险,愿意击溃敌人,而放弃其他的一切……所以他们没有受到别人的责难,把自己血肉之躯抵挡了战役的冲锋;顷刻间,在他们生命的顶点,也是光荣的顶点,而不是恐惧的顶点,他们就离开我们而长逝了。"[①]在中世纪,骑士作战的目的是为了维护上帝的荣耀和为了保卫圣地而战,为此激发出一种强烈的荣誉感,这种荣誉感甚至成为了骑士阶层生活的精神支柱,成为所谓的"骑士精神"的灵魂。当今西方国家军队也非常重视荣誉,有的国家军队甚至将荣誉的培育作为军人核心价值观的首要内容。我们都知道,"西点军校"的校训是"责任、荣誉、国家",其荣誉准则的一个基本要求是"不说谎,不偷盗,不欺骗,也不容忍同学中任何人有此种行为",学员的言行举止都必须遵循《荣誉准则》和《荣誉制度》的规定,他们在

---

① 周辅成:《西方伦理学名著选辑》(上),第43页,商务印书馆1987年版。

入学时都必须宣誓遵守学员荣誉准则。西点军校认为，只有具有强烈责任感的军人才能视荣誉高于一切，才能在祖国和人民召唤的时候不辱使命；荣誉是人生中的最大资本，是一个人赢得别人的信任和尊敬的基础，否则就会遭到大多数人的排斥，很难树立起良好的个人形象。在西点军校，一个学员如果在体育比赛中夺取了某一项目的冠亚军，或进入全年级乃至全军校生的一到三项单项尤其是综合排名的前列，就有可能载入校长荣誉名录，这之后荣誉、奖励、机会、权利就会源源不断而来，而每年凡是排名在前百分之五的西点军校毕业生，将会在毕业典礼上由美国总统或美军最高首长亲自授予毕业证书。

　　对于我军而言，荣誉可以说是广大官兵永恒的价值追求；崇尚荣誉就是崇尚英雄、崇尚崇高、崇尚胜利。朱德同志曾说："部队中人人精神振奋，你也想立功，我也想立功，这样就会打胜仗。"在革命战争时期，无数革命先辈在枪林弹雨中为了国家和民族的尊严舍生忘死、浴血奋战，无产阶级革命家瞿秋白被捕后，面对敌人的威逼利诱说"为中国革命牺牲，是人生最大的荣光"，尔后从容就义；王若飞不畏国民党的严刑拷打和以死恫吓，将个人的生死置之度外，他说："为了保全一个人的生命，而背叛了千万人的解放事业遭到千万人的唾弃，那活着还有什么意思？"显然，在这些革命先烈心中荣誉比生命更重要。在和平时期，我军同样也涌现出了一大批为了履行使命、报效国家而献出宝贵生命的优秀军人代表，他们用生命谱写了一曲曲崇尚荣誉的壮丽凯歌：抗洪英雄高建成在抗洪抢险过程中救人无数，在生命的最后一刻却把救生衣给了战友，自己却被洪水吞噬，英勇牺牲；抗震英雄李向群家境殷实却毅然从军，在国家和人民生命财产受到严重威胁的紧急关头冲锋陷阵，最后因极度疲劳而心力衰竭献出了年轻生命；"忠诚党的创新理论的模范教员"方永刚自觉做党的创新理论的深入学习者、坚定信仰者、积极传播者和模范践行者，被人们誉为"大众学者"、"平民教授"；躬身实践党的创新理论的严高鸿不计名利、甘于奉献，始终以优秀的人品师德教书育人，最后倒在了他心爱的工作岗位上,实践了自己"宁可透支生命,决不拖欠使命"的誓言。显然,正是这种对荣誉的追求,才激发官兵高昂的士气、无私奉献的宽广胸怀、不屈不挠的战斗精神和赴汤蹈火的英雄气概。

二、英雄主义:军人追求荣誉的独特方式

人们之所以普遍崇拜英雄,是因为英雄身上附着了许多不可取代的高贵品质;社会之所以提倡英雄主义,是因为英雄主义当中蕴涵有积极向上的精神力量。那些在战争中浴血奋战的军人无疑是英雄的杰出代表,在军人身上,既体现出英雄人物所通常具有的可贵品质,同时军人也以一种极为独特的方式彰显出英雄主义的本质特点。

何谓英雄?中国古代学者刘劭认为,"聪明秀出谓之英,胆力过人谓之雄",具有这两方面素质的人则是"英雄";捷克作家伏契克说,"英雄,就是这样一个人,他在决定性关头做了为人类社会的利益所需要的事";德国古典哲学家黑格尔则指出,"一代英雄,必然是公认的那个时代目光敏锐的人。他们的业绩、他们的言论,就是那个时代的精华"。从上述界定当中可以看出,所谓的英雄就是人群当中的佼佼者,但促使英雄人物脱颖而出的是他们身上拥有常人难以企及的智慧、精神与品质。正因为英雄人物有别于常人,"英雄"的称号就是一种荣誉,"英雄主义"亦由此成为人类文明不竭的精神追求。

上面只是在一般意义上界定英雄的内涵,从历史上看,"英雄"常常与"战争"联系在一起,人们习惯于把那些英勇作战、不怕牺牲的军人称为真正的英雄。事实上,军事活动涌现出来的战斗英雄,不仅具有上述关于英雄定义中的品质,而且还以种种特殊的方式诠释着英雄的内涵。在军队,一个军人被称为"战斗英雄",乃是极高的荣誉,而在一些国家的军队中,"战斗英雄"本身就是一种荣誉等级。显然,崇尚荣誉进而将荣誉视为"第一生命",就是军人追求英雄主义的特殊方式。

英雄主义与军人职业、军人荣誉结下了不解之缘。在军事领域，英雄主义是指军人在完成具有重大意义的任务当中所表现出来的英勇、顽强和自我牺牲的精神气概和行为方式。英雄主义是军人职业精神的表现形式，是军人美德的集中反映，是军人价值的最高体现。战争是流血的政治，是敌我双方的生死搏斗。在刀兵相加的战场上，在锋镝交并的厮杀中，"两军相逢勇者胜"是一条铁律。中国古代兵家早就指出"夫战，勇气也"，拿破仑也把勇敢视为"军人的第一美德"。古往今来，一切有远见的、能征善战的军事家无不提倡不怕牺牲、勇敢战斗的英雄主义精神，讴歌军人英雄主义的诗歌不绝如缕："修我戈矛，与子同仇"，"但使龙城飞将在，不教胡马度阴山"，"男儿何不带吴钩，收取关山五十州"等诗句，无不体现出高扬英雄主义的精神品质。

英雄身上镌刻的是一个民族乃至全人类的集体记忆，英雄的产生和英雄主义的形成，极大地提升了人类的精神境界，有力地推动着人类从远古到现今的历史进程。对于英雄的崇拜是人类文明早期就已经普遍存在的一种精神追求。中华民族历史悠久，从神话传说到历朝历代，英雄故事在口耳相传中一代代被传承下来：后羿射九日的神话，鲧禹治水的传说，黄帝大战蚩尤的记载，这些英雄人物的故事被历代文人学者所传唱，以至于深深地嵌入到中华民族的精神生活当中。在古希腊时期，《荷马史诗》中不乏浓墨重彩地描绘战斗英雄的地方，其中充满了对英雄的赞颂之情。在人类文明的早期，民族与部落之间的冲突和争斗频发，战争成为人们生活中不可或缺的组成部分，参加战争并在战斗当中英勇奋斗就成了人们追求荣誉的主要方式：许多部落贵族甘愿抛下个人财富和舒适的世俗生活，主动参与到战场上去，目的就是为了获得荣誉，证明自己在本部落、本民族中的英雄地位。[①]

[①] 参见顾智明：《西方军事伦理文化史》，第21页，解放军出版社2010年版。

事实上,英雄之成为英雄,是因为英雄主义的行为体现一种高贵的德性,这种德性乃是人之为人所需的,它激励人们不断超越当下,努力进入到一种理想的生活状态中。英雄们通过自身的行动把这种德性完全展示出来,既在行动过程中成就自己的德性,借以获得荣誉,同时也通过个体的努力推动社会共同体的发展进步。基于这两个层面的考虑,英雄主义大体上可以区分为"个人英雄主义"与"集体英雄主义"两种形式,它们以不同的方式追求人的自我实现,提请人们珍视荣誉和德性。

荷马笔下的英雄几乎都是个人主义的,拥有特殊资质的个人甚至凭借一己之力发动战争。一些英雄人物极端关心个人的荣誉,甚至为了个人荣誉牺牲生命也在所不惜。但是,这种荣誉观是内向的,因而也是自我关注式的,集体与整个社会的"善"往往不是导致其行动的直接原因。对于这样的英雄人物,美国当代著名哲学家罗尔斯在《道德哲学史讲义》中有一段精彩的评论:"英雄们天生高贵,他们公然地追逐成功和荣耀、权力和财富、社会地位与特权。尽管他们对家庭之情、友人之谊、侍从之善并非无动于衷,但是这些主张只占有一个较小地盘。当阿喀琉斯表现出自私而冷漠,在帐篷里大动肝火、拒不出战的时候,他并没有丧失他的英雄品格;当他因普特勒克洛斯的被杀而重返战场的时候,这不是因为他为普特勒克洛斯的事情感到悲伤,而是因为他感到在没有尽到保护自己的侍从这件事情上他流露出了自己的弱点。"[①]显然,由于这些英雄人物所追求的荣誉首先出自个体自身的目的,他们在行动当中就极有可能损害他人的利益:自我的德性也许达到了完满,但关乎他人利益的正义德性却又可能遭到损伤。正因为如此,特伦斯·欧文甚至极力反对个人主义的英雄主义,他指出:英雄作为自己的下属、家庭和国家的保护者这一角色而言是靠不住的,面对具有优先性的荣誉要求时,他们对他人和集体的关注总要退居次要地位;甚至我们还可以做进一步地设想,如

---

① [美]罗尔斯:《道德哲学史讲义》,第7页,上海三联书店2003年版。

果有一个英雄,正在就涉及他的一个贫穷侍从和一个与他的社会地位相同的富人之间的法律诉讼进行裁决,如果与这位上等人的结盟会大为有利于他的地位和荣誉的话,他就没有理由作出有利于这个穷人的判决。[①] 当然,这些英雄并非都是冷血动物,甚或完全不顾及到他者的存在,而是他们追求荣誉的方式带有个人主义的特点,只是集体或共同体的目的并非促发是其英雄之举的直接原因罢了。

集体英雄主义与个人英雄主义具有本质的区别,它以集体的利益为重,并把实现集体的目标视为荣誉的最高表现形式。在我军,这种集体英雄主义又称之为"革命英雄主义"。对此,朱德同志有过相当完备的阐述:"革命的英雄主义,是视革命的利益高于一切,对革命事业有高度的责任心和积极性,以革命之忧为忧,以革命之乐为乐,赤胆忠心,终身为革命事业而奋斗,而不是斤斤于作个人打算;为了革命的利益和需要,不仅可以牺牲自己的某些利益,而且可以毫不犹豫地贡献出自己的生命。革命是为群众的事业,又是群众自己的事业,而革命的英雄主义,必然是群众的英雄主义。"[②]可见,革命英雄主义是革命者为了革命利益和革命理想敢于斗争、勇于自我牺牲的思想行为,它体现了无产阶级和劳动人民敢于压倒一切敌人、战胜一切困难、艰苦奋斗、不怕牺牲、勇往直前的大无畏革命精神和风貌,体现了无产阶级革命战士高尚的道德情操和优秀品质,是无产阶级世界观的一种表现,是无产阶级革命战士的政治觉悟、生活态度和献身精神的高度的统一。无产阶级革命英雄主义所包含的自我献身精神是同实现共产主义伟大理想和社会主义祖国的道德原则紧密联系在一起的,它要求革命军人在艰难困苦与危急险恶的环境中不丧气、不悲观、不动摇,自始至终保持必胜信心和旺盛的革命斗志,努力争取斗争的胜利。

---

① 参见[美]特伦斯·欧文:《古典思想》,第12页,辽宁教育出版社1998年版。

② 《朱德选集》,第117页,人民出版社1983年版。

总的看来,所谓英雄必然怀抱美好的荣誉感,他们总能以自己的方式致力于理想和道德的重建,并影响着周围的人。英雄主义所彰显的荣誉价值,既带有个人主义的特点,也具有集体主义的特征:在追求荣誉这种价值的过程中,个体的生命人格获得升华,社会的普遍价值得到伸张。正因为如此,古罗马文论家朗吉弩斯在其名著《论崇高》中,曾将英雄主义所具有的养育人格的力量喻为"伟大心灵的回响",认为如果人一旦失去了这种对伟大心灵的感应、体悟,麻木、冷漠、委琐就会接踵而至,人生必然因此阴暗卑下而与自由无缘,因此真正的英雄主义永远都不只是一种过去式的历史陈迹,不只是少数英豪的个人行为,而是与我们每一个人的生命涵养、人格提升息息相关。① 我们相信,只要我们还对自由、尊严、高贵的人生价值心存向往,英雄的心灵回响就会余音不绝,时时回荡在历史的天空中。

三、当代革命军人的荣誉观

荣誉观是道德观的重要组成部分,珍视荣誉是一个人道德境界的重要标志。当代革命军人崇尚荣誉有自己独特的方式,当代革命军人的荣誉观亦有着独特的内涵。胡主席强调指出,当代革命军人崇尚荣誉"就是要自觉珍惜和维护国家、军队、军人的荣誉,视荣誉重于生命,自觉践行社会主义荣辱观,弘扬革命英雄主义和集体主义精神,提高素质、全面发展,争创一流、建功立业,贞守革命气节,严守军队纪律"。以胡主席的重要论述为遵循,我们可以从个性与共性、个人与集体、荣誉与虚荣三个方面,来阐明当代革命军人荣誉观的基本内涵。

首先,当代革命军人的荣誉观既坚持军人职业对荣誉的独特理解方式与践行方式,但又遵循荣誉的一般性要求。马克思说:"作为确定的人,现实的人,你就有规定,就有使命,就有任务。至于你是否

---

① 参见凌继尧:《美学十五讲》,北京大学出版社2003年版,第八讲第一节"朗吉弩斯的《论崇高》"部分的相关内容。

意识到这一点,那都是无所谓的。这个任务是由你的需要及其与现存世界的联系而产生的。"①军人生来为报国。军人的荣誉感是在履行保家卫国的职责和使命中形成的,可以说,用生命创造荣誉乃是军人崇尚荣誉的独特方式。

一方面,荣誉既是当代革命军人自我价值的实现方式,也是其社会价值的实现途径。作为一种来自社会对主体行为及贡献的价值评判与价值认可,荣誉反映了主体的生存价值和社会价值。军人存在的意义在于其所承担的特殊使命与职责,军人的荣誉则来源于使命的圆满履行、职责的出色承担。② 军人只有怀着对荣誉的执著追求,才能恪尽职守,实现军旅人生价值。军人意味着责任和担当,意味着在国家的危难时刻必须抛头颅洒热血,以维护国家的安全和稳定。对荣誉的合理追求,是军人履行义务的内在动力:从南海之滨到漠河之边,从东部沿海到西部边陲,在青藏之巅和天山之麓,到处都可以看到军人的身影,他们为了祖国的稳定和谐,默默地挥洒着自己的青春,无怨无悔地付出。在新的历史条件下,当代革命军人崇尚荣誉就是要把对荣誉的崇尚和追求,转化为提高素质、全面发展、做好本职工作的具体行动,转化为争创一流、建功立业、推动部队科学发展、有效履行新世纪新阶段我军历史使命的实际成效。

另一方面,当代革命军人追求荣誉必须符合社会主义荣辱观的基本要求。在某种意义上说,军人是穿军装的公民,以"八荣八耻"为主要内容的社会主义荣辱观既是一般普通公民所应该遵循的道德要求,同时也是我们军人应当确立和践行的行为规范。社会主义荣辱观不但具有广泛性的思想道德要求,而且具有先进性的内涵,是以先进性和广泛性相结合为特征的思想道德理念。比如"以热爱祖国为荣,以危害祖国为耻",最低限度要求是不做任何损害祖国利益的

---

① 《马克思恩格斯全集》第3卷,第329页,人民出版社1995年版。
② 参见薛艳丽:《崇尚荣誉与军人人生境界的升华》,载《军队政工理论研究》2009年第3期。

事,而体现先进性的高境界要求,则是把祖国的利益和尊严看得高于一切,必要时不惜牺牲个人生命来报效国家。因此,当代革命军人首先要做好一个合格的公民,自觉接受社会主义荣辱观教育,履行社会主义荣辱观赋予的公民道德义务,同时还要把当代革命军人核心价值观当中崇尚荣誉的要求与践行社会主义荣辱观结合起来,不断提升革命军人的思想道德素质,严格要求自己,着力提升自己的精神境界。

其次,当代革命军人的荣誉观既坚持弘扬革命英雄主义和集体主义精神,但又提倡官兵为了自身的发展进步而不断地争取荣誉。荣誉是高尚人格的标志,对人们的道德修养具有重要引领和鞭策作用。当代革命军人的荣誉观集中体现了忠诚、奉献、敬业、勇敢等人类美德,是革命军人立身做人、健康成长的道德镜鉴,能够引领我们不断砥砺品格、纯洁思想,努力成为一个高尚的人、纯粹的人、脱离低级趣味的人、有益于人民的人。只有树立崇尚荣誉的价值观念,广大官兵才能坚守崇高的信仰信念,明辨是非、美丑、荣辱界限,经得起各种诱惑和考验,从而始终胸怀远大理想,养育高尚情操,保持富贵不淫、威武不屈的浩然正气。

当然,当代革命军人为了自身的发展进步而不断地争取荣誉的同时,要正确处理好个人荣誉与集体荣誉的辩证统一关系。军队职能使命的特殊性要求军人更加需要强调和维护集体荣誉。与一般社会团体相比,军队的组织结构更为严密、纪律制度更加严格,对集中统一的指挥、密切协同行动、形成统一意志的要求更高,更加需要依靠团队的力量,因而更加需要强调集体荣誉行动的重要性。显然,把军人对个人荣誉的追求置于整个军队的集体荣誉当中,无疑更加有助于军队战斗精神的形成。这就要求我们广大官兵必须把强化战斗精神与维护集体荣誉结合起来,有意识地树立起集体主义荣誉观。实际上,在军队这种强调高度统一意志的特殊环境中,那些授予个人的荣誉都或多或少带有集体的性质:离开各级领导的关怀与指导,离开战友们的真情帮助,个人不可能获得真正有价值的荣誉。换句话说,军人个体的荣誉有赖于个体自身的努力,但绝对少不了集体的支持。因此,革命军人应当自觉地把集体荣誉置于个人荣誉之上,努力为集体荣誉而奋斗,力争在获得集体荣誉中实现个人的价值。这就要求广大官兵在平时训练中要做到"流血流汗不流泪,掉皮掉肉不掉队",在战场上为了整体和全局的胜利敢于牺牲个人利益。

最后,当代革命军人的荣誉观既坚持鼓励广大官兵积极创造荣誉争取荣誉,但又坚决反对爱慕虚荣推崇虚荣。荣誉是一种崇高的道德价值,获得荣誉是对军人价值的肯定,也是对军人献身使命的褒奖。革命军人崇尚荣誉,就是崇尚赢得胜利、渴望建立功绩,为国家和军队作出贡献,从而赢得党和人民的褒奖。有了荣誉的激励,我们就能够战胜任何狭隘自私,向着崇高目标前进,通过不懈奋斗为党和人民建立功勋;就能够战胜任何恐惧怯懦,焕发勇敢精神,以压倒一切敌人和困难的气概夺取胜利;就能够战胜任何平庸消沉,始终昂扬向上,以一流的工作标准创造优异成绩。

但是,我们也必须看到,提倡广大官兵积极创造荣誉争取荣誉,不是要官兵爱慕虚荣推崇虚荣。实际上,荣誉不是名利,崇尚荣誉不是追名逐利。如果把荣誉看得太重,荣誉就会成为一种包袱、桎梏和阻碍前进的绊脚石,最终就会堕入虚荣的深渊。从其本质上看,爱慕虚荣乃是个人自尊心过度膨胀的结果。那些拥有极度自尊心的人由于过于看重自身的利益,往往采取一种有意无意抬升自身形象的举动,甚至不惜采用不正当的手段,来吸引人们注意力,从而获得一种心理上的满足。显然,这种性质的自尊心是缺乏自信心的体现,其实质就是一种自卑感,是一种由于无法获得他人认同的缺失与迷乱。这样看来,过度的虚荣心乃是缺少羞耻感的反映。羞耻感是荣誉感的反面,其本身不具有道德性质。亚里士多德说:"羞耻不能算是一种德行。因为,它似乎是一种感情而不是一种品质。至少是,它一般被定义为对耻辱的恐惧。它实际上类似于对危险的恐惧。因为,人们在感到耻辱时就脸红,在感到恐惧时就脸色苍白。这两者在一定程度上都表现为身体的某些变化。这种身体上的变化似乎是情感的特点,而不是品质的特点。"①可见,追求荣誉只能通过努力工作、无私地奉献,靠功劳和实绩去赢得人民的尊敬和赞颂。也就是说,荣誉只能是出色地履行道德义务基础上的奖赏,不能为了贪慕虚荣而弄虚作假,骗取荣誉。军人不仅要在本职岗位上作出卓越的功绩,而且要有宽阔胸怀和谦虚的美德;不仅要珍惜荣誉,把荣誉看做是鞭策自己前进的动力,而且要抛弃追求虚荣的私心杂念,保持高尚气节,坚决维护国家、军队和军人的荣誉。

因此,珍惜荣誉要与淡泊名利统一起来。荣誉是社会对军人价值的认可和对军人所作出的牺牲奉献的褒奖。革命军人应该把荣誉看得比生命还重要,但同时又要甘当无名英雄。在军事斗争准备中不乏爱军习武的典型,但大多数军人也许只能当无名英雄。"名"和"利"并不是衡量军人价值的唯一尺度。革命军人应该具备宽阔的视野和胸怀,志存高远,脚踏实地,既奋发进取又勇于奉献,像一个优质的齿轮和螺丝钉一样,紧紧地铆在自己的岗位上,嵌入现代化军队这一复杂的人机系统之中,真正把自己的人生价值和国家与民族的利益统一起来,为履行我军历史使命作出应有的贡献。

总之,当代革命军人的荣誉观包含着极其丰富的内容与要求,它要求广大官兵不仅要维护军人的职业荣誉,而且还要适应于一般性的荣誉要求;不仅要努力创造个人荣誉,而且还要维护国家荣誉和军队的荣誉;不仅要珍惜荣誉,而且还要坚决地同爱慕虚荣的行为做斗争。当代革命军人的荣誉观是珍贵的精神宝藏,它凝铸着辉煌、凝聚了传统、凝结着信念,需要我们倍加珍惜,需要我们躬身实践。

第三节 培育当代革命军人荣誉观

崇尚荣誉是当代革命军人核心价值观的基本要求。培育与军人

---

① [古希腊]亚里士多德:《尼各马可伦理学》,第124页,商务印书馆2003年版。

核心价值观要求相一致的荣誉观,既是全面提升当代革命军人能力素质的内在需要,也是当代革命军人忠实履行使命的重要保证。崇尚荣誉是时代的印记,是历史的见证,鞭策着我们不断前行。新时期,我们每一名官兵都要视荣誉重于生命,自觉践行社会主义荣辱观,大力弘扬革命英雄主义精神,将当代革命军人核心价值观中崇尚荣誉的要求化为忠诚于党的坚定信念,化为服务人民的强烈愿望,化为报效国家的高尚情感,化为献身使命的精神动力。

一、视荣誉重于生命

战争不仅仅是武器装备的对抗和拼杀,更是意志、精神的较量和征服。一支军队的战斗力,既体现为武器装备的杀伤力,也体现为思想政治、军事素养与战斗精神的感召力。荣誉是一种强大的精神感召力量,它能够自内而外地激发军人的战斗意志,激励其为自身的职业使命而献身。视荣誉重于生命,对于全面履行新世纪新阶段我军历史使命具有特别重要的意义。广大官兵只有视荣誉重于生命,才会在心田里播种下崇尚荣誉的种子,才会为追求荣誉而顽强战斗,才会为实现荣誉而英勇献身;广大官兵只有崇尚荣誉,才会时刻绷紧当兵打仗这根弦,才会不畏艰险、英勇顽强、敢于胜利,才会把心思和精力向提高打赢本领聚焦,使之转化为克敌制胜的强大能力。

视荣誉重于生命,必须全面提高素质。对人民军队来说,使命至高无上。人民军队的光荣,来自使命的神圣。由于肩负着特殊的使命职责,军人为了有效保卫人民利益,就必须具备无私奉献的精神,直到献出宝贵的生命。军人赢得荣誉的根本途径就是履行使命,而使命的履行必须建立在过硬的素质的基础之上。在不同时期,军人的要求各不相同。如今,军事领域出现了革命性的变化,信息化战争呈现出前所未有的新特点,未来战争不仅是军事武器的较量,更是军事人才的竞赛与军人素质的比拼。正如克劳塞维茨在《战争论》中指出的:"……在战争中,任何丰功伟绩,几乎没有一件不是经过无限的劳累、艰辛和困苦才取得的。"①革命军人要胜任未来信息化战争,就必须练就过硬的军事素质,不断丰富自己的科学文化知识,勇攀军事技术高峰。"艰难困苦,玉汝于成",军人只有在军事训练实践中,以时不我待的使命感和紧迫感,勤奋学习新知识,努力钻研新战法,想打赢、谋打赢、练打赢,用行动兑现使命的誓言,用信念照亮青春的天空,在爱军精武中铸就军人的光荣与梦想。②

视荣誉重于生命,必须坚定牺牲奉献的信念。军人的荣誉不仅是胸前佩戴的军功章,也不只是手中捧着的鲜花,而是对党和人民的牺牲奉献、对信念和责任的执著坚守。我军是党绝对领导下的人民军队,视荣誉如生命始终既是革命军人永恒的价值追求,也是革命军人履行使命的力量源泉。革命军人身系国家民族安危,以牺牲奉献为己任,在生死考验面前最能体现荣誉的本质精神和道德要求。革命军人有了这种对荣誉的向往和珍重,就会为了国家和人民的利益赴汤蹈火、万死不辞。荣誉寄托着党和人民对子弟兵的希望与厚爱。人民群众是我军取之不尽、用之不竭的力量源泉,为人民的利益牺牲献身乃是革命军人最大的荣耀。在人民群众的眼里,立功受奖的多寡与赢得荣誉的高低,乃是衡量一个军人为人民利益所作出牺牲奉献之大小的标志,凡是荣誉在身的先进集体和英雄模范人物,无不受到人民群众的崇敬、怀念和称颂。人民通过各种形式表现出来的深情厚爱,既是对军人为祖国和人民所作贡献的最高奖赏和最好肯定,又激励和感召革命军人为之顽强拼搏,奋发上进,努力不负重托,不辱使命。

视荣誉重于生命,必须弘扬优良传统作风。历史传统如长河般滚滚向前,它所积淀的是一种坚持、一种力量、一种精神。胡主席指

---

① [德]克劳塞维茨:《战争论》第1卷,第269页,商务印书馆1982年版。

② 参见邓一非:《当代革命军人核心价值观十五讲》,第213页,军事谊文出版社2009年版。

出,我军优良传统归结起来,最本质、最核心的就是听党指挥、服务人民、英勇善战。崇尚荣誉是新形势下继承发扬我军优良传统、永葆革命军人本色的时代要求。毛泽东有句名言:"发扬革命传统,争取更大光荣。"这句话深刻揭示了崇尚荣誉与发扬传统的内在关系。发扬优良传统是争取荣誉的前提条件,崇尚荣誉是对优良传统的最好发扬。随着我国经济社会的深刻变革和对外开放的不断扩大,人们更加注重物质利益而容易忽视精神追求,价值选择也出现了一些困惑和迷茫,这给我们提出了严峻挑战。作为当代革命军人,只有确立崇尚荣誉的价值追求,自觉珍惜荣誉、积极追求荣誉、悉心呵护荣誉,才能让我军传统之树长青,才能永葆革命军人本色。[①]

二、自觉践行社会主义荣辱观

自 2006 年胡主席提出社会主义荣辱观以来,"以热爱祖国为荣、以危害祖国为耻,以服务人民为荣、以背离人民为耻,以崇尚科学为荣、以愚昧无知为耻,以辛勤劳动为荣、以好逸恶劳为耻,以团结互助为荣、以损人利己为耻,以诚实守信为荣、以见利忘义为耻,以遵纪守法为荣、以违法乱纪为耻,以艰苦奋斗为荣、以骄奢淫逸为耻"这八个方面的要求就成为引领我国社会主义道德建设的基本方向。知荣明耻是中国传统社会伦理道德大厦的根基,也是社会主义核心价值观的重要内容,更是践行当代革命军人核心价值观的内在要求。以"八荣八耻"为主要内容的社会主义荣辱观,为深入开展军人道德建设确立了新的价值取向。肩负神圣使命的当代革命军人应自觉把思想认识统一到正确的荣辱观上来,行为荣之事,拒为耻之举,切实把社会主义荣辱观融入到自己一言一行之中,进一步培养崇高的荣誉感和正义感。

第一,当代革命军人践行社会主义荣辱观,必须以强化荣誉认同为着眼点。任何一种观念或思想要转化为行动,都必须以行为主体

---

① 参见秦杨:《荣誉是军人的生命》,载《解放军报》2011-06-23(7)。

的认同感为基础。当代革命军人践行社会主义荣辱观,必须首先着眼于认同荣誉的价值与意义。荣誉具有巨大的吸引力与感召力,强烈的荣誉感犹如威严的"道德法庭",能够帮助人们正确区分荣耻界限,既不为错误的批评讥笑而沮丧,也不为错误的褒奖而狂热;一旦荣与辱发生冲突时,荣誉感就会转化为一种去恶从善、催人自新、改邪归正的内在动力,唤起人们内在的尊严感,促发人们振作精神,鼓起勇气,昂然奋进。革命军人有了对荣誉的高度认同,就会为了国家和人民的利益赴汤蹈火,绝不做损害国格人格的苟且行为,不仅如此,一旦国家安危受到威胁、人民生命财产受到损害时,军人的独特荣誉感就会鼓舞军人挺身而出,与一切危害国家与人民利益的行为作斗争。因此,当代革命军人自觉践行社会主义荣辱观,首先就是要牢记"八荣八耻"的基本内容,理解"八荣八耻"的精神实质,自觉把"八荣八耻"作为判断行为得失、确定价值取向、进行道德选择的依据和标准,努力从自己做起,从身边做起,从一点一滴做起,使"八荣八耻"真正成为立身做人的行为准则。

第二,当代革命军人践行社会主义荣辱观,必须以提高道德素质为出发点。荣辱观是社会道德的重要内容,它是用正确的观念去引导、规范人的行为,培养人们形成良好的行为习惯和道德风尚。社会主义荣辱观蕴涵着丰富的道德资源,既是对我国传统道德的继承,也是对社会主义道德的发展。如"以热爱祖国为荣、以危害祖国为耻"既继承了传统道德中的"大一统"国家观,也是当代爱国主义的基本要求;"以服务人民为荣、以背离人民为耻"既继承了传统道德中的民本观,又赋予了服务人民以新的内涵;"以辛勤劳动为荣、以好逸恶劳为耻"既继承了传统道德中的"民生在勤"等观念,又是对当代职业道德精神的强调;"以诚实守信为荣、以见利忘义为耻"既继承了传统道德中的义利观,又是对社会主义市场经济条件下社会诚信建设的新规范;"以艰苦奋斗为荣、以骄奢淫逸为耻"既继承了传统道德中"淮俭养德"的美德,又是对净化社会道德风尚的新要求;等等。因此,在思想观念多元多样多变及其对人们的道德观念带来较大冲击的情况下,当代革命军人必须以社会主义荣辱观为指导,规范自己的言行和观念,树立正确的道德观念,不断提高自身的道德素质。

第三,当代革命军人践行社会主义荣辱观,必须以增强政治素养为根本点。我军是党绝对领导下的人民军队,践行社会主义荣辱观,是人民军队性质宗旨的本质体现,是增强军人政治素养的内在需要。只有热爱祖国,服务人民,才能始终听从党的指挥、服从祖国的需要、维护人民的利益;只有崇尚科学,辛勤劳动,才能尊重规律,脚踏实地,推进军队现代化建设的创新发展;只有团结互助,诚实守信,才能营造良好的内部关系,形成生死与共的战斗集体;只有遵纪守法,艰苦奋斗,才能令行禁止,步调一致,始终保持旺盛的革命斗志和永不变质的政治本色,形成无坚不摧的强大力量。当代革命军人所追求的荣誉同社会主义和共产主义事业紧密联在一起,同党和人民的利益紧密联在一起,同革命军人为党和人民所做的牺牲奉献相一致,荣誉只属于并且永远属于那些忠诚于党、热爱人民、报效国家、献身使命的革命军人。当代革命军人践行社会主义荣辱观,就要正确认识和对待荣誉,把个人的前途命运与党和国家的前途命运统一起来,把个人的荣辱与民族的兴盛、人民的幸福和军队的胜利结合起来,自觉在维护党和人民的利益中实现自身价值。

第四,当代革命军人践行社会主义荣辱观,必须以提升战斗精神为落脚点。军队是一个高度集中统一的武装集团,客观上要求必须有集中统一的指挥、密切协同的行动、高度统一的意志力量和勇往直前的精神,以此形成强大的战斗精神。强烈的荣誉感是激发战斗精神的内在动力,只要官兵血管里流淌着崇尚荣誉的血液,就会为荣誉而顽强战斗;只要官兵心田里播下了崇尚荣誉的种子,就会为荣誉而英勇献身。在我军光辉灿烂的80多年历程中,无数革命先辈在枪林弹雨中为了国家和民族的尊严舍生忘死、浴血奋战,涌现出了邱少云、黄继光、董存瑞等英雄模范;在和平建设时期,一大批革命军人学英雄、当模范,涌现出了苏宁、徐洪刚、李向群等时代楷模。这些英雄人物无不用实际行动维护着军人的荣誉,在他们的心目中荣誉比生命更为重要。正是这种对荣誉的追求,才激发官兵高昂的士气、无私奉献的宽广胸怀、不屈不挠的斗争精神和赴汤蹈火的英雄气概。实践证明,只有崇尚荣誉的军队,才能成为战无不胜的军队;只有崇尚荣誉的军人,才能成为不辱使命的军人。

第五,当代革命军人践行社会主义荣辱观,必须以引领社会风尚为立足点。在保卫国家安全和推进社会主义现代化建设的进程中,人民军队发挥着巨大的作用,人民群众寄于我们很高的希望:每当出现危害国家安全和社会稳定的突发事件的时候,每当遇到违法犯罪分子铤而走险、行凶作恶的时候,每当自然灾害和意外事故威胁人民群众生命财产安全的时候,人民群众最先想到的就是军人,依靠的也是军人。为此,人民群众总是通过制作纪念物、奖章、锦旗等各种方式来表达对军人的敬仰之情,并对获得荣誉的军人实行特殊优抚政策。同时,在净化社会风气的过程中,人民群众也希望广大官兵能够发挥先锋模范作用,引导和带领大家努力建设一个良好的社会氛围。因此,当代革命军人践行社会主义荣辱观,必须以引领社会风尚为立足点,用比常人更高的标准和更自觉的行动贯彻落实社会主义荣辱观的基本要求,不仅在本职岗位上当好人民的忠诚卫士,而且要在社会生活中严格要求,用自己的模范言行和人格力量为群众作出榜样,推动全社会形成知荣辱、树新风、促和谐的文明风尚,为党增光添彩,为加强社会主义道德建设贡献力量。

总之,只有每个革命军人努力践行社会主义荣辱观,自觉把崇尚荣誉作为永恒的价值追求,才能在军营这所大学校、大熔炉里不断进步提高,努力创造无愧于时代的业绩,在争取更大光荣中谱写绚丽夺目的青春乐章。

三、弘扬革命英雄主义

荣誉属于英雄,军人的荣誉簿中浸染着英雄主义精神。对于我军来说,革命英雄主义是激发广大官兵追求荣誉的不竭动力,其本身也是革命军人荣誉观的重要内容。革命英雄主义是无产阶级世界观和崇高人格的特有表现,是我党我军的宝贵精神财富,也是我军克敌制胜的强大精神力量。培育和强化部队官兵的战斗精神,更好地肩负起新世纪新阶段我军历史使命,应该大力弘扬革命英雄主义。我军的革命英雄主义是指为了祖国和人民的利益,敢于同一切敌人、一切困难进行不屈不挠斗争的崇高思想品德,包括勇于牺牲的献身精神、英勇顽强的战斗作风、坚贞不屈的革命气节、坚忍不拔的革命意志、奋勇争先的革命干劲、革命的乐观主义。在长期的和平环境中,革命英雄主义精神受到了多方面的挑战,如何才能继承和发展优良的革命传统是我们迫切需要解决的重大现实问题。弘扬革命英雄主义是一个与时俱进的过程,在新世纪新阶段,我们应当结合新的军事实践,刻苦砥砺革命英雄主义精神,大力弘扬革命英雄主义精神。

弘扬勇于牺牲的献身精神。勇于牺牲的献身精神是革命英雄主义的精髓。在战争时期,勇于牺牲的献身精神鼓舞着我军强渡大渡河、飞夺泸定桥、爬雪山、过草地,冲破层层封锁线,置之死地而后生,涌现了狼牙山五壮士、董存瑞、黄继光等一大批英雄个人和团体。在和平时期,"献身国防现代化的模范干部"苏宁,在他37年的人生道路上用实际行动实践了他全心全意为人民服务、为国防现代化献身的诺言。这些优秀军人的杰出代表履行了自己神圣的使命,也弘扬了勇于牺牲的革命英雄主义精神。

弘扬英勇顽强的战斗作风。英勇顽强的战斗作风是革命军人无论在革命战争时期还是和平时期都必须具备的。英勇顽强的战斗作风保证我们无论面对什么样的困难,都能够坚决完成任务,无论面对多么强大的敌人,都能够攻必克、守必固。在新时期,弘扬英勇顽强的战斗作风就要求我们恪尽职守,用青春和生命为国防事业献身。"航天英雄"杨利伟,在面对失重、辐射等恶劣的太空环境中,就是凭借这种战斗作风,以超人的勇气和素质承受住了各种压力,英勇顽强地完成了中华民族千年的"飞天梦想",用自己的行动书写了一曲革命英雄主义的赞歌。

下篇 军人核心价值观的道德维度

弘扬坚贞不屈的革命气节。在战争时期,就是要做到"富贵不能淫,贫贱不能移,威武不能屈",在任何情况下都不动摇革命原则和信念,始终保持革命军人的高风亮节。正是凭着这种崇高的气节,方志敏同志才能在敌人的威逼利诱面前毫不动摇、宁死不屈。在写下"敌人只能砍下我们的头颅,决不能动摇我们的信仰!因为我们信仰的主义,乃是宇宙的真理!为着共产主义牺牲,为着苏维埃流血,那是我们十分情愿的"光辉词句后从容就义。在和平时期,弘扬坚贞不屈的革命气节要求我们面对灯红酒绿的花花世界、面对风花雪月的儿女情长、面对糖衣炮弹的腐蚀诱惑的时候,必须时刻保持清醒的头脑,绝不做有损革命气节的事情。

弘扬坚忍不拔的革命意志。这要求我们在确定目标之后,要始终如一、矢志不渝地朝着既定目标前进,既能够忍受艰难困苦,又能够正确面对挫折、压力与诱惑,干什么工作都有一股不折不挠的韧劲,不达目的不罢休。正如毛泽东所说,我们应该"具有一往无前的精神,它要压倒一切敌人,而决不被敌人所屈服。不论在任何艰难困苦的场合,只要还有一个人,这个人就要继续战斗下去"[1]。只有那些信念坚定,意志坚强的人,才能在最艰苦的环境中,在最危险的斗争中经受考验和锻炼。在战争时期,举世闻名的二万五千里长征中,我军就以无比坚强的革命意志和异乎寻常的毅力创造了人类战争史上的奇迹,以非凡的壮举诠释了革命英雄主义精神的内涵。

弘扬奋勇争先的革命干劲。奋勇争先不仅表现为战场上冲锋陷阵、视死如归的革命勇气,而且表现为平时在各项工作中勇于挑重担,迎着困难上,处处不甘落后,事事力争上游,"见红旗就扛,见第一就争",努力拼搏进取,创一流成绩的革命干劲。在和平时期,这种革命干劲显得尤为重要。没有这种干劲,中国的"两弹一星"事业不会如此顺利,中华民族也无法傲然屹立于世界民族之林。军人就是为战争而存在的,除了战争就是准备战争,我们要在和平时期发扬

---

[1] 《毛泽东选集》第3卷,第1039页,人民出版社1991年版。

奋勇争先的革命干劲,为建设强大的国防事业努力奋斗。

弘扬革命的乐观主义。坚信正义战争必胜、革命事业必胜,以苦为乐,无论在什么情况下,都不灰心、不气馁、不悲观、不动摇,始终保持高昂饱满的革命热情和朝气蓬勃的精神风貌。在战争年代,即使革命处于低潮,我们都相信"当着天空中出现乌云的时候,我们就指出:这不过是暂时的现象,黑暗即将过去,曙光即在前头"[①]。而在面对敌对势力的包围和封锁的时候,我们也要有"我们中华民族有同自己的敌人血战到底的气概,有在自力更生的基础上光复旧物的决心,有自立于世界民族之林的能力"[②]的革命乐观主义气概。

需要强调的是,当代革命军人弘扬的英雄主义是集体英雄主义而不是个人英雄主义。我军历来有争先锋、打头阵、夺第一的传统,我军广大官兵也历来注重协同意识和大局意识。信息化条件下的战争是体系对抗,任何单一兵种、单一武器系统都不可能主宰战场,任何层次的梗塞、任何环节的疏漏,都有可能导致整个战局的失利。因此,着眼信息化战争的特点和规律,弘扬革命英雄主义,必须更加重视培养官兵的战略意识、大局意识和团结意识,必须进一步强化协同观念,这样才能最大限度地发挥集体的威力,为夺取胜利创造条件。

总之,我们的时代需要英雄主义,我们的事业需要英雄主义,我们的军队需要英雄主义,我们的使命需要英雄主义。在这个使命在肩、英雄辈出的伟大时代,我们要继承发扬人民军队的优良传统和革命精神,高举旗帜、听党指挥、苦练精兵、矢志打赢,英勇顽强、不怕牺牲、友爱互助、团结和谐,让革命英雄主义的热血在我军的脉管里永远奔流不息,让革命英雄主义的号角永远激荡在我军的座座营盘,让革命英雄主义的旗帜永远飘扬在我军的万里征程。[③]

[①] 《毛泽东选集》第4卷,第1245~1246页,人民出版社1991年版。
[②] 《毛泽东选集》第1卷,第161页,人民出版社1991年版。
[③] 参见王幸生:《高扬革命英雄主义的旗帜》,载《解放军报》2006-05-11(1)。

第九章

严守纪律与军人核心价值观

人的本质在其现实性上是一切社会关系的总和。人是一种关系的存在,或者说人之存在方式是以关系的形式展开的,唯有通过在社会生活中建立起多方面的关系,人方才能实现自身的本质。人在建立这些关系的过程中,既需要遵守社会共同体制定的法律法规,同时也应当遵从社会共同体约定的道德规范。纪律介于法律与道德之间。对于个人来说,遵守纪律既是其法规意识的体现,也是其道德良心的体现。纪律不仅有利于落实基本的法律制度,而且还能够强化伦理道德规范,从而有助于建立起良好的人际关系与社会秩序。建立军事组织制度的一个重要基础就是军事纪律,从某种意义上讲,纪律是军人的同义语,纪律是军队的代名词,严守军事纪律既是军人职业素养的直接体现,同时也是军队思想作风的重要标志。我军向来以严守纪律著称于世,视之为军队战斗力的重要源泉。在新的历史条件下,革命军人应该把严守纪律看做是当代革命军人核心价值观的内在要求,自觉遵守条令条例和各项规章制度,不断强化法律信仰与法规意识,努力锤炼过硬的思想作风,确保忠实履行我军历史使命。

第一节 纪律的道德内涵

从伦理学角度看,纪律是一种相对于"自律"而言的"他律"。自律是道德人格的反映,是一个人道德良心的内在表现;他律则是道德意识的反映,是一个人道德行为的外化表现。道德人格并非先天造就,人的天性中也不具有完备的道德良心。道德自律的形成是一个自外而内的过程,其固然需要道德主体的省思觉悟和自我修养,但也需要道德他律予以外在的帮助,以强化道德主体自我努力的成果。在这个意义上,作为他律的纪律就具有道德教化功能。由于纪律具有将外在约束内化为道德良心的功能,所以在伦理学上又可以将纪律称之为"道德纪律"。显然,道德纪律能够为人的社会性存在提供基本行为规范,规定着人的身心关系以及人与人之间的关系。

一、 道德自律与道德他律

自律和他律是西方伦理学中表示道德原则和伦理学说的两种不同的术语,而道德他律与道德自律是道德存在的两种重要形式。道德他律与道德自律是一种辩证统一的关系,二者之间既相互区别又相互联系,且在一定条件下互动转化。

"自律"与"他律"的概念都源自古希腊文,前者具有自我主宰、自我约束和自我控制的意思,后者意为人之外的规律。道德自律和道德他律是伦理学史上存在的一个相互关联着的理论问题,较为系统地阐述这一对概念的是德国哲学家康德。

康德认为,人作为理性存在者,其本身就是目的,人不应被当做达到其他目的的手段;人拥有人的尊严,因而人乃是所有万物中具有最高价值的存在者;人的尊严和价值体现在人能够自己为自己立法,自己决定自己的命运。"人是目的"这一命题将"意志自由"界定为人本质,从这一命题出发,康德阐发了其对道德自律和道德他律问题的看法。康德说:"意志自律是一切道德法则以及合乎这些法则的职责的独一无二的原则;与此相反,意愿的一切他律非但没有建立任何职责,反而与职责的原则,与意志的德性,正相反对。德性的唯一原则就在于它对于法则的一切质料(亦即欲求的客体)的独立性,同时还在于通过一个准则必定具有的单纯的普遍立法形式来决定意愿。但是,前一种独立性是否定意义上的自由,而纯粹的并且本身实践的理性的自己立法,则是积极意义上的自由。道德法则无非表达了纯粹实践理性的自律,亦即自由的自律,而这种自律本身就是一切准则的形式条件,唯有在这个条件下,一切准则才能与最高实践法则符合一致。"①在这里,康德较为深刻地阐述道德自律的基本内涵,同时也揭示与之相对的道德他律的特性。首先,康德指出,虽然依照道德法则而行动是产生道德行为的根据,但道德法则本身又需要一个更高的"原则"来予以保证,这一原则即是"意志自律":意志自律具有普遍性和行动的确定性,而出自个人意愿的他律则具有不确定性,因而不利于形成德性与职责。其次,康德认为道德他律也可以实现人的自由,但这是一种否定意义上的自由,这种自由充满了偶然性且无助于实现人的本质,只有基于纯粹实践理性基础上的自由才是真正的自由,而这种自由的获得必须依靠意志自律与道德法则,依靠人自己的道德立法来实现。最后,康德还表明了"自律是一切有理性者相互之间的道德价值的基础"的思想,②同时还说明了真正的道德不取决于其所能够带来的现实好处或利益,而在于其本身就具有不可取代的内在价值,实际上道德"正是在苦难之中它们才显出自身的庄严崇高来"③。

在这个基础上,康德进一步阐述道德他律的意涵。首先,康德认为道德他律是建立在人感性的特殊要求之上的,即"一般理性存在者的感性自然就是在以经验为条件的法则之下的实存,因而这种感性自然对于理性而言便是他律"④;但由于人的感性是飘忽不定的,因而道德他律便不能作为道德法则来指引人的行动。其次,道德他律不仅不能体现出人的自由与尊严,而且还有可能使人成为自身内在盲目冲动的奴隶,因为在感性的要求下,我们"会不由自主地被冲

---

① [德]康德:《实践理性批判》,第34~35页,商务印书馆1999年版。

② 参见周辅成:《西方伦理学名著选辑》下卷,第374页,商务印书馆1999年版。

③ [德]康德:《实践理性批判》,第170页,商务印书馆1999年版。

④ [德]康德:《实践理性批判》,第45页,商务印书馆1999年版。

动和欲望左右,原本是自然法则的东西,反而成为我们赖以决定行为意志的根据了"。最后,人不但无法依照意愿他律成为一个有道德的人,而且必然会陷入"真正经久的利益"不确定性危机之中,因为毕竟"在以意愿他律为先决条件的情形下该做何事,这是难以把握的,就需要万事通晓"[①]。总之,"意愿他律"本质上不是基于实践的客观规律和对一切人都有效的客观原则,而是根据个人主观目的和出自功利的计较来设定行为准则的,其从源头上背离了"人是目的"原则,因而不具有普遍立法意义,亦不能产生道德义务和道德责任,甚至有可能走向道德的对立面。

从以上康德关于"自律"与"他律"阐述中可以发现,区别"意志自律"与"意愿他律"的根本在于是否有助于做一个有德性的人,即实现人的自由,而直接的根据在于到底是以人的感性作为行为的标准,还是在纯粹实践理性的指引下来设定人的行为取向。这意味着,区分自律与他律的关键在于因"何"而"律":因"人的感性"而"律"就是他律,因"人的纯粹实践理性"而"律"就是自律。在这里,不是道德行为的内容为何而是道德行为的根据来自何处,成为了康德探究的重心。在康德看来,一个人根据什么样的原则而行动是最为关键性的因素,其直接决定该行为是否具有道德价值:只有那些具有普遍意义的行为,才是真正道德的行为。进一步说来,人只有认识到普遍必然性并自觉据此来追求生活的自由时,其行为才是"自律"的;反之,如若一个人依据"他律"而动,自觉不自觉地抗拒生活内在必然性,仅仅满足于感性所需和欲望所得,就有可能为物质生活所累,从而失去自由。不难看出,由于康德认为人的自由是先验的,是人所先天就拥有的本质,因而使得他的道德学说具有形式主义和先验主义的缺陷。

沿着康德道德形而上学的理路,黑格尔同样十分重视道德自律和他律问题。黑格尔肯定了康德在探讨自律问题上的开拓性贡献,

[①] [德]康德:《实践理性批判》,第39页,商务印书馆1999年版。

同时也批判康德道德形而上学所具有的形式主义和先验主义倾向。黑格尔认为,康德在考察自律与他律问题时,仅仅限于探究先验的纯粹实践理性和没有实质内容的道德普遍立法形式,这样就将理性和经验、形式与内容完全割裂开来,同时也把道德原则普遍化与绝对化,忽视了德性是一个由低到高的发展过程,也违背了精神发展的客观性,且不符合个体道德成长的辩证法。据此,黑格尔从精神现象学的角度研究了家庭、市民社会和国家的发展史,立意要为意志借以践行的理性原则提供客观性的现实内容。他认为,行法关怀福利,"不仅自己的福利,而且普遍性质的福利,即他人的福利"[①]。在这里,黑格尔用具有现实性的"法"取代了康德意义上的"纯粹实践理性","法"所具有的"关怀福利"的特点乃是道德的实际内容。可见,黑格尔所坚持的道德原则不再是康德的"道德法则",而是个人利益、他人利益和普遍利益的统一。显然,黑格尔以一种较为隐晦的方式肯定了他律的重要性,同时也将外在的利益考量纳入到道德的视野当中,这不仅意味着他律在规范人的道德行为中具有与自律类似的功用,而且还为自律与他律之间互相转化提供了理论支撑。

二、作为道德他律的纪律

无论康德在何种意义上区分自律与他律,都无法完全否定他律在形成道德行为当中具有的作用。实际上,在一个人成长的初级阶段,甚至在人类文明发展的较为原始阶段,他律往往是塑造道德行为的决定性因素之一。即使我们相信人性本善,人先天就具有向善的意愿,但都无法直接推断出"善的动机必然导致善的结果"这一结论。对于一个孩童来说,也许他天性比较善良,但其行为不可能处处符合特定的社会道德规范,成年人的引导甚至惩罚性的规训乃是必不可少的环节。即是说,外在的规范约束始终是确保社会团结和完成特定社会目标的精神力量,而纪律就是其中的一个基本要素。

---

① [德]黑格尔:《法哲学原理》,第136页,商务印书馆1961年版。

不可否认，纪律作为一种他律具有明显的道德属性与道德功能，它与人内在的良心一道担负着培育道德行为的使命。当然，纪律具有道德的品质，并不意味着纪律本身就等同于道德，它既具有维护和养成道德行为的一面，同时也有非道德的一面，因为纪律更多的只是一种追求道德生活的手段而已。

首先，纪律既有利于维护社会共同体生存发展，也有助于实现个人的自由。在涂尔干看来，纪律关乎"社会是如何可能的"这一根本性问题。涂尔干认为，道德是维系社会共同体生存发展的基本规范性因素，而道德最核心的要素就是纪律。他说："在道德生活的根基中，不仅有对常规性的偏好，也存在着道德权威的观念。进一步说，道德的这两个方面是紧密相连的，两者的统一性来源于一个更为复杂的、能够将两者都涵括在内的观念。这就是纪律的概念。实际上，纪律就是使行为符合规范。纪律意味着在确定的条件下重复的行为。"① 道德是一种特定的权威，其作为一个命令体系对人们的现实生活产生强制性的影响，其中纪律发挥着基础性的作用。纪律是集体生活成为可能的条件，它可以收敛人们的激情、欲望和习惯，从而将个人的生活限制在一定范围之内。对此，涂尔干在《职业伦理与公民道德》中说："倘若没有相应的道德纪律，任何社会活动形式都不会存在。"② 从另一个方面看，纪律也为个人所需，它作为人性完善的必备条件有助于实现人的本质。在涂尔干看来，社会具有自己的思维方式、感觉方式和行为方式，但社会与个人并非格格不入。他说："无论何时，我们的希望，我们各种各样的情感，都必定处在各种限度之内。纪律的功能就是保证这样的约束。如果缺乏这样一些必要的限度……那么人类无拘无束的行为就会迷失在虚空中，而无限

---

① [法]爱弥尔·涂尔干：《道德教育》，第33页，上海人民出版社2001年版。

② [法]爱弥尔·涂尔干：《职业伦理与公民道德》，第16页，上海人民出版社2001年版。

性这个似是而非的华丽标签,则会被用来掩盖和装饰行为的这种空洞性。"①涂尔干认为,对于个人来说,社会具有向善的取向,就像一个吸引我们去不断追求的目标,因而人们往往将社会视为一个有待实现的理想。② 在纪律的约束下,个人似乎不得不以社会共同体的意志为意志,但其在服从社会意志的同时也是在追求自身的利益。这样,纪律就在社会规定与个人需要之间建立了统一性,纪律亦成为个人自由实现的条件。

其次,纪律具有一定的道德动机,并以承担特定的责任为前提。韦伯将纪律纳入了社会学的视野中进行讨论,他这样界定纪律:"依据习惯,一个命令在特定的人群中得到立即的、自动的和刻板的服从的可能性",因此"纪律的概念包括群众的毫无批评和毫无反抗的'习以为常'的顺从"③。韦伯认为,纪律是人类社会发展的产物。在现代的发展过程中,纪律以严格的程式化的技能训练甚至是非人性化的方式,取代了英雄主义的狂迷、荣誉崇拜、个人的忠诚和献身,而其追求的目的则是"旨在发挥接受同样训练的群众经过合理计算的最佳生理和心理的冲击力"④。因此,所有纪律都依赖于强制整合或机械化操练,从而将个人整合到不可抗拒的机制之中。当然,纪律之所以要借助机械化操练这种似乎非人性的方式来发挥其对人群的整合作用,乃是因为在纪律之外还有道德的目标,这一道德目标同时也赋予了特定人群以特殊的责任。另外,韦伯还特别提到了军事纪律

---

① [法]爱弥尔·涂尔干:《道德教育》,第50页,上海人民出版社2001年版。

② 参见[法]爱弥尔·涂尔干:《道德教育》,第91~92页,上海人民出版社2001年版。

③ [德]马克斯·韦伯:《经济与社会》(上),第81页,商务印书馆1987年版。

④ [德]马克斯·韦伯:《经济与社会》(下),第492页,商务印书馆1987年版。

的重要性,他指出:"纪律,作为实战的基础,是种种体制的母体"①,"纪律往往对国家的结构、经济体系甚或家庭产生影响"②。由于军事纪律在明确的道德动机的指引下发挥出巨大的社会潜能,以至于它往往被视为所有纪律中的典范,甚至成为资本主义工厂经营的理想模范。

最后,纪律只是实现道德目标的一种手段,如若运用不得当则有可能蜕变为道德的对立面。英国著名戏剧家莎士比亚曾经说:"纪律是达到一切雄图的阶梯,要是纪律发生动摇,啊!那时候事业的前途也就变得黯淡了。"③诚如斯言,纪律对于实现特定目标的确具有巨大的作用,但还必须看到纪律所服务的目标本身是什么,以及人们在多大限度上使用纪律:如若纪律偏离原先设定的道德目标,或者无限制地强化纪律的强制功能,那么纪律就有可能失去其目的合理性。在法国哲学家福柯看来,现实生活中权力无处不在,除了所有人都能够意识到的政治权力之外,几乎所有的社会领域都充斥着权力的阴影,就连"知识"也是一种权力。基于这种认识,福柯认同韦伯对权力的界定,即"权力意味着在一种社会关系里哪怕是遇到反对也能贯彻自己意志的任何机会,不管这种机会是建立在什么基础之上"④。福柯认为,纪律也是一种权力的体现,它除了驯服个体服从社会所需之外,似乎很难发现还蕴涵着道德的因素。纪律将空间分化与时间调控紧密联系在一起,对行为主体在什么时间什么地方做什么事情都有明确的限定,其目的是要保证行为主体活动的可见性,

---

① [德]马克斯·韦伯:《支配社会学》,第339页,广西师范大学出版社2004年版。

② [德]马克斯·韦伯:《支配社会学》,第340~341页,广西师范大学出版社2004年版。

③ [英]莎士比亚:《莎士比亚全集》,第七集《特洛伊罗斯与克瑞西达》,人民文学出版社1984年版。

④ [德]马克斯·韦伯:《经济与社会》(上),第81页,商务印书馆1987年版。

确保每一个人在某一个时间段内完成特定的任务,而要完成任务又必须建立起一套惩罚体制,树立起所有人遵从的标准,让所有人保持同一面目,整齐划一。因此,如果纪律处处以控制人的身心为目的,它就不可避免沦为压制人性的非道德力量,一旦纪律被别有用心的人所利用,就必然成为戕害人性的罪恶工具。

三、纪律约束向道德良心的转化

在一般意义上,纪律是作为一种外在的约束力量进入到人们的现实生活中的,它规定人们能够做什么或者不能做什么。但是,经由行为主体的认知与实践,纪律能够真正进入到人的内心世界,转化为人们的道德意识和道德良心,并最终上升为人们的行为准则。

我们可以通过英国退役军官约翰·贝恩斯对军事纪律的理解来分析其本质内涵。贝恩斯说:"要严格执行纪律,不能对任何人妥协,允许士兵抗命其实是对士兵的侮辱。无论在哪个行业,遵纪守法的人都只是他能做什么,应该做什么,如若不然,就会品尝到失败的滋味……领导人如果放纵部属,就意味着部属的工作微不足道。士兵不喜欢被放纵,因为这不仅表明部属的付出无足轻重,而且从某种程度上说明上级玩忽职守。"[1]在这里,贝恩斯较为深刻地把握了纪律的深层内涵及其对行为主体的意义。其一,在普遍意义上,纪律乃是所有行业人员所必须遵守的职业道德准则,它为职业人划定本行业的职责范围,逾越了这一职责界限,就会招致失败;其二,由于遵守纪律能够在一定程度上保证本行业的利益,因此行业管理者或领导人就有责任制定颁发本行业的纪律制度,并有义务指导、协助和督促员工严格落实这一纪律制度;其三,行业管理者或领导人之所以严格纪律,不仅是维护行业利益的需要,即不可"玩忽职守",更是表现出一种对下属的关心与尊重,即不"放纵"下属的行为,这也是所谓的"严是爱"的深层意味。可见,在纪律所确立起来的一种约束关系

---

[1] 总政治部联络部:《美军军官》,第79页,解放军出版社2008年版。

中,恰恰蕴涵了一种心灵解放与道德自由的内在需要:通过上级对下级的纪律管束,既使得下级获得了一种特殊的尊重感与认同感,同时也有助于上级获得一种因为较好地履行了应尽的义务而产生的满足感与自豪感。这意味着作为道德他律的纪律不会永远停留在道德良心的对立面,而是能够通过行为主体的不断深化认同和反复实践,进入到道德良心的领域,从而内化为一个人内心的行为准则。

在军事活动领域中,纪律的作用地位十分突出,军人对于军事纪律的认知深度与践行力度都堪称是所有行业人员的模范。毫无疑问,军人之所以能够成为理解与执行纪律的典范,一个关键性的原因就在于其能够将外在的军事纪律内化为内在的道德意识和道德行为习惯:军人个体通过思想上接受严格的道德教育和自我觉悟,来不断提高道德认知水平,磨炼道德意志,养成道德行为习惯,从而使遵守纪律成为一种良心自觉,同时良心又反过来强化了军人的纪律意识。正是依靠良心在军人行为养成中的巨大作用,军队得以形成严明的纪律。当然,军队严明纪律的养成是一个从纪律向良心不断转化的过程,这有赖于每一个军人在以下几个方面作出有意识的训练:

首先,提高道德认知水平是纪律约束向道德良心转化的基础。道德认知是道德内化和道德行为的先导,它是促使道德信念形成的认识基础,是自律道德的导向性机制。军人的道德认知建立在对自身职业属性的基础上。简单地说,军人职业承担着保家卫国这一巨大责任,军事组织必须依靠严密甚至苛刻的纪律来确保军人完成这一使命,从而维护军人生活其中的社会共同体的利益。在这个意义上,军事纪律乃是确保军人任务完成的基本前提,同时也是维系军队作为军事组织的基本要素。正因为如此,威斯特摩兰在《一个军人的报告》中特别强调说:"纪律是军队的基本要素和灵魂。纪律的执行不能靠专横手段,而是靠明智而实际的启发教育,靠官兵之间诚实坦率的关系,靠指挥官正确地分配与带领部下顺利地完成有意义的任务。"①军人在理解自身职责和完成各种军事任务的过程中，逐渐提高自己的道德认知水平，进而将之内化为行为准则。

其次，磨炼道德意志是纪律约束向道德良心转化的关键。道德意志是人们在履行道德义务或责任中克服内心障碍和外部困难的能力，表现为实际行动中果断、坚决、勇敢、自制和坚持不懈的精神。军人能够自觉严守纪律的重要因素在于其具有坚强的道德意志，这种意志力来源于平时的驯养，体现为一种不断克服各种障碍和困难且不达目的誓不罢休的意志力。通过这些艰苦的磨炼，军人就能够认识到，纪律不仅是一种外在的行为约束，更是一种内在的道德要求，即纪律实际上就是一种"道德纪律"。"有一种体系似乎必然会把这些社会利益带给个体的心灵，迫使个体尊重它们，这种体系就是道德纪律。因为所有道德纪律都是为个体制定的规则，个体必须循此而行，不得损害集体利益，只有这样，才不会破坏他本人也参与构成的社会。"②在这种道德纪律的约束下，军人方能有效地履行自身的职责。

再者，自觉培养良好的道德行为习惯是纪律约束向道德良心转化的目标。道德行为习惯是一种自然而然产生的道德行为方式，这种行为方式的养成有赖于良心的指引与规制。良心对人们的行为发挥着极为严格的规范作用，它用无声的语言肯定正确的行为，同时也无情地谴责错误的行为方式。莎士比亚在《理查三世》借主人公的一段独白突出了这一作用："我不再跟良心打交道了；它叫人缩手缩脚，办不成事；偷不得，一偷，它就来指手画脚；诅不得咒，一诅咒，它就来阻挡你；不能和邻家妻子通奸，一动，它就识破了你；它是一个脸会发红，躲躲闪闪的妖精，会钻进人家肚子里造反的家伙；它老是把

---

① [美]威廉·威斯特摩兰:《一个军人的报告》，第65页，三联书店1977年版。

② [法]爱弥尔·涂尔干:《职业伦理与公民道德》，第16页，上海人民出版社2001年版。

你的路堵得严严的……"①显然,正是由于良心具有如此巨大的权威性和强制力,使得任何一个现实中的人都必须听从内心的召唤,服从内在的道德法则,自觉养成良好的道德行为习惯。对于军人来说,一旦其将遵守纪律看做简单而纯粹的日常行为并自觉而为之,就意味着纪律规范已经转化为内在的道德律令。

第二节 军人的道德纪律

军队是一种特殊的社会组织形式。像其他社会组织形式一样,军队并不是单个人的简单集合,而是人与人之间的有机结合。在某种意义上说,军队的这种结合形式有赖于文化上的整合,尤其需要运用军事文化规范将单个军人有机地组织起来,以完成特定的使命与任务。由于军人职业具有较之其他职业更大的危险性,加上军事战争所带有的破坏性,军队这种组织形式就尤其需要严格的道德纪律,一方面保证军人个体服从命令,使军队能够成为一个战斗集体,另一方面确保军人不滥杀无辜,使其作战行为符合基本的人道主义规范。

一、服从纪律是军人道德意识的充分体现

道德意识是道德行动的前提,道德意识的形成是道德起源过程中的关键环节。军人的道德意识是在军事实践活动当中形成的。自加入军队之日起,军人就自觉不自觉地融入到一种特殊的道德环境中,感受到一种与外面世界完全不同的道德文化,由此逐渐地形成与这种氛围相吻合的道德意识与行为规范。其中,新兵对这种伦理文化感受最深的是军事纪律,这几乎是一种较之其他所有职业都要严格的行为约束,故有所谓"无纪不成军"的说法。恩格斯指出:"使人

---

① [美]伯顿·史蒂文森:《世界名言博引词典》,第419页,辽宁人民出版社1990年版。

们行动起来的一切,都必然要经过他们的头脑。"①因此,面对必须承担的任务,一个人如果从内心上根本就不予认同,即使勉为其难允诺下来也丝毫没有意义。服从纪律作为一种特殊的道德意识,要求军人必须真正做到"心服口服",因为只有对其知之深切,识之全面,才能行动自觉。

"服从"乃是军人最基本的道德意识,"服从纪律"就成为军人首要的道德要求。法国军事家勃洛恩杰尔说:"只有纪律才能把一群乌合之众变成一位令人望而生畏的巨人。"②确实,一支没有纪律的军队,军人的行为就缺少基本的约束力量,致使个个自行其是,人人各自为战,这样的军队当然只能是"一群乌合之众"。要使军队成为"令人望而生畏的巨人",就必须有严明的纪律。当然,严明的纪律确实可以将军队打造成为"令人望而生畏的巨人",但只有从本质上理解纪律对于维系军人职业的意义,才能将纪律性要求内化为一种道德意识。华盛顿曾在一封私人书信中谆谆教导一位部属时说:"要严以律己,不对军官和士兵提出不合理的要求,但要保证要求做的事情要按时做到,要根据个人的表现,赏罚分明,要倾听士兵的意见,如果事出有因,要予以重视。如果没有根据,就要化解不满,制止流言蜚语。要消除任何形式的恶行,从最低层到最高级别的每个人都要牢记他们所投身事业的重要意义。"③在这封书信中,华盛顿不仅对军官提出了纪律方面的要求,更敦促军官要对部属维护基本的军事纪律负责,因为只有军队上下都具有一种严守纪律的道德意识,军人职业的意义方能得到充分的体现。

服从纪律是所有军队所强调的道德要求,当代西方国家军队同样十分重视纪律在维护军队形象与提升战斗力等方面的作用。如美

---

① [德]恩格斯:《路德维希·费尔巴哈和德国古典哲学的终结》,第41页,人民出版社1997年版。
② 转引自李昆明等:《军营红绿灯》,第8页,解放军出版社2001年版。
③ 总政治部联络部:《美军军官》,第80页,解放军出版社2008年版。

军就要求所有军人必须具有这样的纪律意识:"军官在个人发展过程中,要牢记以下忠告:坚持原则、头脑冷静、善于调整、保持团结、不刚愎自用、不胆小怕事、不自作聪明,要赢得部属的忠诚、不乱发表政治言论,要注意配偶和家庭影响、不要玷污本人的荣誉。"[①]另外,在要求军人具有基本的纪律意识之外,美军还特别指出军人需要坚决回避一些问题,如不能酗酒、不能吸毒、要妥善处理自己的经济问题、不能违反基本的道德准则等。不难看出,美军之所以要提出这些"忠告",关键是要使得每一个军人自觉养成遵守纪律的道德意识,并将之内化为军人的道德行为准则。

我军的性质宗旨是全心全意为人民服务,服务并践行这一性质宗旨,使得我军从根本上是一支具有良好道德形象的军队。军队道德形象的塑造有赖于每一个军人的努力,尤其需要军事纪律来予以保证。邓小平说:"同心同德,一心一意,没有纪律不行。我们过去革命,就是靠纪律,而且是自觉的纪律。中国共产党成立后,最好的就是这个。"[②]我军的实践证明,"纪律"是"同心同德,一心一意"的前提,严明纪律过去曾经是、将来同样是我军克敌制胜的有力武器。

在长期的革命征程中,党以马列主义、毛泽东思想教育全军,用共产主义道德哺育官兵,从而在全心全意为人民服务的基础上形成了优良的道德传统,特别要求广大官兵热爱军队,恪尽职守,处处爱护军队和集体的荣誉,服从命令,严守纪律,维护军队的坚强团结和集中统一。无论是在艰苦的战争年代还是在长期的和平建设时期,无论级别高低,我军自上而下形成了自觉服从纪律的道德意识:从红军时期不拿群众一个红薯,到解放战争时期露宿上海街头;从邱少云用鲜血和生命严守战场纪律,到广大官兵自觉做到命令一下"打起

---

① 总政治部:《美军军种核心价值观培育研究》,第136~137页,解放军出版社2009年版。

② 中共中央文献编辑委员会:《邓小平文选(1975-1982)》,第363页,人民出版社1983年版。

背包就出发",等等,无不反映了这种良好的道德意识。无疑,这种优良的道德传统所体现的精神力量,是我们这支军队从无到有,从小到大,由弱变强,不断从胜利走向胜利的重要条件。

对于任何一支军队来说,纪律是否严明,并不单纯取决于纪律自身的完整程度和强制程度,关键在于官兵执行纪律的自觉意识。强调高度的自觉性,使纪律成为官兵的自觉意识,是我军纪律制度的一个基本特征。既然服从纪律是军人道德意识的充分体现,我们在军事训练与日常生活中就必须自觉培养这种意识。需要强调的是,我军的纪律是在全心全意为人民服务的宗旨下建立起来的,要求军人为维护人民利益自觉守纪律。事实告诉我们,革命军人严守纪律的自觉性,来源于对人民利益的深刻认识和坚决维护,为人民服务的思想树立得越牢固,严守纪律也就越自觉。同时,我军纪律是建立在官兵平等基础上的,在纪律面前无论职位高低人人都必须服从,人人都毫不例外必须自觉守纪律听指挥。只有在纪律面前人人平等,军队的凝聚力和战斗力才能最终形成,广大官兵才能在共同的目标指引下同心同德地建设强大的革命军队。

总之,每一名军人都必须深明守纪之义,践行守纪之实,努力成为一个有理想、有道德、有文化、有纪律的革命军人。

二、服从命令是军人的"天职"

服从命令是军事纪律最为根本性的要求。无论在什么时期,也无论在哪个国家,军人都以服从命令为己任。作为一名军人,服从命令是"天职"。何为"天职"?天职是一个宗教概念,从字面上看,天职就是"上天"赋予一个人应尽的责任,如教师的天职是教书育人,医生的天职是治病救人,而军人的天职就是服从命令。剥除天职这一概念的宗教色彩,"服从命令是军人的天职"这一论断是为了强调军人所必须具备的服从意识,它意味着听从指挥和服从命令是一个军人之为军人的根本,这也是军人职业区别与其他职业最为重要的特征。那么,为什么军人要以服从命令为天职?这与军人之职业的特点有关。

我们知道,军队承担着特殊的使命,军队的使命必须通过军人的具体行为来予以实施完成。简单地说,军队所担负的保家卫国的使命极其特殊,这是其他所有职业都无法胜任的职责,为了能够完成这一使命,军队要求其每一个成员都必须具有牺牲奉献、顽强坚忍、勇于拼搏等精神品质。军事纪律乃是锻造这些精神品质的保证,它将单个军人凝聚成一个整体,从而将之上升为战斗意志,指引甚至鞭策着军人为实现军队的目标不懈奋斗。具体而言,由于战争是需要保持高度一致性的活动,作为军人只有服从统一的意志,采取统一的行动,才能在军事行动中形成最大的合力,进而达成统一的目标。显然,服从命令的纪律要求是确保战争作为"政治之延续"的基础,否则军事活动就有可能脱开国家政治生活的视野,蜕变为赤裸裸的暴力行径,甚至有可能沦为一些野心家谋取个人利益的不法手段。对此,克劳塞维茨说:"战争不是消遣,不是一种追求冒险和赌输赢的纯粹的娱乐,也不是灵机一动的产物,而是为了达到严肃的目的而采取的严肃的手段。"[①]因此,战争要适应政治这一"严肃的目的"的需要,就必须从上而下对参与战争的军人作出特殊的纪律规定,确保其始终听从指挥,永远服从命令。对于服从命令这一纪律的极端重要性,曾经在二战中立下赫赫战功的巴顿将军说得尤为决绝:"只有一种纪律,那就是完美的纪律。不执行、不维持纪律,你就可能成为杀人犯。"[②]这里,巴顿将军所谓的"完美的纪律"并不是指纪律的内容完美无缺,而是指纪律本身对于军人而言是一种康德式的"绝对命令",这意味着军人面对纪律别无选择,只有执行而已。

显然,只有具备服从意识的军人,才会在接到命令之后,充分发挥自己的主观能动性,想方设法完成任务,即使完成不了也能勇于承

---

① [德]克劳塞维茨:《战争论》第1卷,第48页,商务印书馆1982年版。
② 总政治部联络部:《美军军官》,第95~96页,解放军出版社2008年版。

担责任,而不是找各种借口推脱责任。美国西点军校尤为推崇"绝对服从"这一纪律,强调"我们要做的是让纪律看守西点,而不是教官时刻监视学员"。在西点军校,那些刚刚入学的新学员遇到学长或军官问话时,只能有四种答案:"报告长官,是";"报告长官,不是";"报告长官,没有任何借口";"报告长官,我不知道"。除了这四个"标准答案"以外,新生不能多说一个字。[①] 不难看出,"纪律看守西点"的实质就是要学员养成自觉自律与服从命令的习惯。为了培养这种习惯,西点教育学员要做一个"懂得在权威面前低头的人才是明智的人",并且要求做到"任何时候都不能有对立情绪"与"不管上级叫你做什么都照做不误",因而"合理的是训练,不合理的是磨炼"就是理解并执行上级命令的最佳注脚。当然,西点训练新生学会服从权威与纪律,并非是要学员崇尚权威,也不是要其做一个只会看领导脸色行事的部属,而是希望学员通过学会在权威面前低头,经受一些困难与考验,借以激发起勇气和自信,自尊和自律也都会随之增强。可见,服从命令的意识是确保军队政令军令畅通和维护上下高度一致的关键,在战场上,一个士兵若对自己的上级怀有对立情绪,其所造成的损失会比不参加战斗更糟糕。实际上,一个士兵缺乏服从意识乃是心中没有胜利信念的反映,他本人在战斗中也更容易受到对方的打击,甚至会因此给整个军事行动带来极为不利的影响。正是基于这种对于服从命令意识的认识,美军《军事统一法典》规定,对擅自离队、逃亡、违抗命令等58种违纪行为,可实施军法惩处;加拿大军队更是有过之无不及,实行违纪即犯罪的一元化处罚体系,违抗命令、不服从纪律就是犯罪,而不存在军事行政处分。[②] 由此可见服从命令对于军人的重要意义。

我军是中国共产党缔造和领导的人民武装,无条件地服从党的命令、听从党的指挥、忠诚于党,就是革命军人的"天职"。坚持党对

---

① 参见李昆明等:《军营红绿灯》,第63页,解放军出版社2001年版。
② 参见李昆明等:《军营红绿灯》,第63页,解放军出版社2001年版。

军队的绝对领导是严守纪律的根本要求,是我军永远不变的军魂,是保证我军听党话、跟党走的基本行为准则。1927年八一南昌起义,揭开了党直接领导武装斗争和在人民军队中创建党组织的新篇章,同年9月毛泽东领导秋收起义部队进行"三湾改编",确定实行党代表制、营团建立党委、支部建在连上、班排建立党小组以及部队重大问题都经党组织集体讨论决定等原则,这一伟大创举确立了党对军队绝对领导的组织制度。实践证明,"枪听我的话,我听党的话,手握钢枪心向党,党叫干啥就干啥"已经成为一代一代官兵的最高行为准则。80多年风雨历程,我军之所以艰难奋战而不溃散,从胜利走向胜利,根本原因就是始终坚持党对军队的绝对领导,就是广大官兵自觉服从党的命令和听从党的指挥。历史雄辩地证明,党对军队绝对领导既是我军的建军之魂,也是官兵的立身之本。斗转星移,党对军队的绝对领导始终是我军建设不容置疑的最高准则。

三、纪律与战斗精神

纪律对于军队为什么如此重要?简而言之,纪律能够使分散的军人个体力量变成强大的集体力量,从而实现集中统一指挥和采取迅速、准确、协调一致的行动。正如列宁所说:"战争就是战争,它要求铁的纪律。"可见,纪律是战斗精神的构成要素,严守纪律是提升战斗力的基本途径。

首先,纪律是形成军队战斗力的重要基础。战争是人类社会中最残酷最激烈的暴力活动形式,战场上的每一个军人都时刻面对着血与火、生与死、成与败的严峻考验。在这种情况下,军队要赢得战争的最后胜利,就必须依靠严明的军事纪律,确保军队上下意志统一,令行禁止,浴血奋战,始终保持强大的战斗精神。毛泽东说:"这个军队之所以有力量,是因为所有参加这个军队的人,都具有自觉的纪律。"[①]的确,没有严明的纪律就没有强大的战斗力可言,我军的纪

[①]《毛泽东选集》第3卷,第1039页,人民出版社1991年版。

律对于加强部队建设和完成历史使命都具有重要的地位和作用。实践证明,在几百次战役和大小难以计数的战斗中,人民解放军之所以能够攻如猛虎,守如泰山,打不烂,拖不垮,胜利完成战斗任务,一个重要的原因就是拥有严明的纪律。我军这种高度自觉的纪律在战斗中发挥了巨大的作用。1931年中央红军在第三次反"围剿"战斗中,3万多红军将士按照总部的命令,隐蔽在几十个山头的丛林中,尽管敌人的飞机不断在上空盘旋侦察,但红军将士坚决执行命令,遵守隐蔽纪律,敌机连红军的影子也没发现。难熬的白天过去以后,我军突然向敌人发起猛烈进攻,4天之内三战皆捷,共歼敌两个师又两个团。长征期间,为了配合中央红军北上与红四方面军会合,红5军团第37团曾先后3次翻过空气稀薄、山势险峻、寒风凛冽的大雪山夹金山。当他们第一次翻过夹金山正憧憬着与大部队会合后的喜悦场面时,却接到军团首长来电要求其迅速返回夹金山南,继续阻击尾随敌人。这是一个突如其来的命令。但是,当团首长在全团排以上干部会议上宣读了军团首长的命令后,干部们不仅没有丝毫的抵触和畏难情绪,反而表示一切行动听指挥,坚决服从命令,保证完成任务。正是这种坚决服从上级命令的态度和坚决完成任务的决心,37团全体官兵3次往返翻过了大雪山,并且圆满地完成了军团首长交给的阻击任务,为红军的顺利北上乃至实现党中央的战略意图作出了独特的贡献。

其次,纪律是增强军队战斗力的必要手段。对于军队来说,纪律既是一种军事管理的重要方式,更是形成统一意志、采取集中行动和服从战略全局的必要手段。19世纪著名的军事理论家若米尼说:"'一致'可以产生力量,秩序可以保证一致,而纪律又是秩序的先导。如果没有纪律和秩序,是决不可能取胜的。"[1]历史上的诸多战例表明,一支具有大局意识并能够迅速采取集中行动的军队,必定是一支具有强大战斗意志的军队。1947年,国民党军由全面进攻改为

---

[1] [瑞士]若米尼:《战争艺术概论》,第61页,解放军出版社1986年版。

进攻山东解放区和陕北解放区,根据党中央的指示精神,我第二野战军的任务是缓解山东和陕北两个解放区的战争压力的重任,为此要求部队迅速挺进大别山,把战线由内线转入外线,牵制住敌人,使之不再向这两个解放区增兵。"千里跃进大别山"是远距离无后方作战,部队物资供给和保障都将遇到一些不可克服的困难,但刘邓首长从大局出发,坚决贯彻执行中央的战略决策,不顾一切地将战争由解放区引向国民党统治区,揭开了战略进攻和战略决战的序幕,为整个解放战争的胜利赢得了战略主动。与之类似,在著名的诺曼底登陆战级中,美国总统罗斯福亲自出面与英国首相丘吉尔协商解决盟军统一指挥权交由艾森豪威尔的问题,从而为多国部队三军联合作战提供了可靠的组织保证。登陆战级发起后,三军部队无论是美军还是英法军,都能密切协同,海空军主动配合,有力掩护登陆部队上陆。正是由于有了统一的指挥,各参战部队又服从统一指挥,使诺曼底登陆取得了空前的胜利。当今的战争形态正在发生变化,但由于军事行动的各个环节紧密相连,战争要素的各个方面彼此制约,纪律的作用不是降低而是提高了。事实上,由于单个军人在信息化战争中的作用地位有所提升,如若其有意无意地违背战场纪律,就有可能给整个战局造成被动,甚至酿成无可挽回的损失。海湾战争期间,美军70多架F-16护航战斗机以及EF-111、F-4G支持飞机飞往巴格达时,在恶劣天气的影响下被伊高炮打乱编队,约1/4的飞行员在找不到编队其余伙伴的情况下自行返回基地,而执行后续攻击任务的第614战术战斗机中队F-16飞机,由于得不到压制敌防空配系的F-4G飞机的空中掩护,又得不到电子支持飞机的支持,结果遭到伊军地空导弹和高炮火力的猛烈攻击,致使2架F-16飞机被击落。可见,一次违纪行为就足以造成无可挽回的损失。

最后,纪律是提升军队战斗力的基本途径。无数事实说明,提升军队战斗力一个基本途径就是严肃军纪,不断强化军人的纪律意识,提高军人执行纪律的力度。在军事史上,既有因为军队纪律严明从而赢得节节胜利的成功经验,也有军纪涣散从而溃不成军的失败教训。南宋抗金名将岳飞的岳家军以"冻死不拆屋,饿死不掳掠"彪炳青史,无论走到哪里都受到父老乡亲的欢迎爱戴,以至于人们赞美说"撼山易,撼岳家军难",其中的关键原因就是因为岳家军从来都是"师出律随"。明代抗倭英雄戚继光以军纪整肃著称于史,戚继光亲自规定,对掠取农民庄稼,私摘瓜果、蔬菜,砍伐有主薪柴、果木、树木,烧毁民房,破坏百姓家具,奸淫妇女等行为,要严加惩处,这使得戚家军得到民众的广泛支持,给倭寇以沉重的打击。明末起义军领袖李自成初打天下时十分注重军纪,曾经提出"杀一人如杀我父,淫一妇如淫我母"的口号,赢得了广泛支持,并最终推翻了明朝的统治;但进京城之后,起义军原来良好的纪律松弛下来,贪污腐化、争抢宫女、搜刮金银,无恶不作,结果很快就丢掉了刚刚到手的江山。同样,国民党军队之所以被人们称为"刮民党"、"遭殃军",一个重要原因也是因为军队内部的纪律废弛,致使外在形象不佳。现阶段,对于我军来说,提升战斗力面临着一些新情况新问题。一方面,社会转型期存在的消极影响对官兵遵守纪律带来不少的冲击,长期的和平环境给从严治军增加了难度,一些部队出现了管理松弛、作风懒散、纪律松懈的问题,同时一些官兵的自主意识和民主意识较强,但纪律意识和服从意识有所淡化;另一方面,信息化战争的发展趋势也给官兵对纪律重要性的认识造成一定影响,容易滋生出一种无所管束的自主意识。对此,我们既要正视外部环境带来的消极影响,不断强化官兵的纪律意识和服从意识,又要充分认识和掌握战争形式的变化,提高官兵执行纪律的能力素质,确保我军严明纪律的贯彻落实。

第三节 加强新时期我军作风纪律建设

加强新时期我军作风纪律建设,是贯彻落实胡主席和中央军委指示精神,加强部队思想作风建设的继续和深化,推动部队科学发展和有效履行使命的现实需要,同时也是官兵经受考验和健康成长的内在需要。作风纪律建设既是军队正规化建设的基础,也是从严治军的核心内容,同时还是深化培育当代革命军人核心价值观的内在要求。始终抓住作风纪律建设不放松,努力实现作风优良和纪律严明,才能为"打得赢"奠定坚实基础,为"不变质"提供可靠保证。实践证明,官兵的遵规守纪意识强,部队就有战斗力,军队就能朝着科学的方向发展。新时期,我们必须继续保持和发扬我军"听党指挥、服务人民、英勇善战"的优良传统,深化培育当代革命军人核心价值观,更加重视部队作风纪律建设。

一、新时期我军作风纪律建设的重大意义

贯彻从严治军的方针,必须狠抓作风纪律建设。胡主席指出,军队要深刻认识新形势下加强作风纪律建设的极端重要性,自觉发扬我党我军的优良传统和作风,从思想上、政治上、组织上确保我军始终成为国防和军队建设科学发展,确保有效履行新世纪新阶段我军历史使命。在新的历史时期,作风纪律建设既是适应世界新军事变革发展趋势的需要,也是长期和平环境下保持与提升战斗精神的需要,因此尤为关系到广大官兵能否忠实履行历史使命。

作风纪律建设是适应世界新军事变革发展趋势的需要。目前,世界范围的新军事变革已经拉开帷幕,信息化战争将成为未来主要的战争形态。虽然信息化战争以信息化武器装备的广泛运用为标识,但军队的作风纪律在战争当中依然占据重要地位。莱昂哈德说:"己方部队的士气和政治准备,往往在对敌作战中产生决定性优势。"[1]他还提出"战场心理"这一概念,用以阐明军队作风纪律作为"一种精神状态"将对未来战争的胜败观念产生影响。他说:"随着信息战观念在武装部队中的不断发展,我们应该把战场心理当做战术的基础加以研究。恐惧、震惊、溃败和投降等现象应该作为诸兵种合同战术研究的中心点。军官应该接受军事社会学方面的教育,因

---

[1] [美]罗伯特·R.莱昂哈德:《信息时代的战争法则》,第70页,新华出版社2001年版。

为,正如我们所看到的,战争中的失败最容易被当做一种精神状态来理解。它是一种群体现象。"①适应世界新军事变革的发展趋势,我军正大踏步地推进中国特色的军事变革,走以信息化带动机械化的复合式发展道路。在推进中国特色军事变革的新形势下,我军机械化和信息化建设的发展,给部队在协调一致、严谨细致、纪律严明、秩序正规等方面确立了更高的标准。我们应充分认识现代化建设和未来作战对作风纪律提出的新要求,针对信息化条件下武器装备更加精密、操作更加精准,部队组织结构更加复杂、协同更加密切,作战进程更加迅速、战场态势更加激烈等特点,坚持严格教育、严格要求、严格管理,在提高官兵战术技术水平、刻苦磨炼意志、增强心理素质的同时,加强战斗精神和战斗作风的培养,使官兵自觉养成严谨细致、密切协同、果敢顽强的良好作风,坚决做到令行禁止、严守纪律、照章办事,为增强部队的凝聚力、战斗力奠定基础,为充分发挥武器装备的综合效能创造条件。

作风纪律建设是长期和平环境下保持与提升战斗精神的需要。军队百炼成钢,离不开作风纪律的支撑。作风纪律是部队战斗力的重要组成部分,优良的作风和严明的纪律是古今中外一切打胜仗军队的基本特征。我军历来以严密的组织、严明的纪律、严肃的作风著称,在生与死、血与火、苦与累的考验中形成了团结紧张、严肃活泼,令行禁止、雷厉风行,一不怕苦、二不怕死,艰苦奋斗、勤俭节约等独具特色的优良作风。无论在民主革命时期还是在社会主义建设时期,我军所以能够克服各种困难,取得一个又一个伟大胜利,都是与我军自身有着严格的纪律与优良的作风并以此形成强大的战斗力分不开的。这是我军的政治优势之一。军队现代化的快速发展,带来了军队建设内涵和环境的深刻变化。当前,相对和平的环境使一些部队"战斗队"的意识有所淡化,战备意识有所弱化,一些官兵拜金

---

① [美]罗伯特·R.莱昂哈德:《信息时代的战争法则》,第235~236页,新华出版社2001年版。

主义、享乐主义和极端个人主义有所抬头,致使作风纪律涣散,新时期的作风纪律建设面临许多新的问题与挑战。江泽民曾经指出:"战争年代,需要加强纪律性,和平时期特别是改革开放和发展社会主义市场经济的历史条件下,全军更加需要加强纪律性。这是因为影响、涣散军队纪律性的外部因素,比革命战争时期不是减少了,而是增多了。全军的纪律建设面临着新的严峻考验。"对此,我们要充分认识新形势下加强作风纪律建设的长期性、艰巨性和紧迫性,把加强作风纪律建设作为和平时期提高部队正规化水平的基本途径,作为军事斗争准备的一个重要方面,作为保持与提升战斗精神的主要手段,始终抓住不放,坚持严格训练,严格管理,严格制度,严格纪律,确保作风优良、纪律严明的要求不断得到落实,确保官兵始终能够经受和平环境和各种复杂情况的考验。

作风纪律建设是打牢官兵思想政治基础确保有效履行使命的重要保证。我军作风纪律建设的总体要求是:高举中国特色社会主义伟大旗帜,以邓小平理论和"三个代表"重要思想为指导,深入贯彻落实科学发展观,认真学习贯彻胡主席关于加强作风纪律建设的一系列重要指示,坚持党要管党、从严治党,着眼扎实推进军队党组织能力建设和先进性建设,大力培育当代革命军人核心价值观,以加强党性修养、树立和弘扬优良作风为重点。这一总体要求既是我军打牢官兵思想政治基础的基本遵循,也是确保官兵有效履行使命的重要保证。随着社会主义市场经济的建立和改革开放的不断扩大,我军的社会环境、兵员成分以及官兵的思想观念、价值取向、行为方式都在发生深刻变化,加之长期的相对和平环境,使我军的作风纪律建设面临一些新情况和新问题,在一些单位表现为:管理松懈、作风松散、纪律松弛;执法执纪不严,存在着较大的随意性;不良倾向和风气较为盛行;领导机关作风纪律建设薄弱,严下不严上以及严兵不严官的现象比较突出;等等。毫无疑问,这些问题的存在影响到部队的科学发展,影响到官兵军事训练的热情,甚至会对官兵有效履行历史使命产生极为不利的影响。"令严方可以肃兵威,命重始足于整纲纪"。新时期的加强作风纪律建设,要以条令条例为依据,不折不扣地执行纪律,公正无私地维护纪律,对于各种违法乱纪问题,要敢于较真,一抓到底,坚决纠正治军带兵中存在的有法不依、执法不严、违法不究的现象。广大官兵要不断增强作风纪律观念,勇做遵章守纪模范,要加强群众性检查监督,自觉抵制各种不良倾向和歪风邪气,维护和树立我军威武之师、文明之师、胜利之师的良好形象。

二、增强纪律意识

军人的作风纪律是其自我意识与精神气质的体现,其养成要靠自觉,尤其需要强化军人内在的纪律意识。

"加强纪律性,革命无不胜"。严明的纪律是凝聚军心、提高战斗力、夺取胜利的重要保证。邓小平指出:"军队非讲纪律不可,纪律松弛是不行的。"按照《中国人民解放军纪律条令》的规定,每个军人必须做到以下10个方面的要求:听从指挥,令行禁止;严守岗位,履行职责;尊干爱兵,团结友爱;军容严整,举止端正;提高警惕,保守秘密;爱护武器装备和公物;廉洁奉公,不谋私利;拥政爱民,保护群众利益;遵守社会公德,讲究文明礼貌;缴获归公,不虐待俘虏。当代革命军人要切实落实这些方面的要求,就必须自觉加强纪律修养,不断增强纪律意识,做严守纪律的模范。

增强政治纪律意识。政治纪律是人们在社会政治生活中应当遵守的行为准则,是党对所属组织和全体党员的政治言论和政治行动确定的基本规范。战争是政治的继续。坚持党对军队的绝对领导是严守政治纪律的根本要求,是我军永远不变的军魂,是保证我军听党话、跟党走的基本行为准则。1937年7月,我党同国民党实行第二次合作,决定将南方红军游击队改编为新四军,尽管广大的指战员不愿意编入国民党军队的序列,但党中央一旦决定后,就坚决服从命令,听从指挥,很快接受改编,奔赴抗日前线;1945年9月,党中央命令晋、冀、鲁、豫等根据地和新四军抽调部队创建东北根据地,各部队立即行动,在很短的时间内,13万大军齐集东北,保证了党中央战略决策的顺利实施。长征途中,张国焘反对中央北上抗日路线,擅自率领左路军向川康边界地区退却,红军指战员以高度的政治原则性和组织纪律性,同张国焘进行了坚决斗争,维护了党和红军的团结统一,胜利完成了长征,开始了伟大的抗日救国斗争。

增强军事纪律意识。军事纪律是为保证军事活动顺利进行而制定的各项要求,具有很强的强制性和超常要求的特殊性。"纪律好,如坚壁"。我们之所以说"军令如山",就是因为军事纪律超出常规要求的强制性。严守军事纪律,是确保作战取胜的基础和前提。一切行动听指挥,是军事纪律最本质最集中的体现。未来信息化战争集陆、海、空、天、电磁等各要素为一体,诸军兵种和各兵种在进攻时间、打击目标、围歼行动、控制战役节奏等多个方面都要密切协同,方可达成作战企图和目的,夺取战争的胜利。这种协同具有空间广泛性和时间紧迫性,各军兵种从外层空间到深海水域、从最高指挥机关到每一个指战员都必须紧密协同,一个环节乃至一个人员协同动作上的差错都会对全局带来影响。同时,这种多要素的协同是在很短甚至是在瞬间完成的,时间上一分一秒的耽搁,都有可能导致失败。因此,广大官兵要严格遵守军事纪律,思想上要时刻想着大局,行动上要一切服从和服务于整个战役的全局,否则就有可能出现各自为战的情形,甚至不战而败。

增强组织纪律意识。在战场上出生入死,必须要有严格的组织纪律。组织纪律是规定军队的各级组织之间相互关系的准则,是维系和保证军队组织指挥顺畅的基本规范。服从组织纪律的基本要求是个人服从组织,下级服从上级,全党服从中央,无条件按照组织原则和隶属关系办事。服从命令是军人的天职,令行禁止是战斗力的标志。军人必须把无条件服从命令作为最基本的行为规范,无论遇到什么情况,无论在什么样条件下,部队都必须做到接到命令就立即行动。未来战场环境将更加恶劣,作战行动不确定因素更多,逆袭与反逆袭的战斗更加激烈残酷,各种意外情况随时都可能出现,对指战员的组织纪律观念提出了更高的要求。这就要求每个官兵都要坚信党的坚强领导和正确指挥,始终保持清醒的政治头脑,在思想上、政治上、行动上与党中央、中央军委保持高度一致,始终牢记党的事业和人民的事业,不为暂时的困难而动摇作战决心,不为敌人的反动宣传所迷惑,保持高昂士气,牢记军人的神圣使命,始终不渝地坚定党的信念,不投敌不叛变,在生与死的选择面前,坚持独立自主指挥战斗,直至战斗到生命的最后一刻。

增强群众纪律意识。军队是否能够自觉遵守群众纪律,事关作战双方的人心向背。在某种意义上说,纪律是军队性质最直观的表现,人民群众既可以通过纪律的严明程度来辨别军队的性质,也可以据此判定其参与的战争是否具有正义性。维护群众利益,是我军全心全意为人民服务宗旨的内在要求。我军是人民的军队,全心全意为人民服务是我军唯一的宗旨,自觉遵守群众纪律是我军的优良传统,也是赢得人民群众支持爱戴和作战取胜的重要保证。陈毅同志在《论建军工作》一文中指出:"纪律又是解决军民关系的桥梁,纪律好即是向人民说明自己的政治面目,人民根据军队的纪律,即可判断革命军队及其革命政权的性质,来决定其拥护或反抗的态度。"我军深受人民群众的信任,人民群众也正是从我军严守纪律的美德中,认识到我军是人民的子弟兵,因而"拥护又欢迎",并将之誉为"文明之师"。历史证明,凡是秋毫无犯的军队,往往能够得到人民群众的拥护和爱戴。反之,纪律涣散、欺侮百姓的军队,必定会遭到人民群众的反对和唾弃。在新时期,广大官兵要自觉遵守群众纪律和各项法规、规定,配合军事、政治和外交斗争,为促进我军科学发展创造条件。

增强保密纪律意识。保密就是保胜利。无论在平时还是战时,严守保密纪律都关系到国家和军队的安全与利益,关系着未来战争的胜败。历史上无数战例说明,交战双方谁能获取对方的军事秘密,并保住自己的军事秘密,谁就能赢得战争的主动权,就有可能以小的代价取得战争的胜利。相反,谁要泄漏了自己的军事秘密,就可能丧失战争主动权而招致失败,甚至全军覆没。当前,国内外一些敌对势力采取"全面撒网,广种薄收"的策略,通过我公开资料和信息获取情报,或以合法身份窃取情报,甚至通过拉关系、金钱收买、色情勾引等手段窃取我军事秘密。同时,随着科学技术的发展和情报斗争的加剧,人造地球卫星、微光夜视与红外摄影、激光、缩微等高科技已被广泛应用于情报间谍活动,情报间谍活动越来越猖獗,手段越来越隐蔽,保密形势也越来越严峻。对此,我们务必增强保密纪律的意识,时刻不忘保密规定,培养良好保密习惯,在任何时候、在任何情况下,哪怕在生命受到严重威胁的关头,都要保守国家军事机密,真正做到像毛泽东所说的那样:"必须十分注意保守秘密,九分半不行,九分九不行,非十分不可。"

三、做优良作风纪律的模范

我军的作风纪律建设人人有责,我们每一个官兵都是这一建设事业的受益者,同时是这一建设事业的推动者。只有广大官兵人人都在军事实践当中厉行培育并自觉养成良好的作风纪律,才能充分认识到作风纪律的极端重要性,才能将纪律意识内化为具体的遵纪守法行动,从而成为优良作风纪律的模范。一方面,广大官兵要在军事训练中厉行培养优良的作风纪律。军事训练是培养合格军人的根本途径,也正因为如此,列宁曾经把没有经过训练的军队看成是没有经过加工的战斗原料,而不是真正的战斗力。我们要在严格正规的训练中锻炼自觉服从、严格遵守的意志和作风,坚持进行高标准训练,通过严格正规、经常不断的训练,培养言行一致、雷厉风行、整齐划一、令行禁止的优良作风,同时还要把训练场所练成的优良作风和严明纪律贯彻到日常生活中去,使之得到强化巩固。另一方面,广大官兵要在日常行为中自觉养成优良的作风纪律。实践充分表明,作风纪律建设贵在养成,难在养成。加强作风纪律建设,必须坚持"一日教,百日养",在"养成"二字上下工夫。要有"从小抓起"的耐心,小中见大,积少成多,从而锻造出一名军人、一个单位优良的作风和严明的纪律。因此,每名官兵都要有"滴水穿石"的恒心,尤其要注意防止和克服"紧一阵松一阵"、"抓一抓放一放"等不良倾向。当然,部队作风纪律养成，离不开各级领导和机关的示范和引导，各级领导和机关，必须要有从我做起的决心和行动，切实给部属和下级以良好的导向。

在新的历史时期，我军作风纪律建设面临一系列新情况新问题，广大官兵要成为优良作风纪律的模范，尤其必须坚决维护军队的高度集中统一与和谐稳定，坚决抵制非法组织在军队的活动，坚决保守军事秘密。

坚决维护军队的高度集中统一与和谐稳定。邓小平曾经指出："中国的问题，压倒一切的是需要稳定。没有稳定的环境，什么都搞不成，已经取得的成果也会失掉。"[1]和谐稳定不仅是各族人民的基本愿望，也是党和国家的大局，稳定是中国人民的根本利益所在，是改革发展的基本条件，也是我国现代化建设的基本经验。只有稳定，才能抓住机遇迎接挑战，才能化解矛盾解决问题，才能牢牢把握发展的主动权。我军是执行革命政治任务的武装集团，是人民民主专政的坚强柱石。维护社会和谐稳定，是我军义不容辞的责任。切实做好维护社会和谐稳定工作，就要充分发挥我军战斗队、工作队、宣传队的作用，密切关注可能影响社会稳定的内外因素，高度警惕敌对势力渗透、破坏和颠覆的图谋。我们每一名官兵都要树立起军地间协调的意识，最大限度地依靠和保护人民群众，严密防范、坚决打击敌对势力破坏活动，坚定不移地高举旗帜、听党指挥，毫不动摇地坚持党对军队绝对领导的根本原则和制度，确保在任何时候任何情况下都坚决听从党中央、中央军委和胡主席指挥。维护军队的高度集中统一与维护和谐稳定，是履行新世纪新阶段历史使命的必然要求。我们每一个军人都要认识到维护党和国家工作大局的极端重要性，意识到部队在防范重大安全问题方面的重要职责，坚持正确方向，严守各项纪律，严格落实防范重大安全问题各项措施要求，把防范措施想周全，把工作做在前面，始终保持正规的战备、训练、工作和生活秩

---

[1] 中共中央文献编辑委员会：《邓小平文选》，第244页，人民出版社1993年版。

序,打牢部队安全发展的基础。

坚决抵制非法组织在军队的活动。长期以来,敌对势力大肆鼓吹"军队非党化、非政治化"和"军队国家化",企图挑拨和离间党与军队的关系,使我军脱离党的领导,进而颠覆我国的基本社会制度。政党是阶级的领导力量,军队是阶级的暴力工具,军队只有接受政党的领导,才能保持自己的阶级性质,并成为维护本阶级利益的有效工具。马克思主义政党从来都不隐瞒自己的立场和主张,公开声明自己代表无产阶级的利益,明确宣示工人阶级政党在夺取和巩固政权的斗争中,必须建立和牢牢掌握自己的军队。实际上,任何国家的军队都不可能完全能脱离政治从而保持所谓的"中立",就像列宁一针见血地指出过的那样,"军队不可能而且也不应当保持中立。使军队不问政治,这是资产阶级和沙皇政府的伪善的奴仆们的口号,实际上他们一向都把军队拖入反动的政治中。"[①]因此,我们一定要提高警惕,坚决抵制这种别有用心的言论和活动。面对新的形势任务和意识形态领域的复杂斗争,我们必须坚定不移地坚持党对军队绝对领导的根本原则,始终不渝地高举旗帜、听党指挥,坚决抵制"军队非党化"等错误思潮的渗透和影响,不断强化人民军队的"党性"观念和广大官兵的军魂意识,筑牢抵御各种错误政治观点的坚固思想防线,自觉遵守党的政治纪律、维护党中央的领导权威,坚决同一切削弱党的领导、诋毁党的形象、损害党的声誉、破坏党的团结的言行作斗争。此外,我们还要特别警惕各种非法组织在我军内部的活动,坚决打击和制止以"法轮功"、民运分子、"藏独"、"疆独"、"台独"等为代表的境内外各种势力妄图分裂祖国统一的非法活动,切实维护社会的稳定和人民生命财产的安全。

坚决保守军事秘密。军事秘密是国家秘密的重要组成部分,是指关系国家军事利益,依照规定的权限和程序确定,在一定时间内只限一定范围的人员知悉的事项。全军所有单位和人员都有保守军事

[①] 《列宁选集》第1卷,第653页,人民出版社1972年版。

秘密的义务。我军保密工作的基本要求有：控制知密范围，防范窃密活动，消除泄密隐患，确保军事秘密安全等。保密从来就是保生命，保密就是保战斗力，保密就是保胜利。历史上因保守机密不力而导致战争失利的教训也很多。1938年，希特勒在进攻奥地利之前，拉拢收买了奥地利公安部长，该部长把奥地利的防务、战略部署、防空设施、前线部队的编制和指挥所的位置等重要军事情报拱手交给了希特勒，结果德国不费一枪一卒就轻而易举地兼并了奥地利。同样是在第二次世界大战期间，一艘美国军舰奉命去欧洲作战，一名水兵由于保密观念淡薄，在用电话与女友告别时，将军舰出发的时间、航线及目的地统统告诉了对方。他们通话时，旁边正好有一名德国间谍，记下了水兵的话，然后用无线电台将情报发了出去。这艘军舰出海不久，就被预先埋伏的德军潜艇击沉，舰上的美军官兵全部丧生。1991年，海湾战争中，以美国为首的多国部队用先进技术截收并破译了伊拉克军队的许多电子信号，准确地掌握了伊拉克重要军事设施的位置以及军队的行动企图，使多国部队的轰炸机像长了眼睛一样，伊拉克遭到了惨重的失败。可见，保密工作做得好与坏，军事秘密的藏与泄，将直接影响到战争的胜败。基于这种认识，我们一定要严格遵守《中华人民共和国保密法》、《中国人民解放军保密条例》以及上级有关军事保密的规定和要求，切实筑牢思想防线，强化保密观念，形成人人想保密、人人讲保密、人人知保密、人人守秘密的局面，真正将保密纪律落到实处。

第十章

牺牲奉献与军人核心价值观

深化培育当代革命军人核心价值观,必须弘扬牺牲奉献精神。牺牲奉献不仅是军人道德规范的基本准则,更是军人人生价值观的精髓。牺牲奉献精神既能够使军人正确对待得与失、公与私的考验,更能够使军人经受得住血与火、生与死的考验,从而鼓励其为人民利益默默奉献,为国家利益勇于牺牲。作为党领导下的人民军队,我军的性质和宗旨从根本上决定了牺牲奉献是践行当代革命军人核心价值观的内在要求,决定了革命军人必须坚持国家、集体和个人三者利益的统一,自觉以个人利益服从国家和集体利益,坚持弘扬牺牲奉献精神,永葆艰苦奋斗的政治本色,扎根军营、爱岗敬业,将个人理想与部队建设发展紧密结合起来,在献身使命中实现自己的人生价值。

第一节 牺牲奉献:德性的最高境界

"德性"是伦理学的基本范畴,其汉译源自于英语的"Virtue"。亚里士多德认为:"一切德性,只要某物以它为德性,就不但要使这东西状况良好,并且要给予它优秀的功能……如若这个原则可以普遍适用,那么人的德性就是一种使人成为善良,并获得其优秀成果的品质。"[①]现代德性伦理学家麦金太尔指出:"德性是一种获得性人类

---

① [古希腊]亚里士多德:《亚里士多德选集·伦理学卷》,第38页,中国人民大学出版社1999年版。

品质,从这种德性的拥有和践行看,使我们能够获得实践的内在利益。缺乏这种德性,就无从获得这些利益。"①由此可见,德性主要是指人们所拥有的道德品质,它是一定社会道德原则和要求在个体或社会集团的活动中的体现,是主体在道德实践活动中表现出来的比较稳定的行为特征和品质。奉献精神是指为了维护社会集体利益或他人利益,个人能够自觉地让渡、舍弃自身利益的一种高尚品格。②牺牲奉献是奉献精神的最高层次,是为了正义和真理,为了国家、集体和他人的发展,个人能自觉地让渡、舍弃自身利益直至生命的一种高尚品格。③牺牲奉献并不是毫无目的的奉献付出,而是在正确的理论指导下进行的实践活动,同时社会也要切实保护牺牲奉献者的个人利益,因此,牺牲奉献正是两者相结合的奉献精神。牺牲奉献不仅是社会道德规范的基本准则,同时也是人生价值的生动体现,是一种崇高的人生境界。

一、牺牲奉献的伦理价值分析

伦理价值是指主体对对象是否符合需要与目的,有无价值、正负价值或多少价值的判断和评定,是关于社会关系中利益价值取向的评价和认识的活动形式。牺牲奉献不仅是人类社会存在与发展的基本前提,是高度的道德自律,也是利他行为的具体体现。

1. 牺牲奉献是人类社会存在与发展的必然要求

牺牲奉献是人类社会产生的必然要求。马克思主义认为人的本质在于其社会性:"人是最名副其实的政治动物,不仅是一种合群的

---

① [美]麦金太尔:《德性之后》,第241页,中国社会科学出版社1995年版。
② 参见方爱东:《奉献精神刍议》,载《高校理论战线》2002年第4期。
③ 参见唐志龙:《以人为本与牺牲奉献的关系辨析》,载《中国军队政治工作》2005年第1期。

动物,而且是只有在社会中才能独立的动物。"①一方面,个人的生存与发展离不开社会,人的发展更需要社会提供种种条件。另一方面,社会的存在与发展以个人对社会的贡献为基本保障。如果只有索取与获得,没有牺牲奉献,整个人类社会也将不复存在。人类社会之所以能产生并繁衍保存,是一代代奉献者努力的结果,他们奉献其聪明才智,为社会创造出更多的物质和精神财富。当然,牺牲奉献在人类历史上更多地表现为为国家和民族利益而英勇献身。"个体心理学"创始人阿德勒曾说:"奉献乃是生活的真实意义。假如我们在今日检视我们从祖先手里接下来的遗物,我们将会看到什么?他们留下来的东西,都是他们对人类生活的贡献。"②

牺牲奉献是社会发展进步的"牵引器"。社会的发展需要物质基础的同时也需要人们的精神激励。在人类社会中,没有前人的奉献和牺牲,就没有今天社会的发展;而今天人们的奉献,又是为后人的发展奠基。正如马克思所说:"在人类,也像动植物界一样,种族的利益总是通过牺牲个体的利益来为自己开辟道路的,其所以会如此,是因为种族的利益同特殊个体的利益相一致。"③孙武在《孙子兵法·地形篇》中提出"进不求名,退不避罪,唯人是保,而利合于主"的思想,要求军人要一心只为民众和国家谋利益。汉代马融在《忠经·百工》中则强调"苟利社稷,则不顾其身"的观念。可见,先进的精神可以鼓舞人,使人们在追求新的精神境界过程中促进生产力的发展和社会的进步,而牺牲奉献精神最为一种高尚的道德追求,是人类所追求的先进精神,对促进社会进步和发展具有重大的推动作用。

2. 牺牲奉献是道德自律的体现

所谓道德自律,是指人或道德主体赖以行动的道德标准或动机,

---

① 《马克思恩格斯选集》第 2 卷,第 2 页,人民出版社 1995 年版。
② [奥]阿德勒:《人格哲学》,第 52 页,九州出版社 2004 年版。
③ 《马克思恩格斯全集》第 26 卷,第 125 页,人民出版社 1973 年版。

受制于自我内在道德意识的支配和节制。[①] 康德认为自律是指人不受外界环境的约束，不为快乐、幸福、欲望等情感所驱使，而是根据自己的善良意志按照自己颁布的道德律令而行事的道德原则。马克思说："道德的基础是人类精神的自律，而宗教的基础则是人类精神的他律。"[②] 只有将道德规范的他律转换为道德主体的内在意志，对主体才有道德意义可言。

道德规范由他律转换为自律，是从社会的外化转为个人的内化，表现为道德主体自身的行为动因由外在约束转换为内在约束即主体自身的意志约束。道德主体自身的意志约束，表现为对道德规范他律性的认同，表现为主体自己为自己立法，表现为意志对爱好和欲望的把握。正如康德所说："有两种东西，我们愈时常、愈反复加以思维，它们就给人灌注了实实在在的翻新、有加无已的赞叹和敬畏：头上的星空和内心的道德法则。"[③] 这里的内心的道德法则就是从他律转换为自律的道德规范。康德认为，真正具有道德价值的行为是理性与意志的统一。所谓理性，即人们遵守普遍法则来从事各种活动。而"意志"是人们根据自己的主观看法选择做或不做某件事情的能力，具有主观性。人的理性与意志不总是一致的，这种不统一导致了人们的行为总是受欲望、情感、爱好等影响。在康德看来，如果每一个有理性者按照自己制定的普遍规律来行事，把行为本身看做目的，便是遵从了道德的原则，实现了由他律向自律的转换。

显然，依照康德的道德观点，牺牲奉献正是理性规则与意志自律的统一，是道德自律的体现。如果每个人将此作为道德目标，甘愿为他人、集体及社会牺牲奉献，整个社会将和谐安宁。牺牲奉献的最主要特征是无偿性和自觉自愿性，奉献者不求回报，甘愿牺牲自己而为他人，是为自己立法而行动，并不掺杂任何其他目的。

---

① 参见余仕麟：《伦理学要义》，第281页，巴蜀书社2010年版。
② 《马克思恩格斯全集》第1卷，第15页，人民出版社1956年版。
③ 康德：《实践理性批判》，第164页，商务印书馆1960年版。

3. 牺牲奉献是利他行为的具体体现

利他主义是一种非常重要的伦理原则。美国哲学家波吉曼说："利他主义是认为人们的行为有时能够以某种方式将他人利益置于自己利益之前的理论。"①利他主义认为，凡有利于社会和他人的行为就是道德的、善的，反之则是不道德的、恶的。利他主义强调他人利益至上，鼓励为他人和社会利益作出牺牲，并以此作为道德的标准。利他主义无论在东方还是西方社会都有其思想渊源和社会基础，在许多思想和文化中都被视为是一种美德。比如，在中国古代学者那里，普遍把为他人、集体及社会的利益而牺牲自我利益的无私奉献称做圣人之德，即德性的最高境界，②而西方启蒙思想家卢梭曾将奉献称做献身，认为"只要把自爱之心扩大到爱别人，我们就可以把自爱变为美德，这种美德，在任何一个人的心中都是可以找到它的根据的"③。

由利他主义原则指导下施行的利他行为，是一种将他人利益置于自己利益之前的行为。利他行为更多地体现为主体对客体的帮助与服务，从日常助人到舍生取义都属其中。当然，利他行为具有层次性。最高层次的利他行为是以集体主义道德原则为指导的集体主义利他行为。由此可见，牺牲奉献精神不仅是甘愿为他人和社会而牺牲自己利益的利他行为，而且是不求回报的、最高层次的利他行为。

当然，牺牲奉献绝不是漠视与否定个人利益，而是强调个人利益与集体利益、国家利益的有机统一。对个人利益的追求并不等同于个人主义。相反，在牺牲奉献过程中，应当注重对个人正当利益的尊

---

① 转引自余仕麟：《伦理学要义》，第153页，巴蜀书社2010年版。

② 参见刘海云：《无私奉献——德性的最高境界》，载《商业文化》（学术版）2007年第6期。

③ 周辅成：《西方伦理学名著选辑》下卷，第134页，商务印书馆1987年版。

重与保护。牺牲奉献不是盲目地牺牲,必须要为国家和社会的更大利益而牺牲。只有当个人利益与国家、集体利益发生矛盾时,具有牺牲奉献精神的人们才舍弃个人的利益来维护国家与集体的利益。

二、牺牲奉献是对生命的礼赞

生命是一种自然现象,人作为一种高等动物,其生命的历程总是有限的,因而生命问题就成为人们关注的重大问题。马克思从个人与社会、个体与人类相统一的视角来思考人类的生命意义,他说:"个人是社会的存在物,人的个人生活和类的生活并不是各不相同的,尽管个人生活的存在方式必然地是类的生活的较为特殊的表现或者较为普遍的表现,死似乎是类对特定的个人的冷酷无情的胜利,并且似乎是同二者的统一相矛盾,但特定的个人不过是一个特定的类的存在物。"[①]而牺牲奉献正是以尊重生命的价值为前提的,强调的是为国家和社会利益而献身,是对个人生命价值的彰显,从而将生命的有限性和不朽性、个体生命的有限性与群体生命的无限性辩证联结起来。

1. 马克思主义的生命观

在人类思想史的进程中,许多哲学家都对生命问题进行了深入的思考。马克思主义生命观是建立在辩证唯物主义和历史唯物主义基础上的科学的生命观,是马克思主义世界观的重要组成部分,其关于生命本质和生命意义的系列论述始终贯穿着唯物主义历史观。

人的生命主要体现为自然现象基础上的社会性本质。马克思主义认为,人首先是一种自然存在物,具有自然属性,它与其他动物一样要遵循新陈代谢的规律。但人的生命活动又从本质上区别于动物的生命活动,人不仅仅是自然存在物,更重要的是社会存在物,人具有独立的思维活动以及在思维活动指导下的进行劳动实践以及由此

---

① 《马克思恩格斯全集》第 42 卷,第 122~123 页,人民出版社 1979 年版。

建立各种社会关系。为此，马克思认为"人是最名副其实的社会动物"①，强调人的生命表现"即使不采取共同的、同其他人一起完成的生命表现这种直接形式，也是社会生活的表现和确证"②。因此，每个人都是社会中的人，都依赖于与他人的交往、协作来提高个体生命的生产力和生活能力，而交往与协作的方式则是实践和劳动过程中构建起来的全面的社会关系，其中最本质和核心的是生产关系。

生命的价值主要体现为奉献社会。人的生命价值是作为主体的人的需要同作为客体的人的生命满足这种需要的关系，即客体的人的生命的属性对于作为主体的人的需要的意义关系。人的生命意义主要表现为奉献社会，即为社会发展、人类的进步、人民的幸福敢于牺牲，奉献自身。这是由人的社会性本质所决定的。由于人是社会存在物，所以其生命价值和意义只能到个体与他人、与社会、与人类的关系中去寻找。马克思主义生命观与其社会历史观具有一致性，这就决定了个体生命的社会性价值的本质。马克思主义认为，生命的意义本质上是人在各种社会关系中对自身生命活动的反思，人作为自由自觉的劳动者和社会关系的体现者必然要同客体发生各种对象性和功能性关系，这种关系的状况就体现出个体的生命价值，具体表现为个体生命对他人、对社会的贡献。正如马克思在中学毕业作文《青年在选择职业时的思考》中所说的那样："如果我们选择了最能为人类福利而劳动的职业，那么重担就不能把我们压倒，我们的幸福将属于千百万人。"③

从为大多数人谋幸福、实现人类解放的高度思考生命的意义。在马克思看来，整个人类社会发展进程就是通过人的实践活动不断推动社会和自身共同发展的进程，就是通过个人的奉献最终实现全

---

① 《马克思恩格斯全集》第12卷，第734页，人民出版社1962年版。
② 《马克思恩格斯全集》第42卷，第122～123页，人民出版社1979年版。
③ 《马克思恩格斯全集》第40卷，第7页，人民出版社1972年版。

面自由的发展、实现人类的彻底解放的过程,而发展的内容归根结底就是以生产力发展为基础和前提的个人和社会的全面进步。人类要实现的共产主义社会正是"以每个人的全面而自由的发展为基本原则"①的社会形式。同样,马克思主义的生命观不仅重视生命本身和过程的意义,而且关注生命结束和死亡以后的价值。人作为生命存在的高级形式,死亡是一种正常的自然现象,但问题在于如何使个体生命具有永恒不朽的意义。从某种意义上说,肉体的死亡并不代表生命的终结,坚定的革命者和对真理的执著追求者肉体的生命结束以后,其精神的生命可以永恒地定格在人类历史的舞台上,成为后人前进的动力。正是在这个意义上,周恩来同志指出人不仅要"努力为生,还要努力为死"②。

2. 牺牲奉献与尊重生命的矛盾与统一

牺牲奉献要以尊重生命为前提。牺牲奉献不是以淡化、弱化人文关怀为代价,而是以尊重人的生命为前提。马克思曾说:"人是人的最高本质,人的根本就是人本身。"③马克思认为应以人为本,这直接区别于以神为贵和以物为贵,要把人当人看,尊重人、爱护人、理解人、关心人。生命是宝贵的,人的生命是一个人学习、工作、生活的本钱,是实现人生目的和价值的基础,珍惜生命是普遍的道德要求。因此,无论是中国古代的儒家思想还是近代西方的人本思想都十分重视生命的珍贵。孔子明确提出"身体发肤,受之父母,不敢毁伤,孝之始也";费尔巴哈同样强调"生命就是人的最高的宝物","生命本是一切福利的总和"。④ 现代思想家阿尔贝特·施韦泽则说:"善是

---

① 《马克思恩格斯全集》第23卷,第649页,人民出版社1972年版。

② 周恩来:《周总理青少年时代诗文书信集》下卷,第318~319页,四川人民出版社1980年版。

③ 《马克思恩格斯全集》第1卷,第460~461页,人民出版社1956年版。

④ [德]费尔巴哈:《费尔巴哈哲学著作选集》下卷,第554、775页,三联出版社1962年版。

保存生命、促进生命,使可发展的生命实现其最高的价值。恶则是毁灭生命、伤害生命,压制生命的发展。"①从以上思想家的阐述当中可以看出,珍惜生命体现在两个方面:一方面就外部来说,国家和社会应当尊重个体及其生命;另一方面,就公民自身来讲,个人也应该敬畏生命。黑格尔曾指出:"我没有任何权利放弃生命……死必须来自外界:或出于自然原因,或为理念服务,即死于他人之手。"②在这里黑格尔完全否定了自杀的合理性,对生命给予了充分的肯定,认为主体死亡只能来自外界:要么出于自然原因,要么出于理念原因即个人为信念而死于敌人之手。在尊重生命的前提下,"死亡是个体的完成,是个体作为个体所能为共体(或社会)进行的最高劳动"③。在黑格尔看来,尽管死亡意味着个体生命的终结,但因其为社会和国家而牺牲,所以这也是个体生命的最高劳动,是其生命的最高表现形式。

牺牲奉献与尊重生命的矛盾与统一。生与死是一对矛盾,死是对生的直接否定。但从生命的意义这一角度来考察生与死,这对矛盾又是人生问题的两个相互规定、相互转化的方面。俄国的思想家别尔嘉耶夫指出:"只有死亡的事实才能深刻地提出生命的意义问题。这个世界上的生命之所以有意义,只是因为有死亡,假如在我们的世界里没有死亡,生命就会丧失意义。"④一个人在活着时,应当为真理和正义事业而奋斗,在奉献社会的过程中实现生命的价值。而当一个人牺牲时,也应是为国家和人民的利益而献身,"死得其所"同样体现出生命的意义。正是看到了生存与死亡的辩证关系,黑格尔强调"精神的生活不是害怕死亡而是幸免于蹂躏的生活,而是敢

---

① [法]阿尔贝特·施韦泽:《敬畏生命》,第9页,上海社会科学出版社2003年版。
② [德]黑格尔:《法哲学原理》,第79页,商务印书馆1961年版。
③ [德]黑格尔:《精神现象学》下卷,第10页,商务印书馆1961年版。
④ [俄]别尔嘉耶夫:《论人的使命》,第330页,学林出版社2000年版。

下篇　军人核心价值观的道德维度

于承当死亡并在死亡中得以自存的生活"①,"牺牲自己,然而这却是他的自由的实存"②。这意味着真正的精神生活不是抗拒死亡,而是勇敢地面对死亡,并在死亡过程中实现自己的本质;个体因保全国家利益、利于他人而献出生命,恰恰是牺牲者的自由的最高实现。尽管人的自然生命是有限的,但人的精神价值却可以跨越时空的限制获得永恒的存在。任何一种奉献精神,由于它适应了时代发展的需要,代表了社会进步的方向,必定包含着一种超时空的普遍意义,具有持久的生命力。显然,奉献精神是人类最美好的思想境界,永远不会过时。

三、牺牲奉献是人生价值的体现

人的价值包括社会价值和自我价值,是两者的辩证统一。但衡量人生价值的根本标准是其社会价值,社会价值是自我价值的基础,人们正是通过对社会的贡献和付出才推动人类社会不断向前发展。牺牲奉献是个人在维护社会和他人利益当中表现出来的精神品质,是人的社会价值的真正体现。

1.人的价值是自我价值和社会价值的统一

伦理学意义上的价值主要指某种道德观念满足协调人与人关系的需要方面的有用性。与物的价值不同,人的价值是一种主体价值。"从个人与他人、个人与社会、个人与自身的关系来谈论人的价值,其价值又具有两重性,即具有主体性和效用性,或者说是具有目的性和手段性。"③

人的社会价值是指个人对社会需要的价值,从根本上说是人对社会发展、对历史进步所起的作用。任何个人都生活在一定的社会关系当中,人的一切活动都由社会关系制约,社会的进步、发展和社

---

① [德]黑格尔:《精神现象学》上卷,第21页,商务印书馆1979年版。
② [德]黑格尔:《法哲学原理》,第344页,商务印书馆1961年版。
③ 刘凤翥:《军官与哲学》,第25页,海潮出版社2010年版。

会财富的增加,都要求人通过体力劳动或脑力劳动对社会作出贡献。人的社会价值通过其实践活动满足社会的物质、精神的需要的实际状况表现出来。

人的自我价值是指人们对自己需要的一种满足,即个人通过实践满足自己物质需要、精神需要和自我能力发展的需要。每个人都有自身利益的需要,这是人之为人的自然属性和社会属性。[①] 处于一定社会关系中的个人,其需要是多方面的。马斯洛的"需要层次理论"将人的需要分为五个层次,这五个层次的需要是人的自我价值的创造过程,人们对这五个需要的追求和占有过程形成了人的自我价值。这些需要主要包括人的生存需要、发展需要以及尊重的需要等。为维持生命的延续,满足生存需要,人要求社会向其提供衣食住行等基本生活资料和基本劳动权利;对于发展的需要,人需要不断提高自身的知识水平、自身素质和能力的培养,通过提升自身能力以满足社会和他人的需要;对于自尊心的需要,个人需要社会对其爱护,尊重其个性和能力的发展。

人的价值是自我价值和社会价值的统一。一方面,自我价值是个体从社会当中获得自身需要的尊重和满足,这是个人生存和发展的需要,社会为个人提供发挥其自我价值的权利和机会,是人为社会作贡献的前提。另一方面,就个人和社会的关系来看,一个人的真正价值在于为社会作贡献,人要以自身的实践活动去满足社会的需要。一个对社会作出贡献的人,他的人生才会有意义,他才会受到人们的肯定和称颂。社会价值和自我价值是辩证统一、密不可分的,二者共同构成了人的整体价值。

2.社会价值是衡量人生价值的根本标准

衡量一个人价值大小的评价标准有三个方面:一是个人自身的创造力和贡献的大小。劳动创造了价值,人生价值同样也与能动的

[①] 参见张南生:《论马克思主义关于人的价值理论》,载《湘潭论坛》2009年第1期。

创造力紧密相关。衡量人生价值的首要尺度就是个人能动创造力的有无和大小。检验一个人的价值，不能以其占有财产、金钱的多寡或社会职位的高低来衡量，而只能以其对社会贡献的大小为依据。一个人如果充分发挥了个人的聪明才智，积极为社会贡献劳动和创造成果，其人生就有价值。个人对社会的贡献大、创造的成果多，其人生价值就越高。二是个人行为与社会需求是否符合及其符合程度。马克思主义认为，人不能脱离社会而单独存在，个人的人生是否有价值，不是以其主观感受决定，而是由个人社会实践的效果决定的。个人的人生价值必须以社会需要为重要的评价标准，其行为要得到社会的肯定和承认，其行为结果必须有益于社会。只有将个人行为与社会需要统一，人生的价值才能在社会最需要的地方得到充分体现，其价值才能得到社会的承认和肯定。三是贡献的内容是物质性因素和精神性因素的统一。人所创造的物质财富是人类社会发展进步的基础，而精神财富的创造，特别是优秀人物的先进思想和高尚行为，对社会的影响尤为深刻，对推动社会进步具有特殊的价值。正如爱因斯坦在评价居里夫人时所说的那样："第一流人物对于时代和历史进程的意义，在其道德品质方面，也许比单纯的才智成就方面还要大。"[①]

由此可见，衡量人生价值的根本标准是其社会价值，个人对社会的作用和贡献是人生价值中最基本、最主要的方面。马克思说："历史承认那些为共同目标劳动因而自己变得高尚的人是伟大人物；经验赞美那些为大多数人带来幸福的人是最幸福的人。"[②]应当看到，能为社会和他人作出贡献，具有社会价值的人，也必然是具有自我价值的人。若一个人只强调自我价值，而忽视对社会的责任和奉献，其人生的价值就无从谈起了。

---

① 《爱因斯坦文集》第1卷，第339页，商务印书馆1976年版。
② 《马克思恩格斯全集》第40卷，第7页，人民出版社1982年版。

3. 牺牲奉献是人生价值的精髓

牺牲奉献作为一个历史的、社会的范畴,是人类所特有的精神品质,是人类改造世界的积极成果。牺牲奉献是人生价值的本质体现,它不仅体现出了个人对社会的贡献和责任,而且也体现了社会进步和历史发展的客观要求。任何个人作为社会中的一分子,都必然生活在与其他人的联系中,同样个人的自我价值总是与一定的社会条件相关。个人只有通过实践活动将其智慧和才能奉献出来,对社会、对他人产生积极的影响,才能真正实现其人生价值。只有每个人对社会有所贡献,而不只是索取,这才推动整个社会向前发展,反过来也为个人自我价值的实现创造条件。

在人类历史发展的进程中,在不同的历史时期中,无论何种肤色和民族,社会中的人们无不将牺牲奉献作为高尚的人生价值导向与崇高的道德风范。比如,《论语·卫灵公》中提出的"志士仁人,无求生以害仁,有杀身以成仁",诸葛亮践行"鞠躬尽瘁,死而后已",范仲淹倡导"先天下之忧而忧,后天下之乐而乐",等等,都是把牺牲奉献作为一种高尚的人生价值导向来看待的。正是在这个意义上,爱因斯坦说:"一个人的价值,应看他贡献什么,而不应看他取得什么。"不难看出,这些至理名言所表达的共同理念就是,对社会、国家和人类的牺牲奉献体现出一个人的真正人生价值:人生的价值的大小不在于地位的高低、职务的大小或出身的贫富,而在于其对社会、对人民、对国家有无奉献和奉献多少,在于他对社会创造的物质财富和精神财富的多少及其在促进社会发展中的作用大小。

在人生的价值关系中,奉献和索取是既对立又统一的矛盾,但奉献是矛盾的主要方面,因为只有奉献才使索取成为可能,才使得人的社会价值和自我价值得以实现。人生社会价值实现的程度与履行社会责任义务的程度是成正比的,一个人从社会得到肯定、尊重和回报,也是与他对社会所作的奉献成正比的。所以,只有牺牲奉献,才能显示出人的存在对社会进步和人自身发展的意义;只有牺牲奉献,才能体现出一个人内在的道德素养和精神境界;只有牺牲奉献,才能评判一个人在社会中的价值和作用;只有牺牲奉献,才能顺应人类社会发展的必然规律和时代潮流。

第二节 牺牲奉献与军人职业精神

军人是一种特殊职业,这种特殊性表现为军事实践总是与战争联系在一起,不是直接投入战争,便是准备战争或遏制战争。军队作为一个以牺牲奉献为职业特征的群体,其职业的特殊性决定了他们比社会一般从业人员在履行自己职责时付出的代价更高,他们不但不能从军事活动中直接获得广泛利益,反而会丧失或限制部分利益,甚至付出鲜血和生命。[①] 显然,军人职业精神的培育在社会发展和进步中具有特殊的意义。纵观世界军事发展史,军人职业精神一直是部队战斗力的重要组成部分,即使是在科学技术和信息化装备在战斗力的生成中地位越来越重要的时代,军人职业精神的培育仍然作为军队战斗力的"倍增器"而为各国军队所重视。"未来战争中,军官要忍受更为巨大的精神和肉体上的痛苦,如果没有职业精神来激励他们的意志,军队就会成为一盘散沙,不可能有战斗力。"[②]尽管各国军队对军人职业精神内涵的具体表述不同,但都将军人核心价值观特别是牺牲奉献精神作为其职业精神培育的重要方面。牺牲奉献成为各国军队普遍追求的职业精神的重要内容,也成为军人崇高道德风范的集中体现。

一、牺牲奉献是军人职业的伦理特性

任何一种职业价值的实现,都离不开牺牲奉献精神。作为军人,因其肩负的神圣使命和军事生活的特点,要求他们付出的牺牲和奉

[①] 参见顾智明:《当代外国军事伦理》,第153页,解放军出版社2010年版。
[②] 朱廷春:《没有政委的美军如何做政工:职业精神激励军官》,载《中国青年报》2010-01-29。

献往往要比一般社会成员大得多,甚至可以说,没有牺牲奉献精神,也就没有军人价值可言。军人作为捍卫国家安全的武装力量,要求其成员具有良好的道德品质和严明的组织纪律,在平时各自的岗位上默默坚守、无私奉献,在国家危难之时则需要以自己的青春、热血甚至生命来报效国家,以维护国家安全和社会稳定。无论是战争年代还是和平时期,军人职业都要求每一个军人必须作出比常人更多的牺牲。"军人的价值不能以金钱多少、地位高低、享乐与否等来衡量,而是由军人为国家和社会的牺牲奉献程度来评判。"[①]因此,军人职业的特点决定了牺牲奉献是军人职业道德的共性要求,是战斗精神的源泉本质特征,是影响部队战斗力的重要因素。

1. 勇于自我牺牲是军人道德价值的崇高体现

自我牺牲是军人道德的基本原则,勇于自我牺牲是军人基于对国家和人民的高度责任感而表现出来的不计个人得失、自觉献身的行为和思想境界。军人的自我牺牲精神是军人的内在品质,是军人认识、情感和意志的统一,是理性因素和非理性因素的结合,它具有鲜明的目的性,以人民幸福和社会进步为旨归。同时,军人的自我牺牲是一种自觉自愿的道德选择,即不受外界的利诱和胁迫,也不是一时的感情冲动,这种精神通过军人的行动表现出来,也影响着军人行动的效果。一支部队如果缺少了自我牺牲精神,其战斗精神就无从谈起,在作战中必然是贪生怕死,毫无战斗力可言。

自我牺牲精神是世界各国军队价值观培育的重要内容。美军西点军校以"责任、荣誉、国家"为核心的价值观训练,教育引导美军官兵为捍卫其价值观而牺牲奉献。韩国军队围绕"护国、忠武、团体"的价值观,开展职业精神教育,激发官兵为国献身的热情。印军则强调军官的"个人意志服从集体意志"的自我牺牲精神,认为"只有基于高于个人物质利益的道德观念,才能成为真正鼓励官兵们冲锋陷

[①] 高启范、张建英:《部队基层思想政治教育必备读物》,第374页,国防大学出版社2011年版。

阵和流血牺牲的精神力量",要求军官树立"个人利益服从整体利益"的观念,时刻准备"在必要时献出自己的生命"。"献身以色列"是以色列人心中的最高尚道德:"以色列人保卫国家、献身国家的道德热情铸造了以色列军事实力的坚实基础。军人和民众的这种忘我无畏、团结献身的使命感和道德认同塑造了以色列军队顽强勇敢的战斗精神。"[1]

自我牺牲精神考验和造就军人,使其具有坚忍不拔、勇于献身的崇高品质。军人的自我牺牲首先表现在战场上。从某种程度上说,军人的职业就是战争,而战争就意味着流血牺牲,因此,英勇顽强、不怕牺牲乃是军人的基本道德要求。只有具备这种精神,军人在战场上才能最大限度地发挥自己的聪明才智,有效履行道德义务。同时,军人的自我牺牲还表现在和平时期平凡的工作和生活中,表现在为国防事业奉献青春年华。牺牲常常伴随着军人职业的全过程,例如,要牺牲对金钱财富的追求,牺牲求学和职业选择的机会,牺牲家庭团聚的幸福生活。

军人的自我牺牲并非不珍惜自己的利益和生命,而是为守护比自身利益更高的国家和人民利益时所作的道德选择。正如李大钊所说:"人生的目的,在发展自己的生命,可是也有为发展生命而牺牲生命的时候,因为平凡的发展,有时不如壮烈地牺牲足以延长生命的音响和光华。"[2]军人的自我牺牲应既非出于被迫,也非一时冲动,而应是在没有价值交换的前提下,为避免他人牺牲而作出的自我牺牲,是为避免更大的牺牲而作出的最小牺牲。这种自我牺牲追求的是国家和人民利益的保全,其基本要求是不计较个人利益的得失,最高形式则是付出自己的生命。

2. 牺牲奉献寓于高度统一性和约束性的军人职业之中

军事生活的高度集中统一是军人职业的客观要求,也是形成和

---

[1] 顾智明:《当代外国军事伦理》,第456页,解放军出版社2010年版。
[2] 《李大钊文集》下卷,第118页,人民出版社1984年版。

提高军队战斗力的根本保证。作为一个高度集中统一的武装集团，军队要求每名军人在军事集体生活中必须做到一切行动听指挥。人们总是自觉或不自觉地在其生活的实际关系中形成自己的道德观念，而军人则是在其长期的军事集体主义生活中逐渐磨炼和养成了军人的道德品行的，需要在一定程度上抑制或削弱军人自己的个性行为。军队岗位的分工是按照团体发展的需要进行的，军人必须服从上级的安排，同时要放弃个人的兴趣和特长，所谓的"令行禁止"本身就是一种奉献精神。与其他社会职业相比，军队作为一个集体，有着更严格的群体性，更强调团结合作。军队要求个人必须融入集体之中，使军人的个人利益与军队利益保持一致，当两者发生矛盾时，能够勇于牺牲个人利益这个"小我"，以顾全和维护军队利益这个"大我"。因此，军人的奉献始终融入集体的共同奋斗之中。

与社会其他职业相比，军人的道德标准也更加严格、约束性更强。就一般人来说，道德原则规范的约束是一种软约束，是依靠社会舆论、传统习俗和内心信念维系的，违背道德规范只会受到良心和舆论的谴责，但也仅仅是谴责而已。[①] 相比较而言，军人的情况则有所不同，军队里的各种道德要求更加严格，许多道德要求和规范通过誓言、条令、条例和纪律以近似法律的形式明文规定下来。军人违背这些道德要求所受到的处罚相当严厉：若平时违反此类规定则会受到纪律的处分，战时或在执行战斗任务时违反规定更是要受到法纪的处分。军队中严格的条令条例和纪律规定对军人的道德修养和品行进行了细致而又严格的限制，这些具有强制力的道德要求体现了军人道德规范严格的约束性。

3. 军人的牺牲奉献体现为自觉地履职尽责

保家卫国是军人的基本职责。国家的安全与和平不是来自鲜花和微笑，而是来自战争与胜利。军人主要通过赢得战争的胜利这种方式来对国家和人民尽责，但战争意味着流血和牺牲，胜利则要付出

[①] 参见陈晓兵：《军人德性论》，第78页，湖南人民出版社2008年版。

代价。为取得战争的胜利，军人不仅要爱军习武，练就打赢战争的本领，不断提高自身全面素质，而且在战争中还要准备随时献出自己的生命。因此，军人的职业就意味着牺牲，意味着奉献自己的一切包括生命。黑格尔曾将公民服兵役的义务与其他义务进行了比较，指出"国家制度的两个方面就是个人的权利和义务。而义务现在几乎可以全部折合为金钱，所以服兵役几乎成了唯一的人身义务"①。由此可见，服兵役的义务不同于一般的公民义务，它是无法用金钱折合的、由国家强制执行并伴有危险和牺牲的人身义务。与其他的社会人员相比，军人的工作条件和环境更艰苦、更危险，而为社会付出的也更多，因此军人的奉献也最为彻底。

军人牺牲奉献的具体行动就是自觉履行国家和人民赋予的责任和义务，时刻保卫国家和人民利益。军人的劳动是一种特殊的劳动，无论是平时还是战时都要时刻准备牺牲。平时，军人为保护国家和人民的利益安全，要失去同龄人正在享受的安宁和欢乐，需要与艰苦和危险为伴。一旦战事爆发，军人必将毫不犹豫地走向战场，英勇作战，甚至流血牺牲。军人在国家生活中处于特殊的位置，要求军人时时刻刻要把国家的利益、人民的需要摆在心头。"位卑未敢忘忧国"，"天下兴亡，匹夫有责"。这种特殊位置要求军人尽义务和职责不应该以索取为前提，而应当服从国家整体利益，事事以人民利益为重，时刻准备为国捐躯。一个军人，应该是受命而忘其家，无条件地以个人利益服从祖国的需要。只有具备了这样的精神境界和胸怀，军人才能真正无条件地牺牲奉献。

二、军人牺牲奉献的基本要求

牺牲奉献精神不仅是对军人职业的道德要求，更是军人对国家的承诺，对人民应尽的职责。军人要实现自身的价值必须要树立起符合国家意志、社会需要和人民利益的人生价值目标，并为之努力奋

---

① ［德］黑格尔：《法哲学原理》，第317～318页，商务印书馆1961年版。

斗。作为国家和人民利益的捍卫者,军人需要有自我牺牲的高贵品质,"在个人利益与集体利益发生矛盾时,要不惜牺牲个人利益;在家庭利益与国防事业发生冲突时,要不惜牺牲家庭利益;在人民利益受到威胁的关键时刻,不惜牺牲个人生命"①。

1. 在与集体利益冲突时,不惜牺牲个人利益

在西方伦理思想发展史中,较早系统地阐述集体主义思想的是资产阶级启蒙时代法国思想家卢梭,他认为公共利益是最高的道德目标,个人利益应该服从公共利益。尽管马克思恩格斯没有专门用"集体主义"这一术语表述自己的思想体系,但马克思主义却有明确的集体主义思想:"只有在集体中,个人才能获得全面发展其才能的手段,也就是说,只有在集体中,人才有可能有个人自由。"②人作为社会的人,他不仅只有在集体中,即在一定的社会关系中才能生存,而且人的才能的发展也必须满足集体利益的需要。集体主义提倡树立集体主义的价值观,个人利益和集体利益是不可分割地统一在一起的。正当的个人利益应当以集体利益的实现为前提条件,强调社会集体利益的优先性。同时,正当的个人利益应以不损害他人和社会的利益为前提,以社会的安定有序、集体的凝聚力为目标。在集体利益与个人利益发生矛盾时,要以集体利益为重,在必要的情况下为集体利益而放弃个人利益。

军人的牺牲奉献,不仅仅反映在流血牺牲的战场上,更经常、大量的体现在军人的日常工作和生活中,表现在平时能够为国家利益而贡献力量,这是和平时期军人做奉献的基本特点。虽然军人与军队、国家的利益从根本上是一致的,但两者也会发生矛盾,这时就要求军人必须为国家、集体利益而放弃个人利益,使局部利益服从全局利益,眼前利益服从长远利益。要达到这一目标,军人至少要做到以

---

① 黄晓军:《军人的价值与奉献成正比》,载《基层政工读物》2011年第5期。

② 《马克思恩格斯全集》第3卷,第84页,人民出版社1960年版。

下两个方面：

一是正确对待个人得失，甘愿吃亏。一个真正的军人，必须不求个人的富贵和名利，而是甘愿牺牲个人利益，为保卫国家利益而拼搏奋斗。从很多方面来看，军人较之一般社会成员需要作出更多的个人牺牲，其不会成为经济上的富裕者，亦不能荒废保卫国家的本领而一心钻研有利于未来就业的知识技术，更不能像一般公民那样更多地自由安排业余生活。甘愿吃亏思想本身就是这一种牺牲奉献精神，只有平时不怕吃亏，关键时刻才能不怕牺牲、英勇献身。所以，正是由于军人的"吃亏"，才换得了国家的安宁。当然，无私奉献并不否定个人利益，而是只有在个人利益和国家利益两者不可兼得时，军人应自觉服从国家和人民利益。正如邓小平指出的那样：革命是在物质利益的基础上产生的，如果只讲牺牲精神，不讲物质利益，那就是唯心论。

二是能正确对待苦累享乐，以苦为乐。即使在和平时期，军人仍然要远离舒适的生活，面临艰苦条件的考验，而这种艰苦往往是常人难以想象和承受的。为了保卫国家，许多军人需要驻守在深山老林、戈壁沙漠、荒郊野岭、孤岛边陲，物质生活的艰辛自不必说，精神与心理上的压力也非常之大。因此，是否正确对待艰苦享乐，是对军人有无牺牲奉献精神的实际检验。军人所从事的军事实践活动时刻充满艰苦和紧张，伴随着危险和寂寞，随时都有可能发生流血与牺牲。在和平时期，军队的岗位因其职业的特殊性更多的是孤独和寂寞，但"孤独也是一种具有形而上意味的人生境遇和体验"[①]。只有为了国家和人民利益甘愿吃苦、乐于吃苦，树立正确的苦乐观，才能真正扎根军营牺牲奉献。

2. 为国防建设不惜牺牲家庭利益

牺牲奉献要求军人在牺牲自身利益的同时也要牺牲家庭的某些利益。幸福家庭，是军人生活中的一个重要组成部分，也是最牵动军

[①] 周国平：《各自的朝圣路》，第17页，东方出版社1999年版。

心的因素之一。军人有赡养父母、爱护妻子、抚育孩子的义务,有享受天伦之乐的各种要求。但军人职业的特殊性决定了军人的牺牲奉献,这种牺牲既包括上面提到的战场上的流血,个人利益的吃亏,也包含着家庭幸福的舍弃。对于军人来说,当家庭利益与国防事业发生冲突时,要舍得牺牲家庭幸福,这是军人的一种义务,也是一种责任。

军人因其职业的要求,使得其家庭有着不同于一般家庭的特殊性,其主要特点表现为分居性、纪律性、亏欠性和高尚性等。[1] 许多军人及其家庭为了国防安全、社会稳定和他人的安居乐业,甘愿牺牲个人家庭的某些幸福,其价值难以用金钱来衡量,当然也受到了社会的认可和人们的赞誉。同社会上所有的人一样,军人也食人间烟火,也有七情六欲,也需要承担家庭义务。但是,艰苦的军事生活,使得许多军人与家属分居两地,过着牛郎织女式的夫妻生活,有的可能相隔千里,聚少离多。分居生活给家庭中的夫妻关系、经济消费、子女抚养等方面都带来一系列的影响,家中生、老、病、死等困难给军人家属带来更多常人难以体验的负担,使军人更多地会对家属有亏欠感。同时,作为执行政治任务的武装集团,军人的婚姻和家庭生活还受到军队纪律的约束。此外,因为军人职业的危险性,军人家庭承受着巨大的压力;因军人职业的流动性,军人家庭面临着频繁的搬家等问题困扰,甚至导致家庭破裂。"根据美国陆军的一项调查,在派往伊拉克和阿富汗前线的军人中,离婚率高达21%",另据统计显示,每一个美军军人子女平均要搬五次家,每年有25万军人的子女不得不随父母搬迁。[2]

"一人辛苦万人甜,一家不圆万家圆。"职业的特殊性使得军人

---

[1] 参见贾随刚:《正确认识和处理婚恋问题及家庭矛盾 努力促进军营和谐部队稳定》,载《视野》2011年第4期。

[2] 参见总政治部联络部:《美军军种核心价值观培育研究》,第198页,解放军出版社2009年版。

对家庭的牺牲,与其在战场上、岗位上的贡献一样,都是为了保障国家和人民的根本利益,是牺牲局部利益维护整体利益的表现,是军人人生价值的本质体现。

3. 在危难时刻不惜牺牲个人生命

生与死的考验,是衡量军人道德品质的试金石。生命对于每一个人来说都只有一次,是否能够正确对待生死,最能反映出一个人的精神风貌、道德情操和气节品质。军人能够把最宝贵的生命奉献给国家和人民,这是军人职业道德的最高境界,也是军人牺牲奉献的最高和最后的形式。

军人从入伍时起,就开始以扛枪打仗为职业,以枪弹武器为伴侣,就做好了为保卫国家利益和民族尊严而勇于献身的精神准备。军人的职业就是打仗或准备打仗,而打仗就会有牺牲。一旦战争袭来,军人应敢于在枪林弹雨、炮火纷飞的战场上勇往直前、奋勇杀敌,能够经受住严酷战争考验,甘愿为国家利益而流血牺牲,这是军人应有的道德品质。反之,一支军队,如果都以个人利益为重,必将成为一盘散沙;若由一群贪生怕死的人们组成,必然是不堪一击。海德格尔指出,死比生更根本,人活着就是以一种向死亡存在的方式活着。军人在本质上就是一种"向死亡存在",平时刻苦训练,战时充分运用体力与智慧,目的就是为了在你死我活的战争中获得有尊严的生存。只有经过血与火的战争洗礼、向死而生的严峻考验,军人才能获得真正的人生价值与意义。

即便在和平时期,军人执行军事训练、打击恐怖势力、抢险救灾、国际维和等任务,仍然面临着死亡的威胁。自然灾害的出现和各种意外事故的发生,常常不以人的意志为转移。地震、洪水、山火、台风等自然灾害都会随时给国家和人民带来灾难,危及人民的生命和财产安全。但每当一个国家遭受自然灾害、发生意外事故,国家和人民的生命财产受到威胁时,挺身而出奋勇抢救人员、保护国家和人民利益的仍然有军人的身影,显然这已经成为军人在和平环境下牺牲奉献的应有之义。

牺牲奉献并不意味着可以不讲科学,让官兵做无谓的牺牲,也不意味着干任何事情都可以不惜一切代价,更不意味着无视生命价值。例如在军事训练中,即便是有意识地从难从严贴近实战地训练也要讲究科学方法,力求以最小的风险和代价,去换取最大的效益和成绩。牺牲奉献使军人通过直面死亡,获得自身生存的本真含义,从而在国家和人民需要的关键时刻敢于牺牲自己的一切甚至生命。

第三节 大力弘扬牺牲奉献精神

牺牲奉献是中华民族的传统美德,我国古代的仁人志士历来将"先天下之忧而忧,后天下之乐而乐"的奉献精神作为人生的一种追求。作为党领导下的人民军队,牺牲奉献更应是革命军人应有的思想素质和人生价值取向,是其永恒的道德内核。我军始终以人民的利益为最高利益、以全心全意为人民服务作为自己的宗旨,无论是战争时期还是和平建设时期,我军都应当坚守牺牲奉献的政治本色。在新的历史条件下,我军要继续大力弘扬革命先辈的牺牲奉献精神,大力培育"忠诚于党、热爱人民、报效国家、献身使命、崇尚荣誉"的当代革命军人核心价值观,自觉抵御各种腐朽反动思想的侵蚀,立志扎根军营,立足本职岗位默默奉献,为国防和军队现代化建设贡献自己的聪明才智,在牺牲奉献中提升生命的意义,铸造辉煌的军旅人生。

一、坚守牺牲奉献的政治本色

我军是党领导下的人民军队,我军提倡的牺牲奉献精神,以全心全意为人民服务的建军宗旨为根本原则,是我军克服困难,战胜敌人、取得胜利的强大精神武器。坚持牺牲奉献精神,时刻维护国家和人民的利益,始终作党的军队、人民的军队、社会主义国家的军队,这是保持人民军队本色的必然要求。在新的历史时期,我军要在全社会中继续发挥先锋模范作用,就应继承和发扬我军不怕牺牲、乐于奉献的优良传统,始终坚持党对军队的绝对领导,紧紧依靠人民群众,艰苦奋斗,淡泊名利,确保我军的政治本色。

1. 牺牲奉献是保持人民军队性质的本质要求

毛泽东在《为人民服务》一文中指出:"我们的共产党和共产党所领导的八路军、新四军,是革命的队伍。我们这个队伍完全是为着解放人民的,是彻底地为人民的利益工作的。"[①]这是对我党我军宗旨的精辟概括。胡主席也指出:"全心全意为人民服务,是我军的唯一宗旨和最高准则。一切为了人民,紧紧依靠人民,是我军团结战斗的思想基础和力量源泉。不管时代如何发展,形势和任务如何变化,当人民的子弟兵,做人民利益的忠诚捍卫者,这一条任何时候也不能改变。"[②]

我军是党领导下的具有高度政治觉悟、良好道德品质和严格组织纪律的人民军队,是建设有中国特色社会主义的重要力量。作为党领导下的军队,我们必须自觉以党的旗帜为旗帜,以党的意志为意志,以党的方向为方向,忠贞不渝地听党话、跟党走,做到党指挥枪。作为人民的军队,我军来自于人民,服务于人民,奉献于人民,我军的性质、宗旨和任务要求每名军人都必须将人民群众的利益、国家和民族的利益放在高于一切的位置,永葆人民子弟兵的政治本色,与人民群众心连心、同呼吸、共命运。

进入新的历史时期,我军的使命任务有了新拓展、社会环境有了新变化、世界新军事变革有了新发展,但我军同人民群众的鱼水关系没有变,人民军队的政治本色没有变。我军的宗旨和政治本色要求我军必须大力培育革命军人核心价值观,在国家和人民的安全受到外敌威胁时,敢于流血牺牲以打赢未来信息化战争,威慑敌人赢得和平;在人民的生命财产受到自然灾害损害时,能够冲锋在前、无私奉献,为人民兴利造福、排忧解难。作为人民的子弟兵,只有真心热爱人民,全心

---

① 《毛泽东选集》第3卷,第1004页,人民出版社1991年版。
② 胡锦涛:《国防和军队建设贯彻落实科学发展观重要论述选编》,第33页,解放军出版社2010年版。

全意为人民服务,时刻准备着为国家和人民牺牲奉献,才能紧紧地与人民群众站在一起,才能始终保持我军人民军队的政治本色。

2. 强化军魂意识,坚持党对军队的绝对领导

党对军队的绝对领导是我军永远不变的军魂。要培育当代革命军人核心价值观,强化牺牲奉献精神,最为首要和关键的问题就是要不断强化军魂意识,确保官兵在任何时候、任何情况下都要自觉在思想上、政治上、行动上与党中央、中央军委保持高度一致,自觉作党的路线方针政策的坚决拥护者和模范执行者。我军的历史就是党对军队绝对领导的历史。我军作为党缔造和领导的人民军队,从建军之日起,就始终处于党的绝对领导之下。回顾80多年的光辉历程,我军之所以在各种恶劣环境和艰苦条件下坚如磐石、永不溃散,在历次战争中不畏强敌、英勇善战,在国际形势风云变幻和各种新的挑战与考验面前始终保持正确方向、充满活力,根本原因就在于有党的正确领导。党对军队的绝对领导永远是我军生命之所系、力量之所依、传统之根本。

我们每一个军人都要自觉抵御西方反动势力所鼓吹的"军队非党化、非政治化"和"军队国家化"的侵蚀渗透,严格遵守政治纪律,始终保持清醒头脑和明辨是非的坚定立场。邓小平曾深刻指出:"世界上希望我们好起来的人很多,想整我们的人也有的是。"[①]长期以来,西方敌对势力一直将我军当做"西化"、"分化"的重点目标,利用各种时机和手段进行渗透、拉拢和策反,诋毁党对军队绝对领导的根本制度。其目的就是要"化"掉党对军队的绝对领导,"化"掉党和我军的血肉联系,使党手中没有武装,进而颠覆党的执政地位、颠覆我们人民民主专政的国家政权。对此,作为革命军人必须保持高度警惕,要充分认清这些反动言论的险恶用心和反动本质,旗帜鲜明地进行抵制和批判。在苏联解体与东欧剧变中,执政的共产党之所以迅速土崩瓦解,一个非常重要的原因就是受西方反动言论的侵蚀,党

---

① 《邓小平文选》第3卷,第319页,人民出版社1993年版。

在关键时候放弃了对军队的领导权,教训十分惨痛。作为革命军人,我们必须清醒地认识到,一旦我军脱离党的领导,敌对势力必会乘虚而入,导致人民军队变质、社会主义国家变色。

坚持党对军队的绝对领导,做到令行禁止,听从指挥。要认真学习党的创新理论,用科学发展观等中国特色社会主义理论体系来武装头脑,了解掌握我军在党的领导下不断发展壮大的历史,进一步增进对党的深厚感情和信赖;要坚定不移地拥护党的路线方针政策,坚决贯彻执行党中央、中央军委的决策指示,坚决同违背党的路线方针政策的言行作斗争;要坚决完成党赋予的各项任务,始终做到服从命令,听从指挥,困难面前不讲条件,任务面前勇挑重担;要不断提高应对多种安全威胁、完成多样化军事任务的能力,大力推进中国特色军事变革,为做到听党指挥奠定坚实的能力基础。

3. 始终甘愿为人民利益而牺牲奉献

为祖国和人民甘愿牺牲奉献,是人民军队精神支柱的本质特征和道德风范的最高境界。胡主席指出:"要把爱护官兵生命与培育战斗精神统一起来,继承和发扬我军大无畏的英雄气概和英勇顽强的战斗作风,大力倡导为了人民的利益勇于牺牲奉献,做到一不怕苦二不怕死。"[1]忠诚于人民、服务于人民是我军的生存之本,也是我军在成长壮大中用鲜血和生命凝结成的宝贵精神财富。一直以来,革命军人都将个人的理想抱负融入到生动的军事实践活动中,将民族的解放、国家的富强作为自身不懈追求的价值取向,在服务人民、报效国家的过程中实现自身个人价值和社会价值的统一。在革命战争年代,无数的革命先烈为了抗击日军侵略、夺取解放战争的伟大胜利,为了民族独立和人民解放,甘于抛头颅、洒热血,舍生忘死、浴血奋战,用鲜血和生命践行了为人民利益奉献一切、牺牲一切的庄严承诺。在社会主义和平建设时期,我军官兵始终把人民利益放在高于

---

[1] 胡锦涛:《国防和军队建设贯彻落实科学发展观重要论述选编》,第34页,解放军出版社2010年版。

一切的位置,戍边守卡、抢险救灾,为维护、实现、发展人民利益作出了重要贡献。

在新的历史条件下,我党我军面临的形势、肩负的任务和所处的国内外环境发生了新的重大变化。随着社会主义市场经济的深入发展,在人们物质生活条件得到丰富和改善的同时,社会经济成分、利益分配关系等日益多样化,而经济与文化的有机整合却尚未健全,由此造成的社会生活中的"价值空场"现象也正持续影响和冲击着军营官兵的价值观念。社会中有些人面对诱惑开始变得浮躁功利,有付出就要求有回报,将经济领域的等价交换带入道德领域,不是去比奉献,而是想着去比职务、比收入、比待遇。正如有学者指出的那样,随着"经济人"的造就和意义世界的物化,与之相伴的是人们精神世界的单向度、平面化和无意义化,即一切精神价值都缩减为实用价值,永恒的追求与探索缩减为当下的感官享受。[①] 在这种情况下,作为革命军人必须坚持正确的是非观、荣辱观,正确认识和平时期军人的价值。应当看到,正是军人的牺牲奉献,保证了国家的和平安宁,保障了人民的劳动成果。随着社会主义市场经济的发展和完善,人民群众的需求不断变化和提升,我军必须着眼最广大人民的根本利益和现实需要,坚持全心全意为人民服务的宗旨不能变,为了人民利益甘愿牺牲奉献的价值追求不能变。我们必须传承和发扬革命前辈的牺牲奉献精神,甘于为建设有中国特色社会主义事业舍得付出一切,自愿为国家和人民奉献自己的汗水、智慧甚至生命。

二、坚定革命理想信念

理想信念是指一个人对自己所追求的目标的一种信心和力量。"信而益笃,行而弥坚。"坚定的革命理想信念是我军广大官兵牺牲

[①] 参见胡东原、王建科、张德湘:《加强对军校学员爱国奉献教育的几点思考》,载《军队政工理论研究》2003年第1期。

奉献的力量源泉和强大的精神支柱。无私的奉献,源于坚定的理想信念,理想信念的实现离不开千百万人的奉献。作为一名革命军人,只有具有坚定的理想信念,才能做到"酒绿灯红心不醉,浩然正气贯长虹",才能甘愿为国家和人民利益牺牲奉献。

1. 坚定的理想信念是我军从弱到强的力量之源

在我军从小到大、从弱到强的发展进程中,坚定的理想信念始终是我军发展壮大的精神之魂、力量之源。我军之所以能从井冈山的星星之火最终形成燎原之势,一个非常重要的原因就是革命先辈对共产主义理想的坚贞不渝、矢志不移,甘愿为实现自己的理想信念抛头颅、洒热血。井冈山时期,红军战士面对白色恐怖、强敌如林的险恶环境,奋勇杀敌、前赴后继,多次打败敌人的"围剿";长征途中,红军吃草根、啃树皮,爬雪山、过草地,突破敌人的围追堵截、付出巨大牺牲,赢得了战略大转移的最终胜利。抗日战争期间,党领导的八路军、新四军团结一切抗日力量,用血肉之躯筑起了中华民族的钢铁长城,八年的抗战打败了日本侵略者。解放战争中,无数革命军人为了实现共产主义理想、捍卫革命果实,牺牲在新中国成立的黎明之前。历史上每当革命队伍处在生死存亡的危急关头时,革命先辈都始终坚定自己的共产主义信念,坚信中国革命的事业一定会取得胜利,使得人民军队在面对各种困难时能始终保持强大的战斗力,最终取得新民主义革命的伟大胜利,保证了中国走上社会主义道路。

在社会主义革命和建设时期,我军一方面通过英勇的自卫反击作战,用鲜血和生命粉碎了霸权主义和地区霸权主义的挑衅,另一方面则积极参加社会主义经济建设,在国家和人民利益受到自然灾害威胁时冲锋在前。革命军人为捍卫国家领土和主权完整,维护国家尊严,保卫和促进社会主义经济建设作出了重大贡献,其无私奉献精神形成了巨大的社会效益:我国的国防建设和军事实力持续增强,社会安定团结,经济发展、人民生活水平不断改善。的确,正如毛泽东同志所说,"没有一个人民的军队,便没有人民的一切"①。

我军成长壮大的发展史反复证明,我军的历史就是一部牺牲奉献史。正是由于人民军队始终保持着坚定的革命理想信念,拥有坚定的革命意志,我军才能不断地从弱小走向强大、从胜利走向新的胜利。因此,始终不渝地坚定理想信念,对于我军来说永远都是一个不容动摇的重大政治原则问题,永远应该成为广大官兵坚定的政治意识与道德准则。

2. 要始终坚定中国特色社会主义伟大事业的理想信念

坚定的理想信念不仅是我军的传家宝,同样也是新时期人民军队政治建设的力量源泉。作为党领导下的军队,实现共产主义是我党我军的崇高理想和奋斗目标。当然,远大的理想要与阶段性的目标结合起来,理想只有与现实结合才能实现超越性与具体性的科学统一。在新的历史条件下,我军要弘扬牺牲奉献精神,一方面,要树立共产主义远大理想,坚信人类社会必将走向共产主义;另一方面,我们要确立中国特色社会主义的共同理想,扎实地为实现现阶段的基本纲领和目标而奋斗。无论在前进的道路中我们遇到怎样的困难和矛盾,都要高举中国特色社会主义伟大旗帜,始终坚定地走中国特色社会主义道路,坚信只有中国特色社会主义才能发展中国。这一共同理想是历史从积贫积弱的旧中国发展到独立富强的新中国的必然选择,代表着我国各阶层的根本利益、共同愿望和价值追求。可以说,将国家、民族和个人的命运紧紧相连,构成革命军人为之拼搏奋斗的共同目标。

当然,面对纷繁复杂的国际形势、国内深化改革所遇到的阶段性矛盾困难和社会价值取向多元化的新形势,人们在价值观念、生活方式及行为方式等方面发生着深刻的变化,我军官兵的理想信念也面临着更大的影响和冲击。面对这种情况,革命军人只有进一步坚定社会主义、共产主义信念,才能自觉抵制拜金主义、个人主义、享乐主

---

① 《毛泽东选集》第 3 卷,第 1074 页,人民出版社 1991 年版。

义的侵蚀,才能经受住形形色色的资产阶级思想及腐朽生活方式的考验。我军要经受住长期和平环境的考验,就要时刻保持高度警惕,防止西方敌对势力的"和平演变",通过革命价值观教育进一步增强理想信念的坚定性。只有这样,作为革命军人才能在社会主义建设的和平时期,时刻保持服务人民、报效国家的高度政治责任感和勇往直前的战斗精神,才能抵御反动腐朽思想的渗透和冲击,为国防和军队现代化建设贡献力量。

3. 坚持学习党的创新理论,强化理论武装

牺牲奉献作为我军军人职业精神的体现,是以共产主义和社会主义理想信念为精神支柱的,它是革命人生观的精髓和核心。革命军人应以辩证唯物主义和历史唯物主义的科学世界观为指导,把为人民谋利益作为自己所追求的人生目标,坚定社会主义理想信念,坚持党对军队的绝对领导,将牺牲奉献作为自己的伦理标准,确立符合社会发展需要的人生价值观,尽其所能为社会作贡献,能够为了人民的利益不惜牺牲个人利益乃至生命。

坚定的理想信念需要长期的学习和实践才能确立。作为新时期的革命军人,只有真正学习和把握马克思主义理论这一认识世界和改造世界的强大思想武器,才能始终保持清醒的头脑和坚定的信念;只有将个人理想融于共同的理想信念之中,才能使其最终成为精神支柱和动力源泉,在实现共同理想信念的过程中实现自身的人生价值。当代中国的马克思主义就是中国特色社会主义理论体系,作为党的创新理论它是马克思主义中国化的时代产物,是与时俱进的思想理论,是破解发展难题的行动指南。革命军人要筑牢理想信念,学习和掌握马克思主义的立场、观点和方法,除了原原本本读原著外,更要结合中国特色社会主义发展的实际,自觉用党的创新理论来武装自己头脑,了解和掌握党的路线、方针、政策,特别是要学习党和国家领导人对于国防和军队建设的重要论述。只有坚定了这样的理想信念,才能始终保持旺盛的革命意志和无私奉献的精神,才不至于在矛盾面前畏缩不前,在困难面前悲观失望,在诱惑面前

随波逐流。

三、在牺牲奉献中创造辉煌军旅人生

我军的性质和宗旨决定了革命军人人生价值的实现必然是一个为国家和人民利益而牺牲奉献的过程。当代革命军人要坚持牺牲奉献精神,关键在于自觉地投身于实践,达到内在与外在的和谐。同时,每名革命军人要实现自己的人生价值,必须投入到国防和军队建设的潮流中,要树立全心全意为人民服务的价值追求,将个人的成才与国家的需要、人民的利益结合起来,将人生的社会价值和自我价值有机统一起来,立足军营建功立业,立足本职岗位做奉献,不断提高自身素质、书写辉煌的人生。正如马克思所说:"人们只有为同时代人的完美,为他们的幸福而工作,才能使自己也达到完美","历史承认那些为共同目标劳动因而自己变得高尚起来的人是伟大的人物;经验赞美那些为大多数人带来幸福的人是最幸福的人。"①

1. 爱军精武,立足本职岗位甘愿奉献

爱军精武是革命军人基本的职业素养,是履行我军新世纪新阶段历史使命的前提和基础。军队作为国家机器的重要组成部分,作为执行特殊政治任务的武装集团,军人必须要完成国家赋予其保卫国家安全稳定的职责,这就要求军人必须作出比常人更多的牺牲和奉献。作为新时期的革命军人,自觉弘扬牺牲奉献精神,就是要在党和人民需要的关键时刻不惜牺牲个人的生命,在国家和民族危亡的严峻关头视国家和民族的利益高于一切,在国家和人民财产遭受损失的时候奋勇争先抢险救灾,在相对和平时期立足本职,尽职尽责,为国家的和平安宁、人民的安居乐业贡献力量。

牺牲奉献应体现在爱军精武职业素养的培养中。我军历来有爱军精武的优良传统,剖析我军历史上众多以少胜多、以弱胜强的光辉战例,除了指挥得当、士气高昂、人民支持之外,与我军官兵过硬的军

---

① 《马克思恩格斯全集》第40卷,第7页,人民出版社1982年版。

政素质是分不开的。军人要想在未来战争中笑傲沙场、不辱使命，必须大力培养爱军精武的品格，热爱军营，立志在部队中建功立业。进入新世纪新阶段，我军要履行好"三个提供、一个发挥"的历史使命，在为人民利益而牺牲奉献的过程中实现自身价值，就必须进一步强化爱军精武意识，热爱军队、安心服役，苦练打赢本领。在当前我军着眼建设信息化军队、打赢信息化战争的新的历史时期，每名革命军人都应积极投身到各项岗位练兵的实践中，刻苦学习信息化知识，认真研究信息化战法，不断提高打赢未来信息化战争的能力素质。

牺牲奉献应体现在对本职岗位的尽职尽责中。有人说，在和平年代里，军人不用像在战争年代那样冲锋陷阵、流血牺牲，成为轰轰烈烈的英雄，所以谈不上什么奉献。其实不然，军人的价值不止表现在战场上，在和平年代里军人们更需要作出牺牲，奉献精神更多地体现在对本职工作岗位的坚守上。从世界海拔最高的青藏高原到寸草难生、缺乏淡水的南海岛礁，从荒无人烟的大漠到鸟兽罕至的深山，从风云变幻的长空到波涛汹涌的海洋，从地震救援的现场到抗洪抢险的一线，凡是祖国和人民需要的地方，处处都是军人的岗位，闪现着军人的身影。任何理想的实现都是由无数平凡、琐碎、具体的努力积累和发展起来的。军营中的本职工作岗位，是实践理想的最佳阵地，平凡细小的工作同样是人生价值实现的平台。所以，革命军人应将牺牲奉献精神贯穿、渗透和融化在自身的本职工作中，克服艰苦的生活环境、恶劣的自然条件，耐得住寂寞、守得住清贫，在平凡岗位上忠实履行自己的神圣使命。

2. 培育不怕牺牲的战斗精神，敢于临危受命

马克思主义理论家历来重视人在战争中的主体作用。恩格斯说："枪自己是不会动的，需要有勇敢的心和强有力的手来使用它们。"[①]战斗精神是军人信念、勇气、意志的集中反映，是战争中无坚

---

① 《马克思恩格斯军事文集》第5卷，第81页，战士出版社1981年版。

不摧的"箭头"和"刀刃"。具备坚强的战斗精神是对军人最基本的要求,军队拥有强大的战斗精神就能够激发不畏强敌的高昂士气,锤炼不怕牺牲的顽强意志,锻造决战决胜的勇敢精神,培养用我必胜的军人血气。

培育不怕牺牲的战斗精神既是我军的优良传统,也是未来信息化战争的必然要求。军人生来为打仗。历史上,正是靠着英勇顽强、不怕牺牲的战斗精神,我军才攻无不克、战无不胜。对这一点,即便是我们的对手也敬佩有加。美国一些研究中国问题的专家在其撰写的《中国人民解放军的作战模式》中也不得不承认:"解放军勇敢顽强、不怕牺牲的精神是有口皆碑、不容质疑的。一旦投入战斗,解放军就会顽强拼杀。"在未来信息化战争中,战场环境复杂,战情瞬息万变,战斗将异常激烈残酷,对部队的战斗精神提出了更高要求。革命军人应着眼打赢未来战争的需要,全面提高自身素质,使自身拥有较高的信息素养、强健的体魄和令行禁止的服从意识,在军事斗争准备的实践活动中培育不怕牺牲、英勇善战的战斗精神。

通过刻苦训练培育英勇顽强、不怕牺牲的战斗精神。克劳塞维茨在《战争论》中指出,"军队经常经受很多超乎寻常的劳累和困苦"是培养战斗精神的重要途径,"因为只有经过磨炼的军人才会认识到自己的力量"①。战斗精神是军人全面素质的综合体现,包括思想政治素质、军事专业素质、科学文化素质和身体心理素质等。历史一再表明,军队最大的威胁不是炮火硝烟的考验,而是长期和平的侵蚀。因此,我们要想在和平环境中设法打赢未来信息化战争,就必须将军事训练作为培育战斗精神的中心环节,通过在从严从难、贴近实战的军事训练中严格磨砺、在日常工作生活中点滴养成,坚持瞄准战时、立足平时,不断培育适应未来信息化战争

---

① [德]克劳塞维茨:《战争论》,第139页,陕西师范大学出版社2008年版。

要求的战斗精神。

3.提高完成多样化军事任务的素质能力,实现自身价值

多样化军事任务是包括战争行动任务在内的各种军事任务的总称。在新的历史时期,我军担负应对多种安全威胁、完成多样化军事任务的使命,这决定了革命军人必须在刻苦的学习和训练中提高自身的综合素质,将个人的理想追求与国家和军队的前途命运紧密联系起来,在提高为人民服务的能力素质的同时来实现自身的价值。

提高完成多种非战争军事行动的能力。非战争军事行动主要包括反恐、维稳、维和、维权、抢险、救灾、保交、救援、信息支援等活动。特别是在重大自然灾害面前,革命军人要发扬牺牲奉献精神,在抗震救灾、抗洪救灾、抢险救灾中冲锋在前、吃苦在前,竭力保护好国家利益和人民的生命、财产安全。从1998年抗洪到2003抗击非典到2008年汶川抗震救灾,我军已经成功实施了多次非战争军事行动,出色地完成了多样化军事任务。但应该承认,在完成非战争军事行动任务中,我军相应的能力水平还有许多地方有待进一步提高。这就要求每名军人都必须进一步熟悉相应的专业设施、装备、器材工具,进一步学习和提升专业救护能力和各种相关技能水平,确保高效完成各种突发性的非战争军事任务。

将个人的理想追求与国家和军队的前途命运紧密联系起来。江泽民在谈到青年实现自身价值时曾指出:"个人的抱负不可能孤立地实现,只有把它同时代和人民的要求紧密结合起来,用自己的知识和本领为祖国为人民服务,才能使自身的价值得到充分体现。"[①] 同样,军人的命运始终与国家和军队荣辱与共、休戚相关。当前科学技术发展日新月异,世界新军事变革方兴未艾,作为革命军人只有把个人的理想追求与国家和军队的前途命运紧密联系起来,不断地学习

---

① 江泽民:《在庆祝北京大学建校一百周年大会上的讲话》,载《人民日报》1998–05–05。

创新,立足本职、扎实工作,不计名利、无私奉献,才能不断提高自身完成使命任务的素质能力,才能在军事实践活动中经受住一个又一个新的考验,最终在推动国家和军队建设发展进步中实现自身的人生价值。

主要参考文献

[1] 马克思,恩格斯.马克思恩格斯全集(第1~46卷)[M].北京:人民出版社,1956~1980.

[2] 马克思,恩格斯.马克思恩格斯选集(第1~4卷)[M].北京:人民出版社,1995.

[3] 马克思,恩格斯.马克思恩格斯军事文集(第1、5卷)[M].北京:战士出版社,1982.

[4] 列宁.列宁全集(第28卷)[M].北京:人民出版社,1956.

[5] 毛泽东.毛泽东选集(第1~4卷)[M].北京:人民出版社,1991.

[6] 毛泽东.毛泽东书信选集[M].北京:中央文献出版社,2003.

[7] 周恩来.周总理青少年时代诗文书信集(下卷)[M].成都:四川人民出版社,1980.

[8] 胡锦涛.国防和军队建设贯彻落实科学发展观重要论述选编[M].北京:解放军出版社,2010.

[9] 李大钊.李大钊文集(下卷)[M].北京:人民出版社,1984.

[10] 梁漱溟.孔子学说的重光——新儒学论著辑要.北京:中国广播电视出版社,1995.

[11] 周辅成.西方伦理学名著选辑(上)[M].北京:商务印书馆,1987.

[12] 周辅成.西方伦理学名著选辑(下)[M].北京:商务印书馆,1999.

[13] 罗国杰.马克思主义伦理学[M].北京:人民出版社,1982.

[14] 罗国杰.伦理学[M].北京:人民出版社,1997.

[15] 曾钊新,李建华.德行的心灵奥秘[M].沈阳:辽宁人民出版社,1992.

[16] 李巨廉.战争与和平——时代主旋律的变动[M].上海:学林出版社,1999.

[17] 慈继伟.正义的两面[M].北京:三联书店,2001.

[18] 周国平.各自的朝圣路[M].北京:东方出版社,1999.

[19] 余仕麟.伦理学要义[M].成都:巴蜀书社,2010.

[20] 余潇风.国际关系伦理学[M].北京:长征出版社,2002.

[21] 左高山.战争镜像与伦理话语[M].长沙:湖南大学出版社,2008.

[22] 谈远平,康经彪.战争哲学[M].台北:扬智文化事业股份有限公司,2004.

[23] 陈仲庚,张雨新.人格心理学[M].沈阳:辽宁人民出版社,1986.

[24] 肖雪慧.守望良知[M].沈阳:辽宁出版社,1998.

[25] 张青兰.人格的现代转型与塑造[M].广州:广东人民出版社,2005.

[26] 王海明.寻求新道德——科学的伦理之建构[M].北京:华夏出版社,1994.

[27] 总政治部.美军军种核心价值观培育研究[M].北京:解放军出版社,2009.

[28] 总政治部联络部.美军军官[M].北京:解放军出版社,2008.

[29] 总政治部.美军空军核心价值观教育[M].北京:解放军出版社,2008.

[30] 顾智明.西方军事伦理文化史[M].北京:解放军出版社,2010.

[31] 顾智明.当代外国军事伦理[M].北京:解放军出版

社,2010.

[32] 邓一非.当代革命军人核心价值观十五讲[M].北京:军事谊文出版社,2009.

[33] 刘凤翥.军官与哲学[M].北京:海潮出版社,2010.

[34] 陈晓兵.军人德性论[M].长沙:湖南人民出版社,2008.

[35] 修昔底德.伯罗奔尼撒战争史[M].谢德风,译.北京:商务印书馆,1960.

[36] 亚里士多德.尼各马科伦理学[M].苗力田,译.北京:中国社会科学出版社,1990.

[37] 洛克.政府论(下篇)[M].叶启芳等,译.北京:商务印书馆,1964.

[38] 休谟.人性论(下册)[M].关文运,译.北京:商务印书馆,1980.

[39] 富勒.战争指导.绽旭,译.北京:解放军出版社,1985.

[40] 赫伯特·斯宾塞.社会静力学.张雄武,译.北京:商务印书馆,1996.

[41] A.J.汤因比,池田大作.展望二十一世纪——汤因比与池田大作对话录[M].荀春生等,译.北京:国际文化出版公司,1985.

[42] 哈里·西德博特姆.古代战争与西方战争文化[M].晏绍祥,译.北京:外语教学与研究出版社,2007.

[43] 约翰·唐尼等.军队管理——军事职业剖析[M].贺玉寅,鲁金浦等,译.北京:解放军出版社,1987.

[44] 依迪丝·汉密尔顿.希腊精神——西方文明的源泉[M].葛海滨,译.沈阳:辽宁教育出版社,2003.

[45] 特伦斯·欧文.古典思想[M].覃方明,译.沈阳:辽宁教育出版社,1998.

[46] 罗伯特.R.莱昂哈德.信息时代的战争法则[M].王振西等,译.北京:新华出版社,2001.

[47] 理查德·塔克.战争与和平的权利[M].罗炯等,译.南

京:译林出版社,2009.

[48] 弗朗西斯·福山.历史的终结与最后之人[M].黄胜强,许铭原,译.北京:中国社会科学出版社,2003.

[49] 查默斯·约翰逊.帝国的悲哀:黩武主义、保密与共和国的终结[M].任晓,张耀,薛晨,译.上海:上海人民出版社,2005.

[50] 阿尔温·托夫勒.预测与前提——托夫勒未来对话录[M].粟旺等,译.北京:国际文化出版公司,1984.

[51] 诺兰等.伦理学与现实生活[M].姚新中等,译.北京:华夏出版社,1988.

[52] 迈克尔·沃尔泽.正义与非正义战争——通过历史实例的道德论证[M].任辉献,译.南京:江苏人民出版社,2008.

[53] 汉斯·摩根索.国家间政治——寻求权力与和平的斗争[M].北京:北京大学出版社,2006.

[54] 艾丽斯·卡拉普赖斯.爱因斯坦语录[M].仲维光,还学文,译.杭州:杭州出版社,2001.

[55] 大卫·巴拉什,查尔斯·韦伯.积极和平——和平与冲突研究[M].刘成等,译.南京:南京出版社,2007.

[56] O.内森,H.诺登.巨人箴言录:爱因斯坦论和平(下)[M].刘新民,译.长沙:湖南出版社,1992.

[57] 罗伯特·吉尔平.世界政治中的战争与变革[M].宋新宁,杜建平,译.上海:上海人民出版社,2007.

[58] 塞缪尔·亨廷顿.文明的冲突与世界秩序的重建[M].周琪等,译.北京:新华出版社,2010.

[59] 肯尼思·N.华尔兹.人、国家与战争——一种理论分析[M].倪世雄等,译.上海:上海译文出版社,1991.

[60] 乔纳森·弗里德曼.文化认同与全球性过程[M].郭建如,译.北京:商务印书馆,2003.

[61] 古德诺.解析中国[M].蔡向阳,李茂增,译.北京:国际文化出版公司,1998.

[62] 保罗·库尔茨.保卫世俗人道主义[M].余灵灵等,译.北京:东方出版社,1996.

[63] 保罗·库尔茨.21世纪的人道主义[M].肖锋等,译.北京:东方出版社,1998.

[64] 里奥·布劳迪.从骑士精神到恐怖主义——战争和男性气质的变迁[M].杨述伊等,译.北京:东方出版社,2007.

[65] 罗尔斯.正义论[M].何怀宏,译.北京:中国社会科学出版社,1988.

[66] 罗尔斯.道德哲学史讲义[M].张国清,译.上海:上海三联书店,2003.

[67] 布鲁斯·林肯.死亡、战争与献祭[M].晏可佳,译.上海:上海人民出版社,2002.

[68] 艾德勒,范多伦.西方思想宝库[M].编委会,编译.长春:吉林人民出版社,1988.

[69] 马克·波斯特.信息方式[M].范静哗,译.北京:商务印书馆,2000.

[70] 戴维·波普诺.社会学[M].李强等,译.北京:中国人民大学出版社,1999.

[71] 查尔斯·泰勒.自我的根源:现代认同的形成[M].韩震等,译.南京:译林出版社,2001.

[72] 爱因斯坦.爱因斯坦文集(第1卷)[M].许良英,范岱年,译.北京:商务印书馆,1976.

[73] 麦金太尔.德性之后[M].龚群,戴扬毅等,译.北京:中国社会科学出版社,1995.

[74] 克劳塞维茨.战争论(第1卷)[M].中国人民解放军军事科学院,译.北京:商务印书馆,1982.

[75] 康德.实践理性批判[M].韩水法,译.北京:商务印书馆,1999.

[76] 康德.历史理性批判文集[M].何兆武,译.北京:商务印

书馆,1990.

[77] 黑格尔.精神现象学(上、下卷)[M].贺麟,王玖兴,译.北京:商务印书馆,1979.

[78] 黑格尔.法哲学原理[M].范扬,张企泰,译.北京:商务印书馆,1961.

[79] 马克斯·韦伯.经济与社会(上、下)[M].林荣远,译.北京:商务印书馆,1987.

[80] 马克斯·韦伯.支配社会学[M].康乐,简惠美等,译.桂林:广西师范大学出版社,2004.

[81] 马克斯·韦伯.社会科学方法论[M].韩水法,莫茜,译.北京:中央编译出版社,1999.

[82] 玛丽安妮·韦伯.马克斯·韦伯传.阎克文等,译.南京:江苏人民出版社,2001.

[83] 马克斯舍勒.论爱的秩序[M].林克等,译.北京:生活·新知·读书三联书店,1995.

[84] 弗里德里希·包尔生.伦理学体系[M].何怀宏,廖申白,译.北京:中国社会科学出版社,1988.

[85] 奥斯瓦尔德·斯宾格勒.西方的没落[M].北京:商务印书馆,2001.

[86] 古斯塔夫·施瓦布.希腊神话故事[M].刘超之,艾英,译.北京:宗教文化出版社,1999.

[87] 阿克塞尔·霍纳特.为承认而斗争[M].胡继华,译.上海:上海人民出版社,2005.

[88] 海德格尔.海德格尔选集(上)[M].孙周兴,译.上海:三联书店上海分店,1996.

[89] 哈贝马斯.交往行为理论(第1卷)[M].曹卫东,译.上海:上海人民出版社,2004.

[90] 卢梭.论人类不平等的起源和基础[M].李常山等,译.北京:商务印书馆,1962.

[91] 卢梭.爱弥尔[M].李平沤,译.北京:商务印书馆,1978.

[92] 卢梭.社会契约论[M].何兆武,译.北京:商务印书馆,2003.

[93] 托克维尔.论美国的民主(下卷)[M].董果良,译.北京:商务印书馆,1988.

[94] 爱弥尔·涂尔干.道德教育[M].陈光金等,译.上海:上海人民出版社,2001.

[95] 爱弥尔·涂尔干.职业伦理与公民道德[M].渠东,付德根,译.上海:上海人民出版社,2001.

[96] 爱弥尔·涂尔干.社会分工论[M].渠东,译.北京:三联书店,2000.

[97] 埃米尔·迪尔凯姆.自杀论[M].冯韵文,译.北京:商务印书馆,1996.

[98] 米歇尔·福柯.规训与惩罚[M].刘北成,杨远婴,译.北京:三联书店,1999.

[99] 阿尔贝特·施韦泽.敬畏生命[M].陈泽环,译.上海:上海社会科学出版社,2003.

[100] 但丁.论世界帝国[M].朱虹,译.北京:商务印书馆,1986.

[101] 尼科洛·马基雅维利.君主论.潘汉典,译.北京:商务印书馆,1985.

[102] 别尔嘉耶夫.论人的使命[M].张百春,译.上海:学林出版社,2000.

[103] 西瓦切夫·亚济可夫.美国现代史.武汉:武汉大学出版社,1988.

[104] 大卫·戈伊科奇等.人道主义问题[M].杜丽燕等,译.北京:东方出版社,1997.

[105] 斯宾诺莎.伦理学[M].贺麟,译.北京:商务印书馆,1983.

[106] 格劳秀斯.战争与和平法[M].何勤华,译.上海:上海人民出版社,2005.

[107] 约翰·加尔通.和平论[M].陈祖洲等,译.南京:南京出版社,2006.

[108] 布鲁诺·考彼尔特斯等.战争的道德制约——冷战后局部战争的哲学思考[M].邹琳,戴锋宁等,译.北京:法律出版社,2003.

[109] 若米尼.战争艺术概论[M].刘聪,袁坚,译.北京:解放军出版社,1986.

后 记

自"社会主义核心价值体系"特别是"当代革命军人核心价值观"提出以来，本人就一直在跟踪学界有关该类问题的研究动态，同时也在不断思考如何从自己所从事的伦理学专业角度进入到该问题的研究中。2010年，本人尝试着以"军人核心价值观的军事伦理基础"为题申报本年度的军事学项目，未果，此一心愿便一度搁置下来。今年开春不久，我突然接到南京政治学院科研部科研规划办公室陈小明主任的电话，说是军事科学出版社的负责人找我协商出书事宜，甚感事情来得蹊跷。在与军事科学出版社取得联系之后，终于明白了事情的经过。原来，国家新闻出版总署为了进一步推进社会主义核心价值体系建设，决定组织实施社会主义核心价值体系建设"双百"出版工程，为此需要推出一批相关理论读物，同时鼓励各出版单位报送选题。军事科学出版社将《军人核心价值观的军事伦理基础》作为立项选题之一，申报"双百"出版工程。我喜中带忧，心理没底，毕竟时过境迁，原先的热情早已冷却，且其时自己还承担着繁重的教学科研任务。更为难的是，一旦选题确定，就必须在很短的时间内完成写作任务，这于我无疑是一个巨大的挑战。在忙碌中，此事便再度搁置起来。不料，在军事科学出版社的指导下，我所申报的题目幸运地在全国各出版单位报送的1600多个选题中脱颖而出，最终被新闻出版署确定为首批重点选题并入选"理论读物50种"目录。作为军队出版系统唯一入选的项目，总部首长十分关心，指示要尽快完成任务，以此作为迎接十八大召开的献礼。事已至此，我只得于惶惑不安中硬着头皮将此事应承下来，同时紧锣密鼓地筹划书稿的写作。

撰写工作展开后不久，专家们对该选题的切入角度和框架结构等问题提出了很好的建议,并将原书名《军人核心价值观军事伦理基础研究》更改为《军人核心价值观伦理学基础》。主要出于以下几种考虑:一是原书名《军人核心价值观军事伦理基础研究》中的"军人"与"军事"语义稍嫌重复,表述不甚严谨。二是能够为一种价值观提供理论基础应该主要是伦理学这一学科所具有体系性知识,而非伦理学中的某一个分支。从伦理学的角度研究军人核心价值观的理论基础,能够提供较为系统的知识,从而增强军人对核心价值观的理性认知与情感认同。三是变更后的书名既能够体现本书各章节所重点阐发的内容,同时也能突出本书作为社会主义核心价值体系建设"双百"工程"理论读物"的特色。

  我所在的马克思主义理论系的领导非常关心本书的写作,钱钧政委和吴志丹副主任为我们完成写作任务创造了良好的环境,姜延军主任自始至终关心本书的进展情况,自己还在百忙之中承担了具体的写作任务;哲学教研室刘宝村主任与徐军副主任为本书的写作提供了诸多便利条件,张强副主任在完成有关写作任务之后还承担了部分章节的统稿校阅与文字修改工作;王远龙、陈静、沙迪与张丽娜等对有关章节内容进行了校对。在此,谨向他们致以真诚的感谢。

  另外,需要特别感谢南京政治学院科研部李昆明部长,当年正是在他的指导督促下我开始关注本书所涉及的主题;感谢军事科学院尚伟研究员提供的帮助;感谢南京政治学院科研部科研规划办公室陈小明主任给予的支持。

  本书由我拟定逻辑框架与写作提纲,各部分初稿撰写者分别为:谈际尊(前言、导论、第四、五、六、七章),刘光育(第一章),张强(第二章),姜延军(第三章),王远龙(第八章),陈静(第九章),高宁(第十章)。为尽量保持本书逻辑理路、写作风格与行文规范上的统一,本人在统稿过程中对各章初稿作出了修改,部分章节进行了重写。尽管如此,本人仍然要对承担了具体撰写任务的合作者表示由衷的感谢,他们认真的写作态度与良好的合作意识是完成本书的基础。

  马克思说:"理论只要说服人,就能掌握群众;而理论只要彻底,就能说服人。"本书只是研究军人核心价值观理论基础的尝试，远未达致"彻底"的高度，至于是否能够"说服人"，那就只能有待于读者诸君提出中肯的批评意见了。

谈际尊

2012 年 9 月 15 日